戰國策校注繫年補正 上

民 著
霖 補正

《戰國策校注繫年》一書，
是古籍學家郭人民先生用時二十八年的畢生力作，
此次《戰國策校注繫年補正》由孫順霖先生補正，
為大量吸納賢、時賢的研究成果。

原書前言

《戰國策》一書，是戰國時代游説之士的言論總集。原作者已無可考。西漢末年劉向主持古籍整理時，匯總《國策》、《國事》、《短長》、《修書》等底本加以校訂、編輯而成。劉向以爲這部書是「戰國游士輔所用之國，爲之策謀」，故取名爲《戰國策》。全書共三十三篇，編成以後，至東漢末年，高誘爲之作注。由此以來，《戰國策》一書有劉向集録本、高誘注釋本並行於世。傳至北宋，二本大多散亡。據《崇文總目》著録：劉向集録本只存二十一篇，缺十二篇；高誘注釋本僅存八卷，缺二十五卷。曾鞏據北宋官府所存劉向、高誘之殘本，訪求士大夫家所藏之本，加以繕補，又恢復劉向集録本三十三篇之數，其實已缺佚一篇，非劉向、高誘本之原來面目。今世所傳之本，則皆由曾鞏所集校之本蜕變而來。

現今所傳通行之本有二：一爲南宋剡川姚宏校本，一爲縉雲鮑彪注本。兩本雖有異同，然皆源於曾鞏。姚氏之本來自孫樸。孫樸用曾鞏三次校定本，又參考蘇頌、錢藻、劉敞之校本以及集賢院藏本參互校定，姚宏即以孫本爲主，又取未經曾鞏校定之一二舊本，校其異同，加以續注，簡質謹重，稱爲善本。鮑彪所注之本，以曾鞏本爲主，改訂文字，離合篇章，顛倒篇卷次序，詳加注釋，元朝吴師道爲作補正，能使文從字順，頗便解讀，流傳較廣。清嘉慶中，吴縣黄丕烈得宋槧姚宏本，參照吴師道所補正的鮑彪本，爲《札記》三卷。凡鮑彪之改定，吴師道之補正，考訂詳審，悉記於《札記》中。褒揚姚本之可貴，能保存古籍原貌；抨擊鮑彪之武斷，竄亂舊籍。自此姚本大顯，爲世所重。本書即以黄丕烈槧姚氏本爲底本，而參以鮑注吴校本及雅雨堂本，再作校勘，加以注釋，爲之編年，以便誦讀。

凡國別部居，卷帙次第，皆依姚本，無或更動；而篇章離合，則多從鮑書。鮑本原爲四百九十四章，吴師道訂正爲四百八十六章，今定著爲四百七十五章。

校勘文字，則合姚氏、鮑氏二本，參以黄丕烈《戰國策札記》、王念孫《讀書雜誌》、孫詒讓《札迻》、劉師培《戰國策書後》、長沙馬王堆出土《戰國縱横家書》，以及《太平御覽》、《藝文類聚》諸書，互相比較，勘定是非，記於注中。如有改字，則必有徵有據，記其更改之由。未便輕改者，則注以「應改」、「應訂正」。

詞語注釋，除採用高誘、姚宏、鮑彪、吴師道等舊注外，復取吴曾祺《戰國策補注》、金正煒《戰國策補釋》、郭希汾《戰國策詳注》、《史記》三家注，以及散見於元、明、清和近人文集、筆記中者，撮其旨要，附於注中。凡稱引名家之説，則隨文注明。如高誘注，標爲「高注」；鮑彪注，標爲「鮑注」；《史記》三家注，則標爲《集解》、《正義》、《索隱》；其他或舉書名，或舉人名，行文不一。爲減少篇幅，避免煩瑣，對各家意見未便多録原文者，則綜合其要旨，參以己意，多未舉其人名、書名，不免有剽掠之嫌。爲便於閲讀，亦在所不惜。

編年繫事，則參酌司馬遷《史記》、顧觀光《國策編年》、黄式三《周季編略》、林春溥《戰國紀年》、陳夢家《六國紀年》、于鬯《戰國策年表》、范祥雍《戰國年表》、唐蘭《蘇秦事迹簡表》。對每章策文之時代，作簡要説明，或略作考辨，定其年代，以爲治史者分辨史料的依據。

地理考實，則取張琦《戰國策釋地》、程恩澤《國策地名考》、顧觀光《七國地理考》及顧祖禹《讀史方輿紀要》諸書，結合個人調查訪問，定其去取。

凡文字校勘，詞語注釋，年代史實，有不能明定其是非者，不强爲解説，暫付闕如。

《國策》一書，余幼年即愛其文辭之煒曄，喜其敘事之曲致新奇。長而學史，始覽全書，苦其舛誤訛脱，難以通讀。

念此書記事上繼春秋，下迄秦漢之際，載存二百四五十年之重要史實，爲太史公纂修《史記》所取材；而攻讀先秦古史者，終難逾越此書。因於一九五六年夏，便萌對此書詳讀董理之動機。於是翻閲書目，搜求資料，請教師友；借得金正煒《戰國策補釋》、顧觀光《國策編年》二書，全部抄録，詳加對照，逐句編排。嗣後又得諸祖耿先生《評國策勘研》一文，受益頗多。其文先敘《國策》一書之源流，次舉研究《國策》之書目，次論整理此書之體裁。即以此文爲線索，按圖索驥，尋求書籍，抄録資料，校勘文字。費時十餘年，輯録材料十餘册，分三類編排：一、文字校勘；二、詞語注釋；三、年代考辨。

「文化大革命」中恐其散失，粗爲條理標識，潛用毛筆抄寫，形成初稿，訂爲二十二本，題名《戰國策校注繫年》，作爲個人研究戰國史之入門課題，藏之篋笥，以備翻閲。原以讀懂文字，弄清史實爲目的。奈以此書流傳既久，篇簡錯亂，文字訛脱，屢經竄改，實難盡通；又以此書爲游士之説辭，誇大失真，不盡與史實相符，時間、地點、人物，顛倒錯置，所在皆有。雖費時究思，並未能詳考明辨，得以解決。故不敢將此稿輕以示人也。

近得中州古籍出版社之贊助，師友之鼓勵，由余繼續修改謄抄，成爲定本，使之付印問世，以便學此書者閲讀。謹記搜輯、抄録之過程，實無研究獨創之見地。自惟學陋才疏，見淺識拙，疏略謬誤，實所孔多。深恐有诬古人，遺誤後學。誠請讀者不吝賜教。

全稿承鄭慧生同志詳爲審閲，多所修正，特此致謝。

於河南大學

一九八四年五月廿四日

關於《戰國策校注繫年補正》的說明

《戰國策校注繫年》一書，是郭人民先生的畢生力作，他用時二十八年（從一九五六年起，至一九八四年止），於一九八八年在中州古籍出版社出版發行。

郭人民先生，河南大學歷史系教授。祖籍河南柘城。一九二四年六月六日出生，一九八六年元月一日凌晨仙逝，享年六十二歲。先生幼讀私塾。及長，先後就讀於伯崗小學、商丘中學、渦北中學。先生少年時，即通讀前四史及《左傳》、《國語》、《國策》。一九四六年考入河南大學歷史系。開封解放前夕，先生與大部分師生曾被國民黨軍隊挾持至蘇州半年多。一九五〇年，作爲新中國第一届畢業生，留歷史系任教。先後擔任過河南大學中國古代史教研室秘書、中國古代史教研室主任、古籍整理研究所副所長，河南省高等院校古籍整理領導小組副組長，中國歷史文獻研究會理事等職。

先生原名安貞。中华人民共和國建立後，他深感共産黨領導人民建設社會主義前途光明遠大，人民當家做主，便更名爲「人民」，願永遠在黨的領導下，當好「人民」的一員，以貢獻自己的一切。於是，他勤奮學習，加强思想改造，積極工作，一心撲在教學上，争取爲祖國培養出大批人才。他是中國民主同盟的盟員。曾任河南大學中國民主同盟主任委員、開封市中國民主同盟副主任委員。他帶領盟員積極學習中國共産黨的方針政策，積極擁護中國共産黨的領導，努力建言獻策，爲社會主義建設出力。

先生工作認真負責，關愛學生，傾其所學，教書育人，成了廣大師生的良師益友。歷年被評爲校、系的優秀教師和先進工作者。然正當他發憤圖强、努力工作之時，一九五七年被錯劃爲「右派分子」，曾一度被下放到校農場「改造」。直至一九六四年，方被摘掉「右派分子」帽子，重新回到了教學工作崗位上。

先生幼讀二十四史、《春秋》三傳、《國語》、《國策》等古代典籍，根底堅厚，功力深，學風踏實。早在新中國建立初期，他就經常在《新史學通訊》上發表文章，爲宣傳和普及馬列主義新史學做出了貢獻。二十世紀六十年代以後，連續發表了諸如《秦漢制度淵源初論》、《名田解》、《戰國策東西周考辨》等許多學術價值較高的論文，受到史學界好評。他從一九五六年開始對《戰國策》一書進行整理研究。他幼時讀此書，深愛其文辭之煒曄，喜其敘事之曲致新奇。但在窮究細研之後，又苦其舛誤訛脱，難以通讀。他認爲這是一部記事上繼春秋，下迄秦漢之際，載存二百四五十年的重要史實，爲司馬遷纂修《史記》取材的重要書籍之一。凡攻讀、研究先秦古史者，終難逾越此書。於是，從此開始，他翻閲書目，搜求資料，請教師友；抄録金正煒《戰國策補釋》、顧觀光《國策編年》二書，詳加對照，逐句編排。後又得諸祖耿先生的《評國策勘研》一文，受益頗多。即以此文爲線索，按圖索驥，尋求書籍，抄録資料，校勘文字，考辨年代。費時十餘年，輯材料十餘册，分三類編排：一、文字校勘；二、詞語注釋；三、年代考辨。「文化大革命」開始後，先生恐手稿散失，開始進行條理標識。手稿成熟後，潛用毛筆抄寫，形成初稿，一色宣紙裝訂爲二十二本，題名爲《戰國策校注繫年》，藏之篋笥，以備翻閲。先生原以讀懂文字，弄清史實，糾正錯論舛誤爲要，特别是對於游士的説辭誇大失真之處和時間、地點、人物等錯置顛倒之處，儘量詳考明辨，力圖得以解決。但先生總覺草於倉促，尚嫌粗糙，便閉之書齋，秘不示人！

我結識先生，也正是從此書開始的。

一九八一年，我在河南省教育廳高等教育處任秘書，後任副處長。教師專業技術職稱恢復評審工作之後，我始終在負責職稱評審辦公室的工作。當年，辦公室工作人員在審查河南大學報來的擬晉升教授、副教授的材料時，發現郭人民先生的申報材料「硬件」不足。特別是在「何時、何報刊，發表何種論文、著作」一欄中，只填寫了幾篇小論文，且多數是內部刊物發表；著作類只有未出版的二十二本《戰國策校注繫年》書稿。辦公室人員向我反映說：「這位先生材料『硬件』有缺項。」我讓工作人員將材料拿給我看。

材料送到我手裏後，我驚呆了！先生是個老講師，教學工作量滿負荷，而且教學質量優異。雖然没在公開雜誌、期刊發表更多的論文，但僅有的幾篇文章，已見其學術功底。其《戰國策校注繫年》書稿，雖未出版，但六十多萬字，二十二本，宣紙裝訂，工筆小楷謄就，真可謂一絲不苟，嚴肅認真。觀其內容，廣羅前人的校注成果，較異同，辨真僞，新見迭出。從而使原書中許多舛誤的事件得以釐清，不少因史料錯亂造成的聚訟未決的問題得以解決。特別是「繫年」部分，考據細審，條分縷析，較準確而鮮明。先生治學嚴謹，對一些缺乏佐證或據而不確的問題，則不臆斷，標以「未詳」、「待考」之類詞語，從不强解。可見先生之爲人矣！

我當時告訴工作人員，這部書稿，是一部不可多得的學術著作。先生的情況可作「特殊情況」處理。

當年，先生順利通過評審，獲得了相應的學術職稱。

一九八三年春天，國務院在北京召開了全國古籍整理工作會議。我作爲河南省教育廳的代表（當時我任教育廳高等教育處副處長，主抓科學研究工作），與河南大學的科研處處長趙帆聲教授、專家代表郭人民教授，一起參加了那次會議。會議中間，我多次向郭先生請教學術，每次都得到先生的親切教誨。我向先生提出河南省的古籍整理規劃，先生不僅幫助一起制訂，還分別介紹了全省高校古籍整理的專家和每人的學術特徵，爲河南省儘快組織起專家學術隊伍做出了貢獻。會議閒暇，先生帶領我去拜會周祖謨、謝國楨、尹達、張舜徽等知名專家、學者時，總是將我介紹出去。一天晚飯後，我陪先生、趙帆聲處長，一起去西四逛古籍書店。我一見書架上琳琅滿目的經典著作，高興極了，一口氣買了諸如《藝文類聚》、《經籍簒詁》、《綱鑑易知録》、《初學記》等書，書店幫我打了兩大包。須知這些學術著作當時在鄭州還找不到呢。回賓館的路上，先生一定要幫我拿那捆最大的。但到下公交車後，先生連説：「壞了！壞了！」我忙問所以，先生説：「錢包在車上讓小偷給掏去了！」我們忙問都丢了什麽東西，先生笑了笑説：「來的時候，整錢都縫在了内衣裏，錢包中就有幾十元零錢和教師證、教授證。這兩種證件回到學校可以補辦，只可惜那幾十斤全國糧票了！」趙先生當即調侃道：「人民呀！不是我説你，你土裏土氣，衣服破舊，在車上也不放下書捆，緊緊抱在胸前，像老農民進城。小偷早瞄上你了！」我急忙道歉：「都是我連累先生！我帶的糧票多，先用我的！」

從此，我與先生成了忘年交。

成立河南省高等院校古籍整理領導小組時，先生被推舉爲副組長。我是副組長兼辦公室主任。在召開全省古籍整理工作會議時，我聽説先生會背二十四史，便求其所以。先生哈哈一笑，説：「二十四史是多麽偉大而浩繁的著作，看完一遍至少也得一年多的時間！能背誦的屈指可數！説我全能背，那是吹牛！」我問爲什麽河南大學師生中有此傳説，他笑了笑答道：「那一年，趙紀彬校長調到中央黨校任常務副校長，在送他時，我説道，趙校長到北京後，如需要教學助手，把我調去。你授課，我給您作板書；需要查找資料時，我給您背二十四史，省卻您多少時間！」我問先生會背哪些，他認真思索後，説：「要説前四史、《國語》、《國策》、《左氏春秋》，我估計能磕磕巴巴背個八九不離十！」這是何等的功力！河南高校有幾個能出其右？瞠目結舌之餘，我對先生更加肅然起敬！

之後，我們合作過《中州歷史人物傳記》的校注，合作過《中州歷史人物辭典》的編纂等工作。我凡到開封，總去看望先生；先生凡到鄭州或外出講學路過鄭州，總找我談學術、敘友情。我們常到對方家中小聚，一包花生米，一斤牛肉或一只燒雞，一瓶白酒，飲至微醺方散。

一九八五年四月，中國歷史文獻研究會在開封召開。先生是主辦方，終日跑前跑後，不顧年近古稀，忙個不停，一次會議開下來，竟瘦了七八斤。會議中間，先生介紹我加入了中國歷史文獻研究會，並向學會的正副會長介紹了我的情況。從此，我成了該學會的唯一一名幹行政的會員。

先生不僅人品好、學術精，書法藝術也是一流。他書寫的柳體楷書，可與《玄秘塔》帖媲美。他曾爲南陽一古墓書寫碑銘，其拓片至今仍是我臨摹的範本。記得一年，日本有一書法代表團訪問河南大學，進行書法交流，先生當場獻藝，令日本的書法家感嘆不已，稱先生：「這才是真正的傳統執筆法，真正的運筆技藝！」

一九八五年十一月份，先生到南陽市輔導函授，回開封路過鄭州時，到我家小聚淺酌。先生的煙癮很大，一天得三四包芒果牌香煙！我勸先生少抽一些，先生説：没發現有什麽不舒服，只是有點慢性氣管炎。以後減點量，問題不大！

誰知這一别，竟成了永訣！

一九八五年十二月三十一日夜，先生與家人一起看中日女排争奪冠軍的比賽。先生高興地喝了兩杯南陽産的杏酒，興奮地讚頌着女排姑娘們的拼勁。贏了！中國女排奪得了世界冠軍！先生激動不已。

不大一會兒，先生覺得胸部不適。子女們勸他躺下休息。但這時先生覺得胸悶，心前區隱痛。孩子們馬上跑到校醫院找醫生。等醫生一個多小時後帶着醫療器械來搶救時，先生已停止了呼吸。時在一九八六年元月一日淩晨。

元月三日我上班時，得到先生去世的噩耗電報。我向廳領導請了假，急忙趕到了開封。

在辦理先生喪事的三天時間裏，我悲痛萬分！痛泣之餘，只有以一幅「杏壇授徒，桃李共悼師仙逝；陋室操觚，文章同鳴遺後學」的挽聯送别良師益友！

先生在去世前對《戰國策校注繫年》書稿曾做過一些修改和增補，後由其學生、河南大學歷史系教授鄭慧生先生進行了修訂，交中州古籍出版社出版發行。該書於一九八八年出版，此時離先生過世已兩年矣！幫助其整理該書的鄭慧生先生，也是我的好友。可惜鄭先生亦於二〇一四年逝世。

該書問世以來，頗受治先秦史學者的推崇和關注。特别是書中的「繫年」，很有特色，解决了學術界幾百年來不少懸而未决的事件來源，並且釐清了不少歷史疑難問題。但因年代久遠，隨着新資料的發現，特别是大量文物的出土，學術界出現了不少新的研究成果，印證了該書原來的校注和繫年，但是仍存在一些玉中之瑕，很有必要將其增補、修正，使其更加完善，在學術之林中更能熠熠生輝。

我作爲原校注繫年者的後學及朋友，便義不容辭地承擔起這個任務。完成這一艱巨任務，首要的是消化原書、原注、原繫年。於是，我反復研讀該書，並參讀了范祥雍先生的《戰國策箋證》、諸祖耿先生的《戰國策集注匯考》等著作，研讀了《戰國縱横家書》及大量研究《戰國策》的學術文章，逐漸地理清了思路，確定了重新整理的方向。

這次整理，主要是在郭人民先生「校注繫年」的基礎上，進行必要的「補正」工作。所謂補正，是對原作「漏缺」之處「補」之；謬誤之處「正」之；亦漏亦謬之處「補正」之；原文標點有誤的，一般在原文處逕改，個别諸本有争議者，以「補正」明之；有些繫年有誤的，一般在「繫年」處逕改，個别誤差較大者以「正」之；校注中缺項或不詳者，一般在原校注的字句上加以補充，個别之處「補」以詳注。

需要説明的是：先生原校注比較精審，言簡意賅，雖似有缺漏之處，只要不害原意，能讀通原文，一般不作「補正」，從原注；年代有誤的原因很多，因「周正、夏正或有差異，固歲末歲首之異」的，一般從原繫年，個别差幾年、幾十年者，以「正」補之。「補正」中，多數爲地名。一個人的涉獵有限，天下之地望名稱，歷代有變，注錯之處，即便是史地專家，也在所難免。然而，「州縣之設，有時而更；山川之形，千古不易」（鄭樵《通志》卷四十）。戰國時之地域城邑，時而韓、魏，時而秦、楚，變幻無定。確定一邑的歸屬，今時之名稱，須弄清時序、諸侯國的變遷、戰爭的起始時間和進軍路線等，南轅北轍肯定是錯誤的；忽南忽北，跳躍式行軍、征戰也是有悖於古代戰爭規律的。因此，確定一地名的古稱和今屬，一定要遵循上述原則，這樣，才有一定的準確度，才接近古義。我在「補正」一些古地名時，就是這樣做的。

在年代劃分上，我主要依據的是上海辭書出版社一九八〇年五月出版的方詩銘先生編的《中國歷史紀年表》和上海辭書出版社一九八三年十二月出版的沈起煒先生編著的《中國歷史大事年表》等書，並參照歷代名家著本之「編年」、「紀年」、「年表」和《史記》之戰國各「世家」、「本紀」中的紀年部分。繫年中衆家説法不一的，我除從原繫年之外，「補」入了「鮑注」、「姚注」、「吴注」、「于注」等蠡測年代，均注以「備參」、「備考」等字樣。

爲了完善本書，爲後人提供較多的參考資料，於書後設附録。原郭先生書後有一附録，僅附漢劉向的《戰國策書録》和宋曾鞏的《戰國策序》。我作的附録較多，分別是：

一、戰國策逸文。本逸文爲諸祖耿先生所輯，惜無標點，吾試以標點，經辨識後得七十二條，作爲《逸文》（一）附上。又從《戰國縱横家書》中選擇十六篇文章，作爲《逸文》（二）附上。

二、戰國策考研目録。收漢劉向、宋曾鞏等序跋近四十家，瑣記五家，雜語十四家。均從諸祖耿先生所列。

三、現存戰國策版本表。分年代、書名、編注者、刻印者和附注。

四、戰國策序跋輯。

附這些附録，試圖搜集古代研究《戰國策》的能見到的資料，爲後人繼續深入研究提供一些方便。

《戰國策》，又名《國策》、《國事》、《短長》、《修書》等。經西漢劉向編訂後，定爲《戰國策》，編爲三十三卷，分十二國策。記載史事繼《春秋》後，訖楚漢之際，凡二百四五十年。當時諸侯争霸，互相征伐，謀策之士因勢而起，他們出奇策異智，力圖轉危爲安，遠亡而存。正如曾鞏《戰國策序》中説：「戰國之游士……不知道之可信，而樂於説之易合。其設心注意，偷爲一切之計而已。故論詐之便，而諱其敗；言戰之善，而蔽其患。其相率而爲之者，莫不有利焉，而不勝其害也；有得焉，而不勝其失也！」《戰國策》就是這些策士的游説謀策和言行的記實。其内容包含着豐富的政治、哲學思想和軍事策略思想。當然也包括一些詭異、欺詐和奇幻的言行。它的實際内容，填補了春秋後至漢以前的中國歷史史料的不足，很有史學價值。司馬遷的《史記》中，在記述這一段史實時，多取材於《戰國策》。由於歷史的原因，本書多有散佚，漢劉向編訂之書，幾乎不存。宋代，曾鞏廣搜博察，重新釐定，方得恢復劉本之篇次。但内容已非原樣。正如吴師道引吕子語曰：「觀戰國之事，取其大旨，不必字字爲據。」因爲游士增飾之辭多，況重於訛舛乎！所以今存之版本中，錯簡屢見，訛舛百出，甚至張冠李戴，死後重現之事常有。雖經歷代學者潛心整理，也難還原全貌。因此，考證、輯佚、鈎沉、辯證、糾謬之功非吾輩之所能及。事莫大於存古，學莫善於闕疑。不盡之處，尚待後賢完善之。

本人生性愚魯，功底淺薄，補正先生的大作，恐是佛頭着糞！所補正處，自知錯漏百出、訛誤時見。但作爲後學、作爲先生之忘年交，有責任勉强爲之，以供時賢後輩所詬責，吾當静而聽之，平而思之，擇善而從之，捫心以檢討之。願以我的誠心而對先生，而對先生後人，而對先生之諸友！僅此而已！

補正中，大量吸納前賢、時賢的研究成果，除書中注明之外，凡漏注處，敬請諒解！

孫順霖

二〇一五年三月草於品苦齋

目録

戰國策卷一

東周

戰國策卷二

西周

戰國策卷三

秦一

戰國策卷四

秦二

戰國策卷五

秦三

戰國策卷六

秦四

戰國策卷七

秦五

戰國策卷八

齊一

戰國策卷九

齊二

戰國策卷十

齊三

戰國策卷十一

齊四

戰國策卷十二

齊五

戰國策卷十三

齊六

戰國策卷十四

楚一

戰國策卷十五

楚二

戰國策卷十六

楚三

戰國策卷十七

楚四

戰國策卷十八

趙一

戰國策卷十九

趙二

戰國策卷二十

趙三

戰國策卷二十一

趙四

戰國策卷二十二

魏一

戰國策卷二十三

魏二

戰國策卷二十四

魏三

戰國策卷二十五

魏四

戰國策卷二十六

韓一

戰國策卷二十七

韓二

戰國策卷二十八

韓三

戰國策卷二十九

燕一

戰國策卷三十

燕二

戰國策卷三十一

燕三

戰國策卷三十二

宋衛

戰國策卷三十三

中山

戰國策卷一

東周

秦興師臨周章

秦興師臨周而求九鼎〔一〕，周君患之，以告顏率〔二〕。顏率曰：「大王勿憂，臣請東借救於齊〔三〕。」顏率至齊，謂齊王曰〔四〕：「夫秦之爲無道也〔五〕，欲興兵臨周而求九鼎，周之君臣内自畫〔六〕，計與秦，不若歸之大國〔七〕。夫存危國，美名也；得九鼎，厚寶也〔八〕。願大王圖之。」

〔一〕秦興師臨周而求九鼎：秦，國名，嬴姓，柏翳的後裔。柏翳十九世孫非子爲周孝王養馬有功，孝王封非子於秦亭（今甘肅清水縣故秦城），故國號秦。其後秦襄公討伐西戎，護送周平王東遷有功，周平王賞賜他以岐、豐之地，命爲諸侯。秦寧公由秦亭遷都於平陽（今陝西眉縣西平陽故城），秦德公遷都於雍（今陝西鳳翔縣），秦獻公又遷都於櫟陽（今陝西西安市臨潼區櫟陽街道），孝公徙都咸陽（今陝西咸陽市東北三十里北阪上）。孝公用商鞅變法改制，以耕戰强秦，其子惠文君稱王，五傳至秦王政，二十六年滅六國，併天下，自立爲始皇帝，建立秦朝，至二世皇帝滅亡。興師，起兵。《説文》云：「二千五百人爲師。」周，國號，亦朝代名。后稷之後，姬姓。后稷始居邰（今陝西武功縣），公劉徙豳（今陝西彬州市東北），至古公亶父遷於岐山之陽，南有周原（今陝西岐山縣東北七十里），始改國號爲周。王季遷程（今陝西咸陽市北原上），文王滅崇後，遷都於豐，武王滅商，建立周朝，遷都於鎬（今陝西咸陽市東南灃河兩岸有灃、鎬遺址），至幽王爲犬戎所滅。從武王至幽王二百七十餘年因國都在鎬，歷史上稱爲「西周」。平王東遷於洛陽王城（今河南洛陽市王城公園），王子朝之亂，敬王又徙都成周（今河南洛陽市東三十里漢魏故城），至周赧王爲秦所滅。從平王至赧王，五百餘年，因國都在河南洛陽，歷史上稱它爲「東周」。「西周」、「東周」，都是指周天子政權。本書《東周策》所説之「東周」，是指周天子所封之封君名東周君而言。在東周王朝末年周考王時，封其弟揭於王城，號西周桓公，三傳至西周惠公，惠公又封其子班於鞏（今河南鞏義市西康店村北原上），號東周惠公，至周顯王二年，趙、韓分割周天子之領地以爲二，東周公與西周公各自成爲獨立政權。東周都鞏，西周都王城，原來之周天子慎靚王、赧王只具有空名，而東周君、西周君却成爲獨立國家。這裏所舉之「東周」，是指居住在鞏之東周君政權，不同於從平王至赧王周天子王朝之東周。按此當爲西周。《東周與西周戰章》：「西周者，故天子之國也，多名器重寶。」《左氏宣三年傳》：「成王定鼎於郟鄏。」九鼎是名器重寶，郟鄏在王城東約五里，此時應屬西周。九鼎，傳説爲夏禹鑄，《墨子·耕柱》以爲夏后啓所鑄。夏滅亡，傳給商朝，周武王滅商，遷九鼎於洛邑，成王定鼎於郟鄏，故周有九鼎。古代帝王以爲有天下的象徵，是傳國的寶器。故當時戰國諸侯皆想得到這個器物，作爲天命、人心所歸之依據，稱王稱帝之憑藉。【補】鼎，作爲代表國家之重器，當時在西周，而不在東周。趙與時《賓退録》卷五：「《東周策》首章書秦臨周求鼎事，鼎實在西不在東也。豈周王在東，故東周君猶能挾天子以制命歟？不然則錯簡也。」趙翼《陔餘叢考》：「首篇即載秦王求九鼎一事，明乎鼎雖在西周，而王則在東周，鼎乃王之鼎，西周不得而主之也。」

〔二〕顏率：姚宏據《春秋後語》注：「率，名也。當如字，或云力出切。」鮑彪注：「周人。」亦見《韓策一》。

〔三〕齊：國名，陳公子完之後，田和代姜氏而有齊國。周威烈王承認他爲諸侯。傳十二世至齊王建爲秦滅。

〔四〕齊王：姚宏據《春秋後語》謂爲齊宣王。

〔五〕爲：鮑本作「於」，今從姚本作「爲」。

〔六〕畫：姚注：劉、曾、集、一作「畫」，錢作「盡」。鮑本作「盡」。金正煒云：「作畫是也。」計議，謀劃。

〔七〕計與秦，不若歸之大國：計，鮑注：「計，猶謀。」歸，與「饋」通，贈送。大國，謂齊。

〔八〕厚寶：厚，重。寶，鮑本作「寶」，雅雨堂本作「實」。九鼎是傳國寶器，作「寶」自通。「實」或爲「寶」字的訛誤。

齊王大悅〔一〕，發師五萬人，使陳臣思將以救周〔二〕，而秦兵罷〔三〕。

〔一〕悅：鮑本無，一本有「說」字。「悅」與「說」同。有「悅」字義勝。

〔二〕陳臣思：「臣」乃「𦣝」字之誤。本書或作「田臣思」，或作「田期思」，《竹書紀年》謂之「徐州子期」，《史記索隱》云：「蓋即田忌。」

〔三〕罷：不用爲罷。

齊將求九鼎，周君又患之。顏率曰：「大王勿憂，臣請東解之〔一〕。」顏率至齊，謂齊王曰：「周賴大國之義〔二〕，得君臣父子相保也〔三〕，願獻九鼎，不識大國何塗之從而致之齊〔四〕。」齊王曰：「寡人將寄徑於梁〔五〕。」顔率曰：「不可。夫梁之君臣欲得九鼎，謀之暉臺之下〔六〕，沙海之上〔七〕，其日久矣。鼎入梁，必不出。」齊王曰：「寡人將寄徑於楚〔八〕。」對曰：「不可。楚之君臣欲得九鼎，謀之於葉庭之中〔九〕，其日久矣。若入楚，鼎必不出。」王曰：「寡人終何塗之從而致之齊〔一〇〕？」顔率曰：「弊邑固竊爲大王患之〔一一〕。夫鼎者，非效醯壺醬甀耳〔一二〕，可懷挾提挈以至齊者；非效鳥集烏飛，兔興馬逝〔一三〕，灕然止於齊者〔一四〕。昔周之伐殷，得九鼎，凡一鼎而九萬人輓之〔一五〕，九九八十一萬人，士卒師徒，械器被具〔一六〕，所以備者稱此。今大王縱有其人，何塗之從而出？臣竊爲大王私憂之。」

〔一〕東解之：鮑注：「東之齊解免之。」

〔二〕賴：依靠，憑藉。

〔三〕保：安，保全。

〔四〕不識大國何塗之從致之齊：識，知。塗，道路。從，自，由。

〔五〕寄徑於梁：寄，托。徑，道路。梁，大梁，魏之國都（今河南開封市）。魏惠王九年自安邑徙都於此，故《戰國策》稱魏爲梁，孟子亦稱魏惠王爲梁惠王。

〔六〕暉臺：臺名，孟子稱梁有臺池鳥獸之樂。**【補】**《太平御覽》卷七五六「暉」作「渾」，注曰：「徒旱切。」

〔七〕沙海：鮑本改「少」爲「沙」，《初學記》卷八、《太平御覽》卷一五八引策文皆作「沙」，今從鮑本。張琦云：沙海在今河南開封市西北。

〔八〕楚：國名，重黎之後裔。周成王時封熊繹於荊蠻，居丹陽（今河南淅川縣），其後都郢（今湖北江陵縣東北紀南城）。春秋、戰國時楚國疆域最大，至楚王負芻時爲秦所滅。

〔九〕葉庭：當作「華亭」。姚注：《春秋後語》作「章華之庭」。金正煒云：葉，當作「華」。章華之亭，省稱華亭。《秦策》華陽君，《趙策》作「葉陽君」。「華」、「葉」二字形相近，易以致誤。湖北華容有章華之亭。

〔一〇〕終：究竟，終極。

〔一一〕弊邑：弊，當從鮑本作「敝」。《春秋左氏傳》皆作「敝邑」。

〔一二〕非效醘壺醬甀耳：醘壺，鮑本作「壺醘」。吴補：一本作「醯壺」。「醯」、「醘」字同。「醘壺」與「醬甀」對文。作「醘壺」爲是。醬甀，鮑本作「醬瓿」。姚注：一本作「醬瓿」。當從鮑本作「瓿」爲勝。甀、瓿皆陶器，小腹小口，隨地域不同，器形大小不同，有名爲甀者，有名爲瓿者，即今之甕或甖。醯、即今之醋。

〔一三〕馬逝：姚注：曾本、集賢院本作「皃逝」。

〔一四〕灕然止於齊者：灕，水滲入地。止，姚注：止，一本作「可至」。

〔一五〕凡一鼎而九萬人輓之：姚注：一本無「凡一」二字，「鼎而」作「而鼎」。「輓」通「挽」，曳引。

〔一六〕械器被具：械器，器械。被具，軍士的裝備用具。

齊王曰：「子之數來者〔一〕，猶無與耳〔二〕。」顔率曰：「不敢欺大國，疾定所從出〔三〕，敝邑遷鼎以待命。」齊王乃止。

〔一〕子之數來者：子，古代對男子之通稱。者，鮑本無。

〔二〕猶無與耳：猶，同。無，與「勿」通。

〔三〕疾定所從出：疾，急速。從，由。

【繫年】

鮑以爲齊閔王時。吳師道、顧觀光依姚注，繫此篇於周顯王三十三年。《呂子大事記》附載於周顯王三十三年宋太丘社亡之前，亦非。據《史記·田世家》、《齊策二·韓齊爲與國章》、《孟子·梁惠王》、《齊宣王伐燕章》及《竹書紀年》知，齊宣王、齊閔王皆不與周顯王同時。據考訂，齊宣王元年，當慎靚王二年（前三一九）；齊宣王之卒年，當周赧王十四年（前三〇一）；齊閔王元年，當周赧王十五年（前三〇〇）。故知姚校、鮑注、吳正及《大事記》皆誤。其誤蓋源於《史記·六國年表》。《六國年表》記齊宣王元年於周顯王二十七年，【正】齊宣王元年爲周慎靚王二年。記齊閔王元年於周顯王四十六年。【正】此處又誤。齊閔王元年爲周赧王十五年。姚校、鮑注、吳正據《六國年表》之誤，將齊宣王、齊閔王與周顯王列爲同時，而《大事記》又將齊宣王年世延長十年，齊閔王年世縮短十年，附載此策於宋太丘社亡之前，則更屬無據。蓋屬九鼎與宋亡泗水之鼎無涉，梁玉繩《史記志疑》卷三早已辨之，近人顧頡剛《史林雜識·九鼎》亦有論證。然此策的「齊王」，姚注謂指齊宣王，則似屬可以。策文有「齊王大悅，發師五萬人，使陳臣（𦣞）思將以救周」句，此「陳臣思」即《齊策一·韓齊爲與國章》的「田臣（𦣞）思」，又名「田期思」，《史記索引》以爲「田忌」，乃宣王時人，故將此策屬之齊宣王時爲當。相當於周慎靚王或周赧王初年，在秦爲秦武王或秦昭王之初年。【正】周慎靚王於公元前三二〇年即位，公元前三一五年卒。周赧王於公元前三一四年即位。秦武王在位時間爲公元前三一〇年至前三〇七年，昭王繼之。周、秦之年前後相差十餘年矣。

秦攻宜陽章

秦攻宜陽〔一〕，周君謂趙累曰〔二〕：「子以爲何如？」對曰：「宜陽必拔也。」君曰：「宜陽城方八里，材士十萬〔三〕，粟支數年〔四〕，公仲之軍二十萬〔五〕，景翠以楚之衆〔六〕，臨山而救之〔七〕，秦必無功。」對曰：「甘茂羈旅也〔八〕，攻宜陽而有功，則周公旦也〔九〕；無功，則削迹於秦〔一〇〕。秦王不聽群臣父兄之議〔一一〕，而攻宜陽，宜陽不拔，秦王恥之。臣故曰拔。」君曰：「子爲寡人謀，且奈何？」對曰：「君謂景翠曰：『公爵爲執珪〔一二〕，官爲柱國，戰而勝，則無加焉矣〔一三〕；不勝，則死。不如背秦援宜陽〔一四〕。公進兵，秦恐公之乘其弊也〔一五〕，必以寶事公；公仲慕公之爲己乘秦也〔一六〕，亦必盡其寶。』」

〔一〕宜陽：韓國城邑，今河南宜陽縣東北，【補】韓南遷之初都。今河南宜陽縣韓城鎮是也。澠池、二崤，皆在宜陽境内，爲控扼之要道。

〔二〕趙累：鮑本作「周累」，今從姚本。

〔三〕材士：材，《説文》：「材，木挺也。」木之挺直可用者稱材。士，軍士，車兵稱士。鮑注：「士之有材武者。」

〔四〕粟支數年：《史記·甘茂傳》：「宜陽，大縣也，上黨、南陽積之久矣，名曰縣，其實郡也。」即指此。

〔五〕公仲：韓相，名朋。仲，姚本作「中」，與《戰國縱横家書》同。此姚本保留古書原字之證。但《史記》和其他本皆作「仲」。

〔六〕景翠：楚將。

〔七〕臨山而救之：金正煒云：「按《楚兵在山南章》，疑此文所謂山南之軍，『而』或爲『南』字之訛。」此山應指伏牛山。【補正】于鬯云：「山蓋陘山，在楚、韓之界。」顧觀光：「陘山，在鄭州新鄭縣西南三十里……在楚爲北塞者，在韓爲南山也。」

〔八〕甘茂羈旅也：甘茂，下蔡人，師事下蔡史舉先生學百家之説，因張儀、樗里疾而求見秦惠王。王見之而悦之，使將而佐魏章略定漢中地。武王立，蜀侯輝及相壯反，秦使甘茂定蜀，還，以甘茂爲左丞相。秦武王三年使甘茂將兵伐宜陽，拔之。後因與向壽、公孫奭有隙，甘茂出奔齊，後死於魏。羈旅，謂客寓於外。甘茂，楚人，仕秦故謂其爲羈旅。姚本作「羈」，鮑本作「羇」。羈，正字；羇，俗字。當從姚本作「羈」。

〔九〕周公旦：周武王之弟，以周太王所居周地爲其采邑，故謂周公。名旦。輔佐武王、伐紂滅殷，建立周朝。武王死後，又輔相成王平武庚之亂，以鞏固周朝政權。有大功於周王朝。封其長子伯禽於魯，次子留相王室。周公死，葬於咸陽北畢原上。

〔一〇〕削迹：削，除。迹，行迹，或事功。

〔一一〕秦王不聽群臣父兄之議：群臣父兄，指樗里疾、公孫奭。《史記·甘茂傳》：「今臣羈旅之臣也，樗里子、公孫奭二人者挾韓而議之，王必聽之……王曰：『寡人不聽也，請與子盟。』」率使丞相甘茂將兵伐宜陽。五月而不拔，樗里子、公孫奭果爭之。武王召甘茂，欲罷兵。甘茂曰：『息壤在彼。』王曰：『有之。』因大悉起兵，使甘茂擊之，斬首六萬，遂拔宜陽。」即指此。議，姚本作「義」，鮑本作「議」。當從鮑本作「議」。

〔一二〕執珪：爵位名，戰國時楚國設此，爲楚國最高爵位，有上、中、下三等。珪，與「圭」通。

〔一三〕「官爲柱國」三句：官，官職。柱國，官名。戰國時，楚以爲勛官，在令尹下，諸卿上。原爲保衛國都之武官，後爲楚國最高武官，也稱「上柱國」，其官位僅次於令尹。故《史記·楚世家》引陳軫説昭陽曰：「願聞楚國之法，破軍殺將者，何以貴之？」昭陽曰：「其官爲上柱國，封上爵執珪。」陳軫曰：「其有貴於此者乎？」昭陽曰：「令尹。」由此可知「爵爲執珪，官爲柱國」者，謂既爲柱國之官，又受執珪之爵也。無加，沒有再高的官職爵位可以增加。猶今之「無以復加」之意。矣，姚、鮑、劉、錢本皆作「矣」，集、曾本作「耳」。「矣」、「耳」同義，皆語已之詞。

〔一四〕不如背秦援宜陽：吴師道云：恐此句有缺誤。「背」下或有「之」字，或「秦」下復有「秦」字，「援」字或作「拔」。金正煒云：背，當是「胥」字之訛。援，當從吴説作「拔」。言待秦既拔宜陽而後進兵。

〔一五〕乘其弊：乘其戰勝疲弊之機而進攻秦兵。弊，鮑本作「敝」，此從姚本作「弊」爲是。弊，疲弊。

〔一六〕公仲：姚本作「公中」，此從鮑本。

秦拔宜陽，景翠果進兵。秦懼，遽效煮棗〔一〕，韓氏果亦效重寶。景翠得城於秦，受寶於韓，而德東周。

〔一〕遽效煮棗：遽，急。效，鮑本作「効」。効，俗字，當從姚本作「效」。效，呈獻。煮棗，縣名，今山東菏澤市西北。然非秦地也。【補】程恩澤云：煮棗，似應爲今山東菏澤市西南，直隸大名縣東南。《國策》所云煮棗，指此。

【繫年】

據《史記·甘茂傳》，秦武王三年，使丞相甘茂將兵伐宜陽，當周赧王七年。《六國年表》書秦拔宜陽在赧王八年、秦武王四年、韓襄王五年。宜陽之役費時五月，蓋涉兩個年頭，景翠救韓當在赧王八年。

東周與西周戰章

東周與西周戰〔一〕，韓救西周。爲東周謂韓王曰〔二〕：「西周者，故天子之國也〔三〕，多名器重寶〔四〕。案兵而勿出，可以德東周，西周之寶可盡矣。」

〔一〕西周：封國名。周考王封其弟揭於河南，是爲西周桓公，都王城，建立西周封國政權。

〔二〕爲東周謂韓王：《史記·周本紀》「爲」上有「或」字。姚注：謂，集賢院本改作「謫」。一本作「謂」。民按：《史記·周本紀》作「説」。「謂」、「説」字皆通。「謫」字誤。韓王，韓襄王。

〔三〕西周者，故天子之國也：周朝自平王東遷，至敬王以前，周天子皆都王城。故謂西周君所都之王城爲故天子之國。

〔四〕名器重寶：指鐘鼎彝器類之傳國寶。

【繫年】

《史記正義》云：是或有人説韓王令勿救西周也。此不當與《東周與西周争章》連在一篇。姚本此章與上章合爲一章。吴師道目録從姚本。今從鮑本單獨成章。《史記·周本紀》繫於周赧王八年，當韓襄王五年。

東周與西周争章

東周與西周争，西周欲和於楚、韓。齊明謂東周君曰〔一〕：「臣恐西周之與楚、韓寶，令之爲己求地於東周也。不如謂楚、韓曰：『西周之欲入寶，持二端〔二〕。今東周之兵不急西周〔三〕，西周之寶不入楚、韓。』楚、韓欲得寶，即且趣我攻西周〔四〕。西周寶出，是我爲楚、韓取寶以德之也，西周弱矣。」

〔一〕齊明：東周臣，後仕秦、楚及韓。故賈誼《過秦論》謂齊明在各國之間通外交之意。鮑注：「疑楚人，兩見《楚策》。」

〔二〕持二端：取兩可辦法。攻之急，就出賄賂；攻之緩，就不出賄賂。

〔三〕不急西周：謂不急攻西周。

〔四〕即且趣我：則將督促我。趣，與「趨」通，讀爲「促」。《説文》：「趣，疾也。」我，指東周。

【繫年】

此策時不可考。但與上章時不甚遠。從顧觀光《國策編年》因上，章編在赧王八年。【補】據范祥雍《戰國策箋證》云，此策當在上策《東周與西周戰章》之前。因爲先爭論則後戰之。繫年應在上章之前。

東周欲爲稻章

東周欲爲稻〔一〕，西周不下水〔二〕，東周患之。蘇子謂東周君曰〔三〕：「臣請使西周下水可乎？」乃往見西周之君曰：「君之謀過矣！今不下水，所以富東周也。今其民皆種麥〔四〕，無他種矣。君若欲害之〔五〕，不若一爲下水，以病其所種〔六〕。下水，東周必復種稻；種稻而復奪之〔七〕。若是，則東周之民可令一仰西周〔八〕，而受命於君矣。」

〔一〕爲稻：謂種稻。

〔二〕西周不下水：西周居伊、洛、瀍三河上流，可壅水不使流下，東周不能用水灌溉。

〔三〕蘇子：蘇代或蘇厲。【補】蘇代、蘇厲、蘇秦，戰國時均稱蘇子。此策繫於周赧王八年，時蘇秦已死。這裏説的蘇子，當指蘇代或蘇厲。

〔四〕今其民皆種麥：民，《太平御覽》卷四六〇作「人」。麥，《太平御覽》卷四六〇作「禾」。
〔五〕若欲害之：《太平御覽》卷四六〇作「東周之乏」，卷八三九作「害之」。
〔六〕病其所種：害其所種之麥。病，害。
〔七〕復奪之：復奪其水，害其所種之稻。
〔八〕一仰：完全仰望。

西周君曰：「善。」遂下水〔一〕。蘇子亦得兩國之金也〔二〕。

〔一〕遂下水：三字鮑本無。按《太平御覽》卷四六〇引策文有此三字。
〔二〕兩國之金：《太平御覽》卷四六〇作「兩全」。

【繫年】

顧觀光《國策編年》附於赧王八年，林春溥《戰國紀年》、于鬯《戰國策年表》同。

昭獻在陽翟章

昭獻在陽翟〔一〕，周君將令相國往〔二〕，相國將不欲〔三〕。蘇厲爲之謂周君曰：「楚王與魏王遇也〔四〕，主君令陳封之楚〔五〕，令向公之魏〔六〕。楚、韓之遇也，主君令許公之楚〔七〕，令向公之韓。今昭獻非人主也，而主君令相國往，若其王在陽翟，主君將令誰往？」周君曰〔八〕：「善。」乃止其行。

〔一〕昭獻在陽翟：昭獻，楚人，曾作韓相。昭，楚姓。陽翟，翟音狄，又音宅，今河南禹州市，戰國時屬韓，戰國末，韓遷都於此。

〔二〕相國：官名，丞相或相，即后代宰相，國家最高執政官。《漢官儀》謂此官始於六國時。《趙世家》「肥義爲相國」，應劭曰：「相國之名始此，秦、漢因之。」《韓策三》稱韓有相國。《秦策三》秦客卿造謂穰侯，稱燕有相國。《西周策》稱韓有相國。《吕覽·無義》稱樗里子爲相國。《史記·范雎傳》稱應侯爲相國。《吕不韋傳》稱吕不韋爲相國。證以此策，東周亦有相國，皆在戰國時，《漢書·百官公卿表》謂相國、丞相皆秦官，杜預謂始皇置相國，只是説明秦統一後，將此相國官職確定沿用下來，而相國之官實始於戰國，不始於秦。

〔三〕將不欲：金正煒云：「將，辭也，見《文選·甘泉賦注》引《韓詩章句》。」則此文「將不欲」，猶言「辭不欲」。

〔四〕遇：聚會。春秋時諸侯不到會聚期而相見叫遇。楚王與魏王之遇在此以前，時不可考。

〔五〕主君：春秋以來，大夫之家臣稱大夫爲主。諸侯及卿大夫有封土者皆稱君。

〔六〕向公：不詳。【補】范祥雍《戰國策箋證》按云：「向晉爲周臣，往來於韓、魏間」。諸祖耿《戰國策集注匯考》説向爲地名，即向國，誤。

〔七〕許公：鮑注：陳、向、許皆仕周而位在相下。

〔八〕周：姚注：集、劉、錢本無「周」字。

【繫年】

金正煒云：按《韓策》楚王奉幾瑟以車百乘居陽翟，令昭獻轉而與之處，此策當即其時。當繫於韓襄王十二年、周赧王十五年。

秦假道於周章

秦假道於周以伐韓〔一〕，周恐假之而惡於韓，不假而惡於秦。史黶謂周君曰〔二〕：「君何不令人謂韓公叔曰〔三〕：『秦敢絶塞而伐韓者〔四〕，信東周也。公何不與周地，發重使使之楚〔五〕，秦必疑不信周，是韓不伐也〔六〕。』又謂秦王曰〔七〕：『韓强與周地，將以疑周於秦，寡人不敢弗受。』秦必無辭而令周弗受，是得地於韓而聽於秦也。」

〔一〕秦假道於周以伐韓：《史記·周本紀》：秦借道兩周之間將以伐韓。假道，借路。張琦云：「此時秦已取宜陽，蓋欲過周以攻滎陽、成皋也。」

〔二〕史黶謂周君：史黶，身世無考。黶，姚注：一本作「厭」。《史記·周本紀》作「厭」。周君，西周武公。

〔三〕公叔：鮑注：韓公族。

〔四〕絶塞：絶，横截穿過。塞，險阻可通爲塞。《史記》作「周」。【補】塞，謂函谷關以東之險絶之崤塞。在今河南澠池縣。

〔五〕重使：《周本紀》作「質使」。周派遣重臣或公子爲使。

〔六〕韓不伐：鮑注：「不受秦伐。」

〔七〕秦王：當爲秦武王。

【繫年】

《周本紀》載此事於赧王八年，相當於秦武王四年，甘茂取宜陽之後。

楚攻雍氏章

楚攻雍氏〔一〕，周粻秦、韓〔二〕，楚王怒周〔三〕，周之君患之。

〔一〕雍氏：城名，陽翟雍氏城。在今河南禹州市東北。其地屬韓。

〔二〕周粻秦、韓：雍氏屬韓，楚圍雍氏，秦救之，周以糧食供給秦、韓之軍。粻，糧食。

〔三〕楚王怒周：楚王，楚懷王。楚圍攻韓雍氏，在楚懷王二十三年、周赧王九年。怒周，怒周以糧食供給秦、韓。

爲周謂楚王曰：「以王之强而怒周，周恐，必以國合於所與粟之國，則是勁王之敵也〔一〕。故王不如速解周恐〔二〕，彼前得罪而後得解，必厚事王矣。」

〔一〕勁：強。

〔二〕解周恐：楚不怒周，周即解除恐怖。

【繫年】

《周本紀》在赧王八年，《六國年表》在赧王三年。顧觀光據《周本紀》與《甘茂傳》繫此策於赧王八年。

梁玉繩《史記志疑》卷四案：「雍氏之役，莫定何年，《六國年表》不書也，《楚世家》不書也，惟周、秦二《紀》及齊、韓二《世家》、《甘茂傳》書之。然時既各殊，事頗不合。《秦紀》書於惠文王後十三年，與《齊世家》書於閔王十二年仝，是周赧王三年（徐廣《韓世家》注引《紀年》于此亦説楚景翠圍雍氏，今本無，蓋誤），《韓世家》書於襄王十二年，是赧王十五年（《紀年》與《韓世家》仝），皆誤也。而注《國策》、注《史記》者，不復詳考，遂謂楚兩度圍韓雍氏。以赧王三年爲前所圍，取秦與韓敗楚丹陽事當之；以赧王十五年爲後所圍，取秦敗楚新城事當之，夫丹陽之與雍氏相去遠矣。《策》及《傳》稱秦宣太后。考赧王三年，爲惠文后十三年，惠文未薨，昭王未立，安得有宣太后邪；新城之與雍氏亦甚遠矣。《策》及《世家》稱甘茂。考茂之懼讒出奔，在秦昭王元年，而赧王十五年爲昭王七年，茂久去秦相位，尚何收璽之言哉？蓋注者之誤，由於《策》、《紀》錯亂，因生此異端耳。其實圍雍氏止有一役，楚未嘗再舉，《策》、《紀》未免交混，而其事非丹陽、新城也。其時非赧王三年，十五年也，《周紀》、《甘茂傳》固可據也。《周紀》書於赧王八年之後，次年即秦昭王元年，故《茂傳》云：『昭王新立，太后楚人，不肯救韓。茂爲言於王，乃下師殽以救之。』而救韓之師，《傳》敘於茂伐魏蒲阪之先，『蒲阪未拔，茂亡奔齊』，皆昭王元年事也。然則雍一役，其在赧王九年、秦昭元年、韓襄六年、楚懷王二十三年乎！」

周最謂呂禮章

周最謂呂禮曰〔一〕：「子何不以秦攻齊？臣請令齊相子，子以齊事秦，必無處矣〔二〕。子因令周最居魏以共之〔三〕，是天下制於子也。子東重於齊，西貴於秦，秦、齊合，則子常貴矣〔四〕。」

〔一〕周最謂呂禮：周最，周君之子，仕於齊。《史記》作「周聚」。按策文本蓋作「冣」而訛誤。呂，姚本作「石」，鮑本作「呂」，黃丕烈云：「呂字是也。」呂禮，齊人。《新唐書·宰相世系表》謂爲齊康公七世孫。仕秦，秦昭王時爲五大夫。昭王十三年，魏冉欲誅呂禮，禮出奔魏，後又奔齊。昭王十九年爲齊使使於秦；歸，齊王以禮爲相。後因魏冉伐齊以害呂禮，呂禮出亡，不知所終。

〔二〕必無處：鮑本改「處」爲「慮」。黃丕烈云：「後策文有『必不處矣』，又有『請爲王聽東方之處』。」《呂覽·愛士》，高注：處，猶病也。無處謂無患。鮑本改「處」爲「慮」，義亦相近。按，作「處」自通，不必改字。

〔三〕共之：以齊、魏共同事秦。

【補】〔四〕貴，范本、諸本均爲「重」。義同。照應前文，似應爲「重」。

【繫年】 吕禮奔齊在秦昭王十三年以後，由齊使秦，復歸齊，在秦昭王十九年以後，前後六年。此策當在昭王十九年秦、齊稱帝時。昭王十九年當周赧王二十七年。

周相吕倉章

周相吕倉見客於周君〔一〕。前相工師藉恐客之傷己也〔二〕，因令人謂周君曰：「客者，辯士也，然而所以不可者，好毁人〔三〕。」

〔一〕吕倉見客於周君：吕倉，事迹不詳。見，音「現」，舉薦。

〔二〕工師藉恐客之傷己：工師藉，人名。傷，毁傷。

〔三〕好毁人：好詆毁人、誹謗人。

【補】此章在鮑本爲單章。范本、諸本等多家本中爲獨立之章。後文爲《周文君免工師藉章》。

周文君免工師藉〔一〕，相吕倉，國人不説也。君有閔閔之心〔二〕。謂周文君曰：「國必有誹譽〔三〕，忠臣令誹在己，譽在上。宋君奪民時以爲臺〔四〕，而民非之，無忠臣以掩蓋之也。子罕釋相爲司空〔五〕，民非子罕而善其君〔六〕。齊桓公宮中七市〔七〕，女閭七百〔八〕，國人非之；管仲故爲三歸之家〔九〕，以掩桓公，非自傷於民也。《春秋》記臣弑君者以百數〔一〇〕，皆大臣見譽者也〔一一〕，故大臣得譽，非國家之美也。故衆庶成彊〔一二〕，增積成山。」周君遂不免〔一三〕。

〔一〕周文君免工師藉：《吕覽·諭大》注：「周文君，周末世分東西之後君號也。」《務大》注：則以爲東周之君。此策文君，蓋昭文之省稱。「免」下姚本有「士」字。姚注云：集、曾、一去「士」字。黄丕烈云：鮑衍「士」字。《楚策一》「韓求相工陳藉」，即此也。陳乃「師」字形近之訛。吴師道補曰：「士」字疑衍。金正煒云：「士」即「工」之誤衍。《楚策一·張儀相秦謂昭睢章》亦無「士」字，當從鮑本。今從鮑本，删去「士」字。

〔二〕君有閔閔之心：金正煒云：「君字當爲倉之訛，謂吕倉也。」閔閔，憂慮。

〔三〕誹譽：褒貶善惡。誹，貶議。譽，誇揚。

〔四〕宋君奪民時以爲臺：《左氏襄十七年傳》：「宋皇國父爲太宰，爲平公築臺，妨於農功。子罕請俟農功之畢，公弗許。築者謳曰：『澤門之皙，實興我役；邑中之黔，實慰我心。』子罕聞之，親執撲以行築者，而抶其不勉者，曰：『吾儕小人皆有闔廬以辟燥濕寒暑，今君爲一臺而不速成，何以爲役？』謳者乃止。」

〔五〕子罕釋相爲司空：子罕，姓樂名喜，春秋時宋國貴族。春秋時宋國無司空之官，《左氏桓六年傳》：宋以武公廢司空，故宋無司空之官。司空改爲司城，故《左氏襄六年傳》云「司城子罕」。司城掌土工，即司空之職。

〔六〕民非子罕而善其君：因子罕「執撲以行築者，而抶其不勉者」，故民非子罕而善其君。

〔七〕齊桓公宮中七市：齊桓公，春秋時齊僖公之庶子，名小白。即國君位，用管仲爲相，改革國政，國力富强，稱爲霸主，死謚桓公。宮中七市，鮑彪改七爲「女」。《太平御覽》卷八二七引策文作「九」。「七」、「九」皆言數之多，鮑改爲「女」，無據。

〔八〕女閭七百：以宮女爲市而取樂。民按：「閭」當爲「伴侶」之「侶」。「閭」、「侶」同音，通假。【補正】管仲相齊，爲富民强國，吸引列國行商，曾於齊宮西隅開「女市」，即商業妓院。市中建七排房舍，每排住一百名女子，共七百名，從事賣淫生意，官家徵收「夜合」之資。《國語·齊語》中說：「齊有女閭七百，徵其夜合之資，以通國用。管仲相桓時，立此法，以富國。」「宮中七市，女閭七百」，當指此事。

〔九〕管仲故爲三歸之家：管仲，潁上人，名夷吾，字仲，亦名敬仲，姬姓之後，管嚴之子。與鮑叔牙友善，鮑叔牙薦之與齊桓公，桓公任以爲相。管仲既用，任政於齊，齊桓公以霸，九合諸侯，一匡天下。管仲卒，齊國遵其政，常强於諸侯。三歸，舊有三説：一説是齊桓公賜給管仲之封地名；一説是管仲自築之臺名；一説是娶三姓女。然總觀各書記載，謂「三歸」爲齊桓公賜給管仲之封地名，蓋出自《晏子春秋·内篇雜下》，景公曰：「先君桓公有管仲，恤勞齊國，身老，賞之以三歸，澤及子孫。」謂「三歸」爲娶三姓女，蓋出自《漢書·地理志》：「身在陪臣，而娶三歸。」何晏、包成以之注《論語》。以上兩説，孤證難憑，未足爲據。而大量材料説明「三歸」與財貨、富奢有關。《論語·八佾》云：「管氏有三歸，官事不攝，焉得儉？」《韓非子·外儲説左下》云：管仲相齊，曰：「臣貴矣，然而臣貧。」桓公曰：「使子有三歸之家。」又云：「管仲庭有陳鼎，家有三歸。」《韓非子·難一》云：「管仲以貧爲不可以治富，故請三歸。」《史記·貨殖列傳》云：「管氏亦有三歸，位在陪臣，富於列國之君。」《管子·山至數》云：「則民之有三歸於上者矣。」《説苑·善説》云：「桓公謂管仲曰：『政卒歸子矣！』仲故築三歸之臺，以自傷於民。」即此策所云，亦是説桓公好色，管仲用好貨財以分謗。則「三歸」實指藏貨財之府庫，不謂是三姓女或封地也。胡玉縉《許廎學林》卷五有《論語三歸解》云：「古稱府庫爲臺。」《論語》管氏有三歸，亦是藏貨財之所。《管子・山至數》：「請散棧臺之錢、鹿臺之布。」曰泉曰布，臺爲府庫可知。《泉志》載布文有「齊歸化（貨）」三字可證也。

〔一〇〕《春秋》記臣弒君者以百數：《春秋》，魯國史書，傳孔子所著，記載從魯隱公元年至魯哀公十四年，二百四十二年史實。以下殺上爲弒。《春秋》一書記載弒君三十六，言以百數者，誇大之辭。

〔一一〕見譽：被誇獎、表揚。

〔一二〕成彊：成，鮑本作「如」。彊，黄丕烈云：彊，今本誤作「疆」。黄氏所説今本，乃雅雨堂本。【補正】

彊，今作「强」。成强，是説師藉之得衆强大。

〔一三〕周君遂不免：謂吕倉不爲人所擁護，不足爲害；周君不免吕倉之官。

【繫年】

顧觀光云：《吕氏春秋》言張儀西遊於秦，過東周，昭文君送而資之。按張儀入秦在此年（顯王三十六年）。據徐廣《六國年表》注引《紀年》，顯王九年，東周惠公杰薨。若昭文君爲惠公子，則是年（顯王三十六年）爲昭文君之二十七年，亦正相合也。故附此。今從之，繫於顯王三十六年。

温人之周章

温人之周〔一〕，周不内〔二〕。問曰：「客耶〔三〕？」對曰：「主人也。」問其巷，而不知也。吏因囚之。

〔一〕温人之周：温，周邑。今河南温縣。之，往。

〔二〕内：鮑、姚本皆作「納」，一本作「内」。「納」、「内」古同。

〔三〕客耶：原作「客即」。姚注：一本作「周不内問曰客耶對曰」。又云：《韓非子》文與一本同。顧廣圻云：《周策》無「問之曰客」四字，「耶」作「即」，非。王念孫案：「一本是也。俗書『邪』字作『耶』。『耶』字作『即』，二形相近，故『邪』訛爲『即』，又脱去『問曰』二字耳。『問曰客耶』與『對曰主人也』，相對爲文。若無『問曰』二字，則『對』字之義不通。」此從王念孫説，故增「問曰」二字，改「即」爲「耶」。

君使人問之曰：「子非周人，而自謂非客，何也？」對曰：「臣少而誦《詩》，《詩》曰：『普天之下〔一〕，莫非王土；率土之濱〔二〕，莫非王臣。』今周君天下，則我天子之臣，而又爲客哉？故曰主人。」君乃使吏出之。

〔一〕普：遍。

〔二〕率土之濱：率，循。濱，邊沿。此詩在《小雅·北山》。

【繫年】

從顧觀光，附於赧王二十二年。

或爲周最章

或爲周最謂金投曰〔一〕：「秦以周最之齊疑天下〔二〕，而又知趙之難予齊人戰〔三〕，恐齊、韓之合，必先合於秦。秦、齊合，則公之國虚矣〔四〕。公不如救齊，因佐秦而伐韓、魏，上黨、長子，趙之有已〔五〕。公東收寶於秦〔六〕，南取地於韓、魏，因以困〔七〕，徐爲之東，則有合矣。」

〔一〕金投：鮑本云：蓋趙人之不善齊者。

〔二〕秦以周最之齊疑天下：《魏策四》有《周最入齊章》。秦使周最入齊，天下以爲齊、秦結合，各國親齊親秦，就無所適從。

〔三〕難予：姚本作「難子」。姚注：劉本作「子」，集本改作「予」，曾本作「予」。民按：鮑本作「予」。王念孫云：案作「予」者是也。「予」通「與」，作「予」爲是。

〔四〕國虚：即國家滅亡，變爲丘墟。虚，通「墟」。
〔五〕有已：得有其地。
〔六〕東：當是「西」字之訛。張琦云：東，當作「西」。
〔七〕困：姚本作「因」，義不可通。今從鮑本改爲「困」。

【繫年】

策文言以周最之齊疑天下，乃周最在齊時事。周最入齊在呂禮自齊歸秦以後，故周最自魏入齊。此策當繫於周最自魏復歸於齊之年，在赧王二十九年。

周最謂金投章

周最謂金投曰：「公負全秦與强齊戰〔一〕，戰勝，秦且收齊而封之〔二〕，使無多割〔三〕，而聽天下之戰。不勝，國大傷，不得不聽秦。秦盡韓、魏之上黨〔四〕，太原西止〔五〕，秦之有已。秦地，天下之半也，制齊、楚、三晋之命，覆國且身危，是何計之道也〔六〕。」

〔一〕公負全秦：負，仗恃。全，姚本作「令」，鮑本作「令」。姚注：錢、劉作「全」。作「全」義通。
〔二〕收齊而封之：收，聯合，結交。封，正其國土疆界不使失掉。

〔三〕無多割：不多割地於別國。

〔四〕上黨：戰國時，韓、魏、趙皆有上黨。韓上黨在今山西壺关南部一帶。魏上黨在今壺关以西，趙上黨在今壺关以北長治一帶。

〔五〕太原西止：西，姚注：錢、一作「而」。而止，謂至太原而止。鮑改「止」爲「土」。張琦云：上黨句絶，太原西土趙地，秦盡上黨，則趙自太原以西亦不守。按張琦説，鮑改「止」爲「土」，其義亦可通。

〔六〕何計之道：謂其計不足道。

【繫年】

此與上章爲同時事，繫於赧王二十九年。

右行秦章

右行秦謂大梁造曰〔一〕：「欲決霸王之名，不如備兩周辯知之士〔二〕。」謂周君曰：「君不如令辯知之士，爲君争於秦。」

〔一〕右行秦謂大梁造：右行秦，姚本作「石行秦」。姚注：劉本作「右行楚」。吴正：一本「石」作「右」。民按：右行，古官名，因以爲氏。作「右」爲是。大梁造，秦爵名，「梁」亦作「良」。《秦本紀》秦孝公十年衛鞅、惠王五年公孫衍、昭王十五年白起皆封此爵，屬軍功爵。

〔二〕備：預備。

【繫年】

從顧觀光，附於赧王四十五年。

謂薛公曰章

謂薛公曰〔一〕：「周最於齊王也而逐之〔二〕，聽祝弗〔三〕，相呂禮者，欲取秦，秦、齊合〔四〕，弗與禮重矣〔五〕。有周齊，秦必輕君〔六〕。君弗如急北兵趨趙以秦、魏〔七〕，收周最以爲後行〔八〕，且反齊王之信〔九〕，又禁天下之率〔一〇〕。齊無秦，天下果〔一一〕，弗必走，齊王誰與爲其國。」

〔一〕薛公：薛，齊邑，今山東滕州市南。齊宣王封其弟田嬰於此，號薛公。其子田文繼之，亦稱薛公。此薛公指田文，即孟嘗君。

〔二〕周最於齊王也而逐之：此句姚本、鮑本皆有脱誤。《史記·孟嘗君傳》：「周最於齊至厚也。」語意完整。姚本、鮑本「至」字誤爲「王」，姚本又脱「厚」字，遂至意不可解。當據《史記·孟嘗君傳》改爲「周最於齊至厚也而齊王逐之」，意乃可通。

〔三〕祝弗：姚注：《史記》作「親弗」，注云，人姓名。《索隱》引《戰國策》作「祝弗」，蓋祝爲得也。鮑注：祝弗，齊人。

〔四〕欲取秦，秦、齊合：姚本如此。鮑本「秦」字不重，鮑據《史記》在「秦」下補「也」字。吴正：一本「欲取秦，秦、齊合」。

〔五〕弗與禮重：言齊、秦聯合，則祝弗與呂禮二人皆爲齊國所重用。

〔六〕有周齊，秦必輕君：周，鮑本衍。吴正：《史》作「用」。當從《史記》作「用」。言祝弗與呂禮有一人用於齊，秦必輕視孟嘗君。

〔七〕君弗如急北兵趨趙以秦、魏：「趨」與「趣」通，促使。《史記》「魏」下有「和」字。此時秦怒齊，齊、趙交惡，秦欲聯合趙、魏以攻齊，故云急北兵促趙以應秦、魏而攻齊。鮑注：能左右之曰以。

〔八〕收周最以爲後行：吴正：當從《史》，無「爲」字。「後」作「厚」。周最本厚於齊，今齊逐之，故收最以厚其行。借以反對祝弗與呂禮。

〔九〕且反齊王之信：齊用呂禮以聯合秦並取信於秦，今反與趙合，以明齊王無信，使秦懷疑齊而不與齊聯合。

〔一〇〕又禁天下之率：又，雅雨堂本誤爲「以」。鮑注：率，從也。謂從齊。吴補：率，《史》作「變」。《索隱》云：齊、秦合則弗、禮用，用則輕孟嘗。二説皆通。

〔一一〕齊無秦，天下果：吴正：此「果」字當從《史》作「集」。民按：《史記》「集」下復有「齊」字。當從《史記》作「齊無秦，天下集齊」。意思是齊不與秦聯合，則天下的兵必集合而攻齊。

【繫年】

《史記·孟嘗君傳》載此策於田文謝病歸薛以後。此策有「收周最以後行，且反齊王之信」。知爲田文奔魏以後，召秦伐齊以前之事。當繫在周赧王二十九年。

齊聽祝弗章

齊聽祝弗，外周最。謂齊王曰〔一〕：「逐周最、聽祝弗、相呂禮者，欲深取秦也〔二〕。秦得天下，則伐齊深矣〔三〕。夫齊合，則趙恐伐〔四〕，故急兵以示秦〔五〕。秦以趙攻〔六〕，與之齊伐趙〔七〕，其實同理〔八〕，必不處矣〔九〕。故用祝弗，即天下之理也〔一〇〕。」

〔一〕齊王：齊閔王。

〔二〕欲深取秦：深，重。引申爲甚。取，收。

〔三〕秦得天下，則伐齊深矣：秦、齊是戰國末年兩大强國。在秦、齊争强中，秦能用外交手段拉攏住齊國，則勢力益强，其他各國不得不屈服於秦。齊、秦兩雄不能並立。秦得到天下各國之支持，更增加威懾齊國之力量，所以説伐齊深矣。

〔四〕夫齊合，則趙恐伐：「夫」下鮑本補「秦」字，雅雨堂本同。此策文主語爲秦，無「秦」字則文意亦明。趙恐伐，趙恐齊、秦聯合攻伐它。

〔五〕急兵以示秦：趙爲討好於秦，必急出兵攻齊，以表示對秦忠誠無二心。

〔六〕秦以趙攻：秦以趙攻齊。金正煒云：「攻」下疑遺「齊」字。

〔七〕與之齊伐趙：之，代詞，指秦。與秦以齊伐趙。

〔八〕其實同理：秦以趙攻齊，與秦以齊攻趙，道理相同。

〔九〕必不處矣：鮑注：處，猶據。不處，謂變動不居。聯趙攻齊，或聯齊伐趙，道理相同，秦必不據守一策，一成不變。

〔一〇〕即天下之理：即，就。即天下，謂天下各國將皆靠近秦國。

【繫年】

此與上章爲同時事，故亦繫於赧王二十九年。

蘇厲爲周最章

蘇厲爲周最謂蘇秦曰〔一〕：「君不如令王聽最〔二〕，以地合於魏，趙故必怒合於齊〔三〕，是君以合齊與强楚吏産子君〔四〕。若欲因最之事，則合齊者，君也；割地者，最也。」

〔一〕蘇厲爲周最謂蘇秦：《史記·蘇秦傳》：蘇秦，東周雒陽人。其弟代，代弟厲，皆以遊説合縱名顯諸侯。《史記索隱》云：蘇秦字季子，蘇忿生之後，己姓也。引譙周云：蘇秦兄弟五人。秦最少。兄代，代弟厲及辟、鵠，並爲遊説之事。與《史記・蘇秦傳》記載有出入。

〔二〕君不如令王聽最：君，指蘇秦。民按：此策當爲蘇厲在齊時事。王，指齊閔王。

〔三〕趙故必怒合於齊：姚注：曾本無「故」字。怒，一本作「恕」。周最自魏返齊，故説齊以地合於魏。齊、魏合，則趙孤，故趙怒而急合於齊。

〔四〕是君以合齊與强楚吏産子君：姚注：以合，一本作「全以」。此句未詳。【補正】「是君以合齊與强楚吏産子君」句，語意不通。疑斷句誤或傳抄誤。按文意應爲：「是君以全齊與强楚，事産于君。」「合」乃「全」字書寫之誤；「吏」與「事」本爲一字，此當作「事」字解。「子」乃「于」字書寫之訛。此一更改，文意自明。

【繫年】

此事在周最自魏歸齊之後，在齊閔王十五年，當周赧王二十九年。

謂周最曰章

謂周最曰：「仇赫之相宋〔一〕，將以觀秦之應趙、宋，敗三國〔二〕。三國不敗，將與趙、宋合於東方以孤秦〔三〕，亦將觀韓、魏之於齊也。不固，則將與宋敗三國，則賣趙、宋於三國〔四〕。公何不令人謂韓、魏之王曰：『欲秦、趙之相賣乎？何不合周最兼相〔五〕，視之不可離〔六〕，則秦、趙必相賣以合於王也。』」

〔一〕仇赫：姚注：《史記》「机郝」。吴補：赫，一本作「郝」。【補】《趙策三》稱「机郝」，《趙策四》爲「仇郝」，本爲一人而書寫誤。

〔二〕三國：韓、魏、齊。《魏世家》哀（襄）公二十一年，與齊、韓共敗秦軍於函谷。

〔三〕將與趙、宋合於東方以孤秦：與，姚本作「興」，鮑本作「與」，「興」乃「與」字之訛。今從鮑本作「與」。東方，指齊、魏、韓三國。

〔四〕【補】則賣：上當缺文。據日本安井衡云：「則賣」上當有「固」字。安井説是。

〔五〕何不合周最兼相：金正煒云：合，當爲「令」之誤。兼相，並相韓、魏二國。

〔六〕視之不可離：「視」與「示」通，表示三國之不可離。

【繫年】

此赧王十七年事。鮑注：《魏紀》哀二十一年，與韓、齊敗秦函谷。蓋此時秦欲敗之，反爲所敗也。赧王十八年。吴正：「哀」當作「襄」，「十八」當作「十七」，《六國年表》文《大事記》從之。顧觀光《國策編年》繫於赧王十七年。

爲周最謂魏王章

爲周最謂魏王曰〔一〕：「秦知趙之難與齊戰也〔二〕，將恐齊、趙之合也，必陰勁之〔三〕。趙不敢戰，恐秦不己收也〔四〕，先合於齊。秦、趙争齊〔五〕，而王無人焉〔六〕，不可。王不去周最合與收齊〔七〕，而以兵之急〔八〕，則伐齊無因事也〔九〕。」

〔一〕魏王：魏襄王。

〔二〕難與齊戰：怕與齊戰。難，不和。

〔三〕必陰勁之：姚注：曾、集改「勁」作「助」。陰勁，暗中支持趙使之强勁。

〔四〕不己收：即不收己，不與之結交。

〔五〕秦、趙争齊：秦欲伐齊，趙欲合齊，故云争齊。

〔六〕無人焉：無人在齊、趙主合戰之事。

〔七〕王不去周最合與收齊：時周最在魏，使之離魏返齊。合與，聯合與國。收齊，結交齊國。

〔八〕以兵之急：秦、趙皆合於齊，而魏以秦兵之急則伐齊。

〔九〕無因事：言在齊無憑借主合、戰之事矣。因，猶依。

【繫年】

顧觀光繫此策於赧王二十九年，當魏昭王十年、齊閔王十五年、秦昭王二十一年。

謂周最曰魏王以國與先生章

謂周最曰：「魏王以國與先生〔一〕，貴合於秦以伐齊〔二〕。薛公故主〔三〕，輕忘其薛，不顧其先君之丘墓〔四〕，而公獨修虛信〔五〕，爲茂行〔六〕，明群臣〔七〕，據故主，不與伐齊者産以忿强秦〔八〕，不可。公不如謂魏王、薛公曰：『請爲王入齊，天下不能傷齊，而有變〔九〕，臣請爲救之；無變，王遂伐之〔一〇〕。且臣爲齊奴也〔一一〕，如累王之交於天下〔一二〕，不可。王爲臣賜厚矣，臣入齊，則王亦無齊之累也。』」

〔一〕魏王以國與先生：魏王，魏昭王。吴正：《孟子》注，學士年長者謂之先生。與，謂相之。

〔二〕貴：鮑注：貴，猶欲。

〔三〕薛公故主：薛公，田文。故主，謂齊閔王。因周最曾仕齊，故稱閔王爲故主。吴正：「故主」上恐缺一字。
蓋言文猶背齊，以起下文最不與伐齊之意。

〔四〕不顧其先君之丘墓：謂孟嘗君勸秦伐齊，背叛故國。

〔五〕公獨修虛信：謂周最親齊，今魏王使其相魏，欲以聯秦伐齊，而周最不肯，故云「獨修虛信」。

〔六〕爲茂行：姚注：曾本「爲」下有「物」字，劉本無。茂，盛美。

〔七〕明群臣：明，表明。臣，魏國之臣。

〔八〕不與伐齊者産以忿强秦：「者」字鮑本無。鮑注：産，猶生也。魏欲伐齊，己獨不與，猶生此枝節也。違秦不伐齊，故秦忿。【正】「不與伐齊者」下應斷句爲逗。「産以忿强秦」一句，范祥雍按引張尚瑗云：「乃倒字句式，直曰『以産忿强秦』耳。」

〔九〕而有變：金正煒云：「而」讀爲「若」，謂不能傷齊，或變而合於齊也。

〔一〇〕伐之：伐齊。

〔一一〕且臣爲齊奴也：臣，鮑本作「秦」。齊奴，齊王之臣僕奴隸。

〔一二〕累王之交於天下：累，妨礙。交，指魏與秦、齊。

【繫年】

吴師道舉《大事記》以爲赧王二十九年魏以田文爲相時事。當魏昭王十年、齊閔王十五年。此章與《魏策四·周𡨋入齊章》相首尾。黄式三《周季編略》、顧觀光《國策編年》皆繫此策於赧王二十九年。

趙取周之祭地章

趙取周之祭地〔一〕，周君患之，告於鄭朝〔二〕。鄭朝曰：「君勿患也，臣請以三十金復取之。〔三〕」

〔一〕祭地：供粢盛祭品之土地。【補正】祭，乃爲地名。周公東征後封其子爲侯，封於祭。在今河南鄭州市東北二十里之祭城。一説今河南省中牟縣西之祭亭。春秋爲鄭邑，戰國時鄭被韓滅，祭地入韓。鄭國貴族四散投奔。凡外逃之鄭國貴族均稱「鄭人」。觀下句「周君患之，告於鄭朝」，可證。

〔二〕鄭朝：鮑注：凡鄭皆鄭人。

〔三〕三十金：古代以黄金一斤爲一金。三十金，三十斤黄金。《莊子·逍遥遊》疏：金方一寸重一斤，爲一金也。吴正：《正義》云，秦以鎰爲一金。孟康云，二十四兩。《國語》注同。趙岐云，二十兩。高注同。

周君予之，鄭朝獻之趙太卜〔一〕，因告以祭地事。及王病，使卜之。太卜譴之曰〔二〕：「周之祭地爲祟〔三〕。」趙乃還之。

〔一〕太卜：卜筮官之長。

〔二〕譴：責怪，責問。

〔三〕祟：神禍。

【繫年】

此策時不可考，從顧觀光《國策編年》，附於赧王二十九年。

杜赫欲重景翠章

杜赫欲重景翠於周〔一〕，謂周君曰：「君之國小，盡君之重寶珠玉以事諸侯〔二〕，不可不察也。譬之如張羅者〔三〕，張於無鳥之所，則終日無所得矣；張於多鳥處，則又駭鳥矣〔四〕；必張於有鳥無鳥之際，然後能多得鳥矣。今君將施於大人，大人輕君；施於小人，小人無可以求〔五〕，又費財焉。君必施於今之窮士，不必且爲大人者〔六〕，故能得欲矣〔七〕。」

〔一〕杜赫欲重景翠於周：杜赫，東周人，與東周昭文君同時，《吕氏春秋·務大》有杜赫説周文君以安天下事。重景翠於周，欲使景翠爲周所重。

〔二〕之：姚本作「子」，今從鮑本作「之」，義通。

〔三〕張羅：張架網羅以擒鳥。羅，捕鳥之網。

〔四〕駭：驚恐。

〔五〕小人無可以求：言無所可求於小人。
〔六〕不必且爲大人者：不一定施賄賂於大人。
〔七〕能得欲：能得其所想得。

【繫年】

杜赫見《齊策一·田忌亡齊而之楚章》，在齊宣王時；又見《楚策三·五國伐秦魏欲和章》，當楚懷王十一年、周顯王三十六年。【正】周顯王三十六年，即公元前三三三年；楚紀元爲楚威王七年，四年後楚懷王立。懷王十一年乃公元前三一八年，中間差誤多矣！考此策，繫年似應爲楚懷王十一年，當周慎靚王三年。

周共太子死章

周共太子死〔一〕，有五庶子皆愛之〔二〕，而無適立也〔三〕。司馬翦謂楚王曰〔四〕：「何不封公子咎，而爲之請太子〔五〕？」

〔一〕周共太子：《周本紀》作西周武公之共太子。《史記·集解》引徐廣曰：惠公之長子。《史記索隱》：按《戰國策》作東周武公。
〔二〕五庶子：張尚瑗曰：赧王五庶子，其可知其三，曰最，曰咎，曰果。齊所立者最，楚所立者咎，而周君屬意於果。最既不得立，乃臣事齊，又嘗相魏，見於短長書者如此。

〔三〕適：嫡主也，「適」通「嫡」。

〔四〕司馬翦謂楚王：姚注：一本無「楚」字。司馬翦，疑即昭翦，爲楚司馬之官。楚王，楚懷王。

〔五〕封公子咎，而爲之請太子：封，封以土地。《周本紀》有「以地資公子咎」。咎，姚注：一本作「右」。周君之庶子。請太子，請於周使立爲太子。

左成謂司馬翦曰〔一〕：「周君不聽，是公之智困而交絶於周也〔二〕。不如謂周君曰〔三〕：『孰欲立也？微告翦，翦令楚王資之以地〔四〕。』公若欲立爲太子〔五〕，因令人謂相國御展子、廧夫空曰〔六〕：『王類欲令若爲之〔七〕，此健士也〔八〕，居中不便於相國。』相國令之爲太子〔九〕。」

〔一〕左成：楚人。姚注：左，一本作「右」。民按：《史記·周本紀》作「左」。

〔二〕智困而交絶於周：智困，智謀行不通。交絶於周，楚、周之交斷絶。

〔三〕謂：《史記》作「請」。

〔四〕令楚王資之以地：令，姚本作「今」。鮑本、《史記》皆作「令」，當從鮑本。資之以地，謂封公子咎以土地以爲憑藉。資，姚注：一本作「奉」。

〔五〕公若欲立爲太子：公，指司馬翦。若，如。

〔六〕相國御展子、廧夫空：御，楚相國之御者，名展子。廧，同「嗇」。嗇夫，官名，其人名空。

〔七〕王類欲令若爲之：王，楚王。類，似乎。若，你。

〔八〕此健士也：此二人是雄健之士。

〔九〕相國令之爲太子：楚相國使展子、嗇夫空使周請立公子咎爲太子。

【繫年】

《史記·周本紀》載此事於赧王初即位之後。從顧觀光《國策編年》，附此策於赧王之元年。

三國隘秦章

三國隘秦〔一〕，周令其相之秦〔二〕，以秦之輕也〔三〕，留其行〔四〕。

〔一〕三國隘秦：三國，韓、趙、魏。隘，亦作「阨」，阻絶不通。

〔二〕之：往。

〔三〕輕：不重視。

〔四〕留其行：留，停留不進。停止往秦國之行動。《史記·周本紀》作「還其行」。《正義》：「以秦輕易周相，故相國於是反歸周也。」

有人謂相國曰：「秦之輕重，未可知也。秦欲知三國之情[一]，公不如遂見秦王[二]，曰：『請爲王聽東方之處[三]。』秦必重公。是公重周，重周以取秦也。齊重故有周，而已取齊，是周常不失重國之交也[四]。」

〔一〕三：姚注：三，曾、集、劉、錢作「亡」。民按：「亡」乃「三」之訛誤。《史》作「三」，「三」字是也。

〔二〕秦王：秦昭王。

〔三〕請爲王聽東方之處：爲，姚本作「謂」。鮑本、《史記》皆作「爲」。「爲」、「謂」古通，但作「爲」爲是。聽，偵察。東方，指三國。處，《史記》作「變」。謂偵察東方三國之所作所爲。

〔四〕周常不失重國之交：《史記正義》：「按周最事齊而和於齊、周，故得齊重，今相國又得秦重，是相國收秦，周最收齊，周常不失大國之交也。」

【繫年】

依《周本紀》，三晋距秦，周令其相國之秦，應繫此策於赧王五十八年，顧觀光《國策編年》亦繫於此年。【補正】范祥雍按此策繫年曰：「若赧王五十八年，當齊王建時，破殘之餘，僅能自守，不足言重。而周最是否尚存，亦可懷疑。據此更可證此當赧王十七年事也。」范按是。

昌他亡西周章

昌他亡西周之東周〔一〕，盡輸西周之情於東周〔二〕。東周大喜，西周大怒。馮旦曰〔三〕：「臣能殺之。」君予金三十斤。馮旦使人操金與書，間遺昌他曰〔四〕：「告昌他，事可成，勉成之；不可成，亟亡來〔五〕。事久且泄〔六〕，自令身死〔七〕。」因使人告東周之候曰〔八〕：「今夕有奸人當入者矣。」候得而獻東周，東周立殺昌他。

〔一〕昌他亡西周：昌，鮑改爲「宫」，下同。《御覽》卷四六七引策作「吕」。吴師道正曰：且當依本文。亡，逃亡。因罪離開本國。

〔二〕輸西周之情：輸，輸送。情，國之隱情。

〔三〕馮旦：鮑改「旦」爲「且」，又改爲「雎」。吴師道正曰：且當依本文。

〔四〕間遺昌他：爲反間書以送給昌他。「他」下姚本有「書」字，鮑本無。今從鮑本删去「書」字。

〔五〕亟亡來：亟，急。亡來，逃回來。姚本、鮑本「亡來」下復有「亡來」二字。姚注：一本止一「亡來」字。今從一本。

〔六〕泄：泄露。

〔七〕自令身死：事情泄露，不逃回，自取死。
〔八〕候：偵候之吏，即間諜。

【繫年】

《史記·周本紀》赧王八年有東周與西周相攻事。從顧觀光《國策編年》，繫此策於赧王八年。

昭翦與東周惡章

昭翦與東周惡〔一〕，或謂昭翦曰：「爲公畫陰計〔二〕。」昭翦曰：「何也？」「西周甚憎東周，嘗欲東周與楚惡，西周必令賊賊公〔三〕，因宣言東周也，以惡之於王也〔四〕。」昭翦曰：「善。吾又恐東周之賊己，而以輕西周惡之於楚〔五〕。」遽和東周〔六〕。

〔一〕惡：疾惡相仇。
〔二〕爲公畫陰計：公，指昭翦。畫陰計，暗中籌策謀劃。
〔三〕令賊賊公：上「賊」字名詞。下「賊」字動詞，暗殺。《孟子·梁惠王下》：「賊仁者謂之賊。」殺人不以道曰賊。
〔四〕惡：姚本作「西周」，鮑本改爲「惡」。王念孫云：舊本「惡」字訛作「西周」，今從鮑本改爲「惡」。【補正】此處文字從鮑本。金正煒曰：「此策文字淆誤，鮑改義亦未定。疑『善』字當在『昭翦曰』之上，『吾』字亦『善』之訛也。西周賊昭翦，而可宣言東周所爲者，以西周之於王也善，則不疑其行賊矣！『善』字正與上文『與東周惡』相應。」金説是。此句似應爲「以西周之於王也善」。

〔五〕而以輕西周：王引之云：「『輕』當爲『誣』，謂恐東周殺翦，而又因殺翦之事誣西周，惡之於楚也。俗書「誣」字或作「巫」。「誣」，其右畔與「輕」相似，因訛而爲「輕」。「輕」、「誣」二字往往相亂。

〔六〕遽：遂即，立即。

【繫年】

此與上章爲同時事，故從顧觀光，編在赧王八年。

嚴氏爲賊章

嚴氏爲賊〔一〕，而陽堅與焉〔二〕。道周〔三〕，周君留之十四日，載以乘車駟馬而遣之〔四〕。韓使人讓周〔五〕，周君患之。

〔一〕嚴氏爲賊：《韓非子·説林上》：「嚴遂不善周君，（周君）患之。馮沮曰：嚴遂相而韓傀貴於君，不如行賊於韓傀，則君必以爲嚴氏也。」此嚴氏當爲嚴遂。賊，鮑注：殺人不以道曰賊。

〔二〕而陽堅與焉：姚注：堅，曾、一作「豎」。黄丕烈云：《韓策》「陽堅」，此作「豎」字有訛。今從《韓策》改「豎」爲「堅」。下同。與焉，參與其事。

〔三〕道周：經過周。周，東周。

〔四〕載以乘車駟馬：一車駕四馬爲乘。駟，謂四匹馬。

〔五〕讓：鮑注：讓，譙責。以辭相責也。

客謂周君曰〔一〕：「正語之曰〔二〕：『寡人知嚴氏之爲賊，而陽堅與之，故留之十四日以待命也〔三〕。小國不足以容賊〔四〕，君之使又不至，是以遣之也。』」

〔一〕客謂周君曰：「曰」字鮑本無，姚本有。吴補：一本「客謂周君曰」。

〔二〕正語之曰：吴補：正，猶直也。語之，鮑注：使以留之之情告之。

〔三〕待命：等待韓國命令。

〔四〕小國不足以容賊：「足」字下，姚本有「亦」字。鮑本衍「亦」字。吴補：疑在「不」字上。一本無。今從一本，删去「亦」字。

【繫年】

據《韓策二》之《韓傀相韓章》、《東孟之會章》，當繫此策於韓哀侯六年、周烈王五年。

戰國策卷二

西周

薛公以齊爲韓魏攻楚章

薛公以齊爲韓、魏攻楚〔一〕，又與韓、魏攻秦〔二〕，而藉兵乞食於西周〔三〕，韓慶爲西周謂薛公曰〔四〕：「君以齊爲韓、魏攻楚，九年而取宛、葉以北，以强韓、魏〔五〕。今又攻秦以益之。韓、魏南無楚憂，西無秦患，則地廣而益重，齊必輕矣。夫本末更盛，虚實有時，竊爲君危之。君不如令弊邑陰合於秦，而君無攻，又無藉兵乞食〔六〕。君臨函谷而無攻〔七〕，令弊邑以君之情謂秦王曰〔八〕：『薛公必不破秦以張韓、魏〔九〕，所以進兵者，欲王令楚割東國以與齊也〔一〇〕。』秦王出楚王以爲和〔一一〕，君令弊邑以此忠秦〔一二〕，秦得無破，而以楚之東國自免也，必欲之。楚王出，必德齊，齊得東國而益强，而薛世世無患。秦不大弱而處之三晋之西，三晋必重齊。」

〔一〕薛公：薛，齊地名，在今山東滕州市南四十里有薛城。齊威王封其少子田嬰於此，號靖郭君。其子田文襲其封地爵位，故稱田文爲薛公。

〔二〕又與韓、魏攻秦：據《史記・孟嘗君傳》，田文於齊閔王三年入秦，秦昭王以爲相。後又囚田文，欲殺之。次年田文逃歸齊國，爲齊相，孟嘗君怨秦，將以齊爲韓、魏攻楚，因與韓、魏攻秦。擊秦軍於函谷關。【補】高誘注曰：「楚懷王二十六年，齊、韓、魏攻楚，此（赧王）十二年也。」當齊閔王十七年。

〔三〕藉兵乞食：藉，與「借」同。食，糧食。

〔四〕韓慶爲西周謂薛公：姚注：《史記》蘇代爲西周。《史記索隱》云：《戰國策》作「韓慶爲西周謂薛公」。高注：韓慶，西周臣也。

〔五〕九年而取宛、葉以北，以强韓、魏：「而」字，鮑本無。以强韓、魏，鮑本作「爲强韓、魏」。吴補：一本「而取宛、葉以北，以强韓、魏」。宛，今河南南陽市。葉，今河南葉縣。張琦云：宛、葉以北，今襄城、魯山等地。梁玉繩《史記志疑》卷三〇云：此乃《西周策》之誤。時爲赧王十七年，齊與韓、魏攻秦，而齊於前三年共秦、韓、魏攻楚，於前五年與韓、魏伐楚。則言九年，非也。取宛、葉亦妄。

〔六〕又無藉兵乞食：高注：勿示秦以少兵少糧也。

〔七〕君臨函谷而無攻：臨，言以兵至其地。函谷，關塞名。以路在谷中，深險如函，故以爲名。秦函谷關在今河南靈寶市北三十里，舊縣南，關城遺迹猶在。無攻，不攻秦。【補】高誘注：函谷關在今河南新安縣東。誤。戰國函谷關在今河南靈寶市北；新安縣東之函谷關爲漢武元鼎三年新設之關。

〔八〕秦王：秦昭王。

〔九〕薛公必不破秦以張韓、魏：姚本「必」下無「不」字。鮑本有「不」字。吴補：又此下有「不」字是。

【補】張，强也。高誘注爲「强」，鮑彪注爲「大」，同義。

〔一〇〕東國：即楚之東地，亦稱下東國。以在國都之東，故稱東國。自河南郾城以東，沿淮北至泗上，皆楚下東國之地。

〔一一〕秦王出楚王以爲和：高注：出，歸也。楚懷王三十年，張儀誘楚懷王會秦，秦留之。故要秦歸楚懷王以爲講和條件。

〔一二〕忠：鮑本作「患」。《史記》作「惠」。雅雨堂本作「惠」。民按：從《史記》作「惠」爲是。

薛公曰：「善。」因令韓慶入秦，而使三國無攻秦，而使不藉兵乞食於西周。

【繫年】

策文記楚懷王入秦事，當在楚懷王三十年、周赧王十六年之後。《六國年表》周赧王十七年，魏與齊、韓共擊秦於函谷，當繫於赧王十七年。

秦攻魏將犀武章

秦攻魏將犀武軍於伊闕〔一〕，進兵而攻周。爲周最謂李兌曰〔二〕：「君不如禁秦之攻周〔三〕。趙之上計，莫如令秦、魏復戰。今秦攻周而得之〔四〕，則衆必多傷矣。秦欲待周之得〔五〕，必不攻魏；秦若攻周而不得，前有勝魏之勞，後有攻周之敗，又必不攻魏。今君禁之，而秦未與魏講也〔六〕。而全趙令其止〔七〕，必不敢不聽，是君却秦而定周也。秦去周，必復攻魏，魏不能支〔八〕，必因君而講，則君重矣。若魏不講，而疾支之，是君存周而戰秦、魏也，重亦盡在趙。」

〔一〕秦攻魏將犀武軍於伊闕：王念孫云：「攻」字當作「敗」，今作「攻」者，因下「攻」字而誤。《史記·周本紀集解》引此策曰「秦敗魏將犀武於伊闕」是其證。犀，諸本皆作「犀」，唯鮑本作「犀」，《史記集解》引此策作「犀」。犀即「犀」之別體。今從鮑本作「犀」。犀武，魏將。伊闕，《水經注》以爲禹鑿龍門以通水，兩山相對若闕，伊水歷其間，故謂之伊闕。俗名「龍門」。在今河南洛陽市南三十里。

〔二〕李兌：趙人，號奉陽君，曾爲趙司寇。

〔三〕禁：制止。

〔四〕得之：得其土地、人民。

〔五〕待：鮑本改「待」爲「持」。吳補：字有訛。

〔六〕講：高注：講，和也。《史記·甘茂傳索隱》引鄒氏云，「講」讀爲「媾」。吳師道云：搆、構、購、媾、講等字常互混淆。今凡爲和解之義者，定讀從「媾」；爲交結之義者，字當從「手」（扌）。

〔七〕而：姚注：而，曾、一作「攻」，劉作「而」。

〔八〕支：高注：支，猶拒。支撐，支持。

【繫年】

按《秦本紀》、《白起傳》，秦昭王十四年左更白起攻韓、魏於伊闕，斬首二十四萬，進兵攻西周。策所言即此時事。

秦昭王十四年，當魏昭王三年、周赧王二十二年。

秦令樗里疾章

秦令樗里疾以車百乘入周〔一〕，周君迎之以卒〔二〕，甚敬〔三〕。楚王怒〔四〕，讓周，以其重秦客〔五〕。

〔一〕樗里疾：樗，木名。高注：其里有樗樹，故曰樗里。名疾，秦公子也。《竹書紀年》稱「褚里疾」。樗里在今陝西西安市西北漢長安城長樂宮之西，俗名楊家城。因居在樗里，故又號樗里子。樗里疾，秦惠王之弟，秦武王時爲右丞相。《史記》有傳。【補】《史記·樗里子傳》中曾記其事。

〔二〕迎之以卒：兵士百人爲卒。《太平御覽》卷四六〇無「以卒」二字。

〔三〕甚敬：敬重樗里疾。亦説「敬」當讀爲「儆」，儆戒之意。

〔四〕楚王怒：楚懷王怒周敬重樗里疾。

〔五〕重秦客：《御覽》卷四六〇「客」下有「也」字。秦客，指樗里疾。

游騰謂楚王曰〔一〕：「昔智伯欲伐厹由〔二〕，遺之大鍾〔三〕，載以廣車〔四〕，因隨入以兵，厹由卒亡，無備故也。桓公伐蔡也〔五〕，號言伐楚，其實襲蔡〔六〕。今秦者〔七〕，虎狼之國也，兼有吞周之意〔八〕，使樗里疾以車百乘入周，周君懼焉，以蔡、厹由戒之〔九〕，故使長兵在前〔一〇〕，强弩在後，名曰衛疾，而實囚之也〔一一〕。周君豈能無愛國哉？恐一日之亡國〔一二〕，而憂大王〔一三〕。」楚王乃悦。

〔一〕游騰謂楚王：《太平御覽》卷四六〇「騰」下有「爲周君」三字。姚注：《春秋後語》「騰」作「勝」。游騰，周人。

〔二〕昔智伯欲伐厹由：智伯，晉卿智瑶。厹由，《史記·樗里子傳》作「仇猶」，《韓非子·説林》作「仇繇」，《吕氏春秋·權勛》、《通鑒外紀》作「夙繇」。高誘注：或作「仇首」。黄丕烈云：「『夙』是『厹』形近之訛，『厹』、『仇』同字。」音「求」。厹由，古國名，在今山西盂縣東北有仇猶城，其國境近晉。鮑注爲《漢書·地理志》的臨淮郡仇猶縣，誤。今正之。

〔三〕遺之大鍾：遺，音爲，贈送。大鍾，樂器。【補】詳見《韓非子·説林》和《吕氏春秋·權勛》。

〔四〕廣車：大車。鄭玄云：「横陣之車。」鮑注：載以廣車，欲開道也。

〔五〕桓公伐蔡：桓公，齊桓公小白。伐蔡事在春秋魯僖公四年。蔡國在今河南上蔡。其後遷於今河南新蔡，又遷於今安徽鳳臺，被楚所滅。

〔六〕襲：乘其不防而進擊之。

〔七〕者：鮑本無。《史記・樗里子傳》亦無「者」字。無「者」字爲是。

〔八〕兼有吞周之意：《御覽》卷四六〇作「有獨吞之意」。吞，吞併，滅亡。

〔九〕厹由戒之：言以蔡、厹由二國爲戒。戒，鮑本作「惑」，一本作「戒」，作「戒」爲是。

〔一〇〕長兵：兵，兵器，武器。長兵，戈、矛一類之兵器。

〔一一〕也：鮑本無，《史記・樗里子傳》同。吴補：一本有。

〔一二〕恐一日之亡國：姚注：錢、劉、一無「國」字。民按：《史記》有「國」字。

〔一三〕憂大王：爲大王所憂。

【繫年】

據《史記・樗里子傳》，秦拔韓宜陽之後，樗里疾才能得以入周。赧王八年，秦甘茂伐宜陽，拔之。此策當繫於赧王八年。當秦武王四年。

雍氏之役章

雍氏之役〔一〕，韓徵甲與粟於周〔二〕。周君患之，告蘇代。蘇代曰：「何患焉〔三〕？代能爲君令韓不徵甲與粟於周，又能爲君得高都〔四〕。」周君大悦曰：「子苟能，寡人請以國聽。」

〔一〕雍氏之役：高注：雍，韓別邑也。楚攻韓圍雍氏，故曰役。役，事也。雍氏城，黄帝臣雍父作杵臼所封之地。在今河南扶溝縣西南四十里，與禹州市接界。【補】《括地志》云：「故雍城在洛州陽翟縣（今河南禹州市）東北二十五里之雍梁邑，故老云黄帝臣雍父作杵臼所封也。」此説較確。

〔二〕韓徵甲與粟於周：徵，求，索取。甲，兵甲。粟，糧食。周，《史記》作「東周」。

〔三〕何患焉：《史記·周本紀》作「君何患於是」。患，憂。

〔四〕高都：戰國時高都有二：一在今山西上黨，一在今河南伊闕南。《史記集解》引徐廣曰：今河南新城縣高都城也。一名郜都城。【補】在今河南洛陽市南七十里。高注、鮑注爲上黨之高都，均誤。

蘇代遂往見韓相國公仲曰〔一〕：「公不聞楚計乎？昭應謂楚王曰〔二〕：『韓氏罷於兵〔三〕，倉廩空，無以守城。吾收之以饑〔四〕，不過一月必拔之。』今圍雍氏，五月不能拔，是楚病也。楚王始不信昭應之計矣。今公乃徵甲及粟於周，此告楚病也〔五〕。昭應聞此，必勸楚王益兵守雍氏，雍氏必拔。」公仲曰：「善。然吾使者已行矣。」代曰：「公何不以高都與周？」公仲怒曰：「吾無徵甲與粟於周，亦已多矣，何爲與高都？」代曰：「與之高都，則周必折而入於韓〔六〕，秦聞之，必大怒，而焚周之節〔七〕，不通其使，是公以弊高都得完周也，何不與也？」公仲曰：「善。」不徵甲與粟於周，而與高都，楚卒不拔雍氏而去。

〔一〕韓相國公仲：仲，姚本作「中」，鮑改爲「仲」。民按：《史記》皆作「公仲」，「中」、「仲」古通。故從鮑本。公仲，韓公族，公仲朋，時爲韓相國。

〔二〕昭應謂楚王：昭應，楚人。昭、屈、景皆楚之公族。楚王，楚懷王。

〔三〕罷：與「疲」同。疲勞。

〔四〕吾收之以饑：收，鮑本作「攻」。吴補：一本作「收之」。因其無糧而攻之可以收效。

〔五〕此告楚病也：高注：病，困。謂楚兵疲弊。

〔六〕周必折而入於韓：折，轉。轉過來親韓。

〔七〕焚周之節：焚，燒。節，符信。外交使者執以作憑證。

【繫年】

梁玉繩《史記志疑》謂楚圍雍氏止一役，證其事在赧王九年。黃式三《周季編略》云：「梁氏之説與《甘茂傳》雖合，而與《韓世家》之文究不可解。馬氏《繹史》云：『楚圍雍氏有二：其一在秦惠王後十三年，秦、韓敗楚屈匄於丹陽，楚王怨韓而圍雍氏，在赧王三年；其二則秦武王死，昭王新立，《戰國策》韓令使者求救於秦與《甘茂傳》所言，即此役也；其三則韓襄王十二年公子咎與蟣虱争國，遂令楚圍雍氏，在赧王十五年。』宜從馬説。」據此，則此策應屬第二役，繫於赧王八年。而與《周本紀》同。

周君之秦章

周君之秦。謂周最曰〔一〕：「不如譽秦王之孝也〔二〕，因以原爲太后養地〔三〕，秦王、太后必喜，是公有秦也〔四〕。交善，周君必以爲公功；交惡，勸周君入秦者，必有罪矣。」

〔一〕謂周最曰：《史記·周本紀》「謂」上有「客」字。高注：謂，有人謂周最，姓名不見也。最，周公子也。

〔二〕譽秦王之孝：譽，誇獎。秦王，秦昭王。

〔三〕因以原爲太后養地：原，姚本作「應」。《史記·周本紀》作「應」。鮑本作「原」。《史記索隱》云：案《戰國策》作「原」。高注：原，周邑。民按：據《史記索隱》和高注，則策文本作「原」。故從鮑本作「原」。原，在今河南沁陽市東，故原城。太后，秦昭王母宣太后芈氏。養地，供養之地，所謂湯沐邑。【補正】原，古國名，在今河南濟源市北，周初封武王子的封邑，蘇忿生的采邑在此。春秋時，晋出太行伐原得之，爲晋邑，一度爲鄭邑。晋得原後，原東遷於卷，稱原武，在今河南原陽縣西部。（原陽縣爲舊原武和陽武二縣合而稱之）鮑本、吴本作「應」。應，即古應國。在今河南省平頂山市境内。修白龜山水庫時，挖出「應國古城」碑一塊，庫西有應國古墓地，可證。此地戰國屬楚，爲秦昭王母羋氏之養邑。鮑本、吴本説是也。

〔四〕是公有秦：公，指周最。有秦，謂與秦交善，有秦之助。

【繫年】

此章又見於《史記·周本紀》。司馬遷編次於周赧王四十五年。今從之。

蘇厲謂周君章

蘇厲謂周君曰〔一〕：「敗韓、魏，殺犀武〔二〕，攻趙，取藺、離石、祁者，皆白起〔三〕。是攻用兵〔四〕，又有天命也。今攻梁〔五〕，梁必破，破則周危，君不若止之。謂白起曰：『楚有養由基者〔六〕，善射；去柳葉者百步而射之，百發百中。左右皆曰善。有一人過曰，善射，可教射也矣。養由基曰：人皆善，子乃曰可教射，子何不代我射之也。客曰：我不能教子支左屈右〔七〕。夫射柳葉者，百發百中，而不以善息〔八〕，少焉，氣力倦〔九〕，弓撥矢拘〔一〇〕，一發不中，前功盡矣〔一一〕。今公破韓、魏，殺犀武，而北攻趙，取藺、離石、祁者，公也。公之功甚多。今公又以秦兵出塞過兩周，踐韓而以攻梁，一攻而不得，前功盡矣，公不若稱病不出也。』」

〔一〕蘇厲：蘇秦之弟。

〔二〕犀武：魏將。《史記·周本紀集解》引《戰國策》曰：「秦敗魏將犀武於伊闕。」在赧王二十二年。

〔三〕取藺、離石、祁者，皆白起：藺，故城在今山西吕梁市離石區西。離石，即今離石區。祁，今山西祁縣。《史記》無「祁」字。白起，郿人，爲秦將，封爲武安君。因范雎陷害，賜死杜郵。梁玉繩云：此語最可疑，《策》與《史》皆不免有誤。考伊闕之戰，秦敗韓、魏，虜韓將公孫喜，殺魏將犀武，其事固屬白起。若秦取趙離石在顯王四十一年，取藺在赧王二年，蓋其時白起未出也。

〔四〕攻用兵：即善用兵。攻，巧玄也。《爾雅釋詁》：攻，善也。《史記》作「善」。

〔五〕梁：大梁，魏都，今河南開封市。

〔六〕養由基：養，邑名。其地不詳。由，又作「游」或「繇」。【補】養邑，又稱養陰里，在今河南寶豐縣西北。《左傳·昭公三十年》：「使監馬尹大心逆吴公子，使居養。莠尹然、左司馬沈尹戌城之。」杜注：「養即所封之邑。」《後漢書·郡國志》：「襄城有養陰里。」養由基，以邑爲氏，名由基。春秋時楚共王將，以善射聞名。

〔七〕我不能教子支左屈右：不，《太平御覽》卷七四四作「非」。屈，《史記·周本紀》作「詘」。民按：「不」、「非」意同。「屈」、「詘」通借。支左屈右，支撑左臂，彎屈右臂，挽弓射箭之姿勢。

〔八〕而不以善息：言不以其善而且停息。《史記索隱》：息，止也。

〔九〕氣力倦：《太平御覽》卷七四四引策文，「氣」下有「衰」字。《史記·周本紀》亦有「衰」字。此當補「衰」字。

〔一〇〕弓撥矢拘：撥，謂弓不正。拘，姚本作「鉤」。黄丕烈云：「拘」字當是。今從鮑本作「拘」。拘，謂矢鋒屈。

〔一一〕前功盡矣：《太平御覽》卷七四四「盡」下有「棄」字。鮑注：盡，猶滅。

【繫年】

據《周本紀》，此策當繫於周赧王三十四年。

楚兵在山南章

楚兵在山南〔一〕，吾得將爲楚王屬怒於周〔二〕。或謂周君曰：「不如令太子將軍正迎吾得於境〔三〕，而君自郊迎〔四〕，令天下皆知君之重吾得也。因泄之楚〔五〕，曰：『周君所以事吾得者器〔六〕，必名曰某〔七〕。』楚王必求之，而吾得無效也。王必罪之。」

〔一〕楚兵在山南：周之山南，即伊闕山之南。【正】鮑注、吳本皆作「秦地之山」，誤甚。此周赧王十一年（前三〇四），周京都在洛陽一帶，何以西周都城豐鎬之山注也。此「山南」，應指東周都城南之伊闕山和太室、少室山。

〔二〕吾得將爲楚王屬怒於周：鮑改「吾」爲「伍」。吳補：「吾」字訛。黃丕烈云：鮑改、吳補皆非。高注：吾得，楚將。《竹書紀年》有「楚吾得帥師及秦伐鄭」，則作「吾」固不誤。屬，歸屬。怒，鮑本作「怨」。

〔三〕令太子將軍正迎吾得於境：使周太子率領軍隊正迎吾得於西周之邊境。

〔四〕而君自郊迎：君，指西周君。郊迎，迎吾得於周郊，表示尊重吾得。

〔五〕泄之楚：泄露其事，使楚知之。

〔六〕事吾得者器：賂吾得以重器。

〔七〕必名曰某：姚注：某，曾、集本作「謀」，錢、劉本作「某」。作「某」爲是。今改爲「某」。

【繫年】

據《竹書紀年》，楚吾得率師及秦伐鄭。雷學淇《義證》謂在楚懷王二十五年、秦昭王三年、鄭襄王八年，當周赧王十一年。民按：鄭即韓。雷氏所説與《楚世家》所載秦、楚、韓關係相符。當繫於周赧王十一年。

楚請道於二周章

楚請道於二周之間〔一〕，以臨韓、魏〔二〕，周君患之。蘇秦謂周君曰〔三〕：「除道屬之於河〔四〕，韓、魏必惡之。齊、秦恐楚之取九鼎也，必救韓、魏而攻楚。楚不能守方城之外〔五〕，安能道二周之間。若四國弗惡〔六〕，君雖不欲與也〔七〕，楚必將自取之矣。」

〔一〕請道於二周：請道，請求借道。二，鮑本作「兩」。二周，東周、西周也。《史記·趙世家》，周顯王二年，趙與韓分周爲二，於是東西分治，各爲列國。賈誼《過秦論》：「吞二周而亡諸侯。」

〔二〕臨：金正煒云：臨，猶案壓也。高注：臨，猶伐也。

〔三〕蘇秦：鮑改「秦」爲「子」，以爲蘇秦死時，東西周未分，此當爲蘇代或蘇厲。張琦云：「鮑蓋泥於《周紀》『王赧時，東西周分治』之文。然詳史文，乃謂王赧以前，治尚由王，自此治由兩周，王赧徙都西周，寄焉而已，故曰分治，非謂分地自此始也。」

〔四〕除道屬之於河：除道，修治道路。屬，聯。河，黄河。洛陽北距黄河三十里。

〔五〕方城之外：方城，方城山，楚北之險塞。在今河南方城縣東北，泌陽、葉縣之間，亦名長城山。外，方城以北。

〔六〕四國：韓、魏、齊、秦。

〔七〕與：吴正：與，謂鼎也。

【繫年】

顧觀光《國策編年》繫於顯王三十三年。于鬯《戰國策年表》繫於顯王三十五年。民按：審此章文意與上章爲同時事，當繫於赧王十一年。

司寇布章

司寇布爲周最謂周君曰〔一〕：「君使人告齊王以周最不肯爲太子也〔二〕，臣爲君不取也。函冶氏爲齊太公買良劍〔三〕，公不知善，歸其劍而責之金〔四〕。越人請買之千金，折而不賣〔五〕。將死，而屬其子曰〔六〕：『必無獨知〔七〕。』今君之使最爲太子，獨知之契也〔八〕，天下未有信之者也。臣恐齊王之謂君實立果〔九〕，而讓之於最，以嫁之齊也〔一〇〕。君爲多巧，最爲多詐，君何不買信貨哉？奉養無有愛於最也，使天下見之。」

〔一〕司寇布：司寇，官名。《周禮·秋官·司寇》：「掌邦禁，詰奸慝，刑暴亂。」名布，周臣。

〔二〕使人告齊王以周最不肯爲太子：齊王，齊閔王。齊閔王善周最，欲其爲太子，以賂進之。周最退讓不肯立。周以最不肯爲太子告齊閔王。

〔三〕函冶氏爲齊太公買良劍：函，姓。高注：冶，官名。因以爲氏，知鑄冶，曉鐵理，能相劍。齊太公，田常之孫田和，始代姜氏爲齊侯，號爲太公。

〔四〕歸其劍而責之金：太公不知其劍善，故退歸劍於函冶氏，而要還買劍之金。歸，還。責，取。金，買劍之金。

〔五〕折而不賣：折，折價。雖千金猶未盡其本價，故不賣。鮑作折斷講，於下文不通。

〔六〕將死，而屬其子：將死，函冶氏將死。屬，同「囑」，囑託。

〔七〕必無獨知：吴正：言凡有售，必使衆知其良，不可獨知也。

〔八〕契：約也。一書兩札，同而別之。

〔九〕齊王之謂君實立果：謂，姚本作「爲」，鮑本作「謂」，此當作「謂」，從鮑本。果，周太子名。

〔一〇〕嫁之齊：「嫁」下鮑本有「於」字。嫁，轉嫁，欺騙。此言齊王將疑周君立太子意不在周最，而謂周最自不肯立以欺齊。

【繫年】

據《周本紀》，「西周武公之共太子死，有五庶子毋適立」事在赧王元年。當繫之於赧王元年。

秦召周君章

秦召周君〔一〕，周君難往〔二〕。或爲周君謂魏王曰〔三〕：「秦召周君，將以使攻魏之南陽〔四〕。王何不出兵於河南〔五〕？周君聞之，將以爲辭於秦而不往〔六〕。周君不入秦，秦必不敢越河而攻南陽。」

〔一〕秦召周君：《史記·周本紀》：「秦召西周君。」

〔二〕難往：鮑注：意不欲往。

〔三〕或爲周君謂魏王：《史記索隱》引《戰國策》云：「或人爲周君謂魏王。」魏王，《史記》作「韓王」。梁玉繩云：《史》所云韓王是也。《策》言魏王非，而周與韓近也。民按：應各從本文。魏王，當是魏襄王。

〔四〕南陽：魏邑，在今河南修武縣。【補正】南陽，地域名，非指一地。高誘曰：「晋山陽河北之邑，河内、温、陽樊之屬皆是。」此説又見《地理志注》。馬融曰：自朝歌以南至軹爲南陽。應劭曰：河内殷國也。周名之謂南陽。杜預曰：在晋山南河北，故曰南陽。俗稱山之南、水之北爲陽。今河南温縣、修武、沁陽、濟源等在太行山之南、黄河以北，故史稱「南陽」。

〔五〕出兵於河南：「兵」字姚本無。鮑本、《史記》有。今從鮑本。河南，《史記》作「南陽」。然以高誘注證之，作「河南」爲是。西周都王城在黄河之南，漢以爲河南郡。

〔六〕將以爲辭於秦而不往：高注：以魏兵在河南爲辭，周君不往朝秦也。

【繫年】

據《周本紀》，繫於周赧王八年。

犀武敗於伊闕章

犀武敗於伊闕〔一〕，周君之魏求救〔二〕，魏王以上黨之急辭之〔三〕。周君反，見梁囿而樂之也〔四〕。

〔一〕犀武敗於伊闕：犀武，魏將。伊闕，見前。《史記集解》引《戰國策》曰：「秦敗魏將犀武於伊闕。」

〔二〕周君之魏求救：秦敗魏將犀武，遂進攻周，故周君求救於魏。之，往也。

〔三〕魏王以上黨之急辭之：魏王，魏昭王，名遬。上黨，魏地，今山西晋城市。

〔四〕梁囿：梁，大梁。囿，高注：園有林池曰囿。吴正：囿者，蕃育鳥獸之所。

綦毋恢謂周君曰〔一〕：「温囿不下此〔二〕，而又近，臣能爲君取之。」反，見魏王，王曰：「周君怨寡人乎？」對曰：「不怨且誰怨乎〔三〕？臣爲王有患也。周君，謀主也〔四〕，而設以國爲王扞秦〔五〕，而王無之扞也〔六〕。臣見其必以國事秦也，秦悉塞外之兵，與周之衆，以攻南陽，而兩上黨絶矣〔七〕。」

〔一〕綦毋恢：周臣。

〔二〕温囿不下此：言温囿之樂，不減於梁囿。温囿，温地之園囿。温，今河南温縣。下，減。此，指梁囿。

〔三〕不怨且誰怨乎：且，將。乎，姚本作「王」，鮑本作「乎」。作「乎」義勝，今從鮑本。

〔四〕周君，謀主也：韓、魏聯合伐秦，戰於伊闕，周君主謀，故稱謀主。《韓世家》「使公孫喜率周、魏伐秦，敗伊闕」可證。

〔五〕設以國爲王扞秦：言周施其一國之力爲魏扞禦秦。設，施陳。扞，禦。

〔六〕王無之扞：言魏對周無所扞禦。

〔七〕兩上黨：時韓、魏皆有上黨地，若周、秦攻魏之南陽，則韓、魏兩上黨之隔絶無所救援。【補】韓上黨在今山西長子縣西，魏上黨在今山西襄垣縣北。

魏王曰：「然則奈何？」綦毋恢曰：「周君形不小利事秦〔一〕，而好小利〔二〕。今王許戍三萬人與温囿〔三〕，周君得以爲辭於父兄百姓〔四〕，而私温囿以爲樂〔五〕，必不合於秦。臣嘗聞温囿之利，歲八十金，周君得温囿，其以事王者，歲百二十金，是上黨無患〔六〕，而贏四十金。」魏王因使孟卯致温囿於周君〔七〕，而許之戍也。

〔一〕周君形不小利事秦：形，勢。黄丕烈云：鮑本「不」下有「好」字，乃讀「利」字爲句，所解全謬。「小」

字因下文而衍，讀以「秦」字句絶。

〔二〕小利：謂温囿。

〔三〕今王許戍：許爲周扞禦秦。戍，守。

〔四〕周君得以爲辭於父兄百姓：周君有理由向父兄百姓講。辭，理由。

〔五〕私：姚本作「利」。姚注：錢本作「私」。高注：私，愛也。鮑改「利」爲「私」。民按：審高注、姚注皆當作「私」，《秦策二》「而私商於之地」亦其證。

〔六〕無：姚本作「每」。鮑本作「無」。「每」蓋「毋」字之訛，「毋」與「無」通。今從鮑本改作「無」。

〔七〕魏王因使孟卯致温囿：孟卯，亦稱芒卯，齊人，臣於魏。致，送也。

【繫年】

據《史記·韓世家》，伊闕之戰在韓釐王三年，《魏世家》在魏昭王三年，當赧王二十二年，則此策應繫於赧王二十二年。

韓魏易地章

韓、魏易地〔一〕，西周弗利〔二〕。樊餘謂楚王曰〔三〕：「周必亡矣。韓、魏之易地，韓得二縣，魏亡二縣〔四〕。所以爲之者，盡包二周，多於二縣，九鼎存焉。且魏有南陽、鄭地、三川而包二周〔五〕，則楚方城之外危；韓兼兩上黨以臨趙〔六〕，即趙羊腸以上危〔七〕。故易成之日〔八〕，楚、趙皆輕〔九〕。」楚王恐，因趙以止易也〔一〇〕。

〔一〕韓、魏易地：易，交换。魏與韓上黨，韓與魏不知何地。

〔二〕西周弗利：利，便。韓、魏易地，對西周有威脅，故云弗利。

〔三〕樊餘謂楚王：樊餘，周臣。「樊餘」下曾本有「爲周」二字，按策文句例，應有「爲周」二字。楚王，楚懷王。

〔四〕魏亡二縣：韓、魏易地，則魏亦有所得，而獨言亡者，亡地多而得地少也。

〔五〕魏有南陽、鄭地、三川而包二周：南陽，在今河南修武縣。以其地在太行山之南、黄河之北，故名南陽。當時南陽屬魏。而張琦以爲南陽是韓地，指今河南南陽市，誤。【正】南陽，見前《秦召周君章》之補正。鄭地，春秋時鄭國之故地，今鄭州、禹州、郟縣、襄城等地。三川，指黄河、洛河、伊河流經之地。秦於此置三川郡，今洛陽、鞏義、滎陽、原陽等地。漢爲河南郡地。故云包二周。

〔六〕韓兼兩上黨：戰國時韓、趙、魏三國皆有上黨，即今山西東南部長治、長子、襄垣、黎城、壺關、屯留、晋城、沁水、陽城、高平、左權、榆社，以及河北涉縣、武安、磁縣等地。今韓、魏易地，魏以自己之上黨與韓，故云韓兼兩上黨。

〔七〕羊腸：趙險塞名，山形屈曲，狀如羊腸。在今山西太原市西北。

〔八〕日：姚本作「曰」，傳寫之訛。鮑本作「日」爲是。

〔九〕楚、趙皆輕：輕，猶卑，不重要。楚、趙失其險塞故輕。

〔一〇〕因趙以止易：因，由。由趙以止韓、魏之易地。《韓策二》：「趙聞之，起兵臨羊腸；楚聞之，發兵臨方城。而易必敗矣。」

【繫年】

據《韓策二·公仲爲韓魏易地章》，在楚國雍氏以後，顧觀光繫於周顯王四十七年，當韓宣惠王十一年、梁惠王後元十三年。

秦欲攻周章

秦欲攻周。周最謂秦王曰〔一〕：「爲王之國計者，不攻周。攻周，實不足以利國，而聲畏天下〔二〕。天下以聲畏秦，必東合於齊。兵弊於周，而合天下於齊，則秦孤而不王矣。是天下欲罷秦，故勸王攻周。秦與天下俱罷〔三〕，則令不橫行於周矣〔四〕。」

〔一〕秦王：秦昭襄王。

〔二〕聲畏天下：聲，名。畏，猶惡。天下以攻天子之名惡秦。

〔三〕秦與天下俱罷：與，猶爲也，謂秦爲天下所罷也。此言天下欲以攻周罷秦，秦攻周則爲天下所罷，非謂秦與天下俱罷也。秦攻周，而天下未攻秦，不得言俱罷也。俱，王念孫云：「『俱』字後人所加。《史記·周本紀》

無「俱」字。

〔四〕橫行：高注：橫行，東行。【補】東西曰橫，南北曰縱。《史記正義》云：「秦欲攻周，周最說秦曰：『周，天子之國，雖有重器名寶，土地狹少，不足利秦國。王若攻之，乃有攻天子之聲，而令天下以攻天子之聲畏秦，使諸侯歸於齊，秦兵空弊於周，則秦不王矣。是天下欲弊秦，故勸王攻周，令秦受天下弊，而令教命不行於諸侯矣。』」

【繫年】

據《周本紀》，繫此策於赧王四十五年。

宮他謂周君章

宮他謂周君曰〔一〕：「宛恃秦而輕晉〔二〕，秦饑而宛亡〔三〕。鄭恃魏而輕韓〔四〕，魏攻蔡而鄭亡〔五〕。邾、莒亡於齊〔六〕，陳、蔡亡於楚〔七〕，此皆恃援國而輕近敵也〔八〕。今君恃韓、魏而輕秦，國恐傷矣。君不如使周最陰合於趙以備秦〔九〕，則不毀〔一〇〕。」

〔一〕宮他：高注：宮他，周臣。

〔二〕宛：今河南南陽市，西周春秋時故申國。春秋初年爲楚文王所滅。戰國時屬韓。

〔三〕宛亡：宛亡於晉，其事不見於古文獻。【補正】宛，據鮑注，屬南陽，故申伯國。南陽，三晉時屬韓。韓釐五年，秦拔我宛。蓋宛亡在春秋之晉。三家分晉，乃屬韓也。……秦饑，不暇救宛，故晉滅之。南陽之宛，春秋屬楚。宛亡，史書不能無記。疑此「宛」非今河南南陽之宛，似應爲春秋時鄭、晉爭奪之修武南陽之宛。宛，稱宛亭，又叫宛濮，在今河南長垣縣西南。《左傳·僖公二十八年》：「六月，晉人復衛侯，甯武子與衛人盟於宛濮。」即此宛也。

〔四〕鄭：今河南新鄭，春秋時鄭國。鄭距魏遠，距韓近。

〔五〕魏攻蔡而鄭亡：鄭君乙二十一年，韓哀侯滅鄭。韓哀侯滅鄭時而魏無伐蔡事，而蔡已併於楚。《韓非子·飾邪》：「鄭恃魏而不聽韓，魏攻荆而韓滅鄭。」《魏策四》：「鄭恃魏以輕韓，伐榆關而韓氏亡鄭。」皆指此事。

〔六〕邾、莒亡於齊：邾，曹姓，顓頊之後。戰國時，改名爲鄒，今山東鄒城市，爲楚所滅。此作亡於齊，恐有誤。莒，嬴姓，少昊之後，今山東莒縣。周考王十年，楚滅莒。《齊策五》：「莒恃越而滅。」

〔七〕陳、蔡亡於楚：陳，嬀姓，舜之後封此，今河南淮陽縣。楚惠王十年滅陳。蔡，姬姓，武王弟蔡叔所封之地，今河南上蔡縣，後徙新蔡，昭侯時徙下蔡（今安徽鳳臺縣）。楚惠王四十二年滅蔡。

〔八〕援：引也，亦助也。

〔九〕陰合於趙：暗中與趙結合爲援國。

〔一〇〕毁：損傷。

【繫年】

從林春溥《戰國紀年》，繫此策於赧王二十二年。【補】顧觀光將此章附於赧王八年，非。此章疑當秦攻伊闕之前。

謂齊王曰章

謂齊王曰〔一〕：「王何不以地齎周最以爲太子也〔二〕？」齊王令司馬悍以賂進周最於周〔三〕。左尚謂司馬悍曰〔四〕：「周不聽，是公之知困而交絶於周也。公不如謂周君曰：『何欲置〔五〕？令人微告悍。悍請令王進之以地。』」左尚以此得事〔六〕。

〔一〕齊王：鮑注：齊閔王。民按：考此事在赧王初立時，當爲齊宣王六年或七年。

〔二〕齎：鄭玄《周禮》注：給予人以物曰齎，持而遺之曰齎。

〔三〕以賂進周最於周：薦周最立爲太子。姚注：賂，一作「地」。民按：下文高注作「地」。進，舉薦。

〔四〕左尚謂司馬悍：左尚，疑即《東周策》之左成。司馬悍，疑即司馬翦。

〔五〕何欲置：欲立誰爲太子。高注：置，立也。

〔六〕左尚以此得事：高注：左尚以教司馬悍勸齊閔王齎周最地，以此得尊寵之職。

【繫年】

鮑彪、金正煒、吴曾祺皆疑此策與《東周策一·周共太子死章》爲一事，傳聞異辭，將一事誤爲兩事。策因並存之。據《周本紀》，應繫於赧王元年。

三國攻秦反章

三國攻秦反〔一〕，西周恐魏之藉道也，爲西周謂魏王曰〔二〕：「楚、宋不利秦之聽三國也〔三〕，彼且攻王之聚以利秦〔四〕。」魏王懼，令軍設舍速東〔五〕。

〔一〕三國：高注：三國，魏、韓、齊也。

〔二〕魏王：魏襄王。

〔三〕楚、宋不利秦之聽三國也：三國近楚、宋，秦聽割三城以和，則三國强，而不利於楚、宋。聽，姚本作「德」，鮑本改「德」爲「聽」。王念孫從鮑本，當改爲「聽」。今從之。聽，猶順從。

〔四〕攻王之聚以利秦：聚，積聚，軍食糧餉之類。王念孫云：「攻王之聚以勁秦者，秦聽三國，則三國强，而害於楚、宋，故楚、宋攻魏以勁秦。勁者，强也，言弱魏以强秦也。」利，鮑本作「到」，改爲「利」。吴補：一本作「利」。王念孫云：到，一本作「利」，鮑從一本。案作「到」者勁之訛，作「利」者後人以意改之也。

〔五〕設舍速東：古者軍行三十里爲一舍，舍，止也。孫詒讓《札迻》云：案「設舍」與「速東」之義不相貫。疑「設」當作「拔」，「拔」、「設」篆文相近而誤。《左氏僖十五年傳》云：「晋大夫反首拔舍從之。」杜注云：「拔草舍止。」《周禮・大司馬》：「中夏教茇舍。」鄭注云：「茇舍，草止也。軍有草止之法。」此令軍拔舍速東，即《左傳》「反首拔舍」之義，金正煒亦持此義。

【繫年】

據《史記・孟嘗君傳》及《秦本紀》，此策繫在齊閔王五年、秦昭王十一年、魏襄王二十三年，當赧王十九年。

犀武敗周章

犀武敗，周使周足之秦〔一〕。或謂周足曰：「何不謂周君曰：『臣之秦，秦、周之交必惡。主君之臣〔二〕，又秦重而欲相者〔三〕，且惡臣於秦，而臣爲不能使矣。臣願免而行〔四〕。君因相之，彼得相，不惡周於秦矣。』君重秦，故使相往，行而免，是輕秦也。公必不免〔五〕。公言是而行，交善於秦，且公之事成也〔六〕；交惡於秦，不善於公者且誅矣。」

〔一〕周使周足之秦：姚注：集、曾、錢、一無下「周」字，劉有。民按：有下「周」字者爲是。周足，周相。之，往。

〔二〕主君：稱周君。《國語・晋語》：「三世仕家君之，再世以下主之。」故兩周、三晋多稱主君。

〔三〕又秦重而欲相者：又，與「有」通。秦重，秦所重之人。欲相，欲作周之相。

〔四〕免：免己之相位。

〔五〕必不免：周足請求免己之相位，勢不能免。

〔六〕事成：姚本作「成事」，鮑改爲「事成」。吴補：恐當作「事成」。民按：從鮑本作「事成」，義勝。

【繫年】

據《秦本紀》、《魏世家》，秦白起敗犀武於伊闕，在赧王二十二年。

戰國策卷三

秦一

衛鞅亡魏入秦章

衛鞅亡魏入秦〔一〕，孝公以爲相〔二〕，封之於、商〔三〕，號曰商君〔四〕。

〔一〕衛鞅亡魏入秦：衛鞅，衛國人，以國爲氏，姓公孫，衛國之庶孽公子。仕於魏，爲魏相公叔痤之中庶子。聞秦孝公下令求賢，乃由魏逃亡入秦。

〔二〕孝公以爲相：孝公，秦孝公，名渠梁。用衛鞅爲左庶長，進行變法。衛鞅爲秦相，在變法以後。

〔三〕封之於、商：於、商，地名。亦稱商、於。於在今河南内鄉縣東七里；商，今陝西商洛市商洛鎮。《竹書紀年》：「梁惠成王三十年，秦封衛鞅於鄔，改名曰尚。」徐文靖以爲「尚」即「商」，「鄔」即「於」。

〔四〕號曰商君：《史記·商君傳》：「鞅既破魏還，秦封之於、商十五邑，號商君。」

商君治秦，法令至行〔一〕，公平無私。罰不諱强大〔二〕，賞不私親近。法及太子〔三〕，黥劓其傅〔四〕。期年之後〔五〕，道不拾遺，民不妄取，兵革大强，諸侯畏懼。然刻深寡恩〔六〕，特以强服之耳。

〔一〕法令至行：高注：至，猶大。謂法令大行。

〔二〕罰不諱强大：諱，高注：諱，猶避也。强大，强宗大族。

〔三〕法及太子：太子，秦孝公之太子，後繼位爲秦惠王。高注：太子犯法，刑之不赦，故曰法及太子。

〔四〕黥劓其傅：黥劓，高注：刻其額，以墨實其中曰黥；截其鼻曰劓。民按：《商君傳》云：「太子犯法。衛鞅曰：『法之不行，自上犯之。』將法太子。太子，君嗣也，不可施刑，刑其傅公子虔，黥其師公孫賈。」

〔五〕期年：謂一周年。匝四時曰期。

〔六〕刻深寡恩：高注：刻，薄也。深，重也。寡，少也。言少仁恩也。

孝公行之十八年〔一〕，疾且不起，欲傳商君〔二〕，辭不受。孝公已死，惠王代后〔三〕，涖政有頃〔四〕，商君告歸〔五〕。人說惠王曰：「大臣太重者國危，左右太親者身危。今秦婦人嬰兒皆言商君之法，莫言大王之法。是商君反爲主，大王更爲臣也。且夫商君，固大王之仇讎也〔六〕。願大王圖之。」商君歸還，惠王車裂之〔七〕，而秦人不憐。

〔一〕孝公行之十八年：姚本、鮑本皆無「十」字。姚注：一本有「十」字。王念孫云：一本是也。《史記・秦本紀》，孝公元年衛鞅入秦，三年說孝公變法，五年爲左庶長，十年爲大良造，二十二年封爲商君，二十四年秦孝公卒。計自爲左庶長至孝公卒時已有二十年。又《商君傳》：商君相秦十年，而孝公卒。《史記索隱》引

《戰國策》云：孝公行商君法十八年而死。據此則策文本作十八年明矣。民按：從王念孫説，補「十」字爲是。

〔二〕欲傳：姚注：欲傳，劉本作「欲傳」。民按：高注云，傳，或作傅也。作「傅」亦通。

〔三〕惠王代后：謂惠王繼位爲王。【補】后，繼位爲王也。漢許慎《説文》：「后，繼體君也。」段玉裁注：「后之言后也，开刱之君在先，繼體之君在後也。」《爾雅·釋詁上》：「后，君也。」《尚書·舜典》：「肆覲東后。」

〔四〕涖政有頃：高注：涖，臨也。有頃，言未久。

〔五〕商君告歸：告老還商，歸政於惠王。

〔六〕固大王之仇讎：惠王爲太子時，犯法，商君刑其傅，黥其師，故曰仇讎。

〔七〕惠王車裂之：據《史記·商君傳》云，孝公死，惠王立，公子虔之徒告商君欲反，發吏捕商君。商君亡之魏，魏人不納，商君還歸秦，走商邑。秦發兵攻商君殺之，惠王車裂商君。車裂，轘刑，取四肢車裂之。

【繫年】

此篇文字是綜合商鞅之事迹，不似策文體裁。據《秦本紀》及《商君傳》，秦孝公二十四年卒，惠文王繼位不久，車裂商君。當周顯王三十一年。

蘇秦始將連横章

蘇秦始將連横〔一〕，説秦惠王曰〔二〕：「大王之國，西有巴、蜀、漢中之利〔三〕，北有胡、貉、代、馬之用〔四〕，南有巫山、黔中之限〔五〕，東有肴、函之固〔六〕。田肥美，民殷富，戰車萬乘，奮擊百萬〔七〕，沃野千里，蓄積饒多，地勢形便，此所謂天府〔八〕，天下之雄國也。以大王之賢，士民之衆，車騎之用，兵法之教〔九〕，可以并諸侯，吞天下，稱帝而治。願大王少留意。臣請奏其效〔一〇〕。」

〔一〕蘇秦始將連横：合從連横，古往説法不一。《史記集解》，引文穎曰：「關東爲從，關西爲横。」孟康曰：「南北爲從，東西爲横。」臣瓚曰：「以利合曰從，以威勢相脅曰横。」《史記正義》：「按諸説未允。關東地南北長，長爲從，六國居之。關西地東西廣，廣爲横，秦獨居之。」高誘注：「合關東從。通之秦，故曰連横者也。」《韓非子·五蠹》：「從者，合衆弱以攻一强也；而横者，事一强以攻衆弱也。」民按：諸説以韓非説符合實際，且是當時人給「從横」所下定義，較他説爲長。

〔二〕秦惠王：名駟，孝公子，即位十三年始稱王，蘇秦游秦時，尚未稱王，當是追稱。

〔三〕西有巴、蜀、漢中之利：巴、蜀，二國名。巴都今重慶市，其境東至奉節，西抵宜賓，北接漢中，南極貴陽。秦惠王時張儀滅之。蜀都今四川成都市，其境包括今松潘、邛崍、洪雅、彭州等地。秦惠王後九年，司馬錯伐蜀滅之。秦置巴、蜀郡。漢中，今陝西漢中市，其境包括今陝西終南山以南勉縣以下，湖北竹山以上，漢水流域之地。秦惠王時置漢中郡。高注：利，饒也。

〔四〕北有胡、貉、代、馬之用：胡、貉、代、馬，皆地名。胡指林胡、樓煩之屬。今山西朔州市朔城區以北，古林胡地；今岢嵐、嵐縣以北，古樓煩地。貉，濊貊之屬。今河北東北部長城以外，遼寧西部一帶，即古貉地。《荀子·强國》：「今秦北與胡、貉爲鄰。」代，古國名。在今河北蔚縣東北，戰國時爲趙襄子所滅。《史記·匈奴傳》：「趙襄子踰句注而破并、代，以臨胡、貉。」後爲代郡。馬，謂馬邑。《漢書·地理志》：代郡有馬邑城。在今山西朔州市朔城區。民按：胡與代本屬趙，貉屬燕，蘇秦説惠王時，巴、蜀、胡、代皆非秦地。

〔五〕南有巫山、黔中之限：巫山、黔中，皆楚地。巫山在今重慶巫山縣北。黔中，郡名，楚置，今湖南常德、沅陵及湖北公安等地。楚頃襄王二十二年，秦昭王三十年，秦取楚巫山、黔中郡。《説文》：限，阻也。【正】楚頃襄王二十二年、秦昭王三十年爲公元前二七七年，惠王死時爲公元前三一一年，去蘇秦説秦惠王晚四十五至六十五年，可見當時的巫山、黔中並不是秦地。《楚世家》云「頃襄王二十二年（前二七七），秦拔我巫、黔中郡」，可證。由此當知，此策的文字或爲後人追記，或爲蘇氏後人及徒衆竄入。

〔六〕東有肴、函之固：肴，一作「殽」，或作「崤」，山名，在今河南洛寧縣、澠池縣之間，有險塞。函，函谷關，在今河南靈寶縣北四十里。高注：固，牢堅，難攻易守。

〔七〕奮擊：能奮勇作戰之士。

〔八〕天府：言所藏若天府然。謂其地肥沃富饒，如天置府庫，無所不有。府，《史記正義》云：府，聚也。萬物所聚。鄭玄云：府，物所收藏。

〔九〕兵法之教：謂秦兵素有戰陣訓練。兵法，謂戰陣。高注：教，習也。

〔一〇〕奏其效：陳述事情之效驗。奏，進。效，功效。

秦王曰：「寡人聞之：毛羽不豐滿者，不可以高飛；文章不成者〔一〕，不可以誅罰；道德不厚者，不可以使民；政教不順者，不可以煩大臣。今先生儼然不遠千里而庭教之〔二〕，願以異日〔三〕。」

〔一〕文章：謂法令。高注：青與赤謂之文，赤與白謂之章。

〔二〕儼然不遠千里而庭教之：儼然，高注：矜莊貌。不遠千里，不以千里爲遠。庭，宮廷。

〔三〕願以異日：願以他日承教。異日，他日。《蘇秦傳》：「方誅商鞅，疾辯士，弗用。」

蘇秦曰：「臣固疑大王之不能用也。昔者神農伐補遂〔一〕，黃帝伐涿鹿而禽蚩尤〔二〕，堯伐驩兜〔三〕，舜伐三苗〔四〕，禹伐共工〔五〕，湯伐有夏〔六〕，文王伐崇〔七〕，武王伐紂〔八〕，齊桓任戰而伯天下〔九〕。由此觀之，惡有不戰者乎？古者使車轂擊馳〔一〇〕，言語相結〔一一〕，天下爲一；約從連横，兵革不藏；文士並飭〔一二〕，諸侯亂惑；萬端俱起，不可勝理；科條既備〔一三〕，民多僞態；書策稠濁〔一四〕，百姓不足；上下相愁，民無所聊；明言章理〔一五〕，兵甲愈起；辯言偉服〔一六〕，戰攻不息；繁稱文辭，天下不治；舌弊耳聾，不見成功；行義約信，天下不親。於是乃廢文任武，厚養死士，綴甲厲兵〔一七〕，效勝於戰場。夫徒處而致利，安坐而廣地，雖古五帝、三王、五伯〔一八〕，明主賢君，常欲坐而致之，其勢不能，故以戰續之。寬則兩軍相攻，迫則杖戟相撞，然後可建大功。是故兵勝於外，義强於內，威立於上，民服於下。今欲并天下，凌萬乘，詘敵國，制海內，子元元，臣諸侯，非兵不可。今之嗣主，忽於至道，皆惛於教，亂於治，迷於言，惑於語，沉於辯，溺於辭。以此論之，王固不能行也。」

〔一〕神農伐補遂：神農，姜姓，炎帝號。補遂，國名。遂，《御覽》卷三〇三作「逐」。《春秋後語》作「輔遂」。【補】補遂，古國名。《路史·炎帝紀》云：「補遂不恭，乃伐補遂。」古補國在今河南新密市西北之「補村」，二十世紀四十年代曾挖出一碑，上刻「古補國」三字。炎帝伐補之後，補遷至今河南滎陽市西南。遂，上古國名，《春秋》：「齊人滅遂。」杜注：「遂國在濟北蛇邱縣東北。」

〔二〕黄帝伐涿鹿而禽蚩尤：《御覽》卷三〇三無「而禽蚩尤」四字。蚩尤，九黎之君，喜兵好戰，黄帝與之大戰於涿鹿，擒殺之。

〔三〕堯伐驩兜：堯，高辛氏次子，封於陶及唐，號陶唐氏，古之聖王。驩兜，堯時司徒，堯放之於崇山。

〔四〕舜伐三苗：舜，姚姓，國於虞，號有虞氏。三苗，古國族名，其居地在洞庭、彭蠡之間。

〔五〕禹伐共工：禹，姒姓，鯀之子，佐帝舜治理洪水。共工，官名。按《尚書·堯典》、《孟子》，舜流放共工於幽州。吴承志《横陽札記》卷八云：古人引書有斷章取義一例。《堯典》：「流共工於幽州，放驩兜於崇山，竄三苗於三危。」三事皆舜攝位時所爲。《國策·秦策》蘇秦説秦惠王，作「堯伐驩兜，舜伐三苗，禹伐共工」，述上兩事分屬堯、禹。【正】共工，上古部落首領，曾與顓頊爭奪帝位而大戰，敗後怒觸不周之山，「天柱折，地維絶」。後被放逐於幽州。事見《山海經》、《淮南子》等。

〔六〕湯伐有夏：湯，子姓，名履，亦名天乙，商朝之創始人。有夏，謂有夏之君桀，無道，商湯伐滅之。

〔七〕文王伐崇：崇，商代方國名，在今陝西户縣。崇侯虎爲商紂王卿士，助紂爲惡，周文王姬昌伐滅之。【正】崇，解爲「陝西户縣」誤，乃爲「崇山」、「崇陽」，即今河南嵩縣及登封市一帶。商時爲崇侯虎之封地。歷代學者，多將「崇」注爲今陝西西安市鄠邑區。其源於《史記·周本紀》中「明年，伐邘。明年，伐崇侯虎。而作丰邑，自岐下而徙都丰」，將「伐崇侯虎」與「作丰邑」連文。須知文王經營西岐多年，不斷東擴之近商、於地，户縣已是周之腹地，絶不能自伐。再則，「明年，伐邘」之邘，即今河南沁陽市北之「邘城」，伐邘成功後，第二年順手南下伐崇，滅了告發自己，使之蒙辱之崇侯虎，當在情理之中。據此可知，崇絶非陝西户縣，而是今河南嵩縣、登封市一帶的崇國。

〔八〕武王伐紂：武王，名發，周文王之子。紂，又名辛受，商之末帝，淫虐無道，武王伐滅之，建立周朝。

〔九〕齊桓任戰而伯天下：齊桓，姜姓，名小白，齊僖公之子。任，用。任戰，作内攻，寄軍令。伯，諸侯之長，又同「霸」，以武力服諸侯而爲霸主。

〔一〇〕車轂擊馳：轂，輻所湊集。擊，相擊撞。金正煒云：按《漢書》「辯者轂擊於外」注，言使車交馳，其轂相擊也。此衍「馳」字。

〔一一〕言語相結：相結，相結約。用語言相結約。

〔一二〕文士並飭：文士，謂辯士。飭，姚本作「餝」，字書無。姚注：一本作「飭」。鮑本作「飭」。「餝」乃「飭」之訛誤，作「飭」義通。飭，修治，又與「飾」同。

〔一三〕科條：科，章程。條，條文。科條，章程條文。

〔一四〕書策稠濁：言有習文書多，閲者昏亂。策，竹簡，古代在紙未發明以前，書刻在竹簡上或寫在絹帛上。此指刻於竹簡之書。稠，多。濁，亂。

〔一五〕明言章理：吳補：謂明著之言，章顯之理。章，亦明也。章，今同「彰」。

〔一六〕偉服：奇異之服裝。偉，奇。

〔一七〕綴甲厲兵：綴，連縫之使相連屬。厲，通「礪」。兵，兵器。

〔一八〕五帝、三王、五伯：五帝，黄帝、顓頊、帝嚳、帝堯、帝舜。一説：太昊、神農、黄帝、帝堯、帝舜。三王，夏禹、商湯、周武王。五伯，即五霸，齊桓公、晉文公、秦穆公、宋襄公、楚莊王。姚注、錢本、劉本無「伯」字，集本有。民按：有者爲是。

説秦王書十上而説不行〔一〕。黑貂之裘弊〔二〕，黄金百斤盡，資用乏絶，去秦而歸。羸縢履蹻〔三〕，負書擔橐〔四〕，形容枯槁，面目犂黑〔五〕，狀有歸色〔六〕。歸至家，妻不下紝〔七〕，嫂不爲炊，父母不與言。蘇秦喟然歎曰〔八〕：「妻不以我爲夫，嫂不以我爲叔，父母不以我爲子，是皆秦之罪也。」乃夜發書，陳篋數十〔九〕，得太公陰符之謀〔一〇〕，伏而誦之，簡練以爲揣摩〔一一〕。讀書欲睡，引錐自刺其股，血流至踵〔一二〕。曰：「安有説人主不能出其金玉錦繡，取卿相之尊者乎？」期年，揣摩成。曰：「此真可以説當世之君矣。」於是，乃摩燕烏集闕〔一三〕，見説趙王於華屋之下〔一四〕，抵掌而談〔一五〕。趙王大悦，封爲武安君〔一六〕，受相印。革車百乘〔一七〕，錦繡千純〔一八〕，白璧百雙〔一九〕，黄金萬溢〔二〇〕，以隨其後。約從散横，以抑强秦。

〔一〕而説不行：秦惠王不用蘇秦連横之説。

〔二〕黑貂之裘弊：貂，獸名，皮可爲裘，黑者尤貴，俗呼爲紫貂。弊，壞也。

〔三〕羸縢履蹻：羸，姚本、一本作「贏」。按《韓非子·外儲説左下》：「贏勝而履蹻。」「羸縢」即「贏縢」。贏，裹也，緘也。行路則裹脛緘足，故名行勝。作「贏」爲是，今從鮑本。贏縢，纏脛邪幅，如今之裹腿，自足至脛，便於行路。顧炎武《日知録》卷二八《行縢》條云：「邪幅，如今行縢也。偪束其脛，自足至膝。」言以裹脚可以跳騰輕便也。蹻，通「屨」，草鞋。

〔四〕橐：高注：橐，囊也。無底曰囊，有底曰橐。【正】橐，皮袋子，以裝行旅之食物。《詩·大雅·公劉》：「乃裹餱糧，於橐於囊。」毛傳：「小曰橐，大曰囊。」

〔五〕犁：黑黄色。【正】犁，古通「黧」。黧，黑色。《韓非子·外儲説左上》：「手足胼胝，面目黧黑，勞有功者也。」

〔六〕狀有歸色：高誘注：歸，當作「愧」，音相近。愧，慚也。鮑改「歸」爲「愧」，義亦當。

〔七〕妻不下紝：謂其妻不停機杼，不理蘇秦。紝，織機。

〔八〕喟然：鮑本「喟」下有「然」字，姚本無。今從鮑本。喟然，歎息。

〔九〕陳篋：陳，列。篋，竹器，用以藏書。

〔一〇〕太公陰符：太公，齊太公姜尚。陰符，姜太公所著兵法。

〔一一〕簡練以爲揣摩：簡擇其可用者，熟習之，揣度、研摩其情勢以成其遊説之術而施用之。簡，擇。練，濯治，習熟。揣，度量。摩，研究。

〔一二〕血流至踵：踵，原作「足」，據《史記·蘇秦傳集解》改爲「踵」。王念孫云：《史記·蘇秦傳集解》及

《太平御覽·人事部》、《器物部》引此並用「血流至踵」，作「踵」者是也，今本作「足」，傳寫脱其右畔耳。

〔一三〕乃摩燕烏集闕：言自周至趙，順沿燕烏集闕而行也。摩，順也，義與「循」近。燕烏集闕，闕名，不詳。【補】程恩澤考爲燕之高闕塞，可作一參，但無確據。《漢書·鄒陽傳》云「周用烏集而王」，亦通。

〔一四〕説趙王於華屋之下：趙王，趙肅侯。華屋，猶王屋，王所居屋。高華壯麗也。《平原君傳》、《滑稽傳》有華屋，是諸侯皆有華屋。

〔一五〕抵掌而談：猶促膝而談，言其相近、親密。

〔一六〕武安：趙邑，今河北武安縣。

〔一七〕革車：兵車。

〔一八〕千純：千束也。純，音屯，束也。鄭玄《儀禮·士昏禮》注：「純帛，束帛也。」

〔一九〕白璧：璧，玉環也。肉倍好曰璧。【補】《爾雅·釋器》：「肉倍好，謂之璧。」

〔二〇〕黄金萬溢：鮑改「溢」爲「鎰」。「溢」與「鎰」通。二十兩爲一溢。

故蘇秦相於趙而關不通〔一〕。當此之時，天下之大，萬民之衆，王侯之威，謀臣之權，皆欲決蘇秦之策。不費斗糧，未煩一兵，未戰一士，未絶一絃，未折一矢，諸侯相親，賢於兄弟。夫賢人在而天下服，一人用而天下從。故曰：「式於政〔二〕，不式於勇；式於廊廟之内〔三〕，不式於四境之外。」當秦之隆〔四〕，黄金萬溢爲用，轉轂連騎，炫熿於道〔五〕，山東之國〔六〕，從風而服，使趙大重。且夫蘇秦特窮巷掘門、桑户棬樞之士耳〔七〕，伏軾撙銜〔八〕，横歷天下，廷説諸侯之主，杜左右之口，天下莫之能伉〔九〕。

〔一〕而關不通：關，函谷關。不通，不通於關東六國。

〔二〕式：猶用。

〔三〕廊廟：指朝廷和官府。廊，殿下外屋。百官計事辦公之所。廟，藏祖先之木主。古者天子寢廟合一，施於政廟堂。

〔四〕當秦之隆：秦，蘇秦。隆，興盛。

〔五〕炫熿：煊赫，光輝。

〔六〕山東之國：謂關東六國之燕、趙、魏、韓、齊、楚也。

〔七〕窮巷掘門、桑户棬樞：掘，即「窟」，古字通。桑户，編桑條以爲門，揉木爲棬以爲户樞耳。

〔八〕伏軾撙銜：軾，車前横木。撙，挫。銜，馬勒。

〔九〕伉：姚注：錢、劉、一作「抗」。「伉」與「抗」通，相當，對等。

將説楚王，路過洛陽〔一〕。父母聞之〔二〕，清宫除道〔三〕，張樂設飲〔四〕，郊迎三十里〔五〕。妻側目而視，傾耳而聽；嫂虵行匍伏〔六〕，四拜自跪而謝。蘇秦曰：「嫂何前倨而後卑也？」嫂曰：「以季子之位尊而多金〔七〕。」蘇秦曰：「嗟乎！貧窮則父母不子〔八〕，富貴則親戚畏懼。人生世上，勢位富貴，蓋可忽乎哉〔九〕！」

〔一〕洛陽：蘇秦之故鄉，今河南洛陽市東三十里漢魏故城。按《史記·蘇秦傳》，過洛陽在説楚王之後。

〔二〕父母聞之：《史記·蘇秦傳》作「周顯王聞之」。

〔三〕清宮除道：清宮，灑掃宮室。除道，清潔道路。

〔四〕張樂設飲：張樂，陳列樂器。設飲，備置酒筵。

〔五〕郊迎：出郊遠迎。

〔六〕虵行匍伏：虵，俗「蛇」字。蛇行，謂手足伏地若蛇行狀。匍伏，即匍匐，伏地掩面。

〔七〕季子：嫂呼小叔之稱。

〔八〕不子：不以爲子。

〔九〕蓋可忽乎哉：蓋，當讀爲「盍」，抄寫形誤，何也。忽，輕視。

【繫年】

據《史記·蘇秦傳》，蘇秦至秦，在秦孝公二十四年，秦誅商鞅之後，當周顯王三十一年。其説趙又在説秦而歸期年之後，蓋此策總其以後事言之，不專指一事。【補】應在趙肅侯十五年、周顯王三十五年之後。此策形式類同前章，不似策文體制。疑後人追記或竄入。

秦惠王謂寒泉子章

秦惠王謂寒泉子曰〔一〕：「蘇秦欺寡人〔二〕，欲以一人之智，反覆東山之君〔三〕，從以欺秦〔四〕。趙固負其衆，故先使蘇秦以幣帛約乎諸侯〔五〕。諸侯不可一，猶連雞之不能俱上於棲亦明矣〔六〕。寡人忿然，含怒日久，吾欲使武安子起往喻意焉〔七〕。」

〔一〕寒泉子：秦處士之號，史不詳其里居姓氏。

〔二〕蘇秦欺寡人：蘇秦以合從説趙及其他諸侯。將爲洹上之盟，以擯秦。欺，詐。言以虚聲恐嚇秦。

〔三〕東山：鮑改爲「山東」，《御覽》卷九一八引作「山東」。吴補：當作「山東」。高注：東山，山東。民按：據高注，作「東山」不誤，不必改爲「山東」。

〔四〕從以欺秦：合從以欺秦。

〔五〕以幣帛約乎諸侯：幣帛，贄見禮物。約，謀約。

〔六〕連雞之不能俱上於棲亦明矣：姚注本作「連雞之不能俱止於棲之明矣」，姚注云：李善注《文選》引作「俱上於棲亦明矣」。王念孫云：作「上」者是也。《後漢書·吕布傳注》及《太平御覽·羽族部》引此並作「上」。鮑本下「之」字作「亦」。吴補：按「之」字當爲「亦」。連謂以繩繫之，言以繩繫數雞，不能使之俱上於棲也。棲，雞所宿之處。若連雞則互相牽制而不得上，故曰不能俱上於棲。《孔叢子·論勢》「連雞不能上棲」，即襲用此策之文。今從王念孫説，改「止」爲「上」，改「之」爲「亦」。

〔七〕使武安子起往喻意焉：秦將白起，封武安君，事在昭王二十九年。惠王時，安得有武安子起，或另一人。喻，告訴。告訴諸侯不可一之意。【補】此句據吴師道注云：「蓋『起』字屬下文。李牧亦封武安君，如此名不一。且張儀死於秦武王時，與白起戰勝攻取時不相及。」吴説是也。《左傳·昭公二十六年》：「王起師於滑。」杜注：「起，發也。」此句的意思是，欲使武安子出發，以喻意。起，非名也。

寒泉子曰：「不可。夫攻城墮邑〔一〕，請使武安子。善我國家，使諸侯，請使客卿張儀〔二〕。」秦惠王曰：「敬受命。」

〔一〕墮：敗壞。

〔二〕客卿張儀：張儀，魏人，秦惠王時仕秦，以爲客卿。戰國時，用別國人爲卿、大夫者，稱爲客卿。

【繫年】

策文謂此策爲秦惠王時事。張儀入秦在秦惠王五年，惠王以爲客卿，與謀伐諸侯。秦惠王五年，當周顯王三十六年。

【補】顧觀光繫年同。

泠向謂秦王章

泠向謂秦王曰〔一〕：「向欲以齊事王，使攻宋也〔二〕。宋破，晋國危〔三〕，安邑王之有也〔四〕。燕、趙惡齊、秦之合，必割地以交於王矣。齊必重於王，則向之攻宋也，且以恐齊而重王。王何惡向之攻宋乎？向以王之明爲先知之，故不言。」

〔一〕泠向謂秦王：泠向，姓泠名向，秦臣。韓、趙策亦有此人。秦王，應爲秦昭王。

〔二〕以齊事王，使攻宋也：高注：以，猶使也。宋，商之後，微子啓封爲宋公。建都商丘（今河南商丘）。至戰國時，宋王偃稱王圖霸，齊、魏、楚共滅之。秦昭王時，魏冉致帝於齊，約共伐趙。而泠向則勸齊攻宋。齊因以韓聶爲將而伐宋。秦昭王大怒。此即指其事。

〔三〕晉國危：高注：晉國，魏都大梁也。大梁距宋近，宋破則大梁危。

〔四〕安邑：魏故都，近秦。今山西夏縣，秦可乘魏之危急而取安邑。

【繫年】

據《史記·秦本紀》及《六國年表》，秦遣司馬錯攻魏河内，魏獻安邑及河内，在秦昭王二十一年。而齊閔王會楚、魏之師伐宋，宋王出亡，死於温。《宋世家》及《田齊世家》記載亦在是年。秦昭王二十一年，當周赧王二十九年。

張儀說秦王章

張儀說秦王曰〔一〕：「臣聞之〔二〕，弗知而言爲不智，知而不言爲不忠〔三〕。爲人臣，不忠當死，言不審亦當死。雖然，臣願悉言所聞，大王裁其罪〔四〕。

〔一〕張儀說秦王：鮑删去「張儀」二字，謂策中所言皆張儀死後事，故删去。高注：秦王，惠王也。民按：張儀死於秦武王元年，而篇中所言多秦昭王時事。前人王應麟、姚宏、吕東萊、鮑彪已疑其不出自張儀，而近人容肇祖《韓非子·初見秦篇考證》、陳祖釐《韓非別传》、羅根澤《諸子考索》、高亨《韓非子·初見秦篇作於韓非考》又作詳細考定。有謂出於范雎，有謂出於蔡澤。而郭沫若《青銅時代》則謂出於呂不韋。篇中所言秦事，皆在昭王時，篇中七稱大王，當指秦昭王。而韓非以始皇十四年入秦，無由向昭王稱大王。由此可知本篇亦不出於韓非之手。然篇中所言長平之役，似是暗譏范雎，故容肇祖、郭沫若推證出自蔡澤或呂不韋。可是都没有直接證據能確切定爲某人。還當各依本書爲是。

〔二〕臣聞之：《國語解》云：凡以「臣聞」或「吾聞」等辭起者，其下多爲稱引古語。

〔三〕知而不言爲不忠：高注：知可言利國安君而不言，故曰不忠。

〔四〕裁：《爾雅》：裁，度也。

「臣聞，天下陰燕陽魏〔一〕，連荆固齊〔二〕，收餘韓成從〔三〕，將西面以與秦爲難〔四〕。臣竊笑之。世有三亡，而天下得之〔五〕，其此之謂乎！臣聞之曰：『以亂攻治者亡，以邪攻正者亡，以逆攻順者亡。』今天下之府庫不盈〔六〕，囷倉空虛〔七〕，悉其士民，張軍聲數千百萬〔八〕，白刃在前，斧質在後〔九〕，而皆去走不能死，非其百姓不能死也〔一〇〕，其上不能殺也〔一一〕。言賞則不與，言罰則不行，賞罰不行，故民不死也。

〔一〕陰燕陽魏：燕在北，故曰陰；魏在南，故曰陽。此舉就關東各國位置而言，燕在北，魏在南。趙爲從長，謂趙北聯燕、南聯魏也。

〔二〕連荆固齊：荆，即楚。秦始皇諱其父名子楚，故古書多稱楚爲荆。時關東六國以齊、楚爲大，故聯楚結齊以爲恃。

〔三〕收餘韓成從：《韓非子》作「收韓而成從」。鮑注：韓弱，地多喪，今存者，其餘也，故曰收餘韓。不言趙，趙爲從長也。

〔四〕將西面以與秦爲難：面，姚本、鮑本皆作「南」，《韓非子》作「面」。南，「面」之訛誤，今從《韓非子》改爲「面」。《韓非子》「秦」下有「强」字。難，高注：難，猶敵也。

〔五〕世有三亡，而天下得之：張文虎《舒藝室隨筆》云：三亡，即下所云「以亂攻治者亡，以邪攻正者亡，以逆攻順者亡」，三端也。「天下」二字承上「天下陰燕陽魏」來，謂天下之攻秦者，犯此三亡也。

〔六〕府庫：藏聚財貨之處曰府，藏蓄兵器之處曰庫。

〔七〕囷倉：用以藏穀粟。高注：圓曰囷，方曰倉。

〔八〕張軍聲數千百萬：張，自侈大也。聲，姚本、鮑本無。姚注：曾作「張軍聲」。王先慎云：有「聲」字者是也。今從曾本。千，《韓非子》作「十」，誤。虛張其軍，號稱數千百萬耳。「百萬」下，《韓非子》有「其頓首戴羽，爲將軍斷死於前，不至千人皆以言死」二十字，策無此二十字。

〔九〕斧質在後：誅不進戰者。質，同「鑕」。鑕，鍖也。古時刑人於鍖上，以斧砍之。

〔一〇〕而皆去走不能死，非其百姓不能死也：不能死，不爲戰争盡力而死。前「死」下，一本有「也」字，《韓非子》有「也非」二字。策無「也非」二字，有「罪」字，是合「也非」二字而誤爲「罪」。鮑本改「罪」爲「非」，今從之。

〔一一〕其上不能殺也：鮑本無此六字。殺，《韓非子》作「故」。王先慎云：案「殺」乃「故」字形近而誤。士民之不死，其故由上之不能賞罰，若作「殺」，則文氣不屬。【補正】殺，疑「教」字之形誤。吴師道曰：「『殺』當作『教』字之譌也。『殺』字或當書作『教』，與『教』相似而誤。《韓》作『故』，亦非。」《論語》：「以不教民戰，是爲棄之。」與此文義略同。

「今秦出號令而行賞罰，有功無功相事也〔一〕。出其父母懷衽之中〔二〕，生未嘗見寇也，聞戰頓足徒裼〔三〕，犯白刃，蹈煨炭〔四〕，斷死於前者，比是也〔五〕。夫斷死與斷生也不同，而民爲之者，是貴奮也〔六〕。一可以勝十，十可以勝百，百可以勝千，千可以勝萬，萬可以勝天下矣。今秦地形斷長續短，方數千里，名師數百萬。秦之號令賞罰，地形利害，天下莫如也。以此與天下，天下不足兼而有也。是知秦戰未嘗不勝，攻未嘗不取，所當未嘗不破也。開地數千里，此甚大功也。然而甲兵頓，士民病，蓄積索，田疇荒〔七〕，囷倉虛，四鄰諸侯不服，伯王之名不成，此無異故，謀臣皆不盡其忠也。

〔一〕有功無功相事也：有功無功，姚本、鮑本皆作「不攻無攻」。曾本作「有功無功」。《韓非子》作「有功無功」。今從曾本和《韓非子》改「不」爲「有」。孫詒讓《札迻》：案曾本與《韓非子·初見秦》同，是「有功無功相事」。謂秦法尚功，使無功之人爲有功者役也。《漢書·高帝紀》顏注引如淳云：「事，謂役使也。」《荀子·王制》云「兩貴之不能事，兩賤之不能相使」，義近，又《議兵》説秦法云「功賞相長也，五甲首而隸五家」，是有功無功相使之法。

〔二〕出其父母懷衽之中：言父母撫育抱養成長之過程。衽，衣襟。

〔三〕頓足徒裼：頓足，以足擊地。徒，空手。裼，袒而露臂。

〔四〕煨：《韓非子》作「爐」。煨，盆中火。

〔五〕斷死於前者，比是也：斷，決。斷死，誓必死。「比」下鮑又補「比」字，亦非。比，《韓非子》作「皆」。比，皆也。比是，猶皆是也。

〔六〕是貴奮也：貴奮，《韓非子》作「貴奮死」。奮，勇也。奮勇不顧死。

【補】〔七〕蓄積索，田疇荒：指府庫中所聚積的錢幣已盡，域内的田地多已荒蕪。索，盡，絶。疇，田疇。

「臣敢言往昔，昔者〔一〕，齊南破荆〔二〕，中破宋〔三〕，西服秦〔四〕，北破燕〔五〕，中使韓、魏之君〔六〕，地廣而兵强，戰勝攻取，詔令天下〔七〕，濟清河濁〔八〕，足以爲限，長城鉅防〔九〕，足以爲塞。齊，五戰之國也〔一〇〕，一戰不勝而無齊〔一一〕。故由此觀之，夫戰者，萬乘之存亡也。

〔一〕臣敢言往昔，昔者：《韓非子》作「臣敢言之，往者」。吴補：蓋兩「昔」字因「者」訛衍。當從《韓非子》爲勝。

〔二〕齊南破荆：齊閔王元年爲韓、魏伐楚，三年與秦、韓、魏敗楚。

〔三〕中破宋：王先慎云：策作「中」誤。《韓非子》作「東」，當依以訂正。齊與楚、魏滅宋在閔王十六年。

〔四〕西服秦：齊閔王十六年與韓、魏伐秦，敗其軍於函谷關，秦割河東三城以和。

〔五〕北破燕：齊宣王五年伐燕取之。

〔六〕中使韓、魏：指韓、魏與齊伐楚、伐秦事。使，役使。

〔七〕詔令：詔，告。令，命令。

〔八〕濟清河濁：王先慎云：策作「濟清河濁」，誤，一本作「齊清濟濁河」。《韓非子》作「齊之清濟濁河」。《燕策》「吾聞齊有清濟濁河」，亦見《史記・蘇秦傳》、《文選》注。《初學記》引此並作「清濟濁河」，當依以訂正。

〔九〕長城鉅防：防，姚本作「坊」。王先慎云：「坊」誤，當作「防」。錢、劉作「防」。鮑本、《韓非子》並作「防」。《史記・蘇秦傳》同。《竹書紀年》：「梁惠王二十年，齊築防以爲長城。」齊長城西起今山東平陰縣北二十九里，沿泰山上東至臨沂入海，長約千里。鉅防，即防門，在平陰境。

〔一〇〕齊，五戰之國：五戰，指上所謂南破荆，東破宋，西服秦，北破燕，中使韓、魏。

〔一一〕一戰不勝而無齊：指赧王三十一年，燕昭王以樂毅聯韓、魏、秦、趙之師以伐齊，下齊七十餘城，齊閔王出走事。

「且臣聞之曰：『削株掘根，無與禍鄰，禍乃不存。』秦與荆人戰，大破荆，襲郢〔一〕，取洞庭、五渚、江南〔二〕，荆王亡奔走，東伏於陳〔三〕。當是之時，隨荆以兵，則荆可舉〔四〕。舉荆，則其民足貪也，地足利也。東以强齊、燕，中以陵三晋，然則是一舉而伯王之名可成也，四鄰諸侯可朝也。而謀臣不爲，引軍而退，與荆人和。令荆人收亡國〔五〕，聚散民，立社主〔六〕，置宗廟，令帥天下西面以與秦爲難〔七〕，此固已無伯王之道一矣。天下有比志而軍華下〔八〕，大王以詐破之，兵至梁郭〔九〕，圍梁數旬，則梁可拔。拔梁，則魏可舉。舉魏，則荆、趙之志絶〔一〇〕。荆、趙之志絶，則趙危。趙危而荆孤，東以强齊、燕，中以陵三晋。然則是一舉而伯王之名可成也，四鄰諸侯可朝也，而謀臣不爲，引軍而退，與魏氏和。令魏氏收亡國，聚散民，立社主，置宗廟，令率天下西面以與秦爲難〔一一〕，此固已無伯王之道二矣。前者穰侯之治秦也〔一二〕，用一國之兵，而欲以成兩國之功〔一三〕。是故兵終身暴靈於外，士民潞病於内〔一四〕，伯王之名不成，此固已無伯王之道三矣。

〔一〕大破荆，襲郢：秦昭王二十九年、楚頃襄王二十一年，秦將白起攻楚拔郢燒夷陵，遂至竟陵。郢，楚都。楚文王都南郢，今湖北荆州市之紀南城，謂之故郢，亦謂之紀郢。楚昭王避吴遷於鄀。鄀，【補】即「上鄀」。在今湖北宜城市東南九十里，爲北郢。楚惠王遷鄢，今湖北宜城市，謂之鄢郢。白起所襲之郢爲南郢，故《白起傳》云，取郢爲南郡。

〔二〕取洞庭、五渚、江南：洞庭，湖名，在今湖南岳陽市西南。五渚，姚本、鮑本原作「五都」。《史記·蘇秦傳集解》引《戰國策》：「秦與荆人戰，大破荆，襲洞庭、五渚。」《燕策》：「四日而至五渚。」此策「五都」，即《燕策》及《蘇秦傳》之「五渚」。《韓非子》作「五湖」，顧廣圻云，「湖乃渚之誤」。今據以訂正。五渚，楚地，湘、資、沅、澧同注洞庭，北會大江，故曰五渚。江南，秦昭王三十年，秦取巫郡及江南爲黔中郡。楚南境之地。

〔三〕荆王亡奔走，東伏於陳：白起拔郢，燒其先王墓，楚頃襄王兵散，遂不復戰，亡逃徙於陳，故云東伏於陳。伏，謂竄伏也。【補】陳，今河南淮陽。楚兵敗，國都先東遷於今河南信陽市，一年後定都於陳。

〔四〕舉：謂拔其都，滅其國。

〔五〕令荆人收亡國：令，姚本作「今」，鮑本作「令」。姚注：一本作「令」。《韓非子》作「令」。下文「令魏氏」與此句式同，當作「令」。故改「今」爲「令」。《楚世家》頃襄王二十三年，《六國年表》秦昭王三十一年，頃襄王收東地得兵十餘萬，復西取秦所拔江旁十五邑以爲郡，拒秦。

〔六〕立社主：遷都後，復建立社稷宗廟。

〔七〕與秦爲難：《秦本紀》昭王三十一年，楚頃襄王收兵，反秦於江南，黔中郡復歸於楚，所謂與秦爲難也。

〔八〕天下有比志而軍華下：比，合。比志，志同道合，以抗秦。華下，猶華陽城下。華陽城，古華國地。在今河南新鄭市北四十五里郭店鎮東北五里，舊址即存。秦昭王三十三年，趙、魏伐韓，秦救之，敗趙、魏之軍於華陽。

〔九〕兵至梁郭：梁，魏國都。郭，外城曰郭。秦昭王三十二年，穰侯爲相國將兵攻魏走芒卯，遂圍大梁。此與華陽之戰爲一年事，而紀、表、傳分爲二年敘述。

〔一〇〕荆、趙之志絶：魏在楚、趙二國之間。滅魏，則楚、趙不通，而聯合抗秦之意志消失。

〔一一〕令率天下西面以與秦爲難：據俞樾説補此一句。【正】諸本均無此句。俞樾考證後補此句，義勝。但不應徑納入原文，應在「注」中説明。

〔一二〕穰侯：姓魏名冉，秦昭王母宣太后之異父長弟，其先楚人，封之於穰，故曰穰侯，穰本韓邑，後入秦，在今河南鄧州市北四十里。

〔一三〕兩國：指秦及穰侯封地。

〔一四〕兵終身暴靈於外，士民潞病於内：暴靈，鮑本作「暴露」，《韓非子》作「暴露」，按作「露」爲是。與《燕策二》「爲將軍久暴露於外」義同，蓋「暴露」、「潞病」皆以駢字爲對文，黄丕烈云：暴謂日，靈謂雨也。潞，羸，潞罷，即潞人病之。【補】「霛」字與「露」字形似而易訛。

「趙氏，中央之國也〔一〕，雜民之所居也〔二〕。其民輕而難用也〔三〕，號令不治，賞罰不信，地形不便〔四〕。上非能盡其民力，彼固亡國之形也，而不憂民氓〔五〕，悉其士民，軍於長平之下〔六〕，以爭韓之上黨〔七〕，大王以詐破之，拔武安〔八〕。當是時，趙氏上下不相親也，貴賤不相信也，然則是邯鄲不守。拔邯鄲，完河間〔九〕，引軍而去，西攻修武〔一〇〕，踰羊腸，絳、代、上黨〔一一〕。代三十六縣〔一二〕，上黨十七縣，不用一領甲，不苦一民，皆秦之有也。代、上黨不戰而已爲秦矣。東陽、河外不戰而已反爲齊矣〔一三〕。中呼池以北〔一四〕，不戰而已爲燕矣。然則是舉趙則韓必亡，韓亡則荆、魏不能獨立。荆、魏不能獨立〔一五〕，則是一舉而壞韓蠹魏〔一六〕，挾荆以東弱齊、燕，決白馬之口〔一七〕，以流魏氏〔一八〕，一舉而三晉亡，從者敗。大王拱手以須，天下遍隨而伏，伯王之名可成也。而謀臣不爲，引軍而退，與趙氏爲和。以大王之明，秦兵之强，伯王之業地（也），尊不可得，乃取欺於亡國，是謀臣之拙也。且夫趙當亡不亡，秦當伯不伯，天下固量秦之謀臣一矣。乃復悉卒以攻邯鄲，不能拔也，棄甲兵怒〔一九〕，戰慄而却，天下固量秦力二矣。軍乃引退，并於李下〔二〇〕，大王又并軍而致與戰，非能厚勝之也，又交罷却，天下固量秦力三矣。內者量吾謀臣，外者極吾兵力。由是觀之，臣以天下之從，豈其難矣。內者吾甲兵頓，士民病，蓄積索，田疇荒，囷倉虛；外者天下比志甚固，願大王有以慮之也。

〔一〕趙氏，中央之國：趙都邯鄲，在燕之南，魏之北，齊之西，韓之東，故曰中央。

〔二〕雜民：兼有四國之民，故曰雜。

〔三〕其民輕而難用也：姚本無「也」字，鮑本有，《韓非子》有，今從之。輕，輕僄難以任用。

〔四〕地形不便：趙地形無險固可守，又圍在四國之中，故不便。

〔五〕不憂民氓：不憂恤安撫人民百姓。氓，野民曰氓。

〔六〕軍於長平：長平，趙地，今山西高平縣西。趙孝成王六年、秦昭王四十七年，秦攻韓上黨，上黨降趙，秦國攻趙。趙發兵擊秦，相持於長平，秦使武安君白起大破趙軍四十餘萬，盡殺之。

〔七〕爭韓之上黨：長平之戰，是因秦、趙爭韓之上黨所引起。秦昭王四十四年，秦使白起攻韓太行道絶之。四十五年拔野王，四十七年攻上黨，上黨道絶降趙。趙軍長平，以與秦爭之上黨，秦破趙軍四十餘萬。

〔八〕武安：趙邑，在今河北省武安市西南十里。

〔九〕完河間：完，《韓非子》作「莞」。王先慎云：「完」即「莞」字殘缺，當依此訂正。莞，包也，謂秦軍包舉其地。河間，漳水、黄河之間，趙之東境，與燕、齊接界之地。【補】今河北省河間市一帶。

〔一〇〕修武：本商朝之寧邑，武王伐紂，勒兵於此，改爲修武。在今河南修武縣北。

〔一一〕踰羊腸、絳、代、上黨：羊腸，趙之險塞，在今河南沁陽市與今山西晋城市間，即太行阪道。絳，趙邑，今山西翼城縣東。代，趙邑，今河北蔚縣。

〔一二〕三：《韓非子》作「四」。未知孰是。

〔一三〕東陽、河外：東陽，《水經・清水注》引馬融《三傳異同説》：「晋地自朝歌以北至中山，爲東陽。」即太行山以東地，楚、漢間始置東陽郡。河外，戰國時，魏稱河南爲河外，當今河南中北部。趙河外，當指清河之外，當今山東清河、武城，河北棗强、廣川一帶地。

〔一四〕中呼池：《韓非子》作「中山呼沱」。「池」、「沱」通借，策文蓋脱「山」字。中山，國名，都今河北定州市，後遷靈壽，爲趙所滅。呼池，即呼沱，呼池河源出今山西繁峙縣泰戲山，東流至河北與滋河、唐河、拒馬河、永定河至天津與桑乾河合至直沽入海。

〔一五〕荊、魏不能獨立：此六字鮑本無。姚本、《韓非子》有此六字。鮑本蓋誤脱也。

〔一六〕蠹：蛀蟲，引伸爲害。

〔一七〕決白馬之口：決，掘開。白馬，白馬津，在今河南滑縣東。

〔一八〕以流魏氏：流，灌。魏氏，魏都大梁也。

〔一九〕怒：民按：「怒」字，當從《韓非子》作「弩」爲是。

〔二〇〕並於李下：李，城名。李下，李城下。趙封李談之父於李，在今河南温縣。

「且臣聞之，戰戰慄慄，日慎一日〔一〕。苟慎其道，天下可有也。何以知其然也？昔者紂爲天子，帥天下將甲百萬〔二〕，左飲於淇谷〔三〕，右飲於洹水〔四〕，淇水竭而洹水不流，以與周武爲難。武王將素甲三千，領戰一日〔五〕，破紂之國，禽其身，據其地而有其民，天下莫不傷〔六〕。智伯帥三國之衆〔七〕，以攻趙襄主於晉陽〔八〕，決水灌之，三年城且拔矣，襄主錯龜數策占兆〔九〕，以視利害，何國可降？而使張孟談〔一〇〕。於是潛行而出，反智伯之約〔一一〕，得兩國之衆，以攻智伯之國，禽其身以成襄子之功。今秦地斷長續短，方數千里，名師數百萬，秦國號令賞罰，地形利害，天下莫如也。以此與天下〔一二〕，天下可兼而有也。

〔一〕戰戰慄慄，日慎一日：據《古謡諺》，堯時作戒曰：「戰戰慄慄，日慎一日。人莫躓於山，而躓於垤。」

〔二〕帥天下將甲百萬：甲，鮑本無，吴補、一本有。《韓非子》作「將帥天下甲兵百萬」。

〔三〕左飲於淇谷：飲，姚本作「飯」，鮑本作「飲」，《韓非子》作「飲」。今從鮑本。淇谷，淇水所出。淇水源出今河南輝縣百泉山。【補正】淇水一主源於今山西陵川六泉，二主源於今河南輝縣之後莊鄉，三主源於今河南輝縣西平羅鄉南之寺泉村。此處鮑注、張琦注、程恩澤注，引《淮南子》注等均不全面。錢坫曰：「淇有二源：其上流即沾水，由山西陵川縣東北流，逕河南林縣南、淇縣西北，合百泉水，謂之淇泉。」意近。

〔四〕洹水：亦名安陽河。源出今河南林州市西林慮山，東經安陽市北到内黄縣，入衛河。

〔五〕頓戰一日：頓，《韓非子》無。一日，甲子日也。武王伐紂，以甲子日戰於牧野，敗紂滅殷。

〔六〕莫不傷：王先慎云：策上有「不」字，誤。姚注：劉無「不」字。莫傷，不傷紂之滅亡也。

〔七〕智伯帥三國：智伯，晋大夫智瑶。三國，智、韓、魏也。

〔八〕攻趙襄主於晋陽：趙襄主，趙襄子無恤也。大夫稱主。智伯攻趙，趙襄子奔保晋陽，今山西太原市南晋源區。

〔九〕錯龜數策占兆：錯，《韓非子》作「鑿」。錯龜，即鑿龜，鑿而灼，龜乃成兆。策，蓍草，數蓍草以筮卦。占，卜。灼龜坼裂曰兆。

〔一〇〕張孟談：趙襄子之謀臣。

〔一一〕反智伯之約：智伯約韓、魏，滅趙而三家分其地。反智伯之約，張孟談約韓、魏與趙共滅智伯而三分之。

〔一二〕與天下：與天下争。

「臣昧死望見大王〔一〕，言所以舉破天下之從〔二〕，舉趙亡韓，臣荆、魏，親齊、燕，以成伯王之名，朝四鄰諸侯之道。大王試聽其説〔三〕，一舉而天下之從不破，趙不舉，韓不亡，荆、魏不臣，齊、燕不親，伯王之名不成，四鄰諸侯不朝，大王斬臣以徇於國〔四〕，以主爲謀不忠者。」

〔一〕昧死望見：昧，冒昧。昧死，即冒死。《韓非子》「望」上有「願」字。有「願」字爲是。

〔二〕所以舉破天下之從：「所以」下策文脱「一」字，下文可證。

〔三〕試：《韓非子》作「誠」爲是。

〔四〕徇：遍也，遍行示衆。

【繫年】

據此策所言歷史事實，既不能定爲張儀，亦難確定爲韓非。韓非入秦，在秦始皇十三年，未及上見秦昭王。而策中所言皆昭王末年事，姑繫於昭王五十一年、周赧王五十九年。【補】顧觀光隸此策於秦始皇十四年秦殺韓非下，首無「張儀」二字，以爲是韓非。大誤。

張儀欲假秦兵章

張儀欲假秦兵以救魏。左成謂甘茂曰：「子不予之〔一〕。魏不反秦兵，張子不反秦〔二〕。魏若反秦兵，張子得志於魏，不敢反於秦矣〔三〕。張子不去秦，張子必高子〔四〕。」

〔一〕子不予之：子不，鮑本作「不如」。此當從鮑本作「不如」爲是。此乃將欲取之，必姑與之之策。不予，張儀不能得秦軍救魏，必不有失而離秦。

〔二〕張子不反秦：謂張儀以秦兵救魏，戰敗而傷亡多。秦兵不離魏返秦，張儀亦不敢返回秦國。

〔三〕不敢反於秦：張儀有功於魏，故得志。得志於魏，亦不返回秦國。

〔四〕張子必高子：高，上也，貴重。子，謂甘茂。此言不因事而使張儀離開秦國，其權寵、高貴必在甘茂之上，故曰高子。

【繫年】

按《張儀傳》，張儀以秦惠王十一年相秦，相秦四年，使秦惠王稱王。張儀在秦位高於甘茂。《甘茂傳》，惠王卒，武王立，張儀東之魏。而又有齊伐魏之事。而張儀又與秦武有隙，故去秦之魏。欲相魏，故假秦兵以救魏。後卒相魏。則此策當是此時事。故鮑彪次之於武王時。當繫於秦武王一年，當周赧王五年。【補】鮑本隸此策於秦武王下，顧觀光附此策在周顯王四十年，誤也。

司馬錯與張儀章

司馬錯與張儀爭論於秦惠王前〔一〕，司馬錯欲伐蜀〔二〕，張儀曰：「不如伐韓。」王曰：「請聞其説〔三〕。」

〔一〕司馬錯與張儀争論於秦惠王前：《新序·善謀》云：「秦惠王時，蜀亂，國人相攻擊，告急於秦。惠王欲發兵伐蜀，以爲道險狹難至，而韓人來侵秦。秦惠王欲先伐韓，恐蜀亂；先伐蜀，恐韓襲秦之弊，猶豫未決。司馬錯與張儀争論於惠王之前。」司馬錯，姓司馬名錯，秦人。《史記·自序》謂司馬氏爲周程伯休父之後，世掌周史，東周惠王、襄王時，去周適晉。秦、晉戰争，奔秦。其後有司馬錯。

〔二〕司馬錯欲伐蜀：蜀，今四川一帶。古國名，相傳爲黄帝所封，歷夏、商、周三代世爲侯伯。至蠶叢始稱王。四川東部有巴國。周顯王時，秦惠文王與巴、蜀爲好，蜀王弟苴私親於巴，巴、蜀世戰争。周慎靚王五年，蜀王伐苴侯，苴侯奔巴，巴爲求救於秦。

〔三〕聞：姚注：錢云「聞」舊作「問」。曾、劉、集、一作「問」。民按：《御覽》卷四六〇作「問」，《新序·善謀》作「聞」。

對曰：「親魏善楚，下兵三川〔一〕，塞轘轅、緱氏之口〔二〕，當屯留之道〔三〕，魏絶南陽〔四〕，楚臨南鄭〔五〕，秦攻新城、宜陽〔六〕，以臨二周之郊〔七〕，誅周主之罪〔八〕，侵楚、魏之地。周自知不救，九鼎寶器必出。據九鼎，按圖籍〔九〕，挾天子以令天下〔一〇〕，天下莫敢不聽，此王業也。今夫蜀，西辟之國〔一一〕，而戎狄之長也〔一二〕，弊兵勞衆不足以成名〔一三〕，得其地不足以爲利。臣聞：『争名者於朝，争利者於市。』今三川、周室，天下之市、朝也，而王不争焉，顧争於戎狄〔一四〕，去王業遠矣〔一五〕。」

〔一〕下兵三川：高注：下兵，出兵也。三川，伊、洛、河也。後來秦於此置三川郡。

〔二〕塞轘轅、緱氏之口：姚本、鮑本無「緱氏」二字。《張儀傳索隱》云：《戰國策》作「轘轅、緱氏之口」。原策文有「緱氏」二字明矣。《御覽》卷四六〇引此策有「緱氏」二字，今據以補此二字。塞，杜絶。轘轅，關名，道險紆曲，號爲十八盤，盤旋而上，在今河南偃師東南與鞏義、登封接界處。緱氏，地名，在今河南偃師市南二十里，秦設爲縣。

〔三〕當屯留之道：當，阻塞。屯留，今山西屯留縣南十里。屯留之道，即太行羊腸阪道。

〔四〕魏絶南陽：南陽，屬魏。今河南沁陽、獲嘉一帶。絶南陽，當屯留道，斷韓上黨之路。

〔五〕南鄭：新鄭以南。

〔六〕新城：今河南伊川縣西南。【補正】新城，吴師道注爲今河南新密市，誤。應爲今河南洛陽南之汝州市之南古梁城。張琦曰：《周紀》注，徐廣曰：罽狐聚在洛陽南百五十里梁、新城之間。《楚策一》：城渾南游之楚新城，亦此地。程恩澤曰：按《漢紀》，河南郡有新城縣，故戎蠻子國。《吕覽》、《括地志》均同此説。

〔七〕二周：東周、西周。

〔八〕誅周主之罪：誅，討，數之以罪。主，《史記》、《新序》皆作「王」。高注：周主、周君。

〔九〕按圖籍：按，據。圖籍，土地之圖，人民金穀之籍。

〔一〇〕挾天子以令天下：挾持周天子。借周天子名義號令各國，各國不敢不從。

〔一一〕西辟之國：辟，同「僻」。西辟，蜀地僻處西方。

〔一二〕戎狄之長：長，《新序》作「倫」，《春秋後語》作「倫」。《史記》作「偷」。「偷」乃「倫」之訛誤。作「倫」義勝。

〔一三〕成名：成伯王之名。

〔一四〕顧：反。

〔一五〕去王業遠矣：錢、劉本無「業」字。《新序》亦無「業」字。然去「業」字則文義不通。

司馬錯曰：「不然。臣聞之，欲富國者〔一〕，務廣其地；欲强兵者，務富其民；欲王者，務博其德。三資者備，而王隨之矣。今王之地小民貧，故臣願從事於易。夫蜀，西辟之國也，而戎狄之長也，而有桀、紂之亂〔二〕。以秦攻之，譬如使豺狼逐群羊也。取其地，足以廣國也；得其財，足以富民；繕兵不傷衆〔三〕，而彼已服矣。故拔一國而天下不以爲暴，利盡西海諸侯不以爲貪〔四〕。是我一舉而名實兩附〔五〕，而又有禁暴正亂之名。今攻韓劫天子〔六〕，惡名也，而未必利也，又有不義之名，而攻天下之所不欲，危〔七〕。臣請謁其故〔八〕：周，天下之宗室也；齊、韓，周之與國也〔九〕。周自知失九鼎，韓自知亡三川，則必將二國并力合謀以因於齊、趙，而求解乎楚、魏。以鼎與楚，以地與魏，王不能禁。此臣所謂『危』，不如伐蜀之完也〔一〇〕。」惠王曰：「善！寡人聽子。」

〔一〕富國：姚注：曾、錢、集作「國富」。民按：《御覽》卷四六〇無「國」字，《新序》同。

〔二〕桀、紂：夏、商亡國之主，荒淫殘暴。

〔三〕繕兵：治兵。繕，治也。

〔四〕盡西海：謂盡西方地域也。地以海爲限，故爲此言以誇之。西海，鮑本作「四海」。《新序》、《史記》作「西」。「四」字誤。【補】西海，即指現在青海西寧市西四百里之青海湖。顧觀光同此說。

〔五〕名實兩附：名利兩得。名，謂博其德。實，謂得其土地財寶。

〔六〕劫：脅持，迫脅。

〔七〕而攻天下之所不欲，危：言攻天下之所不欲，不仅有惡名，而且有實際危險。「危」字單獨一句，下文「所謂『危』」可證。《史記》作「危矣」，《新序》同。

〔八〕謁：告訴。

〔九〕齊、韓，周之與國也：《史記》作「齊，韓之與國也」，《新序》同，此衍「周」字。與國，鄰國相親睦者，謂之與國。

〔一〇〕完：安全。

卒起兵伐蜀，十月取之，遂定蜀〔一〕。蜀主更號爲侯，而使陳莊相蜀〔二〕。蜀既屬〔三〕，秦益强富厚，輕諸侯。

〔一〕遂定蜀：秦起兵以張儀、司馬錯同往伐蜀，歷時十月而取之，遂定蜀。

〔二〕使陳莊相蜀：據《華陽國志》：「周赧王元年，秦惠王封子通國爲蜀侯，以陳莊爲相，置巴郡。」此言更號爲侯者，以巴、蜀原皆稱王，今滅之而更號爲侯也。

〔三〕蜀既屬：「屬」下《新序》、《史記》皆有「秦」字。言蜀被滅附屬於秦也。

【繫年】

秦滅蜀，《張儀傳》敘在秦惠王前元九年，誤。《秦本紀》惠王十四年更爲元年，九年司馬錯伐蜀滅之。《六國年表》

謂在惠王二十二年十月也。惠王十四年改元，二十二年，恰當改元後九年。蜀攻巴，巴求救於秦，《華陽國志》謂爲周慎靚王五年，而陳莊相蜀，則在此後二年，即赧王元年，年代亦符。故繫此策爲慎靚王五年、秦惠王後元九年事。錢大昕、梁玉繩據《秦本紀》及《六國年表》考證，亦以爲秦惠王後元九年事。

張儀之殘樗里疾章

張儀之殘樗里疾也〔一〕，重而使之楚〔二〕，因令楚王爲之請相於秦〔三〕。張子謂秦王曰：「重樗里疾而使之者，將以爲國交也〔四〕。今身在楚，楚王因爲請相於秦。臣聞其言曰〔五〕：『王欲窮儀於秦乎〔六〕？臣請助王。』楚王以爲然，故爲請相也。今王誠聽之，彼必以國事楚王〔七〕。」秦王大怒，樗里疾出走。

〔一〕殘：高注：殘，害也。
〔二〕重：尊貴，提高權位。
〔三〕因令楚王爲之請相於秦：借楚王之名請使樗里疾爲秦相。楚王，楚懷王槐。
〔四〕重樗里疾而使之者，將以爲國交也：使樗里疾爲重使，爲秦、楚之國結交。秦王，秦惠王。
〔五〕其言：樗里疾之言，實張儀假造以誣樗里疾之言。
〔六〕窮：困阨。

〔七〕彼必以國事楚王：彼，指樗里疾。國，秦國。事，奉事。

【繫年】

據《秦本紀》及《樗里子傳》，樗里子在秦惠王後元八年敗五國攻秦之軍於修魚，十一年攻魏降焦與曲沃，二十五年伐趙取藺，二十六年助石章敗楚，取漢中地。以屢立功，秦惠王封樗里疾爲嚴君。只有此時樗里疾權寵地位，才能威脅到張儀。故張儀借其使楚以殘害之。鮑彪繫此策於秦武王時，武王元年張儀已被逐失勢，似嫌爲時太晚，今不取，從顧觀光，繫於秦惠王後元十三年，當周赧王三年。

張儀欲以漢中與楚章

張儀欲以漢中與楚〔一〕，請秦王曰〔二〕：「有漢中，蠹〔三〕。種樹不處者〔四〕，人必害之；家有不宜之財，則傷本〔五〕。漢中南邊爲楚利，此國累也〔六〕。」

〔一〕以漢中與楚：據《秦本紀》及《樗里子傳》，秦取楚漢中地，在秦惠王後元十三年。

〔二〕請：按《戰國策》文例，當作「謂」。

〔三〕蠹：木中注蟲。又害也。

〔四〕不處：不得其所，不是地方。

〔五〕傷本：黄丕烈云：鮑改「本」爲「今」，但所改未是。傷，亦害也。

〔六〕累：憂也。

甘茂謂王曰：「地大者，固多憂乎〔一〕！天下有變〔二〕，王割漢中以爲和楚，楚必畔天下而與王〔三〕。王今以漢中與楚，即天下有變〔四〕，王何以市楚也〔五〕？」

〔一〕固：與「顧」通，反也。

〔二〕天下有變：指列國政治形勢變化不利於秦。

〔三〕畔天下而與王：畔，通「叛」，背叛。與王，與王相親。

〔四〕即：猶若也。

〔五〕市：收買，做政治交易。

【繫年】

秦取楚漢中地在秦惠王後元十三年，而張儀欲以漢中與楚必在此年之後。惠王後元十四年卒，張儀即失勢，與楚漢中地又必在惠王死之前，而甘茂之得勢亦在惠王晚年。從顧觀光繫於惠王後元十四年，當周赧王四年。

楚攻魏張儀謂秦王章

楚攻魏〔一〕，張儀謂秦王曰：「不如與魏以勁之〔二〕，魏戰勝，復於秦〔三〕，必入西河之外〔四〕；不勝，魏不能守，王必取之。」

〔一〕楚攻魏：高注：楚，楚威王。楚威王攻魏。威王在位十一年，攻魏事，《史》不見。
〔二〕與魏以勁之：與魏，以魏爲與國。高注：與，助也。勁，强也。
〔三〕復於秦：姚注：錢、劉本作「德於秦」，無「復」字。金正煒云：作「德」者是。德於秦，感秦助之之德。
〔四〕西河之外：即魏河西地。魏地在河西者，在今陝西南起華陰，西至洛水，北至延安以南，修長城以拒秦。策文多稱此爲西河之外，以别於河南之河外。

王用儀言，取皮氏卒萬人〔一〕，車百乘，以與魏犀首〔二〕，戰勝威王，魏兵罷弊，恐畏秦，果獻西河之外〔三〕。

〔一〕取皮氏卒萬人：秦惠王九年秦取魏皮氏。故皮氏屬秦，秦得以徵其車卒。皮氏，魏地。今山西河津縣西。
〔二〕以與魏犀首：犀首，魏之陰晋人。名衍，姓公孫氏。此時仕魏。《史記·張儀傳集解》引司馬彪云：「犀首，魏官名，若今虎牙將軍。」按《六國年表》稱犀首爲大梁造，不能一人兩稱官名。恐犀首或爲姓名。魏有犀武。

〔三〕果獻西河之外：按《魏世家》魏納河西地於秦，在魏惠王後元五年。《秦本紀》秦惠王八年魏納河西地。

【繫年】

楚威王攻魏事，史雖不書。但秦取魏皮氏，魏納河西地於秦，《秦本紀》、《魏世家》則記載詳明。只是《史記》取皮氏在獻河西地之後，與此策略有矛盾。然策文明說此事在威王時，林春溥《戰國紀年》編此策於魏敗楚陘山，威王死之次年，似有疏誤。當從顧氏繫於秦惠王八年、魏惠王後元五年、顯王三十九年。【補】顧觀光繫此策爲周顯王四十年，《史記・六國年表》同。

田莘之爲陳軫説秦惠王曰章

田莘之爲陳軫説秦惠王曰〔一〕：「臣恐王之如郭君〔二〕。夫晉獻公欲伐郭，而憚舟之僑存〔三〕。荀息曰〔四〕：『《周書》有言，美女破舌〔五〕。』乃遺之女樂〔六〕，以亂其政。舟之僑諫而不聽，遂去〔七〕。因而伐郭，遂破之。又欲伐虞〔八〕，而憚宮之奇存〔九〕。荀息曰：『《周書》有言，美男破老〔一〇〕。』乃遺之美男，教之惡宮之奇。宮之奇以諫而不聽，遂亡〔一一〕。因而伐虞，遂取之〔一二〕。今秦自以爲王〔一三〕，能害王之國者，楚也。楚知橫門君之善用兵〔一四〕，與陳軫之智〔一五〕，故驕張儀以五國〔一六〕。來，必惡是二人。

願王勿聽也。」張儀果來辭〔一七〕，因言軫也，王怒而不聽。

〔一〕田莘之爲陳軫：莘，鮑本作「華」。吴補：一本「田莘」。陳軫，夏人，仕齊亦仕楚。

〔二〕郭君：郭，與「虢」同。蔡邕《郭有道碑》：「有虢叔者，實有懿德，文王咨焉，建國命氏，遂謂之郭。」虢國有三：北虢在上陽、陝州一帶，今河南三門峽市及山西平陸縣，虢仲之後；西虢在今寶雞市虢鎮，亦虢仲之後；東虢在今河南榮陽市上街區西，虢叔之後。此策文「郭」指北虢，春秋時與虞爲鄰。

〔三〕晋獻公欲伐郭，而憚舟之僑存：晋獻公伐虢，前後兩次。一次在魯僖公二年，一次在魯僖公五年。舟之僑，虢大夫，舟姓。

〔四〕荀息：晋大夫，亦稱荀叔。

〔五〕美女破舌：王念孫《讀周書雜誌》云：「破舌」義不可通。「舌」當爲「后」。段玉裁《説文注》亦云：「破舌」爲「破后」之訛。破，壞也。「舌」、「后」形近易混。

〔六〕女樂：歌舞之美女與樂器。

〔七〕遂去：離開。《國語·晋語》：舟之僑以其族適晋。高誘注：謂以其孥適西山。不知何據。魯僖公二年晋荀息伐虢，滅下陽。五年伐虢攻上陽，滅虢。

〔八〕又欲伐虞：虞，姬姓，周武王封虞仲於周之北故夏墟，都大陽，是爲虞，今山西平陸縣西南。春秋時與晋、虢爲鄰。

〔九〕宫之奇：虞大夫。

〔一〇〕老：國老，老成人。

〔一一〕遂亡：《左氏僖五年傳》「宫之奇以其族行」，不言亡地。高注：去適秦，不知何據。

〔一二〕伐虞，遂取之：魯僖公五年，晋滅虢，還師襲虞，滅之。

〔一三〕今秦自以爲王：秦惠王稱王在前元十三年，次年改元，王當爲霸王之王。讀「旺」。

〔一四〕楚知横門君：知，姚本作「智」，鮑本作「知」。姚注：一本作「知」。横門君，秦將。鮑本「横」下有「門」字。一本有「門」字，高注亦有「門」字。今從鮑本補「門」字。

〔一五〕與陳軫之智：「與」上姚本有「用兵」二字。鮑本衍「用兵」二字。姚注：錢、劉只一「用兵」字。今從錢、劉，删去「用兵」二字。

〔一六〕驕張儀以五國：言楚使此五國以事屬張儀，以重其權。驕，寵之也。五國，韓、魏、趙、燕、齊。

〔一七〕果來辭：果然來到秦國向秦王説陳軫之短。辭，説。

【繫年】

據《張儀傳》，陳軫與張儀俱事秦惠王，皆貴重，争寵。秦惠王十年張儀爲秦相。秦惠王後元二年陳軫爲秦使齊，又爲齊使楚。是年張儀與楚、齊、魏之相會嚙桑。從下策《張儀又惡陳軫章》來看，此策當秦惠王十年事，顧觀光附於此年，當周顯王四十一年。

張儀又惡陳軫章

張儀又惡陳軫於秦王曰：「軫馳楚、秦之間〔一〕，今楚不加善秦而善軫〔二〕，然則是軫自爲而不爲國也。且軫欲去秦而之楚，王何不聽乎！」

〔一〕軫馳楚、秦之間：言陳軫來往使於秦、楚兩國之間。楚、秦，鮑本作「秦、楚」，《史記》同。姚注：一本作「馳走秦、楚之間」，錢作「馳楚」。

〔二〕今楚：鮑本作「今遂」。《史記》作「今楚」。「遂」乃「楚」形近之訛誤。

王謂陳軫曰：「吾聞子欲去秦而之楚，信乎〔一〕？」陳軫曰：「然。」王曰：「儀之言果信也。」曰：「非獨儀知之也，行道之人皆知之。」曰：「孝己愛其親〔二〕，天下欲以爲子；子胥忠乎其君〔三〕，天下欲以爲臣。賣僕妾售乎閭巷者，良僕妾也〔四〕；出婦嫁鄉曲者〔五〕，良婦也。吾不忠於君，楚亦何以軫爲忠乎？忠且見棄，吾不之楚何適乎？」秦王曰：「善。」乃止之也〔六〕。

〔一〕信：真，實。

〔二〕孝己愛其親：孝己，殷高宗武丁之太子，有孝行，事親一夜五起，母早死，高宗聽後妻之言，放之而死。《尸子》：「孝己事親，一夜而五起，視衣厚薄枕之高下也。」

〔三〕子胥忠乎其君：子胥，伍子胥，名員。楚大夫伍奢之子。平王殺伍奢及其兄伍尚，子胥奔吴，以太宰嚭之讒陷，爲吴王夫差所殺。忠乎，姚注：錢、劉無「乎」字。民按：《史記》作「忠於」。

〔四〕賣僕妾售乎閭巷者，良僕妾也：售：賣去。良，善。

〔五〕出婦嫁鄉曲者：出婦，婦被休棄。曲，里之一偏。

〔六〕止：姚本作「必」，鮑本作「止」。從鮑本。

【繫年】

《張儀傳》秦惠王十一年，以張儀爲相。《陳軫傳》張儀惡陳軫於秦王，秦王善待陳軫。居秦期年，秦惠王終相張儀而陳軫奔楚。則此策當在張儀爲相之前一年，惠王前元十年、周顯王四十一年也。顧氏《國策編年》亦附此策於是年。

陳軫去楚之秦章

陳軫去楚之秦。張儀謂秦王曰〔一〕：「陳軫爲王臣，常以國情輸楚〔二〕。儀不能與從事，願王逐之。即復之楚，願王殺之。」王曰：「軫安敢之楚也？」

〔一〕秦王：秦惠王。

〔一一〕以國情輸楚：國，謂秦國。情，實。國情，謂國事之隱而不欲人知者。輸，送。

王召陳軫告之曰：「吾能聽子，言子欲何之〔一〕？請爲子約車。」對曰：「臣願之楚！」王曰：「儀以子爲之楚，吾又自知子之楚，子非楚且安之也〔二〕？」軫曰：「臣出，必故之楚，以順王與儀之策，而明臣之楚與不也〔三〕。楚人有兩妻者，人誂其長者〔四〕，長者詈之〔五〕；誂其少者，少者許之〔六〕。居無幾何，有兩妻者死。客謂誂者曰：『汝取長者乎、少者乎？』曰〔七〕：『取長者。』客曰：『長者詈汝，少者和汝〔八〕，汝何爲取長者？』曰：『居彼人之所，則欲其許我也；今爲我妻，則欲其爲我詈人也。』今楚王明主也〔九〕，而昭陽賢相也〔一〇〕。軫爲人臣，而常以國情輸楚〔一一〕，楚王必不留臣，昭陽將不與臣從事矣。以此明臣之楚與不。」

〔一〕言子欲何之：鮑本無「言」字。何之，曾作「何適」。「之」、「適」，義同，往也。

〔二〕且：鮑本作「宜」。

〔三〕明臣之楚與不也：楚與，即「與楚」，親楚。不，與「否」同。

〔四〕誂：姚注：《春秋後語》作「挑」。「誂」、「挑」通，诱惑，戏弄，拨引。

〔五〕长者詈之：「長者」二字，姚本無。姚注：一本更有「長者」二字。鮑本有「長者」二字。詈，罵也。

〔六〕許：《後漢書·馮衍傳》作「報」。

〔七〕曰：姚本、鮑本無。姚注：一本有「曰」字。今據補。

〔八〕和：猶許。

〔九〕楚王：楚懷王。

〔一〇〕昭陽：楚懷王之相，姓昭名陽。

〔一一〕以國情輸楚：情，姚本無。鮑補「情」字。吴補：「國」下當有「情」字。今從鮑本。楚，姚本作「王」。姚注：劉本作「楚」。鮑改「王」爲「楚」，今從劉本。

軫出，張儀入，問王曰：「陳軫果安之〔一〕。」王曰：「夫軫天下之辯士也，孰視寡人曰〔二〕：『軫必之楚。』寡人遂無奈何也。寡人因問曰：『子必之楚也，則儀之言果信矣。』軫曰：『非獨儀之言也，行道之人皆知之。昔者子胥忠其君，天下皆欲以爲臣；孝己愛其親，天下皆欲以爲子。故賣僕妾不出里巷而取者，良僕妾也；出婦嫁於鄉里者，善婦也。臣不忠於王，楚何以軫爲？忠尚見棄，臣不之楚而何之乎〔三〕？』」王以爲然，遂善待之。

〔一〕果安之：果，决也。安，何。之，往。

〔二〕孰：與「熟」通。

【補】〔三〕此段文字自段首「軫出」二字至「臣不之楚而何之乎」，日本學者横田維孝認爲「疑當爲前章末，蓋錯簡也」。于鬯從横田説云：「按去此一段，下文二句方貫。否則，此王述軫之言，下言『王以爲然』，文理不接且所述亦爲無本。」此説較確。

【繫年】

此與上章爲同時事。《陳軫傳》似總此兩章之文爲一事。亦當繫於秦惠王相張儀之前，即惠王十年、周顯王四十一年。

戰國策卷四

秦二

齊助楚攻秦章

齊助楚攻秦，取曲沃〔一〕。其後秦欲伐齊，齊、楚之交善〔二〕，惠王患之。謂張儀曰：「吾欲伐齊，齊、楚方懽〔三〕，子爲寡人慮之奈何？」張儀曰：「王其爲臣約車并幣〔四〕，臣請試之。」

〔一〕曲沃：秦邑，在今河南三門峽市陝州區西南四十里，因曲沃水而得名，即春秋時之瑕，與晉桓叔所封之曲沃不同。戰國時，魏地，後入秦。

〔二〕交善：交好親善。

〔三〕懽：與「歡」同，喜，合。

〔四〕并幣：并，合。幣，幣帛財貨。

張儀南見楚王曰〔一〕：「弊邑之王所説甚者，無大大王〔二〕；唯儀之所甚願爲臣者，亦無大大王。弊邑之王所甚憎者，無大齊王〔三〕；唯儀之甚憎者〔四〕，亦無大齊王〔五〕。今齊王之罪，其於弊邑之王甚厚〔六〕，弊邑欲伐之，而大國與之懽，是以弊邑之王不得事令〔七〕，而儀不得爲臣也。大王苟能閉關絶齊〔八〕，臣請使秦王獻商於之地〔九〕，方六百里。若此，齊必弱，齊弱則必爲王役矣〔一〇〕。則是北弱齊，西德於秦，而私商於之地以爲利也〔一一〕。則此一計而三利俱至。」

〔一〕楚王：楚懷王。

〔二〕無大大王：「大」，猶「過」。大王，楚懷王。

〔三〕大：姚本作「先」，鮑本作「大」，「大」字當是。今從鮑本。

〔四〕甚：「甚」上鮑本補「所」字。民按：彭翔生校安氏本，亦無「所」字。《史記》有「所」字。

〔五〕大：雅雨本作「先」，《史記》亦作「先」。彭翔生校安氏本作「大」。

〔六〕今齊王之罪，其於弊邑之王甚厚：言得罪於秦者重也。厚，重。

〔七〕不得事令：王念孫云：「不得事令」四字，文不成義。高訓「令」爲「善」，非也。「不得事」下，當有「王」字。「令」字當在「而」字下。令者，使也。「是以弊邑之王不得事王」爲句，「而令儀不得爲臣也」爲句，《史記·楚世家》「是以弊邑之王不得事王，而令儀亦不得爲門闌之廝也」是其證。民按：王説是也。

〔八〕閉關絶齊：閉關者，古之列國各置關尹，敵國賓至，關尹以告，則行理以節逆之，閉關則拒絶其使不爲通也。絶齊，斷絶與齊歡合之交。

〔九〕獻商於之地：獻，貢。商於，秦邑，商鞅之封地。【補正】商於：戰國秦二邑名。商爲今陝西東部商洛一帶，邑治今商洛市商州區；於在今河南淅川、内鄉一帶，邑治今内鄉縣東，「商於之地（六百里）」，當指今陝西東南部至河南西南部二省交界之大部地區。秦孝公時，此地曾封給商鞅作爲采邑。又稱「於商」。

〔一〇〕爲王役：爲楚王役使。

〔一一〕利也：姚注：利也，曾、一作「已利」，錢、劉、一作「利也」。

楚王大説，宣言之於朝廷，曰：「不穀得商於之田方六百里〔一〕。」群臣聞見者畢賀〔二〕，陳軫後見獨不賀。楚王曰：「不穀不煩一兵，不傷一人，而得商於之地六百里，寡人自以爲智矣，諸士大夫皆賀，子獨不賀，何也？」陳軫對曰：「臣見商於之地不可得，而患必至也。故不敢妄賀。」王曰：「何也？」對曰：「夫秦所以重王者，以王有齊也。今地未可得而齊先絶，是楚孤也，秦又何重孤國？且先出地絶齊，秦計必弗爲也。先絶齊，後責地，且必受欺於張儀。受欺於張儀，王必惋之〔三〕。是西生秦患，北絶齊交，則兩國兵必至矣。」楚王不聽，曰：「吾事善矣！子其弭口無言〔四〕，以待吾事。」

〔一〕不穀：王侯自謙之稱。穀，善也。

〔二〕畢：盡。

〔三〕惋：鮑注，惋，猶恨。

〔四〕弭：高注，弭，止也。

楚王使人絶齊，使者未來〔一〕，又重絶之。張儀反〔二〕，秦使人使齊，齊、秦之交陰合〔三〕。楚因使一將軍受地於秦。張儀至〔四〕，稱病不朝。楚王曰：「張子以寡人不絶齊乎？」乃使勇士往詈齊王。張儀知楚絶齊也，乃出見使者曰：「從某至某，廣從六里〔五〕。」使者曰：「臣聞六百里，不聞六里。」儀曰：「儀固以小人〔六〕，安得六百里？」使者反報楚王，楚王大怒，欲興師伐秦。陳軫曰：「臣可以言乎？」王曰：「可矣。」軫曰：「伐秦非計也，王不如因而賂之以名都〔七〕，與之伐齊，是我亡於秦而取償於齊也，楚國不尚全事〔八〕。王今已絶齊，而責欺於秦，是吾合齊、秦之交也，國必大傷〔九〕。」

〔一〕使者未來：使，楚使。未來，未還。

〔二〕張儀反：返回秦。高注：反，還也。

〔三〕陰合：暗中結合。高注：陰，私也。

〔四〕張儀至：由楚返秦，到達秦國。

〔五〕廣從：姚注：錢、劉作「從」。廣，一作「袤」。横度爲廣，直爲從。從即縱。

〔六〕小人：貧窶之稱。

〔七〕因而賂之以名都：《史記》：「不如因賂之以名都。」名都，大邑。高注：名，大；都，邑。

〔八〕不尚全事：不尚，尚也。全，完也。高注：事，一云「乎」。吴正：「乎」字是。

〔九〕國必大傷：國，姚本作「固」。鮑本改「固」爲「國」。姚注：曾作「國」。《史記》作「國」。今從鮑本作「國」爲是。傷，病也。

楚王不聽，遂舉兵伐秦。秦與齊合，韓氏從之〔一〕，楚兵大敗於杜陵〔二〕，故楚之土壤士民非削弱，僅以救亡者，計失於陳軫〔三〕，過聽於張儀〔四〕。

〔一〕韓氏從之：韓國見齊、秦合一，亦從齊、秦結合。

〔二〕楚兵大敗於杜陵：《楚世家》楚懷王十七年，秦大敗楚軍於丹陽。不云杜陵，戰國時，秦、楚地無杜陵之名。秦有杜陽，地近楚，杜陵或杜陽之誤。【補正】杜陵，疑乃「杜衍」之誤，而非「杜陽」。杜陽，乃今陝西寶雞市麟游縣，相距秦、楚戰地千里之遥，與《楚世家》中「秦大敗楚軍於丹陽」不合。杜衍，在今河南省南陽縣西南三十里，正當秦、楚戰地，亦爲商於之地界内。當此地。

〔三〕計失於陳軫：失於不聽陳軫之計。

〔四〕過聽於張儀：誤信張儀之言而被欺。高注：過，誤。【補】諸祖耿本引《史記·張儀傳》、吴師道《蒯通説韓信》文，尚有「聽者，事之侯也；計者，事之機也。聽過計失而能久安者，鮮矣。聽不失一二者，不可亂以言，計不失本末者，不可紛以辭」四十五字於篇末。王念孫認同此補，認爲「明是上篇之錯簡也」。

【繫年】

《楚世家》記此事在懷王十六年，《秦本紀》在秦惠王後元十二年，當周赧王二年。

楚絶齊章

楚絶齊，齊舉兵伐楚。陳軫謂楚王曰〔一〕：「王不如以地東解於齊，西講於秦〔二〕。」

〔一〕楚王：楚懷王。

〔二〕講：讀爲「媾」，講和。

楚王使陳軫之秦，秦王謂軫曰〔一〕：「子，秦人也〔二〕，寡人與子故也〔三〕，寡人不佞〔四〕，不能親國事也〔五〕，故子棄寡人事楚王。今齊、楚相伐〔六〕，或謂救之便〔七〕，或謂救之不便，子獨不可以忠爲子主計〔八〕，以其餘爲寡人計乎〔九〕？」陳軫曰：「王獨不聞吴人之遊楚者乎〔一〇〕？楚王甚愛之，病，故使人問之，曰：『誠病乎？意亦思乎〔一一〕？』左右曰：『臣不知其思與不思，誠思則將吴吟〔一二〕。』今軫將爲王吴吟。王不聞夫管與之説乎〔一三〕？有兩虎争人而鬬者〔一四〕，管莊子將刺之〔一五〕，管與止之曰：『虎者，戾蟲〔一六〕；人者，甘餌也。今兩虎争人而鬬，小者必死，大者必傷。子待傷虎而刺之，則是一舉而兼兩虎也〔一七〕。無刺一虎之勞，而有刺兩虎之名。』齊、楚今戰，戰必敗。敗〔一八〕，王起兵救之，有救齊之利，而無伐楚之害。」

〔一〕秦王：秦惠王。

〔二〕子，秦人也：子，指陳軫。秦人，高注：軫先仕秦，故言秦人。

〔三〕寡人與子故也：言有舊交。高注：故，舊。

〔四〕不佞：不才，謙稱。佞，才。

〔五〕親國事：親身管理國事。

〔六〕齊、楚：民按：《陳軫傳》作「韓、魏」。

〔七〕便：高注，便，利也。

〔八〕爲子主計：《史記索隱》：子，指陳軫也。子主，謂楚王也。計，謀劃。

〔九〕以其餘爲寡人計乎：以忠楚王之餘爲寡人謀劃。

〔一〇〕吴人之遊楚：民按：《史記》作「越人莊舄仕楚」。高注：遊，仕也。

〔一一〕意亦思乎：金正煒云：「意」與「抑」同。思，思故國，思吴。

〔一二〕吴吟：作吴人之呻吟。吟，呻吟。

〔一三〕管與：姚注：管，曾作「卞」。管與，人名，《史記》作「館莊子」。

〔一四〕争：姚本作「諍」。鮑改「諍」爲「争」。從鮑本改爲「争」。

〔一五〕管莊子：《史記·陳軫傳索隱》引《戰國策》作「館莊子」。館，謂逆旅舍。其人字莊子，或作「卞莊子」，黄氏《札記》謂當依單行本《史記》作「館」，策文作「管」。因單本不引《戰國策》正文，黄氏在祖姚本

《國策》也。《論語·憲問》作「卞莊子」。

〔一六〕戾：高注：戾，貪也。

〔一七〕兼兩虎：得兩虎。高注：兼，得也。

〔一八〕敗：姚注：錢、劉無「敗」字。民按：姚本、鮑本有「敗」字。

計聽知覆逆者〔一〕，唯王可也〔二〕，計者，事之本也；聽者，存亡之機。計失而聽過，能有國者寡也。故曰：「計有一二者難悖也〔三〕，聽無失本末者難惑〔四〕。」

〔一〕計聽知覆逆：計聽，能計善聽。覆，謂反復。逆，謂逆料。一説覆謂事之未露，逆謂事之已至。

〔二〕唯王可也：唯，與「雖」同。王，讀「旺」。

〔三〕計有一二者難悖也：一二，指先後有次序。悖，誤，亂。

〔四〕聽無失本末者難惑：惑，亂。《史記·淮陰侯傳》蒯通説韓信曰：「聽者，事之候也；計者，事之機也。聽過計失而能久安者，鮮矣。聽不失一二者，不可亂以言，計不失本末者，不可紛以辭。」與此段文義相近。王念孫云：按自「計聽」以下五十一字，與上文絶不相屬。此是著書者之辭，當在上篇「計失於陳軫，過聽於張儀」之下。上篇言楚所以幾亡者，由於計之失，聽之過，故此即繼之曰：「計聽知覆逆者，唯王可也。」「唯」與「雖」同，「王」讀如「王天下」之「王」。言人主計聽能知覆逆者，雖王天下可也。下文云「計失而聽過，能有國者寡也」，亦承上篇而言。此篇所記陳軫之言，《史記·張儀傳》有之，而獨無「計聽」以下五十一字。則此五十一字明是上篇之錯簡也。依王氏説，故將此五十一字另列一段點注，以示與上文不相連屬。

【繫年】

張儀免秦相赴楚，以商於之地六百里欺楚絶齊，《史記·楚世家》、《秦本紀》、《張儀傳》記載此事在秦惠王後元十二年、楚懷王十六年、齊宣王七年，當周赧王二年。

秦惠王死章

秦惠王死，公孫衍欲窮張儀〔一〕，李讎謂公孫衍曰〔二〕：「不如召甘茂於魏〔三〕，召公孫顯於韓〔四〕，起樗里子於國〔五〕。三人者，皆張儀之讎也〔六〕，公用之〔七〕，則諸侯必見張儀之無秦矣〔八〕。」

〔一〕公孫衍欲窮張儀：公孫衍與張儀俱事秦惠王，後與張儀不善，出之魏，爲魏相。窮，困。

〔二〕李讎：高注：秦人。事迹不詳。

〔三〕召甘茂於魏：《史記·甘茂傳》，向壽、公孫奭怨讒甘茂，茂懼，輟伐魏蒲阪亡去，乃秦昭王元年事。初奔齊，後入魏，卒於魏。此言惠王死，召甘茂於魏，年代有誤。

〔四〕公孫顯：事迹不詳。《樗里子傳》：「公孫奭黨於韓，而甘茂黨於魏。」疑是公孫奭。

〔五〕起樗里子於國：秦惠王晚年樗里疾雖受張儀之讒，然未被廢，被封爲嚴君。惠王死，武王即位逐張儀，起樗里子爲右丞相。起，猶舉。

〔六〕三人者，皆張儀之讎也：三人，指甘茂、公孫顯、樗里子。讎，仇也，敵對。

〔七〕公用之：公，謂公孫衍。用之，用此三人。

〔八〕見張儀之無秦：見，猶知。無秦，無權寵於秦。

【繫年】

秦惠王死於後元十四年，當周赧王四年。而《張儀傳》言「張儀已卒之後，犀首入相秦」。其窮儀似是公孫衍在魏時事。

義渠君之魏章

義渠君之魏〔一〕，公孫衍謂義渠君曰〔二〕：「道遠，臣不得復過矣〔三〕。請謁事情〔四〕。」義渠君曰：「願聞之。」對曰：「中國無事於秦〔五〕，則秦且燒焫獲君之國〔六〕；中國爲有事於秦〔七〕，則秦且輕使重幣而事君之國也〔八〕。」義渠君曰：「謹聞令〔九〕。」

〔一〕義渠君之魏：義渠，古國名，義渠戎所建，在今甘肅寧縣東北義渠故城，國境在今甘肅寧縣、慶陽及寧夏固原市一帶，秦厲共公三十三年伐義渠，虜其王。躁公十三年義渠伐秦。秦惠王十一年縣義渠，義渠君更爲臣。秦惠王後元十年伐取義渠二十五城。武王元年伐義渠，其後爲秦所滅，以其地置北地郡。之，往。往朝於魏。

〔二〕公孫衍謂義渠君曰：《張儀傳》「義渠君朝於魏，犀首聞張儀復相秦，害之，犀首乃謂義君曰」云云。

〔三〕道遠，臣不得復過：道遠，言義渠距魏道里長遠。過，猶造，見也，造而見之。言不能復得造而見之。

〔四〕請謁事情：謂告以秦國情勢緩急之徵狀。謁，告。情，實。

〔五〕中國無事於秦：中國，謂關東六國。無事，無戰争攻伐之事。

〔六〕秦且燒焫獲君之國：《張儀傳索隱》引《戰國策》與此文同。《史記》作「燒掇焚杅君之國」。焫，與「爇」同，焚燒。獲，金正煒云：「獲即義渠君之種姓，鮑注言火焚其國以得其地，非也。」

〔七〕有事於秦：謂山東六國共攻伐秦。

〔八〕輕使重幣而事君之國：輕使，言疾速。重幣，謂秦將致重幣與義渠君交好。

〔九〕謹聞令：言謹受教。令，命令。

居無幾何，五國伐秦〔一〕。陳軫謂秦王曰：「義渠君者，蠻夷之賢君，王不如賂之以撫其心〔二〕。」秦王曰：「善。」因以文繡千匹〔三〕，好女百人，遺義渠君。

〔一〕五國伐秦：據《史記》，五國伐秦，前後凡四次。第一次在秦惠王後元七年，第二次在秦昭王九年，第三次在莊襄王三年，第四次在始皇六年。此指第一次。五國，謂楚、魏、齊、韓、趙五國，楚懷王爲從長。

〔二〕賂之以撫其心：賂，以財賄與人爲賂。撫，安也。

〔三〕文繡千匹：繡，帛具五采謂之繡。千匹，《史記》作「千純」。布帛寬二尺二寸爲幅，長四丈爲匹。

義渠君致群臣而謀曰：「此乃公孫衍之所謂也〔一〕。」因起兵襲秦，大敗秦人於李帛之下〔二〕。

〔一〕公孫衍之所謂：即上文公孫衍對義渠君之言：「中國爲有事於秦，則秦且輕使重幣而事君之國也。」謂，猶言。

〔二〕李帛：《犀首傳》作「李伯」。邑名或人名。《後漢書·西羌傳》「義渠敗秦師於李伯」注云：李伯，地名，未詳。

【繫年】

五國伐秦在秦惠王後元七年，當周慎靚王三年。

醫扁鵲見秦武王章

醫扁鵲見秦武王〔一〕，武王示之病〔二〕，扁鵲請除〔三〕。左右曰：「君之病，在耳之前，目之下，除之未必已也〔四〕。將使耳不聰，目不明。」君以告扁鵲。扁鵲怒而投其石曰〔五〕：「君與知者謀之〔六〕，而與不知者敗之。使此知秦國之政也〔七〕，則君一舉而亡國矣。」

〔一〕醫扁鵲見秦武王：扁鵲，渤海郡鄚人，姓秦名越人，古代名醫。因秦越人與軒轅時扁鵲相類，乃號爲扁鵲。又家於盧國，【補】盧國，即古盧奴國，國都在今河北定州，後南遷於靈壽。古中山國。又號盧醫。按扁鵲與趙簡子同時，而秦武王元年距趙簡子之卒已一百四十餘年。秦武王，秦惠王子，名蕩。

〔二〕示：以事告人曰示。

〔三〕扁鵲請除：扁鵲請求治除其病。高注：除，治也。

〔四〕未必已也：言未必能治痊愈。已，止也。

〔五〕扁鵲怒而投其石曰：投，棄擲。石，石針，名砭，用以刺病。曰，姚本無。劉本、鮑本有「曰」字。從鮑本補「曰」字。

〔六〕君與知者謀之：知，《御覽》卷七三八作「智」。「知」下姚本、鮑本有「之」字。姚注：一本無「之」字。今從一本和《御覽》，删去「之」字。

〔七〕使此知秦國之政：《御覽》作「使秦政如此」。

【繫年】

秦武王在位只有四年，武王之死是因舉鼎絶臏，不是病在耳之前、目之下。扁鵲之諫，是説秦國政治應該使有政治才能之人治理。秦武王二年，初置丞相，似是接受扁鵲之諫，以樗里疾、甘茂爲左、右丞相。按道理此策應繫於秦武王二年，當周赧王六年。【補】顧觀光隸此策爲周赧王八年，當爲秦武王四年。備參。

秦武王謂甘茂章

秦武王謂甘茂曰：「寡人欲通車三川〔一〕，以闚周室〔二〕，而寡人死不朽矣〔三〕。」甘茂對曰：「請之魏，約伐韓。」王令向壽輔行〔四〕。

〔一〕通車三川：行車於三川之路。通車，《史記》、《新序》作「容車」。三川，伊、洛、河。【補】此句意即欲占有三川之地。以窺周王城洛陽，取周王以代天下。

〔二〕以闚周室：闚，同「窺」，小視也。周室，周王室，指周天子所居之洛陽王城。闚周室，蓋欲滅周天子而代之。

〔三〕死不朽矣：朽，今本作「杇」，誤。木腐爲朽。矣，姚本、鮑本作「乎」，《史記》、一本作「矣」。今從一本。

【補】死不朽矣，謂即使死了，也永垂後世而不朽也。

〔四〕向壽輔行：向壽，宣太后外族，事秦武王、昭王。輔，猶副。輔行，副使。

甘茂至魏，謂向壽：「子歸告王曰：『魏聽臣矣〔一〕，然願王勿攻也〔二〕。』事成，盡以爲子功〔三〕。」向壽歸以告王，王迎甘茂於息壤〔四〕。

〔一〕魏聽臣矣：聽，從。聽臣，願聽從爲秦臣。
〔二〕攻：《新序》作「伐」。
〔三〕事成，盡以爲子功：子，謂向壽。向壽爲秦武王所親幸，故甘茂委托壽以告秦武王。
〔四〕息壤：地名。高注：秦邑也。胡三省引柳宗元曰：地長而隆起，夷之而益高者爲息壤。

甘茂至，王問其故？對曰：「宜陽大縣也〔一〕，上黨、南陽積之久矣〔二〕，名爲縣，其實郡也〔三〕。今王倍數險〔四〕，行千里而攻之，難矣。臣聞張儀西并巴、蜀之地，北取西河之外〔五〕，南取上庸〔六〕，天下不以多張儀〔七〕，而賢先王〔八〕。魏文侯令樂羊將攻中山〔九〕，三年而拔之，樂羊反而語功〔一〇〕，文侯示之謗書一篋〔一一〕，樂羊再拜稽首曰：『此非臣之功，主君之力也。』今臣羈旅之臣也〔一二〕，樗里疾、公孫衍二人者〔一三〕，挾韓而議〔一四〕，王必聽之，是王欺魏，而臣受公仲朋之怨也〔一五〕。昔者曾子處費〔一六〕，費人有與曾子同名族者而殺人〔一七〕，人告曾子母曰：『曾參殺人。』曾子之母曰：『吾子不殺人。』織自若。有頃焉，人又曰：『曾參殺人。』其母尚織自若也。頃之，一人又告之曰：『曾參殺人。』其母懼，投杼踰牆而走〔一八〕。夫以曾參之賢，與母之信也，而三人疑之，則慈母不能信也。今臣之賢不及曾子，而王之信臣又未若曾子之母也，疑臣者不適三人〔一九〕，臣恐王爲臣之投杼也。」

〔一〕宜陽：今河南宜陽縣。
〔二〕上黨、南陽積之久矣：言上黨、南陽兩地所出財賦，皆積貯在宜陽。上黨，今山西長治市。南陽，今河南修武、濟源、沁陽、温縣一帶。積，聚。

〔三〕名爲縣，其實郡也：春秋時，列國相滅，多以滅國設縣，縣大郡小，故《左傳》說：「上大夫受縣，下大夫受郡。」至戰國，郡大縣小，故有伐郡三十六縣，上黨郡十七縣，所以甘茂說，宜陽大縣，其實郡也。

〔四〕倍數險：倍，同「背」。數險，指函谷及三崤五谷。

〔五〕西河之外：指今黃河以西，陝西東部奪取魏國之河西地。

〔六〕上庸：古庸國，今湖北竹山縣，指周赧王三年秦攻楚，取漢中地六百里。

〔七〕多：稱許，誇獎。

〔八〕先王：指秦惠王。

〔九〕魏文侯令樂羊將攻中山：魏文侯，名斯。三家分晋，建立魏國。樂羊，樂羊子，魏文侯時將軍。中山，國名，白狄鮮虞所建，今河北唐縣西北有故中山城。國境在今河北順平縣、唐縣、靈壽、定州、曲陽一帶。

〔一〇〕語功：言攻拔中山之功勞。高注：語，言也。

〔一一〕謗書一篋：謗，詆毁。胡三省云：謗，訕也，毁也。篋，竹筒也。

〔一二〕羈旅之臣：胡三省云：羈，寄也。旅，客也。甘茂是楚國下蔡人，仕於秦，故云羈旅之臣。

〔一三〕公孫衍：《史記》作「公孫奭」。其後策文亦作「公孫郝」、「公孫赫」、「公孫顯」，疑「衍」字有誤。此與犀首不是一人，此乃秦公子，與樗里疾皆韓國之甥，皆親韓。

〔一四〕挾韓：憑恃韓國。

〔一五〕公仲朋：朋，姚本作「侈」。《史記集解》一作「馮」。鮑改「侈」爲「朋」。王引之云：《史記》作「馮」，「馮」與「朋」聲相近。其作「侈」者，乃「倗」字之訛。「倗」、「朋」，古字亦通。《韓非子・十過》、《漢書・古今人表》並作「公仲朋」。《戰國縱横家書》皆作「倗」。《田齊世家》作「韓馮」。其作「公仲侈」、「公仲明」者，字訛故也。其實即指公仲朋一人。公仲朋，韓相。

〔一六〕曾子處費：曾子，孔子弟子，姓曾名參字子輿。費，春秋時魯邑，在今山東費縣西南。

〔一七〕同名族：即同名姓。名，字。族，姓。

〔一八〕投杼踰牆而走：投，擲。杼，織布梭。踰牆，越牆。走，跑。

〔一九〕不適三人：適，同「啻」，音「翅」，副詞，但，特。

王曰：「寡人不聽也。請與子盟。」於是與之盟於息壤。果攻宜陽，五月而不能拔也。樗里疾、公孫衍二人在爭之王〔一〕，王將聽之，召甘茂而告之。甘茂對曰：「息壤在彼〔二〕。」王曰：「有之。」因悉起兵，復使甘茂攻之，遂拔宜陽。

〔一〕在：《新序》作「讒」。按《史記》作「果」。「在」或爲「再」之誤。

〔二〕息壤在彼：意謂前在息壤有盟約，不聽樗里疾、公孫衍之爭議。

【繫年】

《史記・秦本紀》秦武王三年秋，使甘茂、庶長封伐宜陽，四年拔宜陽。此一事跨兩年。秦武王三年當韓襄王四年、魏襄王元年、【正】當爲魏襄王十一年。周赧王七年。

宜陽之役馮章謂秦王章

宜陽之役〔一〕，馮章謂秦王曰〔二〕：「不拔宜陽，韓、楚乘吾弊〔三〕，國必危矣！不如許楚漢中以懽之。楚懽而不進〔四〕，韓必孤，無奈秦何矣〔五〕！」王曰：「善。」果使馮章許楚漢中，而拔宜陽。

〔一〕宜陽之役：秦攻韓宜陽之戰役。役，事也。
〔二〕馮章：秦人。此人事迹，策文僅此一見。
〔三〕弊：疲睏無力。
〔四〕楚懽而不進：時楚使景翠將兵援宜陽，得地則喜而不進兵。懽，喜悦。
〔五〕韓必孤，無奈秦何矣：韓無楚援，孤立無奈秦何。

楚王以其言責漢中於馮章〔一〕，馮章謂秦王曰：「王遂亡臣〔二〕，因謂楚王曰〔三〕：『寡人固無地而許楚王。』」

〔一〕楚王以其言責漢中於馮章：楚王，懷王。以其言，以馮章之言。責，求也。
〔二〕遂亡臣：遂逐之，使馮章出亡。

〔三〕因：姚本作「固」。鮑本作「因」，今從鮑本改爲「因」。

【繫年】

此與上章爲同時事，亦當繫於周赧王七年。

甘茂攻宜陽章

甘茂攻宜陽，三鼓之而卒不上〔一〕。秦之右將有尉對曰〔二〕：「公不論兵，必大困〔三〕。」甘茂曰：「我羈旅而得相秦者，我以宜陽餌王〔四〕。今攻宜陽而不拔，公孫衍、樗里疾挫我於内〔五〕，而公仲以韓窮我於外〔六〕，是無茂之日已〔七〕！請明日鼓之而不可下〔八〕，因以宜陽之郭爲墓〔九〕。」於是出私金以益公賞〔一〇〕，明日鼓之，宜陽拔。

〔一〕三鼓之而卒不上：鼓以進軍。卒，士兵。不上，不上前進攻。

〔二〕尉：軍尉。

〔三〕公不論兵，必大困：言不量兵力之厚薄而强使之攻戰，必至自困。金正煒云：按《管子·參患》「故凡兵有大論：必先論其器，論其士」，論兵即論士。

〔四〕餌：以利誘人爲餌。

〔五〕挫：摧挫。

〔六〕公仲：即公仲朋。

〔七〕茂：姚本、鮑本作「伐」，一本作「茂」是。今改爲「茂」。

〔八〕而不可下：而，讀爲「若」。下，攻拔。

〔九〕以宜陽之郭爲墓：言必死於宜陽城外以爲葬地。外城爲郭。墓，墳墓。

〔一〇〕出私金以益公賞：私，雅雨本誤爲「利」，安氏本作「私」。益，助。

【繫年】

秦攻宜陽在秦武王三年秋，拔宜陽在四年春。當韓襄王四年、五年，周赧王七年、八年。

宜陽未得章

宜陽未得〔一〕，秦死傷者衆，甘茂欲息兵〔二〕。左成謂甘茂曰：「公内攻於樗里疾、公孫衍〔三〕，而外與韓朋爲怨〔四〕，今公用兵無功，公必窮矣。公不如進兵攻宜陽，宜陽拔，則公之功多矣。是樗里疾、公孫衍無事也〔五〕，秦衆盡怨之深矣〔六〕。」

〔一〕得：姚注：一本作「拔」。民按：此章文意作「拔」義勝。

〔二〕息兵：休息士兵，罷兵不攻。高注：息，休也。

〔三〕公内攻於樗里疾、公孫衍：樗里疾、公孫衍從内詆毀甘茂。

〔四〕而外與韓朋爲怨：攻韓則外與韓朋結怨。韓朋，韓相國。

〔五〕無事：攻得宜陽，則樗里疾、公孫衍無以從事詆毀甘茂。

〔六〕怨之深：怨樗里疾、公孫衍出謀伐宜陽。深，重。

【繫年】

此亦秦武王三年、周赧王七年事。

宜陽之役楚畔秦章

宜陽之役，楚畔秦而合於韓〔一〕，秦王懼。甘茂曰：「楚雖合韓，不爲韓氏先戰〔二〕；韓亦恐戰而楚有變其後〔三〕。韓、楚必相御也〔四〕。楚言與韓，而不餘怨於秦〔五〕，臣是以知其御也。」

〔一〕楚畔秦而合於韓：畔，通「叛」，背約。合，連合，結合。

〔二〕先戰：先向秦開戰。高注：言楚不能爲韓氏先戰也。

〔三〕韓亦恐戰而楚有變其後：楚合於韓，使景翠將兵救韓，韓恐楚乘其抗秦之弊而伐之。鮑注：變，背約也。

〔四〕相御：謂相互制約。鮑注：御，猶制也。

〔五〕餘怨於秦：楚雖與韓合，亦無餘怨於秦。

【繫年】

此亦秦武王三年時事，應繫於周赧王七年。

秦王謂甘茂章

秦王謂甘茂曰：「楚客來，使者多健〔一〕，與寡人争辭〔二〕，寡人數窮焉〔三〕，爲之奈何？」甘茂對曰：「王勿患也！其健者來使者〔四〕，則王勿聽其事〔五〕；其需弱者來使〔六〕，則王必聽之。然則需弱者用，而健者不用矣！王因而制之〔七〕。」

〔一〕楚客來，使者多健：楚客，楚國使者。健，强，言其强辯有口才。

〔二〕争辭：辯論。

〔三〕數窮：屢爲之困。窮，辭屈。

〔四〕其健者來使者：下「者」字疑衍。黄丕烈云：據下句，「使」下無「者」字。

〔五〕聽其事：接受其兩國交往之事。高注：聽，受。

〔六〕需弱：即軟弱。需，《集韻》音「儒」，即「懦」字，柔軟。

〔七〕制：集制，操縱。

【繫年】

按甘茂仕秦，歷秦惠王、武王、昭王三世。其在惠王時初得勢，但不及張儀。武王元年立爲左丞相，主斷國事。昭王元年出奔。據此，則此策應是秦武王時事，從顧觀光附之於秦武王元年，當周赧王五年。【正】顧觀光隸此策於周赧王六年。繫年說「五年」，疑歲差建正所爲。

甘茂亡秦且之齊章

甘茂亡秦〔一〕，且之齊〔二〕，出關遇蘇子〔三〕，曰：「君聞夫江上之處女乎〔四〕？」蘇子曰：「不聞。」曰：「夫江上之處女，有家貧而無燭者，處女相與語，欲去之〔五〕。家貧無燭者將去矣，謂處女曰：『妾以無燭故，常先至掃室布席，何愛餘明之照四壁者〔六〕，幸以賜妾，何妨於處女？妾自以有益於處女，何爲去我？』處女相語以爲然而留之。今臣不肖〔七〕，棄逐於秦而出關〔八〕，願爲足下掃室布席，幸無我逐也。」蘇子曰：「善。請重公於齊〔九〕。」

〔一〕甘茂亡秦：秦昭王元年，向壽、公孫奭怨讒甘茂，甘茂懼，輟伐魏皮氏，亡去。亡，逃走。【補】甘茂伐魏之皮氏，未拔，遭向壽、公孫奭讒，亡秦去齊。

〔二〕且之齊：高注：且，將也。之，往。

〔三〕出關遇蘇子：出關，出函谷關東行。蘇子，蘇代。時蘇代侍燕太子質於齊，又爲齊使於秦，與甘茂相遇。

〔四〕處女：女子未嫁曰處女。【補】鮑注：女在室者曰處女。《初學記》、《御覽》引「處女」作「夜女」。

〔五〕去之：遣無燭者使之離去。

〔六〕此句《御覽》卷八七〇引作「何愛東壁上餘光照西壁者」。

〔七〕不肖：謂不賢。

〔八〕棄逐於秦：爲秦所抛棄被驅逐出來。

〔九〕重公於齊：言使齊尊重甘茂。高注：重，尊也。

乃西説秦王曰〔一〕：「甘茂，賢人，非恒士也〔二〕。其居秦累世重矣〔三〕，自殽塞、谿谷〔四〕，地形險易盡知之。彼若以齊約韓、魏〔五〕，反以謀秦，是非秦之利也。」秦王曰：「然則奈何？」蘇代曰：「不如重其贄〔六〕，厚其禄以迎之。彼來則置之槐谷〔七〕，終身勿出，天下何從圖秦。」秦王曰：「善。」與之上卿，以相印迎之齊。甘茂辭不往。

〔一〕秦王：秦昭王。

〔二〕非恒士：不是平凡之士。鮑注：恒，常也。

〔三〕累世重：甘茂仕秦，歷惠王、武王、昭王三世。三世爲秦將相。重，尊貴。

〔四〕殽塞、谿谷：殽塞，即殽山。谿谷，《史記》作「鬼谷」。有水爲谿，無水爲谷。谿谷，言其險阻。【補】古韓城（在今河南宜陽縣西）有「鬼谷」。北鄰殽關，山高峻拔。谿谷當指此。

〔五〕約：結合。高注：約，結也。

〔六〕重其贄：贄，亦作「摯」，執玉帛以爲禮，謂之贄。

〔七〕槐谷：槐里之谷。《史記》作「鬼谷」。蓋古字「鬼」與「槐」通。今陝西三原縣西二十里有鬼谷，即此槐谷。

蘇代爲謂齊王曰〔一〕：「甘茂，賢人也。今秦與之上卿，以相印迎之，茂德王之賜〔二〕，故不往，願爲王臣。今王何以禮之？王若不留，必不德王。彼以甘茂之賢，得擅用强秦之衆，則難圖也。」齊王曰：「善。」賜之上卿，命而處之〔三〕。

〔一〕蘇代爲謂齊王：代，姚本作「秦」，鮑本作「秦」，一本作「代」。按《史記》亦作「代」。今從一本、《史記》作「代」。爲謂，姚本作「僞謂」，鮑本作「僞爲」。姚本無「齊」字，鮑本補「齊」字。王念孫云：「僞謂」即「爲謂」。爲謂齊王，蘇代爲甘茂謂齊王也。「僞」與「爲」古同字。「爲」與「謂」古同義，故二字可以通用。齊王，齊宣王。

〔二〕德：恩也。

〔三〕命而處之：命，任命。處，留之於齊。高注：處，居也。

【繫年】

《史記·秦本紀》、《甘茂傳》俱載，甘茂出亡在秦昭王元年，當齊宣王十五年、【正】應爲十四年。周赧王九年。

甘茂相秦章

甘茂相秦，秦王愛公孫衍〔一〕，與之間有所立〔二〕，因自謂之曰：「寡人且相子〔三〕。」甘茂之吏道而聞之〔四〕，以告甘茂。甘茂因入見王曰：「王得賢相，敢再拜賀。」王曰：「寡人託國於子，焉更得賢相〔五〕？」對曰：「王且相犀首。」王曰：「子焉聞之？」對曰：「犀首告臣。」王怒於犀首之泄也，乃逐之。

〔一〕秦王愛公孫衍：甘茂爲秦相在秦武王二年，則此秦王當爲秦武王。公孫衍，即犀首。

〔二〕間有所立：立，《韓非子·外儲説》作「言」。王引之云：「間有所立」四字文不成義。「立」當爲「言」。間，私也。謂與之私有所言也。

〔三〕子：謂公孫衍。

〔四〕道而：姚注：劉本無「道而」二字。《韓非子·外儲説》作「道穴」，蓋「道而」乃「道穴」之誤，當據以訂正。道穴，鑿穴，《韓非子·外儲説》：「秦王欲將犀首，樗里疾恐代之將也，鑿穴於王之所常隱語者。俄而，王果而與犀首計……於是樗里疾已道穴聽之矣。」

〔五〕焉：何，安。

【繫年】

按甘茂相秦在秦武王二年，甘茂亡秦在秦昭王元年。公孫衍入秦在張儀已死之後。史不載公孫衍在秦被逐之事。應繫此策於秦武王三年，當周赧王七年。

甘茂約秦魏而攻楚章

甘茂約秦、魏而攻楚。楚之相秦者屈蓋〔一〕，爲楚和於秦，秦啓關而聽楚使〔二〕。甘茂謂秦王曰：「怵於楚而不使魏制和〔三〕，楚必曰秦鬻魏〔四〕。魏不悦而合於楚〔五〕，楚、魏爲一，國恐傷矣〔六〕。王不如使魏制和，魏制和必悦。王不惡於魏，則寄地必多矣〔七〕。」

〔一〕楚之相秦者屈蓋：按屈蓋相秦無考，且與《楚策一·楚王問於范環章》不合。相秦當爲「拒秦」之訛。《史記·六國年表》楚懷王十七年，「秦敗我將屈匄」。《索隱》云：「匄，音蓋，楚大夫。」疑即此策屈蓋。《秦本紀》惠王後元十三年，「庶長章擊楚於丹陽，虜其將屈匄」。即此屈蓋。

〔二〕啓關而聽楚使：啓關，開關。聽，猶受也。

〔三〕怵於楚而不使魏制和：黄丕烈云：鮑改「怵」爲「訹」，怵，恐懼。通「訹」，誘也。制和，主和。

〔四〕鬻魏：出賣魏。鮑注：鬻，賣也。

〔五〕魏：姚本無。鮑補「魏」字。今從鮑本。

〔六〕傷：高注：傷，害也。

〔七〕寄地：秦謂楚將割讓於秦之地爲寄地。

【繫年】

秦惠王後元十三年，庶長魏章擊楚於丹陽，甘茂爲佐。此時甘茂權位尚低，無力約合秦、魏以攻楚。繫於其作秦相時爲宜。故從顧觀光附於秦武王三年。【補】顧觀光附此章於周赧王三年，曰：「是年，秦敗楚於藍田，魏又襲至鄧，故附此地。」

陘山之事章

陘山之事〔一〕，趙且與秦伐齊〔二〕。齊懼，令田章以陽武合於趙〔三〕，而以順子爲質〔四〕。趙王喜，乃案兵告於秦曰：「齊以陽武賜弊邑而納順子，欲以解伐〔五〕。敢告下吏〔六〕。」

〔一〕陘山之事：陘山，在今河南新鄭市西南三十里。《魏世家》魏襄王六年（襄王後元六年），魏伐楚，敗之陘山。即此。事，高注：役，事。

〔二〕趙且與秦伐齊：《穰侯傳》秦昭王三十四年，「穰侯與白起、客卿胡傷復攻趙、韓、魏，破芒卯於華陽下，斬首十萬，取魏之卷、蔡陽、長社，趙氏觀津，且與趙觀津，益趙以兵伐齊」。即此事。

〔三〕令田章以陽武合於趙：田章，齊人，即陳章。陽武，齊邑，此非河南之陽武。【補正】陽武，疑齊邑陽城縣。在今山東沂水縣西南。合，和也。

〔四〕以順子爲質：順子，齊公子，閔王之侄弟。質，人質，抵押。

〔五〕解伐：解脱秦、趙對齊之攻伐。

〔六〕告下吏：不敢直指秦王，故云告下吏。下吏，指秦吏。

秦王使公子他之趙〔一〕，謂趙王曰：「齊與大國救魏而倍約〔二〕，不可信恃，大國弗義〔三〕，以告弊邑，而賜之二社之地〔四〕，以奉祭祀。今又案兵，且欲合齊而受其地〔五〕，非使臣之所知也。請益甲四萬，大國裁之〔六〕。」

〔一〕秦王使公子他之趙：秦王，秦昭王。公子他，即公子池，惠文王子，昭王兄。

〔二〕大國：指趙。秦昭王三十三年，魏背秦，與齊從親，秦使穰侯伐魏，趙與韓救魏，被秦軍敗於華陽。趙又背魏以合於秦，秦益兵於趙以伐齊。此事見於《穰侯傳》。

〔三〕弗義：姚本作「不義」，一本作「弗義」。高誘注作「弗義」。今從一本。弗義，不以爲義。

〔四〕二社之地：二十五家爲里，里有社。《晏子春秋》：「桓公以書社五百里封管仲。」《吕氏春秋》：「越以書社三百里封墨子。」《史記》：「將以書社七百里封孔子。」二社，二里，五十家。

〔五〕合齊而受其地：指齊以陽武賂趙，趙與齊講和。

〔六〕裁：制，度量。

蘇代爲齊獻書穰侯曰〔一〕：「臣聞往來之者言曰〔二〕：『秦且益趙甲四萬人以伐齊。』臣竊必之弊邑之王曰〔三〕：『秦王明而熟於計，穰侯智而習於事，必不益趙甲四萬人以伐齊。』是何也？夫三晉相結，秦之深讎也。三晉百背秦，百欺秦，不爲不信，不爲無行。今破齊以肥趙，趙、秦之深讎，不利於秦，一也。秦之謀者必曰：『破齊弊晉〔四〕，而後制晉、楚之勝〔五〕。』夫齊，罷國也〔六〕，以天下擊之，譬猶以千鈞之弩潰癰也〔七〕。秦王安能制晉、楚哉！二也。秦少出兵，則晉、楚不信；多出兵，則晉、楚爲制於秦。齊恐，則必不走於秦，且走晉、楚〔八〕，三也。齊割地以實晉、楚，則晉、楚安。齊舉兵而爲之頓劍〔九〕，則秦反受兵，四也。是晉、楚以秦破齊，以齊破秦，何晉、楚之智，而齊、秦之愚，五也。秦得安邑，善齊以安之，亦必無患矣。秦有安邑〔一〇〕，則韓、魏必無上黨哉。夫取三晉之腸胃〔一一〕，與出兵而懼其不反也，孰利？故臣竊必之弊邑之王曰：『秦王明而熟於計，穰侯智而習於事，必不益趙甲四萬人以伐齊矣？』」

〔一〕穰侯：魏冉，秦昭王之舅，封於穰，爲穰侯。

〔二〕往來之者言：姚注：錢、劉、一作「往來之者言」。鮑改「之者」爲「者之」。《御覽》卷三五五引作「者之」。當從鮑本和《御覽》作「往來者之言」爲是。

〔三〕臣竊必之弊邑之王：蘇代告訴齊襄王說，肯定秦不益趙甲四萬人以攻齊。臣，指蘇代。必之，肯定。王，齊襄王法章。

〔四〕破齊弊晉：言趙伐齊，齊破，趙亦疲弊。晉，指趙。

〔五〕而後制晉、楚之勝：齊、趙破弊，秦無後慮，可以南制楚國。

〔六〕齊，罷國也：齊被燕攻破，復國不久，故云罷國。罷，同「疲」。

〔七〕千鈞之弩潰癰：姚注：錢、劉「弩」下有「射」字。民按：《史記》「弩」下有「決」字。癰，惡瘡。決潰癰，義勝。

〔八〕走晉、楚：言齊不合於秦，反走合於晉、楚。

〔九〕頓劍：按劍，謂齊出兵按劍以爲晉、楚伐秦。

〔一〇〕安邑：在上黨西，控扼上黨之路。魏以安邑入秦，在秦昭王二十一年。

〔一一〕腸胃：比喻爲腹心要害。

【繫年】

此爲秦昭王三十四年事，當齊襄王十一年、魏安釐王四年、趙惠文王二十六年、周赧王四十二年。

秦宣太后章

秦宣太后愛魏醜夫〔一〕。太后病將死，出令曰：「爲我葬，必以魏子爲殉〔二〕。」魏子患之。庸芮爲魏子説太后曰〔三〕：「以死者爲有知乎？」太后曰：「無知也。」曰：「若太后之神靈，明知死者之無知矣，何爲空以生所愛，葬於無知之死人哉！若死者有知，先王積怒之日久矣，太后救過不贍〔四〕，何暇乃私〔五〕魏醜夫乎？」太后曰：「善。」乃止。

〔一〕秦宣太后愛魏醜夫：宣太后，秦昭王之母，楚人，姓羋氏，號羋八子。昭王即位，羋八子號爲宣太后。愛，私愛，通姦。魏醜夫，魏人。

〔二〕以魏子爲殉：魏子，魏醜夫。【補】以人隨葬爲「殉」。秦在此前後有活人殉葬之例。

〔三〕庸芮：秦人。姚注：《十二國史》作「虞其」。

〔四〕救過不贍：過，謂宣太后淫於魏醜夫。贍，給也，《藝文類聚》卷三五引作「暇」。不贍即不暇。

〔五〕何暇乃私：姚注：乃，曾、劉、錢作「及」。《藝文類聚》引作「何得更殉」。

【繫年】

《秦本紀》秦昭王四十二年十月，宣太后薨，葬芷陽驪山。當周赧王五十年。【補】顧觀光隸此策於周赧王四十九年。

而《大事記》記太后死，附載於周赧王五十年。一年之差，實爲秦曆與魏之建正不同。秦正建亥，以十月爲歲首。《史記》：「十月，宣太后薨。」繼書：「九月，穰侯出之陶。」此則十月，乃歲首十月。魏承晋後，蓋乃建寅，即歲首以正月。此爲紀年差也。

戰國策卷五

秦三

薛公爲魏謂魏冉章

薛公爲魏謂魏冉曰〔一〕：「文聞秦王欲以呂禮收齊〔二〕，以濟天下，君必輕矣。齊、秦相聚以臨三晋，禮必并相之〔三〕，是君收齊以重呂禮也。齊免於天下之兵，其讎君必深。君不如勸秦王令弊邑卒攻齊之事〔四〕。齊破，文請以所得封君。齊破晋强〔五〕，秦王畏晋之强也，必重君以取晋。齊與晋弊邑〔六〕，而不能支秦，晋必重君以事秦，是君破齊以爲功，操晋以爲重也〔七〕。破齊定封，而秦、晋皆重君；若齊不破，呂禮復用，子必大窮矣。」

〔一〕薛公爲魏謂魏冉：薛公，齊孟嘗君田文。黄以周云：「孟嘗君遺魏冉書，在去齊相魏之時，《史記》以此在未適魏之前，則大謬也。」

〔二〕秦王欲以呂禮收齊：呂禮，齊人，事秦昭王爲五大夫。昭王十三年，呂禮出奔魏，後又奔齊。齊閔王以禮爲相。呂禮相齊嫉害孟嘗君田文。田文去齊適魏，魏昭王以田文爲相。田文乃遺穰侯魏冉書，勸秦伐齊以害呂禮。呂禮出亡，不知所終。鮑注：收，取也。以呂禮收齊，使之親秦。

〔三〕并相之：并相齊、秦二國。

〔四〕弊邑：謂魏。

〔五〕晉：謂魏。

〔六〕齊與晉弊邑：與，姚本作「予」，鮑本作「與」，今從鮑本。與，及也。「邑」字因上文而衍。齊與晉弊，言齊與魏交相疲弊，不能支秦。《史記》作「晉國弊於齊而畏秦」。亦明「弊」下無「邑」字。

〔七〕操：把持。《史記》作「挾」。

【繫年】

魏冉復相秦，在秦昭王十九年。呂禮相齊，在秦昭王十九年，齊、秦稱帝之後，薛公田文去齊之魏，又在呂禮相齊之後。則此策薛公遺魏冉書當在秦昭王二十年或二十一年。今從顧觀光，繫於秦昭王二十一年，當周赧王二十九年、齊閔王十六年、**【正】**當爲齊閔王十五年。魏昭王十年。

秦客卿造章

秦客卿造謂穰侯曰〔一〕：「秦封君以陶〔二〕，藉君天下數年矣〔三〕。攻齊之事成，陶爲萬乘，長小國，率以朝天子〔四〕，天下必聽，五伯之事也；攻齊不成，陶爲鄰恤〔五〕，而莫之據也〔六〕。故攻齊之於陶也，存亡之機也。君欲成之，何不使人謂燕相國曰〔七〕：『聖人不能爲時〔八〕，時至而弗失〔九〕，舜雖賢，不遇堯也，不得爲天子；湯、武雖賢，不當桀、紂，不王。故以舜、湯、武之賢，不遭時不得帝王〔一〇〕。今攻齊，此君之大時也已〔一一〕。因天下之力，伐讎國之齊，報惠王之恥〔一二〕，成昭王之功〔一三〕，除萬世之害，此燕之長利，而君之大名也。《書》云〔一四〕：「樹德莫如滋，除害莫如盡〔一五〕。」吴不亡越，越故亡吴〔一六〕；齊不亡燕，燕故亡齊〔一七〕。齊亡於燕，吴亡於越，此除疾不盡也。非以此時也〔一八〕，成君之功，除君之害，秦卒有他事而從齊，齊、趙合〔一九〕，其讎君必深矣。挾君之讎以誅於燕〔二〇〕，後雖悔之，不可得也已。君悉燕兵而疾贊之〔二一〕，天下之從君也，若報父子之仇。誠能亡齊，封君於河南〔二二〕，爲萬乘，達途於中國，南與陶爲鄰，世世無患，願君之專志於攻齊而毋他慮也〔二三〕。』」

〔一〕造：人名，不詳其姓氏族籍。《史記》作「竈」。

〔二〕陶：故屬宋。穰侯魏冉，封於穰，益封於陶。今山東菏澤市定陶區西有陶丘。

〔三〕藉君天下：假藉以制天下之權。

〔四〕率以朝天子：「率」字，鮑本無。民按：《戰國縱横家書》有「率」字，無「天子」二字。

〔五〕鄰恤：《戰國縱横家書》作「廉監」，謂「鄰」、「廉」聲近，「監」、「恤」形近誤。其注迂曲，不可通。金正煒云：「『恤』或爲『殈』之訛。殈，猶裂也。言陶地將爲鄰國分裂。」

〔六〕據：安也，又引也。言陶爲鄰國分裂，不能引以爲援，據以爲安。

〔七〕燕相國：指成安君公孫操。《史記·趙世家》趙惠文王二十八年，燕將成安君公孫操弑其王。《史記索隱》引此事作燕相。

〔八〕時：天時。非人所能製造。

〔九〕時至而弗失：而，鮑本無，《戰國縱横家書》作「亦」是。「弗失」下有「也」字。當據以訂正。

〔一〇〕遭：逢，遇到。

〔一一〕君之大時：君，謂燕相公孫操。大時，大好時機。

〔一二〕報惠王之恥：惠王，燕惠王。燕惠王元年使騎劫代樂毅爲將，燕軍爲田單所破，是惠王之恥。

〔一三〕成昭王之功：燕昭王二十八年樂毅伐齊入臨淄，下齊七十餘城。昭王，燕昭王。

〔一四〕《書》云：書，鮑本作「詩」，《戰國縱横家書》作「詩」是。當據以訂正。作「書」者，後人依古文《尚書》誤改耳。

〔一五〕此二句《戰國縱横家書》作「樹德者莫如滋，除怨者莫如盡」。樹，建立。滋，益，多。

〔一六〕吴不亡越，越故亡吴：故，與「顧」通，反也。周敬王二十六年，吴王夫差敗越於夫椒，遂入越。越王勾踐使大夫種行成，吴王許之。周元王三年，越勾踐伐吴，遂滅之。

〔一七〕齊不亡燕，燕故亡齊：周赧王元年，齊宣王伐燕取之，燕人立昭王。赧王三十一年，燕以樂毅率五國之師伐齊，下齊七十餘城，僅存掖、即墨二邑。

〔一八〕非以：姚本作「以非」，鮑改爲「非以」。《戰國縱横家書》作「非以」。今從之。

〔一九〕趙：鮑改「趙」爲「秦」，非。《戰國縱横家書》作「趙」。

〔二〇〕誅：《説文》：誅，討也。《國語・晋語》：「小國敖，大國入焉曰誅。」

〔二一〕贊：姚本作「潛」，鮑改爲「攻」，吴師道云當作「從」，金其源《讀書管見》謂爲「替」，皆非。《戰國縱横家書》作「贊」。今從之。贊，助也。

〔二二〕河南：地域名，即黄河之南，非郡。

〔二三〕毋：姚本、鮑本作「無」。《戰國縱横家書》作「毋」。古「無」、「毋」通。

【繫年】

據《秦本紀》、《穰侯傳》，秦昭王三十六年穰侯使客卿造伐齊，即此事。當齊襄王十三年、周赧王四十四年。

魏謂魏冉章

魏謂魏冉曰〔一〕：「公聞東方之語乎〔二〕？」曰：「弗聞也。」曰：「辛張、陽毋澤説魏王、薛公、公叔也〔三〕，曰：『臣戰，載主契國以與王約〔四〕，必無患矣。若有敗之者，臣請挈領〔五〕。然而臣有患也〔六〕。夫楚王之以其臣請挈領，然而臣有患也。夫楚王之以其國依冉也〔七〕，而事臣之主〔八〕，此臣之甚患也〔九〕。』今公東而因言於楚〔一〇〕，是令張儀之言爲禹〔一一〕，而務敗公之事也〔一二〕。公不如反公國，德楚而觀薛公之爲公也〔一三〕。觀三國之所求於秦〔一四〕，而不能得者，請以號三國以自信也〔一五〕。觀張儀與澤之所不能得於薛公者也〔一六〕，而公請之以自重也〔一七〕。」

〔一〕魏謂魏冉：鮑本「魏」上補「爲」字。姚注：曾、錢本「魏」下有「文」字。

〔二〕東方：山東或關東。

〔三〕辛張、陽毋澤説魏王、薛公、公叔：辛張、陽毋澤，人名。不詳其身世。魏王，魏襄王。薛公，田文。

〔四〕載主契國以與王約：主，木主。載主，軍行以車載之，戰時請示禱告。契，結構。契國，以國結約。

〔五〕挈領：王念孫云：今按「挈」讀「栔」。斷也。猶言臣請斷頸耳。《爾雅》：栔，絶也。今江東呼刻斷物爲栔斷。《經典釋文》「栔」字又作「挈」。《宋策》「鍥朝涉之脛」，亦謂斷其脛也。「栔」、「挈」、「鍥」，並字異而義同。

〔六〕患：以楚與秦合爲患。

〔七〕姚注：一無以上十六字。黄丕烈云：鮑衍此十六字。民按：以上十六字是衍文，當删去。

〔八〕主：韓、魏、齊。

〔九〕「此臣」句：「甚」上鮑本有「所」字，當是。

〔一〇〕公東而因言於楚：東，東之楚。因言於楚，因與楚言好。

〔一一〕張儀：姚注：一本無「儀」字。民按：張即辛張，無「儀」字爲是。

〔一二〕敗公之事：敗魏冉合秦、楚之事。

〔一三〕德楚：施恩惠於楚。

〔一四〕三國：韓、魏、齊。

〔一五〕號三國以自信：宣言之以信於三國。

〔一六〕「觀張儀」句：姚注：一本無「儀」字。無「儀」字爲是。觀張與澤，即辛張、陽毋澤。也，鮑本衍。

〔一七〕重：貴重。

民按：此篇文字恐有脱誤，語多難通。

【繫年】

鮑本以張儀死於秦武王二年，繫此策文於秦武王二年。然策文「儀」字是衍文，實不足據。而魏冉在秦受重用在秦昭王時，前後四次爲相，故此篇年代實不可考，當闕。

謂魏冉曰章

謂魏冉曰：「和不成，兵必出〔一〕。白起者，且復將。戰勝，必窮公〔二〕；不勝，必事趙從公，公又輕〔三〕。公不若毋多〔四〕，則疾到〔五〕。」

〔一〕和不成，兵必出：和，秦與趙講和。兵必出，秦必再出兵以攻趙。

〔二〕必窮公：窮，困窘。公，謂魏冉。然白起爲秦將是魏冉所任舉，與魏冉相善。即戰勝趙，亦不至困窘魏冉。與史實不符。

〔三〕輕：謂失勢。

〔四〕多：《周禮·司勛注》：戰功曰多。

〔五〕疾到：姚注：到，恐作「封」字。民按：作「封」當是。疾，速也。金其源《讀書管見》：到，至也。至，成也。謂冉當專志於和，不若毋待戰功，而速成和議。

【繫年】

此策時不可考。從顧觀光，繫於周赧王四十二年。

謂穰侯曰章

謂穰侯曰：「爲君慮封〔一〕，若於除〔二〕，宋罪重，齊怒須〔三〕，殘伐亂宋〔四〕，德强齊，定身封，此亦百世之一時也已〔五〕！」

〔一〕慮封：慮，計也，謀劃。封，封地。

〔二〕若於除：黄丕烈云：「除」乃「陶」字誤，「若」上當有「莫」字。從黄説，當補「莫」字。爲君慮封，莫若於陶。意乃可通。

〔三〕宋罪重，齊怒須：黄丕烈云：「須」即「深」字誤。宋罪重，齊怒深，指宋偃王無道，欲霸天下，起兵滅滕，東敗齊，西敗魏，南敗楚，取地數百里；又射天笞地，斬社稷，天下謂之「桀宋」。故云，宋罪重。齊閔王怒宋偃王之悖亂，欲伐滅之，故云齊怒深。

〔四〕殘伐亂宋：金正煒云：「殘」與「踐」通，「踐」讀爲「翦」，滅也。《楚策三》「踐亂燕以定身封」與此義同。

〔五〕百世之一時：一，姚本無，鮑本有。今從鮑本。民按：王念孫云：「若」上當有「莫」字。除，當爲「陶」字誤也。「須」當爲「深」。陶，宋邑也，伐宋以德齊，而取陶以定封，計之上者也。故曰，爲君慮封，莫若於陶。《趙策・客謂奉陽君章》：「宋罪重，齊怒深，殘伐亂宋，定身封，德强齊，此百代之一時。」又云：「爲君慮封……莫如於陰（陶），宋之罪重，齊之怒深，殘伐亂宋，德大齊，定身封，此百代之一時也。」與此策文正同，可以互證。

【繫年】

據《穰侯傳》，魏冉封於穰，復封於陶，在秦昭王十六年。此云，爲君慮封，莫若於陶，當在十六年以前魏第二次爲相之時。故從顧觀光附於秦昭王十四年冉第二次爲相時，當周赧王二十二年。

謂魏冉曰楚破秦章

謂魏冉曰：「楚破〔一〕，秦不能與齊縣衡矣〔二〕。秦三世積節於韓、魏〔三〕，而齊之德新加焉〔四〕，齊、秦交争，韓、魏東聽〔五〕，則秦伐矣〔六〕。齊有東國之地方千里〔七〕，楚苞九夷〔八〕，又方千里，南有符離之塞〔九〕，北有甘魚之口〔一〇〕，權縣宋、衛〔一一〕，宋、衛乃當阿、鄄耳〔一二〕。利有千里者二〔一三〕，富擅越隸〔一四〕，秦烏能與齊縣衡？韓、魏支分方城膏腴之地以薄鄭〔一五〕，兵休復起，足以傷秦，不必待齊。」

〔一〕楚破：謂楚被齊所破。

〔二〕縣衡：言楚爲齊破，齊更强，秦不能與齊抗衡。縣，同「懸」，抗也。衡，平也。

〔三〕三世積節於韓、魏：言秦三世與韓、魏有使節交往。三世，指秦惠王、武王、昭王。積節，積往來之節。

【正】此處解「積節」謂「有使節交往」誤，應爲「有過節」。過節，即積仇耳。

〔四〕齊之德新加焉：謂齊德加於韓、魏而新結爲與國。

〔五〕韓、魏東聽：韓、魏背秦，東聽於齊。

〔六〕秦伐：齊、韓、魏結合，則秦受攻伐。

〔七〕東國：東方之國。齊國疆域在東方，故云東國。

〔八〕九夷：古謂東夷有九種，其區域相當於淮北、魯南泗上十二諸侯之地。【補】一玄菟，二樂浪，三高麗，四滿飾，五鳧臾，六索家，七東屠，八倭人，九天鄙。《後漢書·東夷傳》云：「夷有九種：曰畎夷、于夷、方夷、黄夷、白夷、赤夷、玄夷、風夷、陽夷。」

〔九〕符離：在今安徽宿州市符離鎮。

〔一〇〕甘魚：甘魚陂，在今湖北天門市西北。【正】此注疑誤。似應爲甘陵。在今山東高平縣清平鎮南。與「北有甘魚之口」之方位意合，與下文之意亦合。

〔一一〕權縣宋、衛：言權且以宋、衛爲縣。

〔一二〕當阿、鄄：當，相等。阿，東阿，齊地，今山東陽谷縣東北阿城鎮。鄄，姚本、鮑本皆作「甄」，《史記》亦作「甄」。「鄄」、「甄」形近，古書多誤爲「甄」，今改爲「鄄」。鄄，齊邑，今山東鄄城縣。

〔一三〕千里者二：謂齊東國之地千里，楚苞九夷又千里，齊兼有之。

〔一四〕富擅越隸：擅，專有。越，春秋故越國之地，戰國時並於楚。隸，奴隸。越隸，越地所出之奴隸。此言齊既破楚，具有土地二千里，又專有楚故地，越隸之富。【補】隸，似應不作「奴隸」講爲是。隸，屬也，謂越雖富庶，但已隸屬於齊也。

〔一五〕支分方城膏腴之地以薄鄭：支分，細散取之。方城，楚地，今河南方城縣以北。薄，迫近。鄭，謂新鄭，韓國都，故戰國時稱韓爲鄭。

【繫年】

此策當在秦取楚漢中之後，韓、魏聞楚之困，乃南襲至鄧，三國攻秦，秦不出兵，或人謂楚説魏冉之辭。乃楚懷王十七年、秦惠王後元十三年、周赧王三年。顧觀光則編於周慎靚王三年，不知其何據。

五國罷成皐章

五國罷成皐〔一〕，秦王欲爲成陽君求相韓、魏〔二〕，韓、魏弗聽。秦太后爲魏冉謂秦王曰〔三〕：「成陽君以王之故，窮而居於齊，今王見其達而收之〔四〕，亦能翕其心乎〔五〕？」王曰：「未也。」太后曰：「窮而不收，達而報之〔六〕，恐不爲王用。且收成陽君，失韓、魏之道也。」

〔一〕五國罷成皐：五國，韓、趙、魏、齊、燕。皐，姚本作「睪」，即「皐」字，今從鮑本。成皐，韓邑，在今河南滎陽市汜水鎮，春秋時鄭國之虎牢，亦名制，後改爲成皐。【補】罷，謂五國伐秦無功，罷於成皐之意。

〔二〕秦王欲爲成陽君求相韓、魏：成陽君，韓人。《趙策四》：「（秦王）内成陽君於韓。」《魏策四》：「成陽君欲以韓、魏聽秦。」《韓策三》：「成陽君爲秦去韓。」則成陽君固韓人之親秦者，故秦爲之求相二國。

〔三〕秦太后爲魏冉謂秦王：秦太后，謂宣太后。秦王，昭王。

〔四〕窮而居於齊，今王見其達而收之：即《韓策三》「成陽君爲秦去韓」，韓珉相齊，令逐成陽君之事。收，收取。

〔五〕翕：合也，猶收取。

〔六〕報：猶進。

【繫年】

李兑約齊、燕、趙、魏、韓五國攻秦，在趙惠文王十三年、秦昭王二十一年，當周赧王二十九年。

范子因王稽入秦章

范子因王稽入秦〔一〕，獻書昭王曰：「臣聞明主莅正〔二〕，有功者不得不賞，有能者不得不官；勞大者其禄厚，功多者其爵尊，能治衆者其官大。故不能者不敢當其職焉，能者亦不得蔽隱。使以臣之言爲可，則行而益利其道〔三〕；若將弗行，則久留臣無爲也。語曰：『人主賞所愛而罰所惡〔四〕，明主則不然，賞必加於有功，刑必斷於有罪。』」今臣之胸不足以當椹質〔五〕，要不足以待斧鉞〔六〕，豈敢以疑事嘗試於王乎？雖以臣爲賤而輕辱臣，獨不重任臣者〔七〕，後無反覆於王前耶！

〔一〕范子因王稽入秦：范子，范雎，魏人，字叔。王稽，秦謁者，使於魏，載雎入秦。

〔二〕蒞正：蒞，臨。正，與「政」通。

〔三〕利：通「達」。

〔四〕人主：《春秋後語》作「庸主」。《史記》同。

〔五〕椹質：椹，通「鍖」。質，與「鑕」同，鐵椹。古時斬人，加於椹上而斫之。

〔六〕要不足以待斧鉞：「不足以當」、「不足以待」，皆謙辭，言其身賤，死生不足論也。鉞，大斧。

〔七〕任：保舉。

「臣聞周有砥厄，宋有結緑，梁有懸黎，楚有和璞〔一〕。此四寶者，工之所失也〔二〕，而爲天下名器。然則聖王之所棄者，獨不足以厚國家乎？臣聞善厚家者，取之於國；善厚國者，取之於諸侯。天下有明主，則諸侯不得擅厚矣。是何故也？爲其凋榮也〔三〕。良醫知病人之死生，聖主明於成敗之事，利則行之，害則舍之，疑則少嘗之，雖堯、舜、禹、湯復生，弗能改已！語之至者，臣不敢載之於書，其淺者又不足聽也。意者臣愚而不闔於王心耶〔四〕！抑其言臣者〔五〕，將賤而不足聽耶！非若是也，則臣之志，願少賜游觀之間〔六〕，望見足下而入之。」書上，秦王說之，因謝王稽〔七〕，使人持車召之。

〔一〕砥厄、結緑、懸黎、和璞：皆美玉名。

〔二〕工之所失也：工，治玉者。失，謂不能辨別玉之真假，故卞和爲之三次受刑。

〔三〕凋榮：姚注：曾、錢、劉、一作「凋弊」。《史記》作「割榮」。《春秋後語》作「害榮」。凋，摧折。榮，英華。比喻人主自殘其國士。

〔四〕闔：《史記索隱》引《戰國策》作「闞」，是。謂闞涉於王心。

〔五〕抑：姚本作「已」，鮑改「已」爲「亡」。姚注：錢、曾作「亡」，一作「抑」。今從一本。

〔六〕間：暇隙之時間，空閒之時。

〔七〕「王稽」下，姚、鮑本有「説」字。一本無「説」字，今從一本。

【繫年】

據《穰侯傳》、《范雎傳》，秦昭王三十五年王稽載范雎入秦，待命歲餘，至三十六年獻書昭王，當周赧王四十四年。

范雎至章

范雎至，秦王庭迎〔一〕，謂范雎曰〔二〕：「寡人宜以身受令久矣〔三〕。今者義渠之事急〔四〕，寡人日自請太后〔五〕。今義渠之事已〔六〕，寡人乃得以身受命。躬竊閔然不敏〔七〕，敬執賓主之禮。」范雎辭讓。

〔一〕庭迎：迎之於庭。

〔二〕謂：黃丕烈云：或爲「謝」之誤。

〔三〕宜以身受令：宜，應當。令，命。受命，受教命。

〔四〕今者義渠之事急：今者，王念孫云：此乃追敘之辭，不得言「今者」。《史記・范雎傳》作「會義渠之事急」是也。「今者」二字，乃一「會」字之訛。昭王立，義渠戎王來朝秦。宣太后與義渠戎王亂，生二子。昭王三十五年，宣太后詐而殺義渠戎王於甘泉，遂起兵伐殘義渠。

〔五〕自請太后：請命於宣太后以伐殘義渠。

〔六〕義渠之事已：已，止也。秦滅義渠，置北地郡。

〔七〕躬竊閔然不敏：躬，自身。閔然，猶昏闇。敏，捷便聰通。

是日見范雎，見者無不變色易容者。秦王屏左右〔一〕，宮中虛無人，秦王跪而請曰：「先生何以幸教寡人？」范雎曰：「唯唯〔二〕。」有間〔三〕，秦王復請，范雎曰：「唯唯。」若是者三。秦王跽曰〔四〕：「先生不幸教寡人乎？」范雎謝曰：「非敢然也。臣聞始時呂尚之遇文王也〔五〕，身爲漁父，而釣於渭陽之濱耳〔六〕。若是者，交疏也。已一說而立爲太師〔七〕，載與俱歸者，其言深也。故文王果收功於呂尚，卒擅天下，而身立爲帝王。即使文王疏呂望而弗與深言〔八〕，是周無天子之德，而文、武無與成其王也。今臣，羈旅之臣也，交疏於王，而所願陳者，皆匡君之事，處人骨肉之間〔九〕，願以陳臣之陋忠，而未知王心也，所以王三問而不對者是也。臣非有所畏而不敢言也，知今日言之於前，而明日伏誅於後，然臣弗敢畏也。大王信行臣之言，死不足以爲臣患，亡不足以爲臣憂，漆身而爲厲〔一〇〕，被髮而爲狂〔一一〕，不足以爲臣恥。五帝之聖焉而死〔一二〕，三王之仁焉而死，五伯之賢焉而死，烏獲之力焉而死〔一三〕，奔、育之勇焉而死〔一四〕。死者，人之所必不免也。處必然之勢，可以少有補於秦，此臣之所大願也，臣何患乎？伍子胥橐載而出昭關〔一五〕，夜行而晝伏。至於蔆水〔一六〕，無以餌其口，坐行蒲服〔一七〕，乞食於吴市〔一八〕，卒興吴國，闔廬爲霸〔一九〕。使臣得進謀如伍子胥，加之以幽囚，終身不復見，是臣説之行也，臣何憂乎？箕子、接輿漆身而爲厲〔二〇〕，被髮而爲狂，無益於殷、楚。使臣得同行於箕子、接輿，可以補所賢之主〔二一〕，是臣之大榮也，臣又何恥乎？臣之所恐者，獨恐臣死之後，天下見臣盡忠而身蹷也〔二二〕，是以杜口裹足莫肯即秦耳〔二三〕。足下上畏太后之嚴，下惑奸臣之態〔二四〕，居深宫之中，不離保傅之手〔二五〕，終身闇惑，無與照奸〔二六〕；大者宗廟滅覆，小者身以孤危。此臣之所恐耳！若夫窮辱之事，死亡之患，臣弗敢畏也。臣死而秦治，賢於生也。」

〔一〕屏：除也，此謂退去左右侍從之人。

〔二〕唯唯：應諾也。

〔三〕有間：頃刻。

〔四〕跽：長跪兩膝支地。古人坐皆以兩膝着地，有所敬，引身而起，伸腰及股，則爲長跽。

〔五〕吕尚：姜姓，名尚，字子牙，其先封於吕，以國爲氏，故曰吕尚。

〔六〕渭陽：渭水之陽。水以北爲陽。渭水發源於今甘肅渭源縣鳥鼠山，流經今陝西華陰市入黄河。

〔七〕已一説而立爲太師：「已」與「以」通。《齊世家》：吕尚以魚釣奸周西伯。西伯出獵，果遇太公於渭之陽，與語大説。載與俱歸，立爲師。

〔八〕即使文王疏吕望：即，猶若也。吕望，吕尚號太公望，故又名吕望。

〔九〕處人骨肉之間：處，猶在也。骨肉之間，謂欲向昭王言宣太后及穰侯之事。

〔一〇〕漆身而爲厲：厲，音「賴」。癩病也。言漆塗身生瘡如病癩。《刺客傳》豫讓漆身爲厲，吞炭爲啞。

〔一一〕被髮而爲狂：箕子，商紂臣，懼紂之暴虐，披髮佯狂爲奴，紂王囚之。

〔一二〕焉：姚本、鮑本無「焉」字。錢本有「焉」字，以下四句皆有「焉」字。今從錢本皆補「焉」字。

〔一三〕烏獲：秦武王力士。

〔一四〕奔、育之勇：奔，孟奔。育，夏育。皆衛人，古勇士，能力舉千鈞。

〔一五〕橐載而出昭關：橐，韋橐，載於韋橐中而逃出昭關。昭關，楚要塞，在今安徽含山縣北，小峴山西，兩山對峙，形成險塞。

〔一六〕蓤水：《史記》作「陵水」。即溧水，「蓤」、「溧」聲相近，故或爲「蓤」。在今江蘇南京市溧水區西北，一名瀨水，相傳爲子胥乞食處。

〔一七〕坐行蒲服：坐行，膝行。蒲服，即匍匐。

〔一八〕吴市：即今江蘇溧陽市。

〔一九〕闔廬爲霸：闔廬，吴王壽夢之子，名光，弑吴王僚自立，破楚而霸天下。

〔二〇〕箕子、接輿：箕子，名胥餘，殷紂王太師，懼紂暴虐，佯狂披髮爲奴。接輿，《高士傳》楚人陸通字接輿，佯狂避世。但不聞二人有漆身爲厲之事。

〔二一〕可以：「可以」前姚本、鮑本有「漆身」二字。一本無「漆身」字，是。今從一本。

〔二二〕蹷：僵仆，跌倒。

〔二三〕即：一作「鄉」，《史記》作「鄉」，即「嚮」字。「即」疑「鄉」之損。但作「即」自通。即，就，至也。

〔二四〕奸臣之態：以佞媚爲容態。

〔二五〕保傅：女保，女傅。

〔二六〕照：《史記》作「昭」，明也。照，見也照奸，明見其奸惡。

秦王跽曰：「先生是何言也？夫秦國僻遠，寡人愚不肖，先生乃幸至此，此天以寡人慁先生〔一〕，而存先王之廟也。寡人得受命於先生，此天所以幸先王而不棄其孤也。先生奈何而言若此！事無大小，上及太后，下至大臣，願先生悉以教寡人，無疑寡人也。」范雎再拜，秦王亦再拜。

〔一〕慁：姚注：《春秋後語》作「授」。「慁」與「溷」同，濁亂。此浼辱之意。

范雎曰：「大王之國，北有甘泉、谷口〔一〕，南帶涇、渭〔二〕，右隴、蜀〔三〕，左關、阪〔四〕，戰車千乘，奮擊百萬，以秦卒之勇，車騎之多，以當諸侯，譬若馳韓盧而逐蹇兔也〔五〕，霸王之業可致。今反閉關而不敢窺兵於山東者〔六〕，是穰侯爲國謀不忠，而大王之計有所失也。」

〔一〕甘泉、谷口：甘泉，山名，俗名磨盤嶺，甘泉出焉。在今陝西淳化縣西北五十里。谷口，地名，在九嵕山東，仲山西。當涇水出山之處，故曰谷口。在今陝西禮泉縣東北四十里。

〔二〕涇、渭：涇，涇水，源出今甘肅平涼市西北岍頭山，東南流至今陝西西安市高陵區南入渭河。

〔三〕隴、蜀：隴，山名，有大阪，名隴坻。在今陝西隴縣西北六十里。北連沙漠，南帶涇、渭。關中四塞之一。蜀，山名，亦謂岷山，即隴山之南首，故隴蜀並稱。

〔四〕關、阪：謂函谷關、殽阪；一説是商阪，今商雒山。

〔五〕馳韓盧而逐蹇兔：韓盧，俊犬名。《史記索隱》引《戰國策》云：「韓盧者，天下之壯犬也。」《博物志》：「韓有黑犬名盧。」蹇，跛也。

〔六〕閉關：「關」字姚本無。李善注《文選》引此策有「關」字。《史記·范雎傳》有「關」字。鮑本「閉」下補「關」字是也。今從鮑本。

王曰：「願聞所失計。」

雎曰：「大王越韓、魏而攻强齊〔一〕，非計也。少出師則不足以傷齊，多之則害於秦。臣意王之計欲少出師〔二〕，而悉韓、魏之兵，則不義矣。今見與國之不可親〔三〕，越人之國而攻，可乎？疏於計矣。昔者齊人伐楚，戰勝、破軍、殺將〔四〕，再辟千里，膚寸之地無得者〔五〕，豈齊不欲地哉？形弗能有也。諸侯見齊之罷露〔六〕，君臣之不親，舉兵而伐之，主辱軍破〔七〕，爲天下笑。所以然者，以其伐楚而肥韓、魏也。此所謂藉賊兵而齎盜食者也〔八〕。王不如遠交而近攻，得寸則王之寸，得尺亦王之尺也。今舍此而遠攻，不亦繆乎！且昔者，中山之地，方五百里，趙獨擅之〔九〕，功成、名立、利附焉〔一〇〕，天下莫能害。今韓、魏中國之處，而天下之樞也〔一一〕。王若欲霸，必親中國而以爲天下樞，以威楚、趙。趙强則楚附，楚强則趙附。楚、趙附則齊必懼，懼必卑辭重幣以事秦，齊附而韓、魏可虚也。〔一二〕」

〔一〕越韓、魏而攻强齊：秦昭王三十六年，使客卿造攻齊，取剛、壽，以予穰侯。

〔二〕臣意王之計欲少出師：姚注：曾、錢、一作「臣計王之少出師」。意，測度。

〔三〕與國之不可親：與國，謂韓、魏。不可親，姚注：錢、劉作「可親」，無「不」字，是也。

〔四〕「昔者」二句：秦昭王四年、五年，齊與韓、魏攻楚，六年，齊與秦、韓、魏共攻楚，敗楚於重丘，殺楚將唐眛。

〔五〕膚寸之地：側手爲膚，按指爲寸。

〔六〕罷露：罷，與「疲」同。露，敗也。《齊策五》：「其百姓罷而城郭露。」與此同義。

〔七〕舉兵而伐之，主辱軍破：此指秦昭王二十三年，燕將樂毅率五國之師以伐齊，齊閔王出走被殺，燕兵入臨淄。

〔八〕藉賊兵而齎盜食：藉，與「借」同。齎，持送。

〔九〕趙獨擅之：趙惠文王三年滅中山，而獨擅中山之地。

〔一〇〕焉：姚本作「則」，鮑改「則」爲「焉」。《史記》作「焉」。今從鮑本。

〔一一〕中國之處，而天下之樞也：中國之處，謂中國所在。天下之樞，天下各國出入往來之樞紐。【補】中國，指處於中部之韓、魏、趙三國。

〔一二〕可虛：「虛」同「墟」。可使爲丘墟。

王曰：「寡人欲親魏，魏多變之國也，寡人不能親。請問親魏奈何？」范睢曰：「卑辭重幣以事之，不可。削地而賂之，不可。舉兵而伐之。」於是舉兵而攻邢丘〔一〕，邢丘拔而魏請附。

〔一〕邢丘：魏邑，漢置平臯縣。今河南温縣東有平臯故城。《秦本紀》秦昭王四十一年夏，攻魏取邢丘。【補】邢丘，古邢國故址。邢，周初封周公旦之子的諸侯國，都於邢邑，今河南温縣東之平臯。後遷都於今河北邢臺市，原都城成墟，稱邢丘。春秋時爲鄭、晉先後兼併。

曰：「秦、韓之地形，相錯如繡〔一〕，秦之有韓，若木之有蠹，人之病心腹。天下有變，爲秦害者莫大於韓。王不如收韓〔二〕。」王曰：「寡人欲收韓，韓不聽，爲之奈何？」

〔一〕相錯如繡：秦、韓疆界相連，相互交錯如繡飾，言其複雜。
〔二〕王不如收韓：此五字鮑本無，《史記》有。

范睢曰：「舉兵而攻滎陽〔一〕，則成臯之路不通〔二〕；北斬太行之道〔三〕，則上黨之兵不下；一舉而攻滎陽則其國斷而爲三〔四〕。魏、韓見必亡，焉得不聽？韓聽而霸事可成也。」王曰：「善。」

〔一〕滎陽：韓邑，今河南滎陽市東北之古滎鎮。
〔二〕成臯：即虎牢，在今滎陽西，是韓國東西通道。攻占滎陽，則韓國東西隔絶。宜陽、陝、虢之師不得相救。
〔三〕斬太行之道：斬，斷。太行道，即羊腸道，在今河南沁陽、山西晉城間。斷太行道，則上黨之師不得下太行相救。秦昭王四十四年，秦攻韓，取南陽，絶太行道。
〔四〕其國斷而爲三：新鄭以南，上黨以北，滎陽以西。

范雎曰：「臣居山東，聞齊之内有田單〔一〕，不聞其王。聞秦之有太后、穰侯、涇陽、華陽〔二〕，不聞其有王。夫擅國之謂王，能專利害之謂王，制殺生之威之謂王。今太后擅行不顧〔三〕，穰侯出使不報〔四〕，涇陽、華陽擊斷無諱〔五〕，四貴備而國不危者，未之有也。爲此四者〔六〕，下乃所謂無王已。然則權焉得不傾，而令焉得從王出乎？臣聞：『善爲國者，内固其威，而外重其權。』穰侯使者操王之重，決裂諸侯〔七〕，剖符於天下〔八〕，征敵伐國，莫敢不聽。戰勝攻取，則利歸於陶〔九〕，國弊御於諸侯〔一〇〕；戰敗則怨結於百姓，而禍歸社稷。《詩》曰：『木實繁者披其枝〔一一〕，披其枝者傷其心。大其都者危其國〔一二〕，尊其臣者卑其主。』淖齒管齊之權〔一三〕，縮閔王之筋，縣之廟梁，宿昔而死〔一四〕。李兑用趙，減食主父，百日而餓死〔一五〕。今秦，太后、穰侯用事，高陵、涇陽佐之〔一六〕，卒無秦王，此亦淖齒、李兑之类已。臣今見王獨立於廟朝矣，且臣將恐後世之有秦國者，非王之子孫也。」

〔一〕田單：齊王之疏屬，以即墨、掖邑擊退燕軍，恢復齊國。齊襄王以爲相，封安平君當政於齊。

〔二〕穰侯、涇陽、華陽：穰侯，注見前。穰，地名，今河南鄧州市西北四十里。涇陽，今陝西涇陽縣，秦昭王時公子市封於此，號涇陽君。華陽，今河南新鄭市北四十五里有華陽故城。宣太后同父弟芈戎封此，號華陽君。華陽西距新密市十餘里，又益封新密地，故又稱芈戎爲新城君。新城在今新密市東南。

〔三〕今太后擅行不顧：擅，專也。不顧，不顧秦王。《范雎傳》：「宣太后既伐義渠，益擅行不顧。」

〔四〕出使不報：派遣使節不請示報告秦王。

〔五〕擊斷無諱：擊斷，謂刑殺人。無諱，言不畏秦王而擅自行而毫無諱忌。諱，畏也。《史記》此句下有「高陵進退不請」一句。應補以足四貴之數。

〔六〕爲此四者：爲有此四人，謂太后、穰侯、華陽君、涇陽君四貴也。

〔七〕決裂諸侯：謂分割諸侯之地。

〔八〕剖符於天下：剖，猶分。符，信也。虎符用以發兵，竹符用於使節征發。此「剖符」承上「決裂」而言，謂擅自封爵。

〔九〕利歸於陶：言戰勝攻取得來土地皆歸陶邑，用以廣穰侯封地。

〔一〇〕國弊御於諸侯：弊，疲弊。御，制。謂戰勝攻取，利歸於陶；戰敗損失，弊歸於國家，反受制於諸侯。

〔一一〕《詩》曰：「木實繁者披其枝」：孫詒讓云：古書引書或通稱《詩》。實，果實。披，折也。

〔一二〕大其都者危其國：都，大夫封邑之都城。國，天子、諸侯之國都。《國語·周語》：「並後匹嫡，大都偶國，亂之本也。」

〔一三〕淖齒管齊之權：淖齒，楚人。管齊之權，周赧王三十一年，五國伐齊，淖齒將兵救齊，因相齊閔王。淖齒欲與燕共分齊地，數齊閔文王之罪而殺之。

〔一四〕縮閔王之筋，縣之廟梁，宿昔而死：縮，抽，擢。縣，與「懸」同。宿昔，一夜。

〔一五〕李兑用趙，減食主父，百日而餓死：趙武靈王二十七年，傳位於王子何，是爲惠文王，自稱主父，封長子章爲安陽君，使田不禮相章。趙惠文王四年公子章與田不禮作亂，公子成與李兑起兵敗公子章。公子章逃奔主父於沙丘宮。公子成與李兑圍主父宮，公子章死，主父欲出不得，三月餘而餓死於沙丘宮。李兑，趙惠文王司寇。

〔一六〕高陵：地名，故城在今陝西西安市高陵區西南一里，秦昭王封其同母弟公子悝，號高陵君。一曰葉陽君。

昭王初年，穰侯用事，太后專政，高陵君、涇陽君並擅國事。

秦王懼，於是乃廢太后〔一〕，逐穰侯〔二〕，出高陵、涇陽於關外〔三〕。

〔一〕廢太后：《史記·范雎傳》言廢太后在昭王四十一年。

〔二〕逐穰侯：《史記·秦本紀》昭王四十二年穰侯出之陶。

〔三〕出高陵、涇陽於關外：《秦本紀》昭王四十五年，高陵君悝出之國，未至而死。然高陵君、涇陽君封地不在關外，而華陽君芈戎封地在關外。

昭王謂范雎曰：「昔者齊公得管仲〔一〕，時以爲仲父〔二〕，今吾得子，亦以爲父〔三〕。」

〔一〕齊公得管仲：齊公，齊桓公。管仲，名夷吾，齊桓公之相。

〔二〕仲父：《説苑》，桓公使管仲治國，立以爲仲父。

〔三〕父：劉向《別録》：「父，亦男子之美號也。」《穀梁傳》中作「父，猶傅也」。

【繫年】

《范雎傳》，范雎至秦，待命歲餘，當是時，昭王已立三十六年，則此爲昭王三十六年事，當周赧王四十四年。

應侯謂昭王章

應侯謂昭王曰〔一〕：「亦聞恒思有神叢歟〔二〕？恒思有悍少年，請與神博〔三〕，曰：『吾勝叢，叢藉我神三日〔四〕；不勝叢，叢困我。』乃左手爲叢投〔五〕，右手自爲投，勝叢，叢藉其神三日，叢往求之，遂弗歸〔六〕。五日而叢枯，七日而叢亡。今國者，王之叢，勢者，王之神，藉人以此，得無危乎？臣未嘗聞指大於臂，臂大於股，若有此，則病必甚矣。百人輿瓢而趨〔七〕，不如一人持而走疾。百人誠輿瓢，瓢必裂。今秦國，華陽用之，穰侯用之，太后用之，王亦用之。不稱瓢爲器則已，稱瓢爲器，國必裂矣。臣聞之也：『木實繁者枝必披，枝之披者傷其心。都大者危其國，臣强者危其主。』且令邑中自斗食以上〔八〕，至尉、内史及王左右〔九〕，有非相國之人者乎〔一〇〕？國無事則已，國有事，臣必聞見王獨立於庭也。臣竊爲王恐，恐萬世之後，有國者非王子孫也。」

〔一〕應侯：應，古國名，在今河南魯山縣東四十里故應城。秦封范雎以應，號應侯。

〔二〕恒思有神叢：恒思，地名，不詳所在。神叢，《史記·陳涉世家索隱》引高誘注云：神叢，神祠叢樹也。《墨子·明鬼下》：「建國必擇木之脩茂者立以爲叢位。」叢，謂草木脩茂之處立祠，神所憑托。故云神叢。即「社稷神」。

〔三〕博：戲局，六着十二棊，用以賭勝負。又稱「六博」。

〔四〕藉我神：叢以神靈借給我。

〔五〕投：博具。如棋子。

〔六〕弗歸：不歸還其神靈。

〔七〕輿瓢而趨：輿，載也。趨，疾走。

〔八〕且令邑中自斗食以上：且令，姚本作「其令」，鮑本作「且令」是。今從鮑本。斗食，佐史吏職之俸禄，一歲不滿百石，日食一斗二升，故云斗食。【補】顔師古注《漢書·外戚志》曰：「斗食，謂佐史也。謂之斗食者，言一歲不滿百石，日食一斗二升。」

〔九〕尉、内史：尉，武官，秦政府及郡、縣皆有尉，以掌兵。内史，掌穀貨，如漢之治粟内史。《睡虎地秦墓竹簡》七次言及内史，其職務皆掌管經濟。

〔一〇〕相國：謂穰侯魏冉。

「臣聞古之善爲政也，其威内扶〔一〕，其輔外布〔二〕，而治政不亂不逆〔三〕，使者直道而行，不敢爲非。今太后使者分裂諸侯，而符布天下，操大國之勢，强徵兵，伐諸侯，戰勝攻取，利盡歸於陶；國之幣帛，竭入太后之家；竟内之利〔四〕，分移華陽。古之所謂『危主滅國之道』，必從此起。三貴竭國以自安〔五〕，然則令何得從王出，權何得毋分，是王果處三分之一也〔六〕。」

〔一〕扶：鮑注：扶，猶持也。

〔二〕輔：謂股肱大臣。

〔三〕而治政不亂：而，姚本作「四」，鮑本改爲「而」。此字宜作「而」，從鮑本。【補正】姚本謂「四時治政，不亂不逆」，是説順四時而治政，故云不亂不逆。《左傳·昭公二十五年》：「爲政事、庸力、行務，以後四時。」《管子·版法解》：「象四時之行，以治天下。」《鶡冠子》：「中參成位，四氣爲政。」可作佐證。可見「四」改「而」疑誤。

〔四〕竟：與「境」同。

〔五〕三貴：太后、穰侯、華陽君。

〔六〕是王果處三分之一也：「是」下姚本有「我」字。劉本無「我」字。鮑衍「我」字。今從劉本。

【繫年】

秦封范雎以應，號爲應侯，在秦昭王四十一年，而秦逐穰侯、華陽君出關外亦在此年。此策當爲秦昭王四十一年事，當周赧王四十九年。

秦攻韓圍陘章

秦攻韓，圍陘〔一〕。范雎謂秦昭王曰：「有攻人者，有攻地者。穰侯十攻魏而不得傷者〔二〕，非秦弱而魏强也，其所攻者，地也。地者，人主所甚愛也。人主者，人臣之所樂爲死也。攻人主之所愛，與樂死者鬭，故十攻而弗能勝也。今王將攻韓圍陘，臣願王之毋獨攻其地，而攻其人也。

〔一〕秦攻韓，圍陘：韓桓惠王九年，秦攻韓拔陘城。陘，音「刑」，韓邑。故城在今山西曲沃縣西北二十里，汾水旁。【補】陘，據江永考，白起攻韓國陘之陘，非此，别是一地。疑即今河南新鄭市西南之陘山。山西之陘當時屬魏，不屬韓。

〔二〕穰侯十攻魏：據《魏世家》，穰侯自魏昭王元年、秦昭王十四年爲秦將，至魏安釐王十年、秦昭王四十年魏冉失勢，前後共伐魏十次。

「王攻韓圍陘，以張儀爲言〔一〕。張儀之力多，且削地而以自贖於王，幾割地而韓不盡；張儀之力少，則王逐張儀，而更與不如張儀者市〔二〕。則王之所求於韓者盡可得也〔三〕。」

〔一〕以張儀爲言：按張儀已死四十餘年，且儀亦未曾相韓。年代不符。黄丕烈謂「張」字有訛。【正】此「張儀」當另有所指，非彼張儀也。

〔二〕不如張儀者市：智不如張儀者。市，交易。此指政治外交。

〔三〕盡：姚本作「言」，鮑本作「盡」義勝。從鮑本。

【繫年】

《韓世家》桓惠王九年，秦攻韓拔陘。當秦昭王四十三年、周赧王五十一年。

應侯曰鄭人章

應侯曰：「鄭人謂玉未理者璞〔一〕，周人謂鼠未腊者璞〔二〕。周人懷璞過鄭賈曰〔三〕：『欲買璞乎？』鄭賈曰：『欲之。』出其璞，視之，乃鼠也。因謝不取〔四〕。今平原君自以賢〔五〕，顯名於天下，然降其主父沙丘而臣之〔六〕，天下之王尚猶尊之，是天下之王，不如鄭賈之智也。眩於名〔七〕，不知其實也。」

〔一〕玉未理者璞：治玉曰理。玉石未琢治者爲璞。

〔二〕鼠未腊者璞：腊，曝爲肉乾。《後漢書·應昭傳》「昔鄭人以乾鼠爲璞」，《莊子·天下釋文》「周人謂鼠腊者亦曰璞」，據此知策文「未」字衍。

〔三〕鄭賈：鄭國商人。鄭，此指韓國，韓滅鄭，據鄭故都，故戰國有時稱韓亦爲鄭。

〔四〕謝：鮑注：謝，辭去也。

〔五〕平原君：趙勝，惠文王弟，封於東武城，相趙惠文王、孝成王。卒於孝成王十五年（《六國年表》、《趙世家》作十四年）。

〔六〕降其主父沙丘而臣之：趙惠文王四年，餓死主父於沙丘宮。此時公子成爲相，封安平君，與平原君無涉。上文「平原」二字當是「安平」之訛。降，貶損其位。沙丘宮在今河北平鄉縣東北。

〔七〕眩：鮑注：眩，目無常主也，故爲惑。

【繫年】

此策時不可考，從顧觀光，附於秦昭王四十一年，當周赧王四十九年。

天下之士章

天下之士，合從相聚於趙，而欲攻秦。秦相應侯曰：「王勿憂也，請令廢之〔一〕。秦於天下之士，非有怨也，相聚而攻秦者，以己欲富貴耳。王見大王之狗，卧者卧，起者起，行者行，止者止，毋相與鬭者；投之一骨，輕起相牙者〔二〕，何則？有争意也。」

〔一〕請令廢之：言请即廢之也。王念孫云：「令」当为『今』字之误也。今，犹即也。

〔二〕輕起相牙：輕，忽也。相牙，以牙相示，言其欲鬭也。

於是使唐雎載音樂〔一〕，予之五千金〔二〕，居武安〔三〕，高會相與飲，謂邯鄲人〔四〕：「誰來取者？」於是其謀者固未可得予也〔五〕，其可得與者，與之昆弟矣〔六〕。「公與秦計功者〔七〕，不問金之所之，金盡者功多矣。今令人復載五千金隨公〔八〕。」

〔一〕唐雎：魏人，以赴秦請救，在秦。「雎」一作「且」。「雎」、「且」古字通。

〔二〕五千金：鮑本作「五千金」。姚本作「五十金」，誤。從鮑本。

〔三〕武安：趙地，今河北武安市。

〔四〕邯鄲：趙國都，趙敬侯自今河南中牟徙此。故城在今河北邯鄲市西南二十里。

〔五〕未可得予：慮其不接受。

〔六〕與之昆弟：言與之結好若昆弟。

〔七〕公與秦計功：公，指唐雎。與，猶爲也。

〔八〕五千：姚本作「五十」。鮑本作「五千」。王念孫云：當作「五千」。今從之。

唐雎行，至武安〔一〕，散不能三千金〔二〕，天下之士大相與鬬矣。

〔一〕至武安：「至」上姚本有「行」字，鮑本無。從鮑本。

〔二〕能：猶及也。

【繫年】

秦昭王三十七年，秦、趙戰於閼與，秦敗而趙勝，天下之士合從相聚於趙，欲以攻秦。當趙惠文王二十九年、周赧王四十五年。

謂應侯曰章〔一〕

謂應侯曰：「君禽馬服君乎〔二〕？」曰：「然。」「又即圍邯鄲乎〔三〕？」曰：「然。」「趙亡，秦王王矣，武安君爲三公〔四〕。武安君所以爲秦戰勝攻取者七十餘城，南亡鄢、郢、漢中〔五〕，禽馬服之軍，不亡一甲，雖周、邵、吕望之功〔六〕，亦不過此矣。趙亡，秦王王，武安君爲三公，君能爲之下乎？雖欲無爲之下，固不得之矣。秦嘗攻韓邢，困上黨〔七〕，上黨之民，皆返爲趙〔八〕，天下之民，不樂爲秦民之日固久矣。今攻趙，北地入燕，東地入齊，南地入楚、魏〔九〕，則秦所得亡幾何〔一〇〕。故不如因而割之，無以爲武安功〔一一〕。」

〔一〕謂應侯曰章：《白起傳》秦昭王四十七年，白起敗趙軍於長平。四十八年武安君欲滅趙，請昭王益兵，韓、趙恐，使蘇代説秦相應侯。

〔二〕君禽馬服君乎：據《白起傳》，「君」上脱「武安」二字。禽，同「擒」。馬服，趙括也。其父趙奢爲趙將有功，賜號馬服君。故稱趙括爲馬服子。武安君射殺馬服子趙括在昭王四十七年。

〔三〕又即圍邯鄲：事在昭王四十八年十月。

〔四〕武安君爲三公：武安君，白起。三公，古以太師、太傅、太保爲三公。秦制，以丞相、太尉、御史大夫爲三公。

〔五〕鄢、郢：鄢，楚地。故鄢城在今湖北宜城市西南九里。郢，楚都。今湖北荆州市北十里紀南城即故郢。

〔六〕周、邵、吕望：周，周公姬旦。邵，一作「召」，召公姬奭。吕望，太公姜尚。三人輔佐周武王、成王，滅殷建立周朝，皆有大功。

〔七〕秦嘗攻韓邢，困上黨：邢，當作「陘」，上章秦攻韓國陘可證。【補】此陘，即今山西曲沃縣西北二十里汾水旁之故城。非邢丘。邢丘屬魏，不是韓地。困上黨，秦昭王四十七年，使王齕攻韓，取上黨。

〔八〕上黨之民，皆返爲趙：秦拔韓上黨，上黨民走趙，趙軍駐長平以救上黨民。秦軍攻趙，戰於長平。

〔九〕南地入楚、魏：「楚」字當爲「韓」。趙境南接韓、魏，與楚境相距甚遠，滅趙，趙南境入韓、魏，無由入楚。

〔一〇〕亡：姚本作「不一」，《史記》作「亡」。黄丕烈云：不一，蓋「亡」字之誤兮。

〔一一〕無：姚、鮑本作「因」，誤。《史記》作「無」。「無」與「毋」同，蓋由「毋」誤爲「因」。

【繫年】

此秦昭王四十八年、周赧王五十六年事。

應侯失韓之汝南章

應侯失韓之汝南〔一〕，秦昭王謂應侯曰：「君亡汝南國〔二〕，其憂乎？」應侯曰：「臣不憂。」王曰：「何也？」曰：「梁人有東門吴者〔三〕，其子死而不憂，其相室曰〔四〕：『公之愛子也，天下無有，今子死而不憂，何也？』東門吴曰：『吾嘗無子，無子之時不憂；今子死，乃即與無子時同也，臣奚憂焉？』臣亦嘗爲子〔五〕，爲子時不憂；今亡汝南，乃與梁餘子同也〔六〕。臣何爲憂？」

〔一〕汝南：本周地，入秦，今爲韓所侵奪，故曰韓之汝南。當時汝南非城邑名。以其地在汝水之南，故云。即范雎所封之應鄉。【補】汝南，非今河南之汝南，乃汝水流經之符壘城。故城在今河南寶豐縣西北。古應國地，似爲應侯的封地。因史上稱過汝南，後魏時曾在此置汝南縣，北齊廢。

〔二〕君亡汝南國：「汝南」二字，鮑、姚本皆無。一本「亡」下有「汝南」二字。今從之。補「汝南」二字。

〔三〕東門吴：東門，複姓。吴，其名。東門，魯公子遂之後。魯莊公子遂居東門，後因以爲氏。

〔四〕相室：家相，主知家務者。亦名家老。

〔五〕子：餘子，無封地。《禮記·喪大記》注：子，謂凡庶子。

〔六〕梁餘子：《周禮·小司徒》「大故致餘子」，鄭玄注：「卿大夫之子當守於王宫者。」《莊子·秋水》司馬彪

注：「未應丁夫爲餘子。」孫詒讓《周禮・鄉大夫》疏：「凡國中二十以上，野十五以上，未授室者爲餘子，已授室者爲餘夫。」范雎，故梁人，據此策，則亦梁之餘子。

秦王以爲不然，以告蒙傲〔一〕曰：「今也寡人一城圍，食不甘味，卧不便席，今應侯亡地而言不憂，此其情也〔二〕？」

〔一〕蒙傲：傲，李善注《文選・求自試表》引策文作「驁」。「傲」、「驁」古通。蒙驁，齊人。事秦昭王，官至上卿。昭王二十二年爲秦將，數有功。始皇即位，爲將軍。七年卒。其子蒙武，武子蒙恬、蒙毅。三世爲秦將。

〔二〕此其情也：豈是其真情？

蒙傲曰：「臣請得其情。」蒙傲乃往見應侯曰：「傲欲死。」應侯曰：「何謂也？」曰：「秦王師君〔一〕，天下莫不聞，而况於秦國乎？今傲勢得秦爲王將〔二〕，將兵，臣以韓之細也〔三〕，顯逆誅〔四〕，奪君地〔五〕，傲尚奚生？不若死。」應侯拜蒙傲曰：「願委之卿。」

〔一〕秦王師君：謂秦王以范雎爲師。君，指范雎。

〔二〕今傲勢得秦爲王將：勢，位也。「秦爲」二字誤倒。

〔三〕細：小，弱。

〔四〕顯逆誅：逆節顯著當誅討。

〔五〕奪君地：侵佔范雎汝南之封地。

蒙傲以報於昭王。自是之後，應侯每言韓事者，秦王弗聽也，以其爲汝南虜也〔一〕。

〔一〕以其爲汝南虜：以其爲汝南謀也。姚注：錢、一無「虜」字。虜，當爲「慮」字形近而誤。慮，謀也。

【繫年】

此當爲秦昭王四十八年，秦集全力攻趙邯鄲時，韓乘時奪秦汝南地，從顧觀光，附此策於昭王四十八年，當赧王五十六年。

秦攻邯鄲十七月章

秦攻邯鄲，十七月不下〔一〕。莊謂王稽曰〔二〕：「君何不賜軍吏乎？」王稽曰：「吾與王也，不用人言。」莊曰：「不然。父之於子也，令有必行者，必不行者。曰：『去貴妻，賣愛妾。』此令必行者也。因曰：『毋敢思也。』此令必不行者也。守閭嫗曰〔三〕：『其夕，某孺子内某士〔四〕。』貴妻已去，愛妾已賣，而心不有〔五〕。欲教之者，人心固有〔六〕。今君雖幸於王，不過父子之親；軍吏雖賤，不卑於守閭嫗。且君擅主輕下之日久矣，聞『三人成虎，十夫揉椎〔七〕。衆口所移，毋翼而飛』。故曰：『不如賜軍吏而禮之。』」王稽不聽，軍吏窮，果惡王稽、杜摯以反〔八〕。秦王大怒，而欲兼誅范雎〔九〕。

〔一〕秦攻邯鄲，十七月不下：秦昭王四十八年十月，秦圍趙邯鄲，十七月之後，乃昭王五十年三月。

〔二〕莊：人名，姓佚。

〔三〕守閭嫗：即守門之老婦。嫗，老婦。

〔四〕孺子内某士：孺，姚本作「懦」。姚注：曾云，恐作「儒」。劉作「孺」。鮑本作「孺」。民按：作「孺」爲是。故改從鮑本。孺子，《齊策三》「王有七孺子」，婦人之美稱。内某士，接某男子以私通。「内」與「納」同。

〔五〕而心不有：言父雖令之，而心不欲。有，猶欲。

〔六〕欲教之者，人心固有：鮑注：教，告。人心固有，孺人内士，人心固欲其告，雖非至親，令必行也。

〔七〕揉椎：揉，矯揉使之曲伸。椎，木棒。

〔八〕杜摯：王稽之副。秦昭王五十二年，王稽坐與諸侯通，棄市。

〔九〕兼誅范睢：秦法，舉薦人任官不善，舉主連罪。王稽爲范睢所薦。王稽棄市，故云欲兼誅范睢。

范睢曰：「臣東鄙之賤人也〔一〕，開罪於楚、魏〔二〕，遁逃來奔。臣無諸侯之援，親習之故〔三〕，王舉臣於羈旅之中，使職事〔四〕，天下皆聞臣之身與王之舉也。今遇惑或與罪人同心〔五〕，而王明誅之，是王過舉顯於天下，而爲諸侯所議也。臣願請藥賜死，而恩以相葬臣，王必不失臣之罪，而無過舉之名。」王曰：「有之〔六〕。」遂弗殺而善遇之。

〔一〕東鄙：謂魏。鄙，邊邑。范睢，魏人。

〔二〕開罪於楚、魏：開罪，得罪。「楚」字鮑本衍，當是。范睢得罪於魏相魏齊，與楚無涉。

〔三〕親習：近習故舊之人，王所親信者。

〔四〕職事：主持國事。職，主也。

〔五〕今遇惑或與罪人同心：遇，鮑改爲「愚」。吴師道云：當作「愚」。俞樾《諸子平議》：「遇當讀如愚。」鮑本衍「或」字是。罪人，指王稽。

〔六〕有之：有此過舉之事。

【繫年】

《六國年表集解》王稽棄市在秦昭王五十二年。策文所言當即此時事。

蔡澤見逐於趙章

蔡澤見逐於趙〔一〕，而入韓、魏，遇奪釜、鬲於涂〔二〕。聞應侯任鄭安平、王稽皆負重罪〔三〕，應侯内慚，乃西入秦。將見昭王，使人宣言以感怒應侯曰：「燕客蔡澤，天下駿雄弘辯之士也。彼一見秦王，秦王必相之而奪君位。」

〔一〕蔡澤見逐於趙：蔡澤，燕人。游學干諸侯甚衆，皆不得志。去之趙被逐。

〔二〕釜、鬲：姚注：劉無「鬲」字。民按：《御覽》卷七五七引策文、《蔡澤傳》皆有「鬲」字。釜，音「父」。鬲，音「歷」。釜、鬲，烹飪器，無足爲釜。鬲，似鼎而曲腳中空。

〔三〕鄭安平、王稽：鄭安平，魏人。魏、齊困辱范雎，安平匿而救之，王稽載范雎以入秦。范雎既爲秦相，言於昭王。昭王拜王稽爲河東守，三歲不上計。又任鄭安平以爲將軍。秦昭王五十年鄭安平爲將以兵二萬人降趙；五十二年，王稽爲河東守，與諸侯通，坐法誅。二人皆范雎所舉任，皆負重罪。

應侯聞之，使人召蔡澤。蔡澤入，則揖應侯，應侯固不快，及見之，又倨〔一〕。應侯因讓之曰：「子常宣言代我相秦，豈有此乎？」對曰：「然。」應侯曰：「請聞其說。」蔡澤曰：「吁！何君見之晚也〔二〕。夫四時之序，成功者去。夫人生手足堅强，耳目聰明聖智，豈非士之所願與？」應侯曰：「然。」蔡澤曰：「質仁秉義〔三〕，行道施德於天下，天下懷樂敬愛，願以爲君王，豈不辯智之期與〔四〕？」應侯曰：「然。」蔡澤復曰：「富貴顯榮，成理萬物〔五〕，萬物各得其所；生命壽長，終其年而不夭傷；天下繼其統〔六〕，守其業，傳之無窮，名實純粹〔七〕，澤流千世，稱之而毋絕，與天下終〔八〕。豈非道之符〔九〕，而聖人所謂吉祥善事與？」應侯曰：「然。」澤曰：「若秦之商君，楚之吴起〔一〇〕，越之大夫種〔一一〕，其卒亦可願矣〔一二〕。」應侯知蔡澤之欲困己以說，復曰：「何爲不可？夫公孫鞅事孝公，極身無毋〔一三〕，盡公不還私〔一四〕，信賞罰以致治，竭智能，示情素〔一五〕，蒙怨咎〔一六〕，欺舊交，虜魏公子卬〔一七〕，卒爲秦禽將破敵軍〔一八〕，攘地千里。吴起事悼王，使私不害公，讒不蔽忠，言不取苟合，行不取苟容，行義不顧毀譽，必有伯主强國〔一九〕，不辭禍凶。大夫種事越王，主離困辱〔二〇〕，悉忠而不解〔二一〕，主雖亡絶，盡能而不離，多功而不矜，富貴不驕怠。若此三子者，義之至，忠之節也。故君子殺身以成名，義之所在，身雖死無憾悔，何爲不可哉？」蔡澤曰：「主聖臣賢，天下之福也；君明臣忠，國之福也；父慈子孝，夫信婦貞，家之福也。故比干忠而不能存殷〔二二〕，子胥知而不能存吴，申生孝而晉惑亂〔二三〕。是有忠臣孝子，國家滅亂，何也？無明君賢父以聽之，故天下以其君父爲戮辱，而憐其臣子〔二四〕。夫待死而後可以立忠成名，是微子不足仁〔二五〕，孔子不足聖，管仲不足大也。」於是應侯稱善。

〔一〕倨：傲慢。

〔二〕何君：鮑本、《史記》作「君何」。

〔三〕質仁秉義：質，猶體。秉，操持。

〔四〕辯智之期：辯智者所期望得到。期，希望。

〔五〕理：治理。

〔六〕統：紀，傳統。

〔七〕名實純粹：純粹，純一不雜。言名、實兩全其美。

〔八〕與天下終：鮑本無此四字。《史記》作「與天地終始」。言其長久。

〔九〕道之符：符合於道。符，符合。

〔一〇〕吴起：衛國左氏人，仕魏文侯、武侯爲將，後去魏之楚，楚悼王以爲相，變法改革，悼王死，宗室大臣作亂，射殺吴起。

〔一一〕大夫種：大夫，官名。種，人名，姓文，字少禽，楚國南郢人。春秋時越王勾踐之相，助勾踐修理内政，滅吴。被勾踐賜死。

〔一二〕其卒亦可願矣：卒，終，結果。願，願望。

〔一三〕極身無毋：極身，竭盡己力。無毋，無二慮。

〔一四〕還：反顧。

〔一五〕示情素：情，實。素，與「傃」通，誠愨。

〔一六〕蒙怨咎：謂商鞅法及太子，刑、黥太子之師、傅而被怨咎也。蒙，覆，被，冒。

〔一七〕虜魏公子卬：商鞅伐魏，魏使公子卬禦之。商鞅以詐虜公子卬，大敗魏軍。公子卬，魏惠王之子，商鞅居魏時之舊交。

〔一八〕禽將破敵軍：《史記》作「禽將破敵」，無「軍」字。此「軍」字蓋衍文。

〔一九〕有：欲也。

〔二〇〕主離困辱：離，同「罹」，遭遇。困辱，指吴敗越於夫椒，越王被吴圍困於會稽。文種向吴講和，許以越王爲吴臣，以大臣范蠡、柘稽爲質。吴乃赦越。

〔二一〕悉忠而不解：悉，盡，竭。解，即「懈」，懈怠。

〔二二〕比干：紂王之叔父，爲殷紂王少師，比干强諫，紂殺比干而剖其心。

〔二三〕申生孝而晉惑亂：申生，晉獻公太子，母齊姜，性至孝，因受驪姬之陷，自縊而死。以後晉國發生内亂。

惑，姚注：惑，一作「國」。

〔二四〕憐其臣子：言以比干、子胥、申生皆至忠孝而受其君父之殺戮與侮辱，而哀憐其臣子。

〔二五〕微子不足仁：微子，名啓，殷王帝乙之子。見紂王昏亂，棄殷歸周，武王滅殷，封之於宋。《論語・微子》：「微子去之，箕子爲之奴，比干諫而死。孔子曰：殷有三仁焉。」

蔡澤得少間〔一〕，因曰：「商君、吴起、大夫種，其爲人臣盡忠致功，則可願矣。閎夭事文王〔二〕，周公輔成王也〔三〕，豈不亦忠乎？以君臣論之，商君、吴起、大夫種，其可願孰與閎夭、周公哉〔四〕？」應侯曰：「商君、吴起、大夫種不若也。」蔡澤曰：「然則君之主慈仁任忠〔五〕，不欺舊故，孰與秦孝公、楚悼王、越王乎？」應侯曰：「未知何如也？」蔡澤曰：「主固親忠臣，不過秦孝、越王、楚悼。君之爲主，正亂、批患、折難，廣地殖穀，富國足家强主，威蓋海内，功章萬里之外，不過商君、吴起、大夫種。而君之禄位貴盛，私家之富過於三子，而身不退，竊爲君危之。

〔一〕得少間：《史記》作「少得間」。間，息也。一云有隙可乘。

〔二〕閎夭：姓閎名夭。《墨子・尚賢上》：「文王舉閎夭、泰顛於置網之中，授之政，西土服。」文王四友之一。

〔三〕成王：武王子，名誦。

〔四〕其可願孰與：可，所也。願，願望。孰與，何如之意。

〔五〕慈仁任忠：慈，愛。任，信。

「語曰：『日中則移，月滿則虧。』物盛則衰，天之常數也〔一〕。進退盈縮變化，聖人之常道也。昔者，齊桓公九合諸侯，一匡天下〔二〕，至葵丘之會〔三〕，有驕矜之色，畔者九國〔四〕；吴王夫差無適於天下〔五〕，輕諸侯，陵齊、晋〔六〕，遂以殺身亡國〔七〕。夏育、太史噭叱呼駭三軍〔八〕，然而身死於庸夫〔九〕。此皆乘至盛不及道理也〔一〇〕。夫商君爲孝公平權衡，正度量，調輕重，決裂阡陌〔一一〕，教民耕戰，是以兵動而地廣，兵休而國富，故秦無敵於天下，立威諸侯，功已成，遂以車裂。楚地持戟百萬，白起率數萬之師，以與楚戰，一戰舉鄢、郢，再戰燒夷陵〔一二〕，南并蜀、漢，又越韓、魏攻强趙，北阬馬服，誅屠四十餘萬之衆，流血成川，沸聲若雷，使秦業帝〔一三〕。自是之後，趙、楚懾服不敢攻秦者〔一四〕，白起之勢也。身所服者七十餘城，功已成矣，賜死於杜郵〔一五〕。吴起爲楚悼罷無能，廢無用，損不急之官〔一六〕，塞私門之請，壹楚國之俗，南攻楊越〔一七〕，北并陳蔡，破横散從〔一八〕，使馳説之士無所開其口。功已成矣，卒支解〔一九〕。大夫種爲越王墾草創邑〔二〇〕，辟地殖穀，率四方士上下之力，以禽勁吴，成霸功。勾踐終棓而殺之〔二一〕。此四子者，成功而不去，禍至於此。此所謂信而不能詘〔二二〕，往而不能反者也。范蠡知之，超然避世，長爲陶朱〔二三〕。君獨不觀博者乎？或欲大投，或欲分功〔二四〕。此皆君之所明知也。

〔一〕常數：不變的法則。

〔二〕齊桓公九合諸侯，一匡天下：九合諸侯，謂兵車之會三：《左傳》魯莊公十三年會於北杏以平宋亂，僖公四年侵蔡伐楚，僖公六年伐鄭圍新城。乘車之會六：魯莊公十四年會於鄄，十五年又會於鄄，十六年同盟於幽，僖公五年會於首止，八年盟於洮，九年會於葵丘。一匡天下，謂定周襄王太子位。匡，正也。

〔三〕葵丘：宋地。今河南民權縣北有葵丘聚。《春秋》僖公九年，公會宰周公、齊侯、宋子、衛侯、鄭伯、許男、曹伯於葵丘。

〔四〕畔者九國：《公羊傳》僖公九年：「葵丘之會，桓公震而矜之，叛者九國。」畔，同「叛」。

〔五〕適：與「敵」古通。

〔六〕陵齊、晋：魯哀公六年，吴會魯伐齊，敗齊師於艾陵。八年，吴與晋會於黄池，與晋争長，欲霸中國。陵，姚本作「淩」，鮑本、《史記》作「陵」。今從鮑本。陵，侵侮，欺陵。

〔七〕殺身亡國：吴王夫差北會諸侯於黄池，越襲吴。以後越復伐吴，吴王夫差，亡國自殺。

〔八〕夏育、太史噭叱呼駭三軍：噭，姚本、鮑本作「啓」，《史記》、曾本、高誘注皆作「噭」。今從之。太史噭，古勇士。叱，呵也。

〔九〕身死於庸夫：《史記索隱》引高誘云：夏育爲田搏所殺。太史噭未知誰之所殺。

〔一〇〕不及道理：及，《史記》作「返」。「返」、「反」同字，「及」乃「反」字形近之訛。不反道理，即下文「往而不能反」之義。

〔一一〕決裂阡陌：決，開。阡陌，田間小路。南北爲阡，東西爲陌。

〔一二〕一戰舉鄢、郢，再戰燒夷陵：秦昭王二十八年，白起伐楚拔鄢、西陵。二十九年，白起攻楚拔郢，燒楚先王墓夷陵。夷陵，在今湖北宜昌市東南。

〔一三〕使秦業帝：使秦成帝王之業。

〔一四〕懾服：恐懼慴服。

〔一五〕死於杜郵：《史記》武安君出咸陽西門十里，賜劍自殺。其地在今陝西咸陽市東北十里。

〔一六〕損：《吴起傳》作「捐」。

〔一七〕南攻楊越：《吴起傳》作「南平百越」。楊越，部族名，百越之一，其居地在今湖南以南，廣東、廣西一帶。【補正】楊，揚也。指揚州郡。楊越，揚州之百越也。揚越部族，指今湖南南部、廣東北部、福建大部及江西南部所控之地區。《史記·南越傳索隱》：「吴起爲楚收楊越。」程恩澤引《楚世家》：「熊渠興兵伐庸、楊、越，至於鄂。」又引張晏曰：「揚州之南越也。」

〔一八〕破横散從：横，連横。從，合縱。《吴起傳》：「要在强兵，破馳説之言從横者。」

〔一九〕支解：殺之，斷其四肢。《韓非子·和氏》：「吴起支解於楚。」《吴起傳》：「宗戚大臣射刺吴起死。」

〔二〇〕墾草創邑：墾，開耕荒地。創，創新。

〔二一〕棓而殺之：王念孫云：棓，當爲「倍」字之誤也，「倍」與「背」同。言越王背德殺之也。《史記》作「勾踐終負而殺之」。負，亦背也。「背」、「倍」、「負」三字古同聲而通用。

〔二二〕信而不能詘：信，音「申」，伸展。詘，音「屈」，委屈。

〔二三〕「范蠡」三句：范蠡，字少伯，楚國宛之三户人，仕於越，與文種助越王勾踐滅吴。《貨殖列傳》范蠡既雪會稽之恥，乃乘扁舟浮於江湖，變名易姓，適齊爲鴟夷子皮，之陶爲朱公。乃治産積貯，三致千金。陶，春秋時曹地，後入於宋。今山東菏澤市定陶區。

〔二四〕或欲大投，或欲分功：大投，言博弈，或大投其瓊以致勝；瓊如今之骰子。分功者，分勝者之所獲。

「今君相秦，計不下席，謀不出廊廟〔一〕，坐制諸侯〔二〕，利施三川，以實宜陽；決羊腸之險，塞太行之口，又斬范、中行之途〔三〕，棧道千里通於蜀漢〔四〕，使天下皆畏秦。秦之欲得矣，君之功極矣。此亦秦之分功之時也，如是不退，則商君、白公、吴起、大夫種是也〔五〕。君何不以此時歸相印，讓賢者授之，必有伯夷之廉〔六〕，長爲應侯。世世稱孤，而有喬、松之壽〔七〕，孰與以禍終哉！此則君何居焉？」應侯曰：「善。」乃延入坐爲上客。

〔一〕廊廟：指王宫之前殿，士大夫之廳事。廊，殿下外屋。廟，宗廟。

〔二〕坐制：言不費力。

〔三〕斬范、中行之途：言斷三晋之路。斬，斷絶。范氏、中行氏，春秋時晋國六卿中之二家。

〔四〕棧道：棧，棚也。施於險絶以濟不通。何景明《雍大記》云：「棧道有四出：從成和、階、文出者，爲沓中陰平道，鄧艾伐蜀由之；從兩當出者爲故道，漢高帝攻陳倉由之；從褒、鳳出者爲今連雲棧道，漢王之南鄭由之；從成固、洋縣出者爲斜駱道，武侯屯渭上由之。」此當指兩當道。

〔五〕白公：白起。

〔六〕伯夷：商時孤竹君之長子，其弟叔齊，有讓國之廉。

〔七〕喬、松：喬，王子喬。松，赤松子。皆成仙長壽不死。

後數日，入朝，言於秦昭王曰：「客新有從山東來者蔡澤，其人辯士。臣之見人甚衆，莫有及者，臣不如也。」秦昭王召見，與語，大説之。拜爲客卿。應侯因謝病請歸相印〔一〕。昭王强起應侯，應侯遂稱篤〔二〕，因免相。昭王新説蔡澤計畫，遂拜爲秦相，東收周室〔三〕。

〔一〕謝病：以病爲名，辭去宰相之職。謝，辭。

〔二〕稱篤：言其病重。篤，猶甚。

〔三〕東收周室：秦昭王五十一年，西周君盡獻其三十六邑於秦。秦受其獻。五十二年周九鼎寶器入秦，周初亡。

蔡澤相秦王數月，人或惡之，懼誅，乃謝病歸相印，號爲剛成君。居秦十餘年〔一〕，事昭王、孝文王、莊襄王〔二〕，卒事始皇帝。爲秦使於燕，三年而燕使太子丹入質於秦〔三〕。

〔一〕居秦十餘年：居，姚本無，《史記》、鮑本有。十餘年，梁玉繩云：十，必「廿」字之誤。

〔二〕事：姚本無，《史記》、鮑本有。

〔三〕三年而燕使太子丹入質於秦：三年，謂在燕三年。太子丹，燕王喜之子，曾質於趙，與秦政善。及秦王政即位，太子丹乃質於秦。

【繫年】

據《范雎蔡澤傳》，蔡澤入秦説應侯，在秦昭王五十二年，鄭安平降趙，王稽坐誅之後。范雎免相，蔡澤相秦。

戰國策卷六

秦四

秦取楚漢中章

秦取楚漢中，再戰於藍田〔一〕，大敗楚軍。韓、魏聞楚之困，乃南襲至鄧〔二〕，楚王引歸。後，三國謀攻楚〔三〕，恐秦之救也，或說薛公：「可發使告楚曰：『今三國之兵且去楚〔四〕，楚能應而共攻秦，雖〔五〕藍田豈難得哉！況於楚之故地。』楚疑於秦之未必救己也，而今三國之辭云〔六〕，則楚之應之也必勸〔七〕，是楚與三國謀出秦兵矣。秦爲知之，必不救也〔八〕。三國疾攻楚，楚必走秦以告急〔九〕；秦愈不敢出，則是我離秦而攻楚也〔一〇〕，兵必有功。」薛公曰：「善。」遂發重使之楚，楚之應之果勸。於是三國并力攻楚，楚果告急於秦，秦遂不敢出兵。大胜有功。

〔一〕秦取楚漢中，再戰於藍田：楚懷王十七年春，與秦戰丹陽，楚大敗，遂取楚漢中之郡。楚懷王大怒，乃悉國兵復襲秦，戰於藍田，楚軍大敗。藍田，縣名，秦孝公置。在今陝西藍田縣西三十里。

〔二〕南襲至鄧：《楚世家》：「韓、魏聞楚之困，乃南襲楚至於鄧。楚聞，乃引兵歸。」鄧，古邑名，戰國屬楚。在今河南漯河市郾城區東南三十五里之鄧城。

〔三〕三國：齊、韓、魏。

〔四〕三國之兵且去楚：高注：去，舍也。三國之兵舍楚而往攻秦。

〔五〕鮑本脱去以上六十六字。

〔六〕云：姚本作「去」，鮑本改「去」爲「云」。按文義當作「云」。今從鮑本改「去」爲「云」。

〔七〕楚之應之也必勸：高注：應，和也。勸，進也。

〔八〕秦爲知之，必不救也：高注：知楚與三國謀，必不救之。

〔九〕楚必走秦以告急：高注：走，去也。告急，求救也。

〔一〇〕離秦而攻楚：高注：離，絶也。使秦離楚而不敢救也。

【繫年】

《楚世家》楚懷王十七年秦取楚漢中，韓、魏襲楚至鄧。當周赧王三年。【補正】范祥雍在《箋證》中引鍾鳳年云：「秦取楚漢中至楚王引歸諸語，見於《楚紀》懷十八年，下文則無之，疑即懷二十六年齊、韓、魏共攻楚事。」林春溥《戰國紀年》同此説，《史記·楚世家》亦證此説，范本同此説，並做了認真考證。因此，此策繫年當爲楚懷王二十六年、周赧王十二年。

薛公入魏而出齊女章

薛公入魏而出齊女〔一〕。韓春謂秦王曰〔二〕：「何不取爲妻，以齊、秦劫魏〔三〕，則上黨秦之有也。齊、秦合而立負蒭〔四〕，負蒭立，其母在秦，則魏，秦之縣也已。呡欲以齊、秦劫魏而困薛公〔五〕，佐欲定其弟〔六〕，臣請爲王因呡與佐也。魏懼而復之〔七〕，負蒭必以魏殁世事秦〔八〕。齊女入魏而怨薛公，終以齊奉事王矣。」

〔一〕薛公入魏而出齊女：薛公，孟嘗君田文。田文相魏，據《戰國縱横家書》考訂，在秦昭王十六年、齊閔王十年、魏昭王五年、周赧王二十四年。出，驅逐。高注：婦人大歸曰出。齊女，魏昭王之后妃。魏公子負蒭之母，薛公惡齊，故逐之。

〔二〕韓春謂秦王：韓春，秦策士，具體不詳。秦王，秦昭王。

〔三〕何不取爲妻，以齊、秦劫魏：勸秦昭王取魏所出齊女以爲妻，而與齊並勢攻魏。劫，脅也。

〔四〕負蒭：高注：負蒭即魏公子，其母即魏所出齊女也。

〔五〕呡欲以齊、秦劫魏而困薛公：呡，鮑本改爲「珉」。即韓珉。字書無「呡」字。當從鮑本改爲「珉」。「劫魏」二字，鮑本無。

〔六〕佐欲定其弟：高注：佐，負蒭之兄也。定，立爲太子。

〔七〕復之：將逐出之齊女，再接回魏國。

〔八〕歿世：世，自身一生。歿世，歿身。

【繫年】

《史記・孟嘗君傳》將孟嘗君相魏放在呂禮相齊和齊閔王滅宋之後，誤。當據《戰國縱横家書》訂正。今從唐蘭説，繫此策於周赧王二十四年，當魏昭王五年。【補】顧觀光隸此策於周赧王二十九年，疑誤。另，姚本將此篇與《秦取楚漢中章》連篇，鮑本另列一篇。今從鮑本。

三國攻秦入函谷章

三國攻秦〔一〕，入函谷。秦王謂樓緩曰〔二〕：「三國之兵深矣〔三〕，寡人欲割河東而講〔四〕。」對曰：「割河東，大費也〔五〕；免於國患，大利也。此父兄之任也〔六〕。王何不召公子池而問焉〔七〕？」

〔一〕三國攻秦：高注：三國，齊、魏、韓也。孟嘗君由秦逃歸，任齊相。孟嘗君怨秦，將以齊爲韓、魏攻楚，因與韓、魏攻秦，敗秦軍於函谷。事在魏襄王二十一年。

〔二〕樓緩：趙人。初爲趙武靈王臣，贊其胡服騎射以教百姓。武靈王死，遂入秦，事秦昭王。昭王十年，田文逃秦歸齊，樓緩爲相。

〔三〕深：高注：深，猶盛也。

〔四〕割河東而講：割，高注：割，分。河東，今山西黄河以東之地，先屬魏，後屬秦。講，成也。講和使成也。

〔五〕大費：言割地講和，損失太大。

〔六〕父兄：謂公族，國王之親族。

〔七〕公子池：一作「公子他」。昭王之庶兄。

王召公子池而問焉。對曰：「講亦悔，不講亦悔。」王曰：「何也？」對曰：「王割河東而講，三國雖去，王必曰：『惜矣！三國且去，吾特以三城從之〔一〕。』此講之悔也。王不講，三國入函谷，咸陽必危〔二〕，王又曰：『惜矣！吾愛三城而不講。』此又不講之悔也。」王曰：「鈞吾悔也〔三〕，寧亡三城而悔，無危咸陽而悔也。寡人決講矣〔四〕。」卒使公子池以三城講於三國，三國之兵乃退。

〔一〕吾特以三城從之：特，獨也。三城，河東三縣，武遂、封陵、河外。

〔二〕咸陽：山南曰陽，水北曰陽，其地在北山之南，渭水之北，故曰咸陽。秦孝公十三年徙都咸陽，故城在今陝西咸陽市東北二十里北阪上。

〔三〕鈞吾悔也：鈞，與「均」同，相等。高注：悔，恨也。

〔四〕決：斷，必。

【繫年】

三國攻秦，以齊爲首，《秦本紀》在昭王十年，《田世家》在閔王二十六年（誤，當爲四年），《魏世家》在哀（當爲襄）王二十一年，《韓世家》在韓襄王十四年。各篇所記相差二年。則是出軍在秦昭王九年，戰争在十年，講和在十一年。此策當繫於秦昭王十一年，當周赧王十九年。

秦昭王謂左右章

秦昭王謂左右曰〔一〕：「今日韓、魏，孰與始强？〔二〕」對曰：「弗如也。」王曰：「今之如耳、魏齊〔三〕，孰與孟嘗、芒卯之賢？」對曰：「弗如也。」王曰：「以孟嘗、芒卯之賢，帥强韓、魏之兵以伐秦，猶無奈寡人何也！今以無能之如耳、魏齊，帥弱韓、魏以攻秦，其無奈寡人何，亦明矣！」左右皆曰：「甚然〔四〕。」

〔一〕秦昭王謂左右曰：《説苑·敬慎》「秦」字上有「魏安釐王十一年」一句。

〔二〕今日韓、魏，孰與始强：高注：始，初也。言韓、魏初時强耶，今時强耶？

〔三〕如耳、魏齊：如耳，魏大夫，後仕韓。魏齊，魏相。

〔四〕甚然：誠然。

中期推琴對曰〔一〕：「王之料天下過矣〔二〕。昔者六晋之時〔三〕，智氏最强，滅破范、中行〔四〕，帥韓、魏以圍趙襄子於晋陽〔五〕。決晋水以灌晋陽〔六〕，城不沉者三板耳〔七〕。智伯出行水〔八〕，韓康子御，魏桓子驂乘〔九〕。智伯曰：『始，吾不知水之可亡人之國也，乃今知之。』汾水利以灌安邑，絳水利以灌平陽〔一〇〕。魏桓子肘韓康子，康子履魏桓子，躡其踵〔一一〕。肘足接於車上，而智氏分矣〔一二〕。身死國亡，爲天下笑〔一三〕。今秦之强，不能過智伯；韓、魏雖弱，尚賢在晋陽之下也〔一四〕。此乃方其用肘足時也，願王之勿易也〔一五〕。」

〔一〕中期：《説苑》作「中旗」，《史記》、《韓非子》、《春秋後語》作「中旗」，《御覽》卷四五九引策文作「中旗」。「申」乃「中」字之訛。「期」、「旗」古同。《説文》：旗，士卒以爲期。《周禮·大司馬》「司馬以旗致民」注：立旗期民於其下也。「期」、「旗」同聲疊韻。《論語》巫馬期，《左傳》楚司馬子期，皆字子旗。「中期」、「中旗」之不同，或舉名，或舉字耳。中期，秦辯士。初事秦武王，後事秦昭王。

〔二〕王之料天下過矣：王，姚本作「三」，乃「王」字之誤脱。鮑本作「王」字是。料，估量。過，錯誤。高注：過，謬也。

〔三〕六晋：春秋時六卿也。晋國六卿執政，智氏、范氏、中行氏、韓氏、趙氏、魏氏六家。智氏，荀首之後。范氏，士會之後。中行氏，荀林父之後。韓氏，韓萬之後。趙氏，趙夙之後。魏氏，畢萬之後。

〔四〕滅破范、中行：晋出公十七年，智伯與韓、趙、魏共分范、中行地以爲邑。滅范、中行氏。晋國政治皆決於智伯，智伯據有范、中行地，最强。

〔五〕帥韓、魏以圍趙襄子於晉陽：智伯滅范氏、中行氏，志意驕盈，貪欲無厭，求地於魏、韓，魏、韓與之。又求地於趙氏，趙襄子不與，遂率韓、魏之師以伐趙，圍趙襄子於晉陽。

〔六〕決晉水以灌晉陽：晉水源出今山西太原市西懸甕山，東南流經古晉陽城東，流入汾水。

〔七〕城不沉者三板：沉，淹沒。板，高二尺爲一板。

〔八〕行水：巡行按視決晉水灌晉陽之情況。

〔九〕韓康子御，魏桓子驂乘：韓康子名虎，魏桓子名駒。古代乘車，主人在左，御者在中，驂乘在右。

〔一〇〕汾水利以灌安邑，絳水利以灌平陽：汾水源出今山西太原市北管涔山，南經隰縣、臨汾、聞喜、曲沃，西南流入黄河。安邑，魏桓子邑，故城，在今山西夏縣西北。安邑北距汾水百餘里，中隔涑水，無從灌安邑。灌安邑者乃絳水下游之涑水，經安邑旁。平陽，韓康子邑，故城在今山西臨汾市。絳水北距平陽百五十里，無由灌平陽。灌平陽者乃汾水，汾水經平陽西。此蓋「汾」、「絳」二字誤倒，《史記》、《通鑑》承之。致使地名與實際不符。

〔一一〕魏桓子肘韓康子，康子履魏桓子，躡其踵：肘，以肘觸之。躡，以足蹈之。踵，腳跟。

〔一二〕肘足接於車上，而智氏分矣：言韓、魏、趙三家滅智氏而分其地，謀始於韓、魏肘足之時。

〔一三〕身死國亡，爲天下笑：韓、魏與趙合謀，反攻智伯。趙襄子擒智伯而殺之，漆其頭以爲飲器。國土爲三家所分。

〔一四〕尚賢在晉陽之下：尚勝於趙襄子被圍於晉陽之時。高注：賢，猶勝也。

〔一五〕勿易：不要輕忽大意。易，輕忽，慢易。

【繫年】

按《説苑·敬慎》繫於魏安釐王十一年、秦昭王四十一年，當周赧王四十九年。

楚魏戰於陘山章

楚、魏戰於陘山〔一〕。魏許秦以上洛〔二〕，以絶秦於楚〔三〕。魏戰勝，楚敗於南陽〔四〕。秦責賂於魏〔五〕，魏不與。

〔一〕陘山：在今河南新鄭市南三十里。周顯王四十年、楚威王十一年、魏惠王後元六年，魏因楚喪，伐取楚陘山。

〔二〕許秦以上洛：許賂秦以上洛。上洛，今陝西商洛市。秦孝公以其地封給商鞅。楚、魏戰陘山在秦惠王九年，此時上洛入秦已久。恐有訛誤。

〔三〕以絶秦於楚：魏賂秦，斷絶秦不使助楚。

〔四〕南陽：古地區名。在今河南伏牛山以南，湖北漢水以北之地帶，戰國分屬楚、韓。此南陽，楚地。

〔五〕秦責賂於魏：責，索求。賂，原許以上洛之地。

管淺謂秦王曰〔一〕：「王何不謂楚王曰：『魏許寡人以地，今戰勝，魏王倍寡人也。王何不與寡人遇〔二〕?魏畏秦、楚之合，必與秦地矣。是魏勝楚而亡地於秦也；是王以魏地德寡人，秦之楚者多資矣〔三〕。魏弱，若不出地，則王攻其南，寡人絶其西，魏必危。』」秦王曰：「善。」以是告楚，楚王扬言與秦遇，魏王聞之，恐，效上洛於秦。

〔一〕管淺謂秦王：管淺，秦人。管，姚本作「營」。姚注：皆作「營」，或作「管」。鮑本作「管」。今從鮑本。秦王，秦惠王。

〔二〕遇：相會。春秋時兩國諸侯草次相見，簡其儀禮，叫遇。

〔三〕秦之楚者多資矣：此句有誤，當改爲「秦之資楚者多矣」。高誘注：之，至也。資，財幣也。

【繫年】

據《楚世家》，則此策乃楚威王十一年、秦惠王九年事。當周顯王四十年。

楚使者景鯉在秦章

楚使者景鯉在秦〔一〕，從秦王與魏王遇於境〔二〕。楚怒，秦令周最謂楚王曰：「魏請無與楚遇而合於秦，是以〔三〕鯉與之遇也。弊邑之於與遇善之〔四〕，故齊不合也〔五〕。」楚王因不罪景鯉而德周、秦〔六〕。

〔一〕景鯉：楚人，楚懷王相。

〔二〕從秦王與魏王遇於境：《韓策一》：「鯉與於秦、魏之遇。楚王怒景鯉，恐齊以楚遇，爲有陰於秦、魏也。」境，謂秦界。秦王，秦惠王。魏王，魏惠王。

〔三〕以上二十字鮑本無，以別本二十字足此缺文。吴師道云：姚本其文缺誤，不如別本明白。民按：姚本與影抄梁溪安氏本合。安氏本校記云：安本較爲近實。而「楚使者」下疑尚有「又未至」三字爲舊本所遺脱。其文當合吴引別本及此抄之。由本章上下文及字數校之，似舊本每行二十字而鮑所脱適得二十字。

〔四〕弊邑之於與遇善之：弊邑，秦自稱。善之，謂鯉與秦、魏遇，此以爲善。

〔五〕故齊不合：魏、秦相遇將以善而絶齊於楚，而楚使在焉，故齊疑之而不與合。

〔六〕楚王因不罪景鯉而德周、秦：高注：秦使周最解説楚王與魏遇之。故不罪景鯉而德周與秦也。

【繫年】

此與上章蓋同時事，附於周顯王四十年。

楚王使景鯉如秦章

楚王使景鯉如秦。客謂秦王曰：「景鯉，楚王所甚愛〔一〕，王不如留之以市地〔二〕。楚王聽，則不用兵而得地；楚王不聽，則殺景鯉，更與不如景鯉者〔三〕，是便計也。」秦王乃留景鯉。

〔一〕楚王所甚愛：「楚王」下姚本有「使景」二字。姚注：一本無「使景」二字。鮑衍「使景」二字。

〔二〕市地：使楚以地贖景鯉，如買賣然。

〔三〕更與不如景鯉者：姚本「更」下有「不」字。者，姚本作「留」。姚注：曾、劉、一作「者」。鮑改「留」爲「者」。王念孫云：「者」字是也。作「留」者涉上文「留」字而誤。「者」下當有「市」字。「更與不如景鯉者市」，即承上「市地」而言。今脱去「市」字，則文不成義。

景鯉使人説秦王曰：「臣見王之權輕天下，而地不可得也。臣之來使也，聞齊、魏皆且割地以事秦。所以然者，以秦與楚爲昆弟國。今大王留臣，是示天下無楚也，齊、魏有何重於孤國也〔一〕。楚知秦之孤，不與地，而外結交諸侯以圖〔二〕，則社稷必危，不如出臣。」秦王乃出之。

〔一〕齊、魏有何重於孤國：「有」讀爲「又」。重，尊重。言留景鯉，則秦與楚絶交，秦無楚援，則爲孤國，故齊、魏不復割地以事秦。

〔二〕而外結交諸侯以圖：「諸侯」二字，鮑本無。圖，謀，謀秦。

【繫年】

此與上二章爲同時事。亦附於周顯王四十年。【補】此策顧觀光隸於周赧王二年。赧王二年距顯王四十年，相差十六年之多，不知何故？

秦王欲見頓弱章

秦王欲見頓弱〔一〕，頓弱曰：「臣之義不參拜，王能使臣無拜，即可矣。不，即不見也。」秦王許之。於是頓子曰：「天下有有其實而無其名者，有無其實而有其名者，有無其名又無其實者，王知之乎？」王曰：「弗知。」頓子曰：「有其實而無其名者，商人是也。無把銚推耨之勞〔二〕，而有積粟之實，此有其實而無其名者也。無其實而有其名者，農夫是也，解凍而耕，暴背而耨〔三〕，無積粟之實，此無其實而有其名者也。無其名又無其實者，王乃是也。已立爲萬乘，無孝之名〔四〕，以千里養，無孝之實。」秦王悖然而怒。

〔一〕秦王欲見頓弱：秦王，秦始皇嬴政。頓弱，秦人。

〔二〕把銚推耨之勞：把，持。銚，耕田器。《管子》：「耕者，必有一耒一耜一銚。」把銚，持田器而耕。耨，耘田除草器。《孟子》：「深耕易耨。」

〔三〕暴：與「曝」同，曬。

〔四〕無孝之名：秦王母與嫪毐私通，生二子。秦王夷嫪毐三族，殺太后所生二子，遷太后於雍以閉之。【補】頓弱此說謂秦王政出母而閉之爲不孝。

頓弱曰：「山東戰國有六，威不掩於山東而掩於母〔一〕，臣竊爲大王不取也。」秦王曰：「山東之建國可兼與？」頓子曰：「韓，天下之咽喉；魏，天下之胸腹。王資臣萬金而遊〔二〕，聽之韓、魏，入其社稷之臣於秦〔三〕，即韓、魏從。韓、魏從，而天下可圖也。」秦王曰：「寡人之國貧，恐不能給也。」頓子曰：「天下未嘗無事也，非從即横也〔四〕。横成，則秦帝；從成，即楚王。秦帝，即以天下恭養〔五〕；楚王，即王雖有萬金，弗得私也〔六〕。」秦王曰：「善。」乃資萬金使東遊韓、魏，入其將相〔七〕。北遊於燕、趙，而殺李牧〔八〕。齊王入朝〔九〕，四國必從〔一〇〕，頓子之説也。

〔一〕掩於母：謂遷太后於雍而禁閉之。掩，遮掩。
〔二〕資臣萬金而遊：資，給。遊，爲秦遊説。
〔三〕入其社稷之臣於秦：説其大臣使之歸秦。入，納。
〔四〕非從即横：從，合縱擯秦。横，連横事秦。
〔五〕恭養：恭，奉也。恭養，即奉養。
〔六〕私：高注：私，愛也。
〔七〕入其將相：説其將相使入秦。
〔八〕而殺李牧：李牧，趙之良將。數禦秦，破秦軍。秦使人多與趙王寵臣郭開金，爲反間。言李牧欲反。趙使人捕得李牧殺之。
〔九〕齊王入朝：齊王，齊王建。入朝，入朝於秦。

〔一〇〕四國必從：四國，韓、趙、魏、燕。必，古與「畢」通。畢，盡，皆。從，從秦。必從，即畢從。

【補正】《史記·秦始皇本紀》「大梁人尉繚來，説秦王曰」，説之言與頓弱説秦王之辭略同。所以鍾鳳年認爲頓弱即尉繚。沈欽韓直云：「頓弱與尉繚是一人，記異耳。」《漢書疏證》則直接書如「尉繚」，不見頓弱。補於此，以爲參考。

【繫年】

據《秦始皇本紀》、《六國年表》，齊王建入朝於秦在始皇十年、齊王建二十八年，故繫此策於始皇十年。

頃襄王二十年章

頃襄王二十年，秦白起拔楚西陵，或拔鄢、郢、夷陵，燒先王之墓。王徙東北保於陳城，楚遂削弱，爲秦所輕。於是白起又將兵來伐。楚人有黄歇者，游學博聞，襄王以爲辯，故使於秦。説昭王曰：天下莫强於秦、楚，今聞大王欲伐楚，此猶兩虎相鬭，而駑犬受其弊，不如善楚，臣請言其説。臣聞之〔一〕。

〔一〕以上一百一十字，鮑本無，有「説秦王曰」四字。此乃姚宏據《春秋後語》文所補，非此策原文。姚注：「此段首有闕文。……今以《後語》聊足此段之闕。」此策文實不闕，高誘注亦是佐證。今從鮑本及前後各篇文例，「説秦王曰」下應補以「臣聞之」三字，文義乃通。

説秦王曰〔一〕：「臣聞之〔二〕：『物至而反，冬夏是也〔三〕。致至而危，累碁是也〔四〕。』今大國之地半天下，有二垂〔五〕，此從生民以來，萬乘之地，未嘗有也〔六〕。先帝文王、莊王、王之身，三世而不接地於齊，以絶從親之要〔七〕。今王三使盛橋守事於韓〔八〕，盛橋以北入燕〔九〕。是王不用甲，不伸威，而出百里之地〔一〇〕，王可謂能矣。王又舉甲兵而攻魏，杜大梁之門，舉河内，拔燕、酸棗、虚、桃人〔一一〕，楚、燕之兵，雲翔而不敢校〔一二〕，王之功亦多矣。王申息衆〔一三〕，二年然後復之〔一四〕，又取蒲、衍、首垣〔一五〕，以臨仁、平丘、小黄〔一六〕，濟陽嬰城而魏氏服矣〔一七〕。王又割濮、磨之北屬之燕〔一八〕，斷齊、秦之要，絶楚、魏之脊，天下五合六聚而不敢救也，王之威亦憚矣〔一九〕。王若能持功守威，省攻伐之心，而肥仁義之誡〔二〇〕，使無復後患，三王不足四，五伯不足六也〔二一〕。

〔一〕説秦王：秦王，姚本作「昭王」非。鮑本作「秦王」是。高誘注：秦王，名正，莊王楚之子，策文原作「秦王」可知。此「昭」字蓋姚氏所補《後語》之文。《史記·春申君傳》作「昭王」。《新序》、《春秋後語》皆本《史記》。

〔二〕「臣聞之」三字，據策文常例補。《國語解》云：「凡以臣聞或吾聞等辭起者，其下多爲稱引古語。」【補】「臣聞之」三字，諸本皆無。

〔三〕物至而反，冬夏是也：《史記正義》：至，極也，極則反。冬至陰之極，夏至陽之極。

〔四〕致至而危，累碁是也：致，言取物置之物上。累碁，累碁子。累，同「摞」。

〔五〕有二垂：垂，與「陲」通，邊陲。二垂，指東、西二陲。

〔六〕未嘗有：不曾有過像秦這樣土地廣闊。

〔七〕以絶從親之要：言割斷合從交往之道。要，讀爲「腰」。

〔八〕今王三使盛橋守事於韓：鮑本無「三」字，「盛」作「成」，《史記》、《新序》同。民按：安氏本有「三」字。盛橋，梁玉繩、金正煒皆以爲即「成蟜」。守，猶待，待事於韓。守事於韓，《史記》、《新序》皆作「以其地入秦」爲是。

〔九〕以北入燕：北使燕入朝於秦。

〔一〇〕而出百里之地：秦使之出地以割於秦。出，言割地。

〔一一〕舉河内，拔燕、酸棗、虚、桃人：高注：舉，猶得也。拔，取也。河内，地區名。今河南省黄河北岸，太行以南，沁陽、濟源、温縣、修武一帶。燕，南燕，古國名。戰國屬魏，故城在今河南延津縣東北二十五里。酸棗，魏地，故城在今延津縣北十五里。虚，與「墟」同，殷墟，今河南安陽市西北小屯村。【補正】虚，原注誤。應爲虚邑，又稱郪邑。在今河南省封丘縣北。高注「虚」爲「空」，誤。桃人，邑名，今河南長垣縣西有桃城。秦取魏、酸棗、燕、虚、桃人，在始皇五年。

〔一二〕楚、燕之兵，雲翔而不敢校：燕，《史記》作「魏」，李善注《文選·辨亡論》引策文作「魏」。雲翔，回旋反顧，如雲翔集之意。校，較量。

〔一三〕王申息衆：申息，《史記》作「休甲」。申，緩舒。息，休。

〔一四〕復之：復用之。

〔一五〕蒲、衍、首垣：蒲，今河南長垣縣舊有蒲鄉。衍，在今河南鄭州市北三十里。首垣，即長垣，故城在今河南省長垣縣城東北三十里。

〔一六〕仁、平丘、小黄：仁，當是桃人。《新序》作「桃仁」。丘，姚本作「兵」誤，當爲「丘」。《史記》、《新序》作「丘」。平丘，在今河南長垣縣西南。小黄，在今河南民權縣西北内黄集。

〔一七〕濟陽嬰城：濟陽，故城在今河南蘭考縣東北五十里。嬰，縈繞。嬰城，環兵自守之意。

〔一八〕又割濮、磨之北：濮，濮水。即春秋時衛之濮上。由今河南原陽縣北，東流經長垣、東明流入鉅野澤。磨，乃「曆」字之誤，與「歷」通。歷地近濮，今河北大名、山東聊城一帶。

〔一九〕王之威亦憚矣：王念孫云：憚者，威盛之名。此言秦之威盛，非謂六國憚秦之威也。

〔二〇〕肥仁義之誡：誡，《史記》、《新序》作「地」。姚注：一本作「誡」。高注：肥，厚也。地，道也。可知策文原作「地」，不作「誡」。「誡」又「誡」字之誤。誡，告誡，警戒。

〔二一〕五伯不足六：伯，讀爲「霸」。不足，言其易，不難。

「王若負人徒之衆，材兵甲之强〔一〕，壹毁魏氏之威〔二〕，而欲以力臣天下之主〔三〕，臣恐有後患。《詩》云：『靡不有初，鮮克有終〔四〕。』《易》曰：『狐濡其尾〔五〕。』此言始之易，終之難也。何以知其然也？智氏見伐趙之利，而不知榆次之禍也〔六〕；吴見伐齊之便，而不知干隧之敗也〔七〕。此二國者，非無大功也，没利於前，而易患於後也〔八〕。吴之信越也，從而伐齊〔九〕，既勝齊人於艾陵，還爲越王禽於三江之浦〔一〇〕。智氏信韓、魏，從而伐趙，攻晉陽之城，勝有日矣〔一一〕，韓、魏反之，殺智伯瑶於鑿臺之上〔一二〕。今王妬楚之不毀也，而忘毀楚之强魏也〔一三〕。臣爲大王慮而不取。《詩》云：『大武遠宅不涉〔一四〕。』從此觀之，楚國援也，鄰國敵也。《詩》云：『他人有心，予忖度之〔一五〕，躍躍毚兔，遇犬獲之〔一六〕。』今王中道而信韓、魏之善王也，此正吴信越也〔一七〕。臣聞，敵不可易，時不可失。臣恐韓、魏之卑辭慮患，而實欺大國也。此何也？王既無重世之德於韓、魏，而有累世之怨焉夫〔一八〕，韓、魏父子兄弟接踵而死於秦者，累世矣〔一九〕。本國殘，社稷壞，宗廟隳，刳腹折頤〔二〇〕，首身分離，暴骨草澤，頭顱僵仆〔二一〕，相望於境，父子老弱係虜相隨於路，鬼神狐祥無所食〔二二〕，百姓不聊生，族类離散，流亡爲臣妾，滿海内矣。韓、魏之不亡，秦社稷之憂也。今王之攻楚，不亦失乎？是王攻楚之日〔二三〕，則惡出兵〔二四〕？王將藉路於仇讎之韓、魏乎？兵出之日，而王憂其不反也，是王以兵資於仇讎之韓、魏。王若不藉路於仇讎之韓、魏，必攻隨陽右壤〔二五〕。隨陽右壤，此皆廣川大水，山林谿谷不食之地〔二六〕，王雖有之，不爲得地。是王有毀楚之名，無得地之實也。

〔一〕負人徒之衆，材兵甲之强：高注：負，恃也。材，《史記》作「杖」。「仗」與「杖」通。「材」乃「杖」之訛。

〔二〕壹毀魏氏之威：壹，即一，專也。《史記》、《新序》作「乘」。高注：毀，敗也。

〔三〕以力臣天下之主：臣，高注：臣，服也。天下之主，謂關東六國之君主。

〔四〕靡不有初，鮮克有終：《詩·大雅·蕩》之辭。謂做事有頭無尾。靡不有初，言人初始無不爲誠信。靡，無。鮮，少。

〔五〕狐濡其尾：《易》之《未濟》卦之爻辭：「小狐汔濟，濡其尾。」【正】《史記》作「狐涉水，濡其尾」。狐惜其尾，每涉水舉尾不使濕，乃至困而不支，則沾濕之。譬喻做事開始容易，堅持到底則困難。

〔六〕榆次之禍：智伯瑶攻趙襄子於晋陽，敗於榆次而被殺。榆次，故城在今山西晋中市榆次區西北。

〔七〕干隧之敗：越王勾踐襲攻吴，夫差敗自刭於此。干隧，吴地名。在今江蘇蘇州市西北萬安山，山之别阜名隧山。

〔八〕没利於前，而易患於後：没，姚本作「設」誤。姚注：劉本一作「没」，《史記》、《新序》皆作「没」。没，貪也，猶溺。易，延也，輕也。

〔九〕從而伐齊：吴伐齊，在春秋魯哀公十一年。吴將伐齊，越王勾踐率其衆以朝於吴，王及列士皆有饋賂。吴信越之臣服於己，因不備越，從而伐齊。從，與「縱」同，舍也。舍越而伐齊。

〔一〇〕「既勝」二句：魯哀公十三年，吴王夫差與晋定公會於黄池以争霸主之名。越王勾踐襲吴，吴王夫差還，又爲越所敗，自殺。艾陵，齊地。今山東萊蕪市東北，即艾陵也。三江，松江東北流七十里有三江口，東北入海爲婁江，東南入海爲東江，合松江爲三江。浦，水濱。

〔一一〕勝有日矣：謂勝利之日很快就到。

〔一二〕鑿臺：在榆次。鑿地作渠，以灌晋陽，因土爲臺，而止其上，故曰鑿臺。智伯瑶被殺於此。

〔一三〕强魏：《史記》作「韓、魏」，是。

〔一四〕《詩》云：『大武遠宅不涉』：即《逸周書·大武》「遠宅不薄」也。古書引書，或通作《詩》。大武，《逸周書》篇名。言大軍不遠跋涉攻伐。

〔一五〕他人有心，予忖度之：《詩·小雅·巧言》之辭。忖，揣度。

〔一六〕躍躍毚兔，遇犬獲之：躍躍，讀爲「趯趯」，往來貌。毚，狡猾。獲，得。

〔一七〕此正吴信越：比喻今秦之信韓、魏，如同以往吴信越一樣，終將爲秦害。

〔一八〕累世之怨焉夫：姚本「怨」下有「矣」字，無「焉夫」二字，鮑本、《史記》、《新序》皆有「焉夫」二字。此從鮑本。【正】斷句有誤。「焉」後應逗，屬上句；「夫」屬下句之發語詞。「怨焉夫」，一本爲「怨矣」。

〔一九〕累世：再世。累，姚本、鮑本作「百」，姚注：一本作「累」。此從一本。累，重也。

〔二〇〕刳腹折頤：刳，剖。折，斷。頤，面頰。

〔二一〕頭顱僵仆：顱，頭骨。僵仆，人死倒於地上。

〔二二〕狐祥：狐之爲妖者。祥，怪。

〔二三〕是：鮑本、《史記》、《新序》作「且」，義勝。

〔二四〕惡出兵：即兵惡出。進兵走哪條路。惡，何也。

〔二五〕必攻隨陽右壤：隨，姚本無，姚注：一本「攻」下有「隨」字。鮑本有「隨」字。此從鮑本。《史記》「陽」作「水」。隨，今湖北隨縣。右壤，其地在楚都之右。

〔二六〕不食：謂不耕墾。

「且王攻楚之日，四國必悉起應王〔一〕。秦、楚之構而不離〔二〕，魏氏將出兵而攻留、方與、銍、胡陵、碭、蕭、相〔三〕，故宋必盡〔四〕。齊人南面，泗北必舉〔五〕。此皆平原四達膏腴之地也，而王使之獨攻〔六〕。王破楚於以肥韓、魏於中國，而勁齊。韓、魏之强，足以校於秦矣〔七〕；齊南以泗爲境，東負海，北倚河，而無後患，天下之國，莫强於齊。齊、魏得地葆利而詳事下吏〔八〕，一年之後爲帝。若未能，於以禁王之爲帝有餘〔九〕。夫以王壤土之博，人徒之衆，兵革之强，一舉事而注地於楚〔一〇〕，詘令韓、魏歸帝重於齊〔一一〕，是王失計也。

〔一〕四國：韓、趙、魏、齊。

〔二〕秦、楚之構而不離：鮑本「之」下補「兵」字。《史記》、《新序》有「兵」字。構，與「搆」通，高注：構，連也。

〔三〕留、方與、銍、胡陵、碭、蕭、相：故留城在今江蘇沛縣東南五十里。方與城在今山東魚臺縣北。銍城，在今江蘇宿州南四十六里。胡陵城，在今江蘇沛縣北五十里。碭，在今安徽碭山縣。蕭，在今安徽蕭縣西北十里。相，在今安徽濉溪縣西北。

〔四〕故宋：以上七邑，皆宋國故地，宋滅，其地歸楚，故云故宋。

〔五〕泗北必舉：言齊將兼魯故地。泗，泗水，源出今山東泗水縣東陪尾山西，四源並發，故名泗水。經曲阜、兖州、鄒城，東南經沛縣，又東南過下邳、宿遷入於淮水。北，《史記》作「上」。

〔六〕獨攻：魏盡故宋，齊取泗北，是齊、魏獨攻伐，獨佔有而得大利。

〔七〕校於秦：與秦對抗爲敵。校，與「較」同。高注：校，猶亢也。

〔八〕詳事下吏：「詳」與「佯」通，詐，詭。事，謂服事。下吏，指秦。鮑本作「不吏」誤。言齊、魏僞爲事秦也。

〔九〕於以禁王之爲帝有餘：言齊、魏未能爲帝，而其强大足以禁止秦爲帝而有餘力。

〔一〇〕一舉事而注地於楚：一舉事，鮑本無此三字。事，姚本作「衆」。《史記》、《新序》作「事」。原策文亦作「事」，高注：事，戰事也。可證。今改「衆」爲「事」。注，屬。《史記索隱》謂以兵裁之。

〔一一〕詘令韓、魏歸帝重於齊：反使韓、魏歸帝號之重於齊。詘，曲，折，反。

「臣爲王慮，莫若善楚。秦、楚合而爲一，以臨韓，韓必授首〔一〕。王襟以山東之險〔二〕，帶以河曲之利〔三〕，韓必爲關中之侯〔四〕。若是，王以十成鄭〔五〕，梁氏寒心〔六〕，許、鄢陵、嬰城〔七〕，上蔡、召陵不往來也〔八〕。如此，而魏亦關內侯矣。王一善楚，而關內二萬乘之主注地於齊，齊之右壤〔九〕，可拱手而取也。是王之地一任兩海〔一〇〕，要絶天下也。是燕、趙無齊、楚，齊、楚無燕、趙也〔一一〕。然後危動燕、趙，持齊、楚〔一二〕，此四國者，不待痛而服矣〔一三〕。」

〔一〕授首：《史記》作「斂手」，《新序》作「拱手」。言其服而請誅。

〔二〕王襟以山東之險：襟，衣襟，比喻蔽障如襟。山東，《史記》作「東山」是，謂華山以至崤塞諸山。

〔三〕帶以河曲之利：帶，圍繞如帶。河曲，黄河南流至華陰曲而東流，謂河曲，在今山西永濟市東南，大河轉曲處。

〔四〕韓必爲關中之侯：侯，侯吏，侯人，迎賓客之來者。高注：言韓爲秦察諸侯動静也。

〔五〕王以十成鄭：此句有誤脱，據《史記》、《新序》「十」下脱「萬」字，「成」乃「戍」字之誤。當爲「王以十萬戍鄭」。鄭，新鄭，韓之國都。

〔六〕梁氏寒心：梁氏，魏國。新鄭距魏都大梁百五十里，秦以十萬兵戍鄭，則魏國爲之恐懼。

〔七〕許、鄢陵、嬰城：許，魏地，今河南許昌市東。鄢陵，魏地，今河南鄢陵縣西北。

〔八〕上蔡、召陵不往來也：上蔡，楚地，故城在今河南上蔡縣西南十里。召，讀爲「邵」。召陵，今河南漯河市郾城區東有召陵崗。魏都大梁，其南境至汝南，許、鄢陵在汝南、大梁之間。許、鄢陵二地受秦兵戍鄭之威脅，則上蔡、召陵與大梁隔絶不能往來。

〔九〕齊之右壤：壤，地。右壤，謂齊西部之地。

〔一〇〕一任兩海：任，乃「經」字之誤，《史記》作「經」是。兩海，東海、西海。一經兩海，謂自西海至東海其地一爲秦所有。

〔一一〕燕、趙無齊、楚，齊、楚無燕、趙也：「齊、楚」二字下姚本無「齊、楚」。據《史記》、《新序》補。燕、趙無齊、楚，齊、楚無燕、趙，謂四國不得相救。

〔一二〕危動燕、趙，持齊、楚：危動，以危亡恐動之。持，脅，劫。

〔一三〕不待痛而服：言不待急攻危困而請服於秦。高注：痛，急也。

【繫年】

此策文亦見於《史記·春申君傳》及《新序·善謀》，皆謂爲秦昭王時。而策文中稱「先帝文王、莊王」，而秦取魏之酸棗、燕、虛在秦始皇五年，皆昭王以後事。國策敘事每多牴牾，高注疏略不可盡據。從《史記》楚頃襄王亡走陳在十八年，黄歇使秦在二十年，當秦昭王三十一年、周赧王三十九年。

或爲六國説秦王章

或爲六國説秦王曰〔一〕：「土廣不足以爲安，人衆不足以爲强。若土廣者安，人衆者强，則桀、紂之後將存。昔者趙氏亦嘗强矣。」曰：「趙强何若？」「舉左案齊〔二〕，舉右案魏。厭案萬乘之國二〔三〕，國千乘之宋也〔四〕。築剛平，衛無東野，芻牧薪采，莫敢闚東門〔五〕。當是時，衛危於累卵，天下之士相從謀曰：『吾將還其委贄，而朝於邯鄲之君乎〔六〕！』於是天下有稱伐邯鄲者，莫不令朝行〔七〕。魏伐邯鄲，因退爲逢澤之遇〔八〕，乘夏車，稱夏王〔九〕，朝爲天子〔一〇〕，天下皆從。齊太公聞之〔一一〕，舉兵伐魏，壤地兩分〔一二〕，國家大危。梁王身抱質執璧，請爲陳侯臣〔一三〕。天下乃釋梁。郢威王聞之〔一四〕，寢不寐，食不飽，帥天下百姓以與申縛遇於泗水之上，而大敗申縛〔一五〕。趙人聞之至枝桑，燕人聞之至格道〔一六〕。格道不通，平際絶〔一七〕。齊戰敗不勝〔一八〕。謀則不得，使陳毛釋劍掫委南聽罪〔一九〕，西説趙，北説燕，内喻其百姓，而天下乃齊釋〔二〇〕。於是夫積薄而爲厚，聚少而爲多，以同言郢威王於側紂之間〔二一〕，臣豈以郢威王爲政衰謀亂以至於此哉？郢爲强，臨天下諸侯，故天下樂伐之也。」

〔一〕秦王：秦王政。

〔二〕案：抑下，制止。

〔三〕厭案：抑制。厭，與「壓」同。

〔四〕國千乘之宋：國，當爲「困」字之訛。宋在戰國時小於七國，稱爲千乘之國。

〔五〕「築剛平」四句：趙成侯四年，築剛平以侵衛。今河南清豐縣西南有剛平城。衛無東野，言衛國都東門以外之城邑被趙侵占，故衛無東野。以致衛人砍柴割草、放牧牛馬皆不敢出東門。采，與「採」同。闚，與「窺」同。

〔六〕「還其委贄」二句：委贄爲臣仕於衛之士，還反其贄，離衛朝於邯鄲更事趙國之君。【正】委，派，放置。贄，同「質」，人質。還其委質，即送還質於衛的人於趙。

〔七〕莫不令朝行：黄丕烈云：莫，即「暮」字。「不」字衍。

〔八〕魏伐邯鄲，因退爲逢澤之遇：在梁惠王十七年。次年，拔邯鄲。據范祥雍《古本竹書紀年輯校訂補》，會諸侯於逢澤，在周顯王二十五年、梁惠王二十六年。逢澤，亦名逢池，本爲逢陂、忌澤二地，合爲逢澤，在今河南開封市東北二十四里。

〔九〕乘夏車，稱夏王：夏車，謂中夏之車。夏，赤色。夏王，中國之王。

〔一〇〕朝爲天子：朝於天子。梁惠王驅十二諸侯朝天子於孟津，在周顯王二十五年、梁惠王二十六年。蓋梁惠王十八年敗齊伐趙，二十三年伐燕，二十四年及二十五年伐楚，二十六年敗韓，實梁惠王極盛之時。

〔一一〕齊太公：高注：太公，田和也。篡姜氏而有齊國，謚爲太公。然齊太公田和時，魏無伐趙之事。田和與魏惠王非同時人。

〔一二〕舉兵伐魏，壤地兩分：舉兵伐魏，在逢澤之遇以後，當指齊、魏馬陵之戰，當在梁惠王二十八年、齊威王十六年、周顯王二十八年。次年，西敗於秦。壤地兩分，指魏東敗於齊，西喪地於秦。

〔一三〕抱質執璧，請爲陳侯臣：質，與「贄」同。贄、璧，士大夫相見時的禮品。高注：陳侯，齊侯也。田氏是陳公子完之後，田氏伐齊，故又稱爲陳侯。此梁惠王用惠施之言，朝齊以怒楚。

〔一四〕郢威王：即楚威王熊商。郢，楚都。

〔一五〕申縳：即申紀，《史記》作「申紀」，齊將。《楚世家》威王七年田嬰欺楚，楚威王伐齊，敗之徐州。

〔一六〕枝桑、格道：二地不詳所在。【補】枝桑，趙地名，《史記·趙本紀》注曰：疑曰平桑。格道，燕地名。疑即「格里格」，即今遼寧西淩源市。然距燕、齊交界太遠。據《張儀説秦王章》中述，燕出兵至格道，而平陰警備，遂與外絶。格道當離平陰不遠。

〔一七〕平際絶：言格道不通，平地阻絶。際，界也。

〔一八〕戰敗不勝：王念孫云：敗與不勝，詞意相複。敗，當爲「則」字之誤。戰則不勝，謀則不得，相對爲文。

〔一九〕使陳毛釋劍掫委南聽罪：陳毛，齊人。孫詒讓云：「掫」當爲「撮」之訛。撮，布冠。冠制小，故言「撮」。委，武冠卷。撮委即謂布冠。蓋常禮帶劍冠帛，今聽罪，故釋劍布冠，乃兵敗謝罪之服。南聽罪，聽罪於楚。

〔二〇〕齊釋：當爲釋齊。舍齊而不攻。釋，舍而不攻。

〔二一〕紂：高注：「紂」當爲「膞」，聲之誤也。言各國諸侯相聚議而謀伐楚也。民：紂，當爲「肘」之誤。

【繫年】

此策年不可考。從顧觀光，附於秦昭王五十年，當周赧王五十八年。

戰國策卷七

秦五

謂秦王曰臣竊惑章

謂秦王曰〔一〕：「臣竊惑王之輕齊易楚而卑畜韓也〔二〕。臣聞王兵勝而不驕〔三〕，伯主約而不忿〔四〕。勝而不驕，故能服世；約而不忿，故能從鄰〔五〕。今王廣德魏、趙而輕失齊，驕也；戰勝宜陽，不恤楚交〔六〕，忿也。驕、忿，非伯主之業也〔七〕。臣竊爲大王慮之而不取也。《詩》云：『靡不有初，鮮克有終。』故先王之所重者，唯始與終。何以知其然？昔智伯瑶殘范、中行，圍逼晋陽，卒爲三家笑〔八〕；吴王夫差棲越於會稽，勝齊於艾陵，爲黄池之遇，無禮於宋，遂與勾踐禽死於干隧〔九〕；梁君伐楚勝齊，制趙、韓之兵，驅十二諸侯以朝天子於孟津〔一〇〕，後子死，身布冠而拘於秦〔一一〕。三者非無功也，能始而不能終也。

〔一〕秦王：高注：秦始皇也。非。當爲秦昭王。

〔二〕卑畜：不以禮對待。畜，養，對待。

〔三〕驕：慢。

〔四〕約：檢約。【補】忿，同「憤」，氣憤，惱怒。

〔五〕從鄰：鄰國服從。

〔六〕戰勝宜陽，不恤楚交：秦拔韓宜陽，在秦武王三年。秦武王用馮章計，許楚漢中以孤韓，已而背約，即此所云「不恤楚交」。恤，顧。

〔七〕伯主：鮑本作「伯王」，是。

〔八〕殘范、中行，圍逼晋陽，卒爲三家：殘，滅。范，范吉射。中行，中行寅。晋六卿中之二卿。三家，韓、趙、魏。

〔九〕「吴王夫差棲越於會稽」五句：吴王夫差伐越，敗越於夫椒。越王勾踐以餘兵五千保棲於會稽山。保山曰棲。猶鳥棲於木上。無禮於宋，吴王夫差北會諸侯於黄池，與晋争霸，已盟，與晋别，欲伐宋。指此。黄池，在今河南封丘縣。與，鮑改作「爲」。吴補：當作「爲」。

〔一〇〕「梁君伐楚勝齊」三句：梁君，梁惠王。據《古本竹書紀年》，梁惠王十八年敗齊於襄陵，拔趙邯鄲，二十三年伐燕，二十四年及二十五年伐楚，二十六年敗韓。韓、趙皆屈服於魏，所謂制趙、韓之兵。十二諸侯，魯、衛、宋、鄭之屬。天子，周顯王。孟津，黄河古渡名，亦名盟津。在今河南孟津縣東北、孟州市西南。

〔一一〕後子死，身布冠而拘於秦：子死，太子申死於馬陵之戰。《孟子·梁惠王上》：「東敗於齊，長子死焉。」

身布冠，兵敗自損謝罪之服。梁惠王二十八年，齊敗魏於馬陵。《呂氏春秋·不屈》：「故惠王布冠而拘於鄄，齊威王幾弗受。」此云「拘於秦」，「秦」當爲「齊」字之誤。

「今王破宜陽，殘三川〔一〕，而使天下之士不敢言。雍天下之國，徙兩周之疆〔二〕，而世主不敢交陽侯之塞〔三〕。取黄棘〔四〕，而韓、楚之兵不敢進。王若能爲此尾〔五〕，則三王不足四，五伯不足六。王若不能爲此尾，而有後患，則臣恐諸侯之君，河、濟之士，以王爲吴、智之事也〔六〕。《詩》云：『行百里者半於九十〔七〕。』此言末路之難。

〔一〕破宜陽，殘三川：指秦武王拔宜陽以後，秦昭王時屢次攻韓攻周，戰於伊闕，三川之地遭戰争摧殘。秦初置三川郡在莊襄王二年。

〔二〕雍天下之國，徙兩周之疆：雍，與「壅」通，壅塞不通之意。雍天下之國，言天下之國爲秦壅塞，不得合縱。徙，安氏本作「復」。徙兩周之疆，遷徙周君，侵逼周地。

〔三〕世主不敢交陽侯之塞：世主，謂六國諸侯。交，交往。陽侯之塞，在今山西洪洞縣東南十五里。郭希汾以爲齊之穆陵關，古陽侯國地，故謂之陽侯塞。

〔四〕黄棘：古謝國，在今河南新野縣東北。秦昭王與楚懷王盟會處。

〔五〕尾：後也。善其後，慎其終。

〔六〕吴、智之事：吴王夫差、智伯瑶先勝後敗滅國殺身之事。

〔七〕「《詩》云」句：此詩句乃古成語。言百里之程，行九十里，等於行全程之半，謂末路之難也。【補正】詩，鮑注、高注皆言「逸詩」，誤。似應爲「語」字。金正煒曰：「按『詩』字疑當作『語』。」語，古語也。

「今大王皆有驕色，以臣之心觀之，天下之事，依世主之心，非楚受兵必秦也〔一〕。何以知其然也？秦人援魏以拒楚，楚人援韓以拒秦〔二〕。四國之兵敵而未能復戰也〔三〕。齊、宋在繩墨之外以爲權〔四〕，故曰：『先得齊、宋者伐秦〔五〕。』秦先得齊、宋，則韓氏鑠〔六〕；韓氏鑠，則楚孤而受兵也。楚先得齊，則魏氏鑠；魏氏鑠，則秦孤而受兵矣。若隨此計而行之，則兩國者必爲天下笑矣〔七〕。」

〔一〕受兵：受諸侯之攻伐。

〔二〕援：助也。

〔三〕敵：强弱相等。

〔四〕權：援助之勢，能輕重四國之間。

〔五〕【補】先得齊、宋者伐秦：不文，金正煒曰：當以「先得齊、宋者伐」爲句。「秦」字涉下而衍。伐，功也。

金斷句説爲是。

〔六〕鑠：銷化熔解。

〔七〕兩國：秦、楚。

【繫年】

此策年不可考。據策文「戰勝宜陽，不恤楚交」一語，附於秦武王四年，當周赧王八年。【補正】此章爲説昭王章，繫年當爲秦昭王前中期爲是。繫於「秦武王四年」當誤。高注「秦王」爲「秦始皇」，亦誤。鮑注爲「武王」，是據文中有「戰勝宜陽，不恤楚交」句，亦不足爲據。

秦王與中期章

秦王與中期争論〔一〕，不勝。秦王大怒，中期徐行而去。或爲中期説秦王曰〔二〕：「悍人也〔三〕。中期適遇明君故也，向者遇桀、紂，必殺之矣〔四〕。」秦王因不罪〔五〕。

〔一〕秦王：當爲秦武王。【補正】秦王，當爲秦昭王。中期，秦國善辯之士。

〔二〕或爲：《御覽》卷四六〇作「人爲」。

〔三〕悍：「悍」上《御覽》有「此」字。悍，勇，急。

〔四〕向者：《御覽》無此二字。

〔五〕秦王因不罪：《御覽》無「秦」字。

【繫年】

此策時不可考。當爲秦武王時，但亦不能確指何年。【正】繫年中「當爲秦武王」，誤。應爲秦昭王。顧觀光附此策於周赧王四十九年《秦昭王謂左右曰章》後，曰：「因中期附此。」范祥雍本同此説。

獻則謂公孫消曰章

獻則謂公孫消曰〔一〕：「公，大臣之尊者也，數伐有功〔二〕。所以不爲相者，太后不善公也〔三〕。芈戎者〔四〕，太后之所親也，今亡於楚，在東周〔五〕。公何不以秦、楚之重，資而相之於周乎〔六〕？楚必便之矣。是芈戎有秦、楚之重，太后必悦公，公相必矣。」

〔一〕獻則謂公孫消：獻則，秦人。《風俗通》：戰國時，秦有大夫獻則。公孫消，亦秦人貴族，善戰。

〔二〕數伐有功：屢行戰伐有功勞。伐，戰爭征伐。

〔三〕太后：秦昭王母宣太后。

〔四〕芈戎：宣太后同父弟，號華陽君。芈，原作「辛」，誤。

〔五〕在東周：自秦亡在東周。【補】亡，逃亡，亡去。東周，成周，在今河南洛陽市東三十里，漢魏故城遺址。

〔六〕資而相之於周：資，供給，幫助。相之於周，做周相。後魏冄用事，還之於秦。

【繫年】

據《史記·穰侯傳》，秦昭王立，芈戎封爲華陽君。此時芈戎尚未入秦。魏冄用事，還芈戎於秦，當繫秦昭王元年，魏冄初用事之時。

樓啎約秦魏章

樓啎約秦、魏〔一〕，魏太子爲質〔二〕，紛强欲敗之〔三〕。謂太后曰：「國與還者也〔四〕，敗秦而利魏，魏必負者〔五〕。負秦之日，太子爲糞矣〔六〕。」太后坐王而泣，王因疑於太子〔七〕，令之留於酸棗〔八〕。樓子患之。

〔一〕樓啎：啎，字書無。姚注：謂古「伍」字。此後策文亦作「梧」，鮑本作「牾」。「啎」、「梧」、「牾」字異而義同。樓啎，魏人。又見《魏策四》。

〔二〕爲質：高注：質於秦。《魏世家》襄王十二年，太子朝於秦。

〔三〕紛强欲敗之：高注：紛强，又作「翟强」，魏臣。敗，害也。

〔四〕國與還者：還，猶反也。兩國相與，好惡利害反復無定。

〔五〕魏必負者：言魏得利而强，將不事秦。高注：負，背也。

〔六〕太子爲糞：王念孫云：「糞」下當有「土」字。下章「身爲糞土」與此義同。

〔七〕王因疑於太子：疑不欲太子質秦。

〔八〕令之留於酸棗：留，止。酸棗，今河南延津縣。

昭衍爲周之梁，樓子告之〔一〕。昭衍見梁王，梁王曰：「何聞？」曰：「聞秦且伐魏。」王曰：「爲期與我約矣〔二〕。」曰：「秦疑於王之約，以太子之留酸棗而不之秦。秦王之計曰：『魏不與我約，必攻我；我與其處而待之見攻〔三〕，不如先伐之。』以秦强，折節而下與國〔四〕，臣恐其害於東周〔五〕。」

〔一〕樓子告之：告昭衍魏太子留於酸棗之義。

〔二〕爲期與我約矣：謂秦與魏已結約和好。

〔三〕處而待之見攻：處，安居。待，等候。見攻，被攻。

〔四〕與國：相與共禍福之國。

〔五〕臣恐其害於東周：高注：昭衍不欲正言害魏，故詭言恐害東周。秦伐魏，必經東周故也。

【繫年】

《魏世家》魏襄王十二年「太子朝於秦」，當秦武王四年。魏安釐王三十年「太子增質於秦」，秦留之，當秦莊襄王三年。二者未知孰是。今從顧觀光編此策於秦武王四年，當周赧王八年。【正】此章應爲秦莊襄王三年、魏安釐王三十年爲是。

濮陽人呂不韋章

濮陽人呂不韋賈於邯鄲〔一〕，見秦質子異人〔二〕，歸而謂父曰：「耕田之利幾倍？」曰：「十倍。」「珠玉之贏幾倍〔三〕？」曰：「百倍。」「立國家之主贏幾倍！」曰：「無數。」曰：「今力田疾作，不得煖衣餘食；今建國立君，澤可以遺世〔四〕。願往事之〔五〕。」

〔一〕濮陽人呂不韋賈於邯鄲：濮陽，衛國都城。故城在今河南濮陽市西南。按《史記・呂不韋傳》，呂不韋，陽翟大賈人。陽翟，今河南禹州市。與此策不同。賈，音「古」。行曰商，處曰賈。邯鄲，趙都。今河北邯鄲市西南。

〔二〕異人：子楚之初名，秦始皇之父，此時爲質子於趙。

〔三〕贏：商人之利潤。

〔四〕澤可以遺世：澤，恩澤。遺世，貽留給後代。

〔五〕事：從事，猶經營之。

秦子異人質於趙，處於聊城〔一〕。故往説之曰：「子傒有承國之業〔二〕，又有母在中。今子無母於中，外託於不可知之國〔三〕，一日倍約〔四〕，身爲糞土。今子聽吾計，事求歸〔五〕，可以有秦國。吾爲子使秦，必來請子〔六〕。」

〔一〕聊城：策文原作「聛城」。字書無「聛」字。《史記·吕不韋傳正義》引此策文作「聊」。《御覽》卷四八〇引策文亦作「聊」，今據以改「聛」爲「聊」。今山東聊城市。

〔二〕子傒有承國之業：子傒，孝文王之子，異人之異母兄。孝文王立子傒爲太子，將以繼承王位，故云有承國之業。

〔三〕外託於不可知之國：謂異人作質子於趙，安危禍福未可知。

〔四〕一日倍約：一旦秦、趙背約。倍，與「背」通。

〔五〕事求歸：從事求回秦國之活動。

〔六〕必來請子：言必使秦國來請異人歸秦。子，指異人。

乃説秦王后弟陽泉君曰〔一〕：「君之罪至死，君知之乎？君之門下無不居高尊位，太子門下無貴者〔二〕。君之府藏珍珠寶玉〔三〕，君之駿馬盈外廄〔四〕，美女充後庭。王之春秋高〔五〕，一日山陵崩〔六〕，太子用事，君危於累卵，而不壽於朝生〔七〕。説有可以一切而使君富貴千萬歲〔八〕，其寧於泰山四維〔九〕，必無危亡之患矣。」陽泉君避席請聞其説〔一〇〕。不韋曰：「王年高矣，王后無子，子傒有承國之業，士倉又輔之〔一一〕。王一日山陵崩，子傒立，士倉用事，王后之門必生蓬蒿〔一二〕。子異人，賢材也，棄在於趙，無母於内〔一三〕，引領西望〔一四〕，而願一得歸。王后誠請而立之，是子異人無國而有國，王后無子而有子也。」陽泉君曰：「然。」入説王后，王后乃請趙而歸之。

〔一〕王后弟陽泉君：王后，孝文王后，華陽夫人。陽泉君，華陽后之弟。

〔二〕太子：子傒。

〔三〕府：貯藏貨財之所。

〔四〕廄：養馬之舍。

〔五〕王之春秋高：王，秦昭王。春秋高，謂年歲大，年老。

〔六〕山陵崩：山陵，比喻秦王尊重高貴。崩，比喻死。【補】山陵，舊指帝王的墳墓。山陵崩，是指帝王死後，葬之山陵之意。

〔七〕朝生：木槿，朝花夕落，短命不壽。【補】朝生，朱起鳳曰：「朝生是朝菌之别名。」莊子《逍遥游》：「朝菌不知晦朔。」古有二解：一是指植物名，陸德明《釋文》引司馬彪云：「大芝也，天陰生糞上，見日則死。」二是蟲名，《淮南子·道應訓》引莊子、許慎、高誘注云：「朝生暮死之蟲也。生水上，狀似蠶蛾，一名孽母。」

〔八〕可以一切：權宜。

〔九〕泰山四維：以泰山維繫四隅，言安全鞏固。

〔一〇〕避席：離席。

〔一一〕士倉：「士」乃「土」字之訛，「土」即「杜」字。即秦昭王之相杜倉。

〔一二〕王后之門必生蓬蒿：王后，華陽夫人。門必生蓬蒿，謂其失勢，門庭荒蕪。

〔一三〕無母於內：異人之母夏姬，無寵，不能爲異人歸國作內應，故云無母於內。

〔一四〕引領：領，脖頸。引領，伸長脖頸。

趙未之遣，不韋説趙曰：「子異人，秦之寵子也，無母於中，王后欲取而子之〔一〕。使秦而欲屠趙，不顧一子以留計〔二〕，是抱空質也〔三〕。若使子異人歸而得立，趙厚送遣之，是不敢倍德畔施，是自爲德講〔四〕。秦王老矣，一日晏駕〔五〕，雖有子異人，不足以結秦。」趙乃遣之。

〔一〕王后：華陽夫人。華陽夫人無子，得呂不韋之説，欲從趙取異人歸，立以爲己子。

〔二〕不顧一子以留計：假使秦要想滅趙，不因爲有一質子在趙而就顧忌不攻趙。

〔三〕抱空質：趙國留質子異人，是抱個空質。言其無用。

〔四〕自爲德講：言施恩德於異人，異人歸，而得立爲王，秦必以恩德講於趙。

〔五〕晏駕：猶云宮車晚出，喻天子、王死亡之意。晏，晚。駕，帝王的車。

異人至，不韋使楚服而見〔一〕。王后悦其狀，高其智〔二〕。曰：「吾楚人也。」而自子之〔三〕，乃變其名曰楚。王使子誦〔四〕，子曰：「少棄捐在外，嘗無師傅所教學，不習於誦〔五〕。」王罷之，乃留止〔六〕。間曰〔七〕：「陛下嘗軔車於趙矣〔八〕，趙之豪桀得知名者不少。今大王反國，皆西面而望。大王無一介之使以存之〔九〕，臣恐其皆有怨心。使邊境早閉晚開〔一〇〕。」王以爲然，奇其計。王后勸立之。王乃召相〔一一〕，令之曰：「寡人子莫若楚〔一二〕。」立以爲太子。

〔一〕楚服：楚國之服制。高注：盛服。非。

〔二〕高其智：以異人智慧高。

〔三〕而自子之：《史記索隱》引《戰國策》曰：「吾楚人也，而子字之，乃變其名曰子楚。」此句「而自子之」，蓋誤。當從《索隱》引策文「而子字之」爲當。而子字之，以爲是自己的兒子而另名之。故下文「乃變其名曰楚」。

〔四〕誦：即席賦詩以誦易名之事。

〔五〕不習於誦：因爲無師傅教導，不曉得讀書吟詩。習，曉，熟。

〔六〕留止：留住於宮中。止，姚本作「請」，鮑本作「止」。從鮑本。

〔七〕間：空隙之時。

〔八〕陛下嘗軔車於趙：軔，止車輪旋轉之礙木，停止之意。軔車，停車。孝文王爲安國君時，曾質於趙，異人不敢直説其爲質於趙，而謂爲停車於趙。

〔九〕一介之使以存之：一介之使，單使，一人爲使者。存，存恤勞問。

〔一〇〕邊境早閉晚開：謂警戒森嚴。

〔一一〕相：丞相。

〔一二〕寡人子莫若楚：孝文王有子二十餘人，故云莫若楚，立以爲太子。

子楚立〔一〕，以不韋爲相，號曰文信侯，食藍田十二縣〔二〕。王后爲華陽太后。諸侯皆致秦邑〔三〕。

〔一〕子楚立：立子楚爲秦王，是爲莊襄王。

〔二〕藍田十二縣：藍田，在今陝西藍田縣西三十里。十二縣，不知確指何縣。《史記·呂不韋傳》：「食河南洛陽十萬户。」【補】藍田十二縣，謂藍田以東商洛一帶十二縣之地。高誘注爲官禄。

〔三〕致秦邑：王念孫云：「『秦』當爲『奉』字之誤也。」致奉邑，爲華陽太后養地。

【繫年】

據《史記·呂不韋傳》「秦昭王五十六年薨，太子安國君立爲王，華陽夫人爲王后，子楚爲太子」，則此策應繫於秦昭王五十六年。策文最後言子楚立爲王，呂不韋爲相，王后爲華陽太后，此處爲後人之追述，就事之結果言之，不是劃策之年月。

文信侯欲攻趙章

文信侯欲攻趙以廣河間〔一〕，使剛成君蔡澤事燕〔二〕，三年而燕太子質於秦〔三〕。文信侯因請張唐相燕〔四〕，欲與燕共伐趙以廣河間之地〔五〕。張唐辭曰：「燕者必徑於趙〔六〕，趙人得唐者，受百里之地〔七〕。」文信侯去而不快。少庶子甘羅曰〔八〕：「君侯何不快甚也？」文信侯曰：「吾令剛成君蔡澤事燕三年，而燕太子已入質矣。今吾自請張卿相燕而不肯行。」甘羅曰：「臣行之。」文信侯叱去曰〔九〕：「我自行之而不肯，汝安能行之也？」甘羅曰：「夫項橐生七歲而爲孔子師〔一〇〕，今臣生十二歲於兹矣！君其試臣，奚以遽言叱也〔一二〕？」

〔一〕以廣河間：河間，河、漳之間地區名，今河北獻縣、河間市一帶，戰國時屬趙，後入於秦。《史記・呂不韋傳正義》云：秦封爲呂不韋食邑。今又欲攻其旁邑以廣其封。【正】此處注「廣其封」爲不韋擴大其食邑，誤。實爲廣秦之領地。因其封邑藍田距此太遠，不通。

〔二〕使剛成君蔡澤事燕：剛成君，蔡澤之封號。事燕，從事對燕之聯合結交。

〔三〕燕太子：燕王僖之子，名丹。《史記・荊軻傳》：「燕太子丹者，故嘗質於趙，而秦王政生於趙，其少時與丹歡。及政立爲秦王，而丹質於秦。」即指此事。

〔四〕請張唐相燕：張唐，秦將軍，事秦昭王，數攻戰有功。至秦始皇帝時，呂不韋爲丞相，使張唐往相燕，欲與燕共伐趙。

〔五〕欲與燕共伐趙以廣河間之地：黄丕烈云：此十二字鮑本無。無者是也。策文在首，《史記》取之而移於此。有此十二字者，乃依《史記》添入而誤複耳。

〔六〕燕者必徑於趙：由秦往燕必取徑於趙。

〔七〕趙人得唐者，受百里之地：張唐在秦昭王時爲將。數攻趙，於是趙怨恨張唐，令國中曰：「得唐者與百里之地。」往燕，必爲趙所擒虜。借此辭不欲往。

〔八〕少庶子甘羅：少庶子，官名，《史記索隱》引策文無「少」字。掌諸侯卿大夫之庶子。甘羅，甘茂之孫，事呂不韋爲庶子官。

〔九〕文信侯叱去曰：侯，姚本作「君」，鮑改「君」爲「侯」，《史記》作「侯」。從鮑本。叱去曰，曾本作「叱曰去」。叱，呵斥。

〔一〇〕項櫜：姚本作「項櫜」，誤。鮑本、《史記》作「橐」，是。

〔一一〕奚以遽言叱也：奚，何。遽，急。

甘羅見張唐曰：「卿之功孰與武安君？」唐曰：「武安君戰勝攻取，不知其數；攻城墮邑，不知其數。臣之功不如武安君也。」甘羅曰：「卿明知功之不如武安君歟？」曰：「知之。」「應侯之用秦也，孰與文信侯專〔一〕？」曰：「應侯不如文信侯專。」曰：「卿明知爲不如文信侯專歟？」曰：「知之。」甘羅曰：「應侯欲伐趙，武安君難之，去咸陽七里，絞而殺之〔二〕。今文信侯自請卿相燕，而卿不肯行，臣不知卿所死之處矣。」唐曰：「請因孺子而行〔三〕。」令庫具車，廄具馬，府具幣〔四〕，行有日矣。

〔一〕專：權重。

〔二〕「應侯欲伐趙」四句：秦昭王四十七年九月，武安君白起大破趙軍於長平，坑殺趙卒四十餘萬。四十八年十月，武安君遂欲滅趙。趙使蘇代説應侯范雎，割地講和，無以爲武安君功。正月，皆罷兵。武安君聞之，由是與應侯有隙。秦昭王欲使武安君復伐趙，武安君稱疾不行，秦軍敗於邯鄲。昭王怒，免武安君爲士伍，不得留咸陽中，武安君行出咸陽西門十里，范雎陷之，昭王賜武安君劍，使自殺。七里，當是「十里」之誤。

〔三〕孺子：指甘茂。通過甘茂向文信侯講説而去相燕。

〔四〕「令庫具車」三句：令，使。庫，藏兵車之處。具，備。府，王府，藏璧玉之處。

甘羅謂文信侯曰：「借臣車五乘，請爲張唐先報趙〔一〕。」見趙王，趙王郊迎。謂趙王曰：「聞燕太子丹之入秦與？」曰：「聞之。」「聞張唐之相燕與？」曰：「聞之。」「燕太子入秦者，燕不欺秦也；張唐相燕者，秦不欺燕也。秦、燕不相欺則伐趙，危矣。燕、秦所以不相欺者，無異故，欲攻趙而廣河間也。今王齎臣五城以廣河間〔二〕，請歸燕太子，與强趙攻弱燕。」趙王立割五城以廣河間，歸燕太子。趙攻燕，得上谷三十六縣〔三〕，與秦什一。

〔一〕報：説也，往爲張唐先説趙王。

〔二〕齎：持送。

〔三〕上谷：郡名，燕地。今河北張家口市以南，北京市昌平區以北地帶。

【繫年】

從顧觀光，附此策於秦始皇八年、趙悼襄王六年。

文信侯出走章

文信侯出走〔一〕，與司空馬之趙〔二〕，趙以爲守相〔三〕。秦下甲而攻趙。司空馬説趙王曰：「文信侯相秦，臣事之爲尚書〔四〕，習秦事。今大王使守小官，習趙事。請爲大王設秦、趙之戰而親觀其孰勝？趙孰與秦大？」曰：「不如。」「民孰與之衆？」曰：「不如。」「金錢粟孰與之富？」曰：「弗如。」「國孰與之治？」曰：「不如。」「相孰與之賢？」曰：「不如。」「將孰與之武？」曰：「不如。」「律令孰與之明？」曰：「不如。」司空馬曰：「然則大王之國，百舉而無及秦者，大王之國亡。」趙王曰：「卿不遠趙〔五〕，而悉教以國事，願於因計〔六〕。」

〔一〕文信侯出走：秦始皇十年十月，免呂不韋相，出就國。文信侯出走事指此。

〔二〕與司空馬之趙：與，黨與。司空馬，三晋人，少事文信侯爲尚書。

〔三〕守相：假相。守，假官。

〔四〕尚書：《通典·職官四》：「秦時少府遣吏四人，在殿中主發書，謂之尚書。尚，主也。」

〔五〕不遠趙：不以趙爲遠。

〔六〕因計：受計。

司空馬曰：「大王裂趙之半以賂秦，秦不接刃而得趙之半，秦必悦。内惡趙之守，外恐諸侯之救，秦必受之。秦受地而却兵，趙守半國以自存。秦銜賂以自强，山東必恐；亡趙自危〔一〕，諸侯必懼。懼而相救，則從事可成〔二〕。臣請大王約從。從事成，則是大王名亡趙之半，實得山東以敵秦，秦不足亡〔三〕。」趙王曰：「前日秦下甲攻趙，趙賂以河間十二縣，地削兵弱，卒不免秦患。今又割趙之半以强秦，力不能自存，因以亡矣。願卿之更計。」司空馬曰：「臣少爲秦刀筆以官長而守小官〔四〕，未嘗爲兵首〔五〕，請爲大王悉趙兵以遇〔六〕。」趙王不能將〔七〕。司空馬曰：「臣效愚計，大王不用，是臣無以事大王。願自請〔八〕。」

〔一〕亡趙自危：亡，失。失趙，則山東諸侯少一與國，故自危。
〔二〕從事：合縱抗秦之事。
〔三〕秦不足亡：不足，言其容易。亡，滅亡。
〔四〕「臣少爲」句：安氏本無「筆」字。刀筆，謂爲秦尚書。筆以書札，刀削其字之不當者。小官，鮑本作「小吏」。
〔五〕未嘗爲兵首：不曾做過軍事首領。
〔六〕請爲大王悉趙兵以遇：悉趙兵以與秦對敵。
〔七〕不能將：不能用司空馬爲將軍。
〔八〕自請：自向趙王請求離開趙國。

司空馬去趙〔一〕，渡平原〔二〕。平原津令郭遺勞而問〔三〕：「秦兵下趙，上客從趙來，趙事何如？」司空馬言其爲趙王計而弗用，趙必亡。平原令曰：「以上客料之，趙何時亡？」司空馬曰：「趙將武安君〔四〕，期年而亡；若殺武安君，不過半年。趙王之臣有韓倉者以曲合於趙王〔五〕，其交甚親，其爲人疾賢妬功臣。今國危亡，王必用其言，武安君必死〔六〕。」

〔一〕去：離去。

〔二〕平原：平原津，古黃河渡口。今山東平原縣南六十里有張公故城，城東有水津，即古平原津。

〔三〕津令郭遺勞而問：津令，即津吏。勞而問，慰勞安問。

〔四〕趙將武安君：將，以武安君爲將。武安君，李牧。趙悼襄王七年，以李牧爲大將軍，擊秦軍於宜安，大破秦軍。封李牧爲武安君。《趙世家》封李牧爲武安君在趙王遷二年。

〔五〕曲合：委曲奉迎以求合於趙王。

〔六〕武安君必死：韓倉必讒殺李牧。

韓倉果惡之。王使人代武安君〔一〕，至，使韓倉數之曰〔二〕：「將軍戰勝，王觴將軍〔三〕。將軍爲壽於前，而捭匕首〔四〕，當死。」武安君曰：「縪病鉤〔五〕，身大臂短，不能及地，起居不敬，恐懼死罪於前，故使工人爲木材以接手〔六〕。上若不信，縪請以出示。」出之袖中以示韓倉，狀如振捆〔七〕，纏之以布。「願公入明之。」韓倉曰：「受命於王，賜將軍死，不赦。臣不敢言〔八〕。」武安君北面再拜賜死，縮劍將自誅〔九〕，乃曰：「人臣不得自殺宮中。」過司馬門〔一〇〕，趣甚疾，出諏門也〔一一〕。右舉劍將自誅，臂短不能及，銜劍徵之於柱以自刺〔一二〕。武安君死，五月趙亡〔一三〕。

〔一〕王使人代武安君：王，趙王遷。使人代武安君，使趙蔥、顏聚代武安君爲將。

〔二〕數：責也。責數其罪。

〔三〕王觴將軍：王爲武安君賀功，觴之以酒。觴，飲酒器。

〔四〕捭匕首：捭，姚本、鮑本作「捍」，誤。劉、一作「捭」是也。《説文》：捭，兩手擊也。匕首，短劍。誣其兩手捭匕首欲以刺趙王。

〔五〕縪病鉤：縪，李牧之名。病鉤，曲攣不能伸，所謂臂短。

〔六〕「恐懼」二句：李善注《文選·謝靈運初發都詩》引策文，「懼」作「護」，「材」作「杖」。

〔七〕捆：當作「梱」，門橛。

〔八〕不敢言：不敢以李牧之言言於趙王。

〔九〕縮：「搐」字之假借。搐，抽，取。

〔一〇〕過司馬門：姚、鮑本作「遇司空馬門」，非。劉、一作「過馬司門」，是。司馬門，宫門。

〔一一〕趣甚疾，出諔門：趣，通「趨」，疾走爲趨。諔門，當是名門。

〔一二〕「銜劍」句：銜劍於口，因柱以自刺。徵，猶驗。驗其手之不能及也。

〔一三〕「武安君死」二句：趙王遷七年殺李牧，後三月王翦攻趙滅之，虜趙王遷。

平原令見諸公，必爲言之曰：「嗟嗞乎司空馬〔一〕！」又以爲司空馬逐於秦，非不知也；去趙，非不肖也。趙去司空馬而國亡。國亡者，非無賢人，不能用也。

〔一〕嗟嗞：憂聲。《説苑·貴德》作「嗟嗞」，《楚策》作「嗟子」，《尚書大傳》作「差子」。

【繫年】

策文言趙若殺武安君，不過半年而亡。殺武安君是趙王遷七年事。當秦始皇十八年。【補】鮑彪移此策於《趙策》幽王下。

四國爲一章

四國爲一〔一〕，將以攻秦。秦王召群臣賓客六十人而問焉，曰：「四國爲一，將以圖秦，寡人屈於內，而百姓靡於外〔二〕，爲之奈何？」群臣莫對。姚賈對曰〔三〕：「賈願出使四國，必絶其謀而安其兵〔四〕。」乃資車百乘，金千斤，衣以其衣，冠舞以其劍〔五〕。姚賈辭行，絶其謀，止其兵，與之爲交以報秦。秦王大悦。封賈千户，以爲上卿。

〔一〕四國：高注：燕、趙、吴、楚。鮑注：荆、齊、燕、代。皆非。吴、代滅亡已久。姚、鮑據下文「南使荆、吴，北使燕、代」而言。但此乃指姚賈南北所行之廣遠，非確指將以攻秦之四國。【正】四國，指代、楚、燕、吴之四國，非「所行之廣遠」之地。見下文。

〔二〕寡人屈於內，而百姓靡於外：財力困屈於內，百姓靡費於外。

〔三〕姚賈：梁監門子，嘗仕於趙，爲趙所逐。秦始皇時，來仕秦。

〔四〕必絶其謀而安其兵：絶，斷。安，止。

〔五〕衣以其衣，冠舞以其劍：舞，姚、鮑本誤，劉本作「帶」是。王念孫云：此文當作「衣以其衣，冠以其冠，帶以其劍」。謂衣以王之衣，冠以王之冠，帶以王之劍也。今本脱去「以其冠」三字，「帶」字又訛作「舞」。

韓非知之〔一〕，曰：「賈以珍珠重寶，南使荊、吴，北使燕、代之間三年〔二〕，四國之交未必合也，而珍珠重寶盡於内，是賈以王之權，國之寶，外自交於諸侯，願王察之。且梁監門子〔三〕，嘗盜於梁，臣於趙而逐〔四〕。取世監門子，梁之大盜，趙之逐臣，與同知社稷之計，非所以厲群臣也〔五〕。」

〔一〕韓非知之：韓非，韓公子，喜刑名法術之學，著書三十餘篇，十餘萬言，秦始皇欲見之。攻韓，韓遣之使秦。是時在秦。知，姚校、一本作「短」。《史記·韓非傳集解》引《戰國策》曰：「秦王封姚賈千户，以爲上卿。韓非短之曰……」作「短」爲是。短，譖毁之。

〔二〕「南使荊、吴」二句：鮑改「吴」爲「齊」，非。《韓詩外傳》：「昔吴、楚、燕、代爲一，舉而欲伐秦。姚賈監門之子也，爲秦使往之。」蓋策本如此。

〔三〕梁監門：梁，魏都。監門，守門卒。

〔四〕臣於趙而逐：趙使姚賈約韓、魏，韓、魏反之。趙逐姚賈。《趙策四》有。

〔五〕厲群臣：厲，通「勵」，勸勉，勉力。

王召姚賈而問曰：「吾聞子以寡人財交於諸侯，有諸？」對曰：「有。」王曰：「有何面目復見寡人？」對曰：「曾參孝其親，天下願以爲子；子胥忠於君，天下願以爲臣；貞女工巧〔一〕，天下願以爲妃。今賈忠王而王不知也。賈不歸四國，尚焉之？使賈不忠於君，四國之王尚焉用賈之身？桀聽讒而誅其良將〔二〕，紂聞讒而殺其忠臣〔三〕，至身死國亡。今王聽讒，則無忠臣矣。」

〔一〕工巧：善女工之事。

〔二〕桀聽讒而誅其良將：桀，夏桀王。誅其良將，謂殺關龍逢。

〔三〕紂聞讒而殺其忠臣：謂剖比干之心。

王曰：「子監門子，梁之大盜，趙之逐臣。」姚賈曰：「太公望，齊之逐夫，朝歌之廢屠，子良之逐臣〔一〕，棘津之讎不庸〔二〕，文王用之而王。管仲，其鄙人之賈人也，南陽之敝幽，魯之免囚〔三〕，桓公用之而伯。百里奚，虞之乞人，傳賣以五羊之皮〔四〕，穆公相之而朝西戎〔五〕。文公用中山盜，而勝於城濮〔六〕。此四士者，皆有詬醜大誹於天下〔七〕，明主用之，知其可與立功。使若卞隨、務光、申屠狄〔八〕，人主豈得其用哉？故明主不取其污，不聽其非，察其爲己用。故可以存社稷者，雖有外誹者不聽；雖有高世之名，無咫尺之功者不賞。是以群臣莫敢以虛願望於上。」秦王曰：「然。」乃復使姚賈而誅韓非〔九〕。

〔一〕「太公望」四句：太公望，呂尚。逐夫，爲老婦所逐。【補】贅婿爲老婦逐出爲「逐夫」。朝歌，紂都，今河南淇縣。廢屠，呂尚賣肉於朝歌，肉上生臭不售，故曰廢屠。【正】肉賣不出而生臭，爲廢屠。子良，不詳其人。

〔二〕棘津之讎不庸：棘津，今山東日照市有棘津，太公垂釣處。呂尚釣魚於棘津，魚不食餌。孫詒讓云：「讎」、「庸」二字誤倒。此句應作「棘津之庸不讎」。讎，售也。庸不讎，賣庸作不能自售。【正】棘津，在今河南省延津縣東北故胙城之北。名南津。亦名石濟津。《左傳·昭公十七年》：「晉荀吳帥師，涉自棘津。」《水經注》：「河水於是有棘津之名，亦爲之石濟津，故南津也。」《春秋·僖公二十八年》：晋將伐曹，曹在衛東，假道於衛，衛人不許。還自南河濟，即此也。《韓詩外傳》：「太公望少爲人婿，老而見去，屠牛朝歌，賃於棘津。」

〔三〕「管仲」四句：鄙，邊邑。《吕氏春秋》云，管仲與鮑叔同賈南陽。南陽，古地區名，相當於今山東泰山以南，汶河以北一帶。敝，困。幽，隱。魯之免囚，管仲事公子糾，魯人殺公子糾，召忽死之，管仲請囚，鮑叔帶其歸齊，故謂管仲爲魯之免囚。

〔四〕「百里奚」三句：百里奚，虞國大夫，嘗游困於齊，乞食於銍人。晋滅虞，虜其大夫百里奚，以爲秦穆公夫人媵臣至秦，百里奚亡秦走宛，楚鄙人執之。秦穆公請以五羖羊皮贖之。

〔五〕穆公相之而朝西戎：穆公，秦穆公，名任好，春秋時人。朝西戎，西戎來朝於秦，謂秦穆公相百里奚而霸西戎也。

〔六〕「文公」二句：文公，春秋時晋國君，名重耳。《新序》：「文公用其盜。」「其」指豎頭須。晋文公用咎犯之謀，破楚成王於城濮。不聞咎犯爲盜之事。城濮，在今山東鄄城西南，有臨濮故城，即古城濮。春秋僖公二十八年，晋文公破楚人於城濮，即此。

〔七〕皆有詬醜大誹於天下：詬，辱。醜，恥。誹，謗言。

〔八〕卞隨、務光、申屠狄：卞隨，務光，夏末隱士，商湯伐夏桀，以天下讓之。二人曰：爾爲不義，欲以慢我也。自沉於清冷之淵。申屠狄，殷末人，不忍見紂之淫亂，抱石自沉於淵水。

〔九〕誅韓非：韓非以秦始皇十四年使秦，被留，死於雲陽獄。

【繫年】

韓非以韓王安六年使秦，短姚賈而攻擊李斯下韓之策。故李斯、姚賈害之，留韓非於秦，繫於雲陽獄而藥殺之，是時秦始皇十四年。

戰國策卷八

齊一

楚威王戰勝於徐州章

楚威王戰勝於徐州〔一〕，欲逐嬰子於齊〔二〕。嬰子恐，張丑謂楚王曰〔三〕：「王戰勝於徐州也，盼子不用也〔四〕。盼子有功於國〔五〕，百姓爲之用。嬰子不善，而用申縛〔六〕。申縛者，大臣與百姓弗爲用，故王勝之也。今嬰子逐，盼子必用。復整其士卒，以與王遇〔七〕，必不便於王也。」楚王因弗逐。

〔一〕楚威王戰勝於徐州：楚威王，熊商，楚懷王之父。威王七年，齊田嬰説越令攻楚，楚威王伐齊，敗之於徐州。徐，《左傳》作「舒」，《説文》作「郐」，姚本作「徐」。【補】高誘注曰「舒州」，誤。鮑本作「徐」是也。徐州，齊邑。《竹書紀年》梁惠王三十年，下邳遷於薛，改名徐州。故城在今山東棗莊市薛城區。

〔二〕欲逐嬰子於齊：逐，驅逐，趕走。嬰子，田嬰，齊威王之少子，宣王之庶弟。自威王時任職用事。宣王九年，田嬰相齊，十年楚威王伐敗齊師於徐州，而使人逐田嬰。齊閔王三年封田嬰於薛。謚爲靖郭君。《竹書紀年》以爲齊威王封田嬰於薛，與《孟嘗君傳》文不同。

〔三〕張丑：齊臣也，具體身世不詳，又見於韓、魏、燕、中山等策。

〔四〕盼子：田盼，田嬰之同族。

〔五〕盼子有功於國：「國」下一本、《史記·楚世家》有「而」字。齊宣王對魏惠王説：「吾臣子有盼子者，使守高唐，則趙人不敢東漁於河。」

〔六〕而用申縛：縛，鮑本作「縳」，《史記·楚世家》作「紀」。未知孰是。田嬰不善盼子，故用申縛。

〔七〕以與王遇：以與楚爲敵。

【繫年】

據《楚世家》爲楚威王七年時事。當齊威王二十四年、周顯王三十六年。

齊將封田嬰於薛章

齊將封田嬰於薛〔一〕。楚王聞之，大怒，將伐齊。齊王有輟志〔二〕。公孫閈曰〔三〕：「封之成與不，非在齊也。又將在楚。閈説楚王，令其欲封公也又甚於齊〔四〕。」嬰子曰：「願委之於子〔五〕。」

〔一〕齊將封田嬰於薛：《史記・孟嘗君傳》：「閔王即位三年而封田嬰於薛。」疑此有誤。《竹書紀年》梁惠王後元十三年四月，齊威王（三十六年）封田嬰於薛。

〔二〕齊王有輟志：高注：輟，止也。志，意志。

〔三〕公孫閈：公孫，齊之公族田氏。閈，其名。

〔四〕令其欲封公也又甚於齊：公，謂田嬰。使楚王欲封公甚於齊之欲封公。

〔五〕委之於子：委，託付。子，公孫閈。

公孫閈爲謂楚王曰：「魯、宋事楚而齊不事者〔一〕，齊大而魯、宋小。王獨利魯、宋之小，不惡齊大，何也？夫齊削地而封田嬰，是其所以弱也〔二〕，願勿止〔三〕。」楚王曰：「善。」因不止。

〔一〕「魯、宋事楚」句：魯、宋小國，在戰國時處於齊、楚兩大國之間不能獨立，不事齊，則事楚。魯頃公二十四年，楚考烈王伐滅魯。宋王偃四十七年，齊閔王與魏、楚滅宋。

〔二〕「夫齊削地」二句：齊分薛以封田嬰，此所以使齐弱小。削，分。弱，小。

〔三〕止：制止。

【繫年】

據《竹書紀年》，齊威王三十六年封田嬰於薛。當周顯王四十八年。

靖郭君將城薛章

靖郭君將城薛〔一〕，客多以諫。靖郭君謂謁者，無爲客通〔二〕。齊人有請者曰〔三〕：「臣請三言而已矣〔四〕，益一言，臣請烹〔五〕。」靖郭君因見之。客趨而進曰：「海大魚。」因反走。君曰：「客有於此〔六〕。」客曰：「鄙臣不敢以死爲戲。」君曰：「亡〔七〕，更言之。」對曰：「君不聞海大魚乎〔八〕？網不能止，鈎不能牽〔九〕，蕩而失水，則螻蟻得意焉〔一〇〕。今夫齊，亦君之水也。君長有齊陰〔一一〕，奚以薛爲？夫齊〔一二〕，雖隆薛之城到於天，猶之無益也〔一三〕。」君曰：「善。」乃輟城薛。

〔一〕靖郭君將城薛：《孟嘗君傳》，田嬰死，謚靖郭君。一説是封邑之號。《竹書紀年》，田嬰四月受封，十月城薛。【補】城薛，名詞動用，即修築薛城城牆以禦外。

〔二〕「請郭君謂」二句：謁者，官名，管理賓客告請之事。無爲客通，不要爲諫争之客人通報。

〔三〕齊人有請者：「請」下《韓非子》有「見」字。請，請見以諫。

〔四〕三言而已：三言，三个字。已，止。

〔五〕益一言，臣請烹：益，增添。烹，煮死。高注：益，猶過也。過言請烹。

〔六〕客有於此：《韓非子》作「請聞其説」。有，與「又」通，復也。於此，此指使無走。

〔七〕亡：與「無」同，不。

〔八〕君不聞海大魚乎：「海」字，姚本、鮑本無。王念孫云：今本「聞」下脱「海」字。據《御覽》及《淮南子・人間訓》、《新序・雜事》補。

〔九〕綱不能止，鉤不能牽：止，禁。牽，引。

〔一〇〕「蕩而失水」二句：蕩，放肆。螻蟻得意，言爲螻蟻所快意。【補】言海魚蕩之岸上，欲死，讓螻蟻快其意。

〔一一〕君長有齊陰：陰，姚校：别本無。《韓非子》、《新序》皆無「陰」字。黄氏《札記》云：當讀「陰」爲「蔭」。實爲「蔭」，即蔭蔽、遮蓋之意。

〔一二〕夫齊：王念孫云：「夫齊」當爲「失齊」字之誤也。《韓非子・説林》、《淮南子・人間訓》並作「失齊」。

〔一三〕「雖隆薛」二句：高薛城至於天，猶無益也。隆，高。到，達到。

【繫年】

據《竹書紀年》，田嬰城薛在齊威王三十六年十月。當周顯王四十八年。

靖郭君謂齊王曰章

靖郭君謂齊王曰〔一〕：「五官之計，不可不日聽也而數覽〔二〕」。王曰：「日說五官〔三〕，吾厭之。今與靖郭君〔四〕。」

〔一〕齊王：齊威王。

〔二〕「五官之計」二句：五官，五大夫典事者。《典禮》：「天子之五官，曰司徒、司馬、司空、司士、司寇，典司五衆。」計，登記錢、穀之簿書。吴師道云：「也」字當在「覽」下。聽，治理。覽，視。

〔三〕日說五官：說，孫詒讓云：即「聽」之誤。金正煒云：當爲「諸」。《韓非子》作「諸」。五，一本、鮑本作「吾」，即「五日」二字之合併而誤者。

〔四〕今與靖郭君：金正煒云：今，猶即也。作「令」者誤。與靖郭君，以五官之計委之於靖郭君。

【繫年】

《通鑒》繫此策於周顯王四十八年，當齊威王三十六年。與前兩策齊封田嬰於薛、靖郭君欲城薛在同一年。與《竹書紀年》所載年代相同。

靖郭君善齊貌辨章

靖郭君善齊貌辨〔一〕。齊貌辨之爲人也多疵〔二〕，門人弗説。士尉以證靖郭君〔三〕，靖郭君不聽，士尉辭而去。孟嘗君又竊以諫〔四〕，靖郭君大怒曰：「剗而類，破吾家〔五〕，苟可慊齊貌辨者，吾無辭爲之〔六〕。」於是舍之上舍〔七〕，令長子御〔八〕，旦暮進食。

〔一〕齊貌辨：齊人。「貌」亦作「皃」，即古「貌」字。《漢書·古今人表》作「昆」，疑「皃」之訛。「辨」亦作「辯」或「弁」。《御覽》卷三六八作「昆弁」，《北堂書鈔》同。《吕氏春秋·知士》作「劑貌辨」。亦誤「劇」爲「劑」。蓋「昆」乃「貌」之訛，「弁」、「辨」同聲假借。

〔二〕齊貌辨之爲人也多疵：謂其人不拘細行而多過失。疵，病。

〔三〕士尉以證靖郭君：士尉，齊人。證，諫也。

〔四〕孟嘗君又竊以諫：孟嘗君，田嬰之子田文，號孟嘗君。竊，猶私。

〔五〕剗而類，破吾家：剗，翦滅。而，汝。類，族類。

〔六〕「苟可慊」二句：高注：善齊貌辨者，吾不辭爲之。慊，善也，滿意。

〔七〕上舍：上等住所。鮑注：上舍，猶甲第也。舍，住。

〔八〕御：侍奉，伺侯。高注：御，侍也。

數年，威王薨〔一〕，宣王立〔二〕。靖郭君之交，大不善於宣王〔三〕，辭而之薛，與齊貌辨俱留〔四〕。無幾何，齊貌辨辭而行，請見宣王。靖郭君曰：「王之不説嬰甚，公往必得死焉。」齊貌辨曰：「固不求生也，請必行。」靖郭君不能止。

〔一〕薨：公、侯死曰薨。

〔二〕宣王：齊威王之子田辟彊。

〔三〕大不善：大，甚。不善，宣王所不善。

〔四〕俱留：皆留止於薛。

齊貌辨行至齊，宣王聞之，藏怒以待之。齊貌辨見宣王，王曰：「子靖郭君之所聽愛夫〔一〕！」齊貌辨曰：「愛則有之，聽則無有。王之方爲太子之時，辨謂靖郭君曰：『太子相不仁，過頤豕視〔二〕，若是者倍反〔三〕，不若廢太子，更立衛姬嬰兒郊師〔四〕。』靖郭君泣而曰：『不可，吾不忍也。』若聽辨而爲之，必無今日之患也。此爲一。至於薛，昭陽請以數倍之地易薛，辨又曰：『必聽之。』靖郭君曰：『受薛於先王，雖惡於後王〔五〕，吾獨謂先王何乎〔六〕！且先王之廟在薛，吾豈可以先王之廟與楚乎！』又不肯聽辨。此爲二。」宣王太息，動於顔色。曰：「靖郭君之於寡人，一至此乎！寡人少，殊不知此。客肯爲寡人來靖郭君乎〔七〕！」齊貌辨對曰：「敬諾。」靖郭君來〔八〕，衣威王之衣，冠其冠，舞其劍〔九〕。宣王自迎靖郭君於郊，望之而泣。靖郭君至，因請相之。靖郭君辭，不得已而受。七月，謝病强辭〔一〇〕。靖郭君辭不得，三日而聽〔一一〕。

〔一〕「子靖郭君」句：《御覽》卷三六七作「子靖郭君所聽愛者乎」。子，謂齊貌辨。聽，聽從。愛，喜愛。【補】前句「藏怒」之「藏」，高誘注爲「懷」，即懷有惱怒之意。考其意，似爲「盛」字之誤。盛怒，乃大怒。

〔二〕過頤豕視：頤，面頰。過頤，面頰豐滿。豕，豬。視，看。

〔三〕倍反：倍，姚本、鮑本作「信」。《吕氏春秋·知士》作「倍」。《御覽》卷三六七作「背」。「倍」與「背」，古字通。高注：不循道理也。則「信」乃「倍」字之訛。今據以改。反，叛也。

〔四〕郊師：高注：郊師，衛姬之子、宣王之庶弟。

〔五〕受薛於先王，雖惡於後王：先王，指威王。後王，指宣王。

〔六〕謂先王何：何以告於先王。

〔七〕客肯爲寡人來靖郭君：肯，可。來靖郭君，請靖郭君回來。

〔八〕靖郭君來：來，姚本、鮑本無。據高注，從薛至齊，則有「來」字。甚明。《吕氏春秋·知士》有「來」字。今據以補。

〔九〕冠其冠，舞其劍：「冠」字下，姚、鮑本脱「其冠」二字，今據《吕氏春秋·知士》補「其冠」二字。舞，劉本作「帶」，《吕氏春秋》作「帶」，當從之。

〔一〇〕謝病强辭：高注：以病辭其相位。强，固。

〔一一〕三日而聽：三日後，王聽其辭去相位。

當是時，靖郭君可謂能自知人矣！能自知人，故人非之不爲沮〔一〕。此齊貌辨之所以外生樂患趣難者也〔二〕。

〔一〕沮：止，喪。

〔二〕外生樂患趣難者：外生，外生死，將死生置之度外。樂患，樂解靖郭君之患。趣，同「趨」。趨難，奔走救人之難。

【繫年】

據策文威王薨，宣王立，靖郭君辭之薛，無幾何，齊貌辨見宣王等語分析，此當宣王初立時事。故繫於齊宣王元年，當周慎靚王二年。

邯鄲之難趙求救章

邯鄲之難〔一〕，趙求救於齊。田侯召大臣而謀〔二〕，曰：「救趙孰與勿救？」鄒子曰〔三〕：「不如勿救。」段干綸曰〔四〕：「弗救，則我不利。」田侯曰：「何哉？」「夫魏氏兼邯鄲，其於齊何利哉？」田侯曰：「善。」乃起兵。曰：「軍於邯鄲之郊〔五〕。」段干綸曰：「臣之求利且不利者，非此也。夫救邯鄲，軍於其郊，是趙不拔而魏全也。故不如南攻襄陵以弊魏〔六〕，邯鄲拔而承魏之弊，是趙破而魏弱也。」田侯曰：「善。」乃起兵南攻襄陵。七月，邯鄲拔，齊因承魏之弊，大破之桂陵〔七〕。

〔一〕邯鄲之難：邯鄲，趙都，趙敬侯自晉陽徙都於此。【正】「自晉陽」誤。趙國成爲諸侯後，建國於晉陽，至二世獻侯時即東越太行，擴大疆域，在中牟（今河南鶴壁市）建新都，至敬侯時才北遷邯鄲。故址在今河北邯鄲市。難，爲魏所攻。

〔二〕田侯：齊威王。田氏篡齊後，稱齊侯爲田侯。此田侯指齊威王。

〔三〕騶子：《史記》作「騶忌子」，封於下邳，號成侯。

〔四〕段干綸：《史記》作「段干朋」，《春秋後語》作「段干萌」。段干，複姓，名綸。

〔五〕軍於邯鄲之郊：軍，屯駐。郊，境。

〔六〕襄陵：魏邑，故宋襄公陵地，以宋襄公葬此，故名襄陵，故城在今河南睢縣。

〔七〕桂陵：故址在今山東曹縣西北五十里。

【繫年】

據《魏世家》，魏惠王十七年圍趙邯鄲。十八年拔邯鄲。趙求救於齊，齊敗魏桂陵。梁惠王十八年，當趙成侯二十三年、齊威王五年、周顯王十七年。

南梁之難韓氏請救章

南梁之難〔一〕，韓氏請救於齊。田侯召大臣而謀，曰：「早救之，孰與晚救之便？」張丏曰〔二〕：「晚救之，韓且折而入於魏〔三〕，不如早救之。」田臣思曰〔四〕：「不可。夫韓、魏之兵未弊而我救之，我代韓而受魏之兵，顧反聽命於韓也〔五〕。且夫魏有破韓之志，韓見且亡，必東愬於齊〔六〕。我因陰結韓之親，而晚承魏之弊〔七〕，則國可重，利可得，名可尊矣。」田侯曰：「善。」乃陰告韓使者而遣之〔八〕。

〔一〕南梁之難：南梁，韓邑。春秋時古梁國，戰國時謂之南梁，以別於偏北之大梁、少梁也。故城在今河南汝州市。南梁之難，起於魏與趙之戰，韓助趙，魏惠王攻韓，圍南梁。高注：難，魏攻之也。

〔二〕張丏：身世不詳。《史記·田齊世家》作「鄒忌子」，誤。此時鄒忌已死四年，時不相及。

〔三〕折而入於魏：折，轉。韓親趙，魏攻之急，將轉而親魏。

〔四〕田臣思：《竹書紀年》作「田居思」、「徐州子期」。《戰國策》作「田期思」、「陳臣思」或「田臣思」。「臣」乃「𦣝」字之訛。即田忌也。「𦣝」、「期」、「忌」同聲假借字。錢大昕《史記考異》云：「臣」當爲「𦣝」。「𦣝」音「怡」，與「期」音相近。

〔五〕顧反：猶反而。顧，反也。

〔六〕「韓見且亡」二句：見且亡，胡三省注：見有亡國之勢。愬，告訴。

〔七〕「我因」二句：陰，暗，私。承，受。

〔八〕陰告：暗許之。

韓自以專有齊國〔一〕，五戰五不勝，東愬於齊。齊因起兵擊魏，大破之馬陵〔二〕。魏破韓弱〔三〕，韓、魏之君因田嬰北面而朝田侯。

〔一〕韓自以專有齊國：專，擅也。專有齊國，自恃專有齊國之助。

〔二〕馬陵：齊邑，在今山東鄄城縣東北六十里有馬陵道，澗谷深峻，可以埋伏。

〔三〕魏破韓弱：馬陵之戰，齊田忌用孫臏之策，殺魏將龐涓，虜魏太子申，魏從此國勢不振。

【繫年】

齊、魏馬陵之戰，《史記·田齊世家》、《孟嘗君傳》皆列於齊宣王二年，《魏世家》列於魏惠王三十年，據《竹書紀年》魏惠王二十七年十二月，齊田盼敗梁馬陵。當齊威王十五年。此時齊、魏尚未稱王，故策文稱威王爲田侯。《史記》敘此事於齊宣王，蓋誤。當繫於齊威王十五年、周顯王二十七年。

成侯鄒忌爲齊相章

成侯鄒忌爲齊相〔一〕，田忌爲將，不相説。公孫閈謂鄒忌曰〔二〕：「公何不爲王謀伐魏？勝，則是君之謀也，君可以有功〔三〕；戰不勝，田忌不進，戰而不死，曲撓而誅〔四〕。」鄒忌以爲然，乃説王而使田忌伐魏。

〔一〕成侯：鄒忌封號，封以下邳，號爲成侯。高注：成，邑。侯，爵也。

〔二〕公孫閈：《史記》作「公孫閱」，《索隱》引《戰國策》作「公孫闋」。

〔三〕有功：有勝魏之功。

〔四〕曲撓而誅：曲，不直前。撓，受挫敗。誅，高注：誅，戮。

田忌三戰三勝，鄒忌以告公孫閈。公孫閈乃使人操十金而往卜於市〔一〕，曰：「我田忌之人也。吾三戰而三勝，聲威天下〔二〕，欲爲大事〔三〕，亦吉否？」卜者出，因令人捕爲人卜者〔四〕，驗其辭於王前〔五〕。田忌遂走〔六〕。

〔一〕十金：古者一金重一斤。十金，一百六十兩。

〔二〕聲威天下：聲，名聲，聲勢。威，震。鮑注：天下畏其聲威。
〔三〕欲爲大事：想代替齊王爲王。
〔四〕爲人卜者：《史記》「人」作「之」是。作「人」者，乃「卜」字之誤衍。
〔五〕驗：取證。高注：驗，信。
〔六〕遂走：出奔別國。後章記，田忌亡齊之楚，楚封之江南。

【繫年】

《史記·田齊世家》繫此策於齊威王三十五年，齊、魏桂陵之戰後。謂田忌率其徒攻臨淄，不勝而奔。據策文《田忌爲齊將章》、《田忌亡齊而之楚章》，田忌出亡，在馬陵之戰後。《史記》繫年多誤，當從策文繫此策於馬陵之戰後。馬陵之戰，在齊威王十五年，當周顯王二十七年。

田忌爲齊將章

田忌爲齊將，繫梁太子申，禽龐涓〔一〕。孫子謂田忌曰〔二〕：「將軍可以爲大事乎〔三〕？」田忌曰：「奈何？」孫子曰：「將軍無解兵而入齊〔四〕，使彼罷弊老弱守於主〔五〕，主者，循軼之途也〔六〕，鎋擊摩車而相過〔七〕。使彼罷弊老弱守於主，必一而當十，十而當百，百而當千。然後背太山，左濟，右天唐〔八〕，軍重踵高宛〔九〕，使輕車鋭騎衝雍門〔一〇〕。若是，則齊君可正，而成侯可走〔一一〕。不然，則將軍不得入於齊矣。」田忌不聽，果不入齊。

〔一〕「田忌爲齊將」三句：《史記·田齊世家》，齊使田忌爲將，孫子爲師救韓、趙以擊魏，大敗之馬陵。殺其將龐涓，虜太子申。梁太子申，梁惠王之太子名申。《孟子·梁惠王上》，梁惠王對孟軻説：「東敗於齊，長子死焉。」即指此事。龐涓，魏惠王之將軍。

〔二〕孫子：孫臏，孫武之後。孫臏與龐涓俱學兵法。龐涓既事魏，得爲魏惠王將軍，而自以爲能不及孫臏，乃暗使召孫臏於魏，而斷其兩足，欲使孫臏廢而無與争能。孫臏被齊使者載至齊，齊威王以爲軍師。馬陵之戰，孫臏伏兵於馬陵道，射殺龐涓，名揚天下。有《孫臏兵法》傳於世。

〔三〕爲大事：謂弑君之事。

〔四〕無解兵而入齊：無解兵，不卸兵甲。入齊，還歸齊國。

〔五〕使彼罷弊老弱守於主：彼，謂齊國留守之兵。老，姚、鮑本作「先」，曾本作「老」。北魏《張猛龍碑》「老」作「耂」。作「先」者，乃「老」字之訛。主，疑爲「壬」之誤。壬，即任，今山東任城。齊國險隘之地。

〔六〕循軼之途：謂道路險狹，兵車相隨而行。循，順。軼，車轍。

〔七〕鎋擊摩車：謂道路狹窄，車行於中，摩擊道旁之土石。鎋，車軸頭鐵圈，用以管制車輪。摩，擦撞。

〔八〕背太山，左濟，右天唐：背，負。太山，即泰山，在今山東泰安市北五里。濟，濟水，左據濟水之險。天唐，在今山東禹城市西四十里。

〔九〕軍重踵高宛：重，輜重，武器糧餉。踵，腳跟，到。高宛，故城在今山東鄒平縣東北。

〔一〇〕輕車鋭騎衝雍門：輕，便。鋭，利。衝，衝擊。雍門，齊都臨淄之西門。

〔一一〕「則齊君可正」二句：齊君可正，定齊君之位。成侯可走，鄒忌可以被趕出齊國。《周禮·宰夫》注：正，猶定也。

【繫年】

此與上策同時，亦齊威王十五年、周顯王二十七年時事。

田忌亡齊而之楚章

田忌亡齊而之楚，鄒忌代之相〔一〕。齊恐田忌欲以楚權復於齊〔二〕，杜赫曰〔三〕：「臣請爲君留之楚〔四〕。」謂楚王曰：「鄒忌所以不善楚者，恐田忌之以楚權復於齊也。王不如封田忌於江南，以示田忌之不返齊也，鄒忌以齊厚事楚。田忌，亡人也，而得封，必德王。若復於齊，必以齊事楚。此用二忌之道也〔五〕。」楚果封之於江南。

〔一〕鄒忌代之相：上《成侯鄒忌爲齊相章》云，鄒忌爲齊相，田忌爲將。此云代之相，恐有誤。

〔二〕以楚權復於齊：以楚國之勢力復歸還齊國。高注：權，勢也。復，還也。

〔三〕杜赫：周人，曾以安天下説周昭文君。亦仕於齊。

〔四〕爲君留之楚：一本如此，姚、鮑本無「君」、「之」二字。今從一本。替鄒忌留田忌於楚。

〔五〕二忌：鄒忌、田忌。

【繫年】

此與上兩章爲同時事。亦當繫於齊威王十五年、周顯王二十七年。

鄒忌事宣王章

鄒忌事宣王，仕人衆〔一〕。宣王不悦。晏首貴而仕人寡〔二〕，王悦之。鄒忌謂宣王曰：「忌聞以爲有一子之孝，不如有五子之孝。今首之所進仕者，以幾何人？」宣王因以晏首壅塞之〔三〕。

〔一〕仕人衆：仕，與之官位。衆，多。

〔二〕晏首：齊人。

〔三〕壅塞之：謂蔽塞仕人而不進於王。壅，阻。塞，蔽。

【繫年】

此爲齊宣王初年事，當繫於齊宣王元年，當周慎靚王二年。

鄒忌脩八尺章

鄒忌脩八尺有餘〔一〕，身體昳麗〔二〕。朝服衣冠，窺鏡，謂其妻曰：「我孰與城北徐公美〔三〕？」其妻曰：「君美甚，徐公何能及公也〔四〕？」城北徐公，齊國之美麗者也。忌不自信，而復問其妾曰：「吾孰與徐公美？」妾曰：「徐公何能及君也。」旦日〔五〕，客從外來，與坐談，問之，曰〔六〕：「吾與徐公孰美？」客曰：「徐公不若君之美也！」

〔一〕脩八尺有餘：身高八尺有餘。脩，長。

〔二〕身體昳麗：身體，鮑本作「而形貌」，義勝。昳，讀爲「逸」，光澤。

〔三〕徐公：姚注：《十二國史》作「徐君平」。

〔四〕徐公何能及公：後一「公」當爲「君」。金正煒云：按《爾雅·釋親》，歸人於婿無稱公之義。當從鮑本作「君」。

〔五〕旦日：明日。

〔六〕曰：此字上姚本有「客」字。疑衍。「客曰」二字鮑本無。

明日，徐公來。孰視之〔一〕，自以爲不如，窺鏡而自視，又弗如遠甚〔二〕。暮，寢而思之，曰：「吾妻之美我者，私我也〔三〕；妾之美我者，畏我也；客之美我者，欲有求於我也。」

〔一〕孰視：仔細看。孰，同「熟」。

〔二〕遠甚：相差太遠。

〔三〕私：親，偏愛。

於是，入朝見威王曰：「臣誠知不如徐公美，臣之妻私臣，臣之妾畏臣，臣之客欲有求於臣，皆以美於徐公。今齊地方千里，百二十城，宮婦左右，莫不私王；朝廷之臣，莫不畏王；四境之内，莫不有求於王。由此觀之，王之蔽甚矣〔一〕。」王曰：「善。」乃下令：「群臣吏民，能面刺寡人之過者〔二〕，受上賞；上書諫寡人者，受中賞；能謗議於市朝〔三〕，聞寡人之耳者，受下賞。」

〔一〕蔽甚：受蒙蔽太甚。

〔二〕面刺：當面舉出過失。高注：刺，舉也。

〔三〕謗議於市朝：在群衆聚集之所公開提意見者。謗，訕毁，誹謗。古時都城内，前朝後市。市朝，是人民、官吏聚集之所。

令初下，群臣進諫，門庭若市。數月之後，時時而間進〔一〕。期年之後〔二〕，雖欲言無可進者〔三〕。燕、趙、韓、魏聞之，皆朝於齊。此所謂戰勝於朝廷〔四〕。

〔一〕時時而間進：言進諫者有間斷時間。間，空隙，間斷。

〔二〕期年：一周年。

〔三〕無可進：無過失可以進諫。

〔四〕戰勝於朝廷：謂内修政治於朝廷，不待武力可以戰勝鄰國。

【繫年】

策文只言及齊威王，不知確在何年。據《田齊世家》，威王治齊在即位九年，封即墨大夫，烹阿大夫之後。按此策亦當繫於齊威王九年。

秦假道韓魏以攻齊章

秦假道韓、魏以攻齊〔一〕，齊威王使章子將而應之〔二〕。與秦交和而舍〔三〕，使者數相往來，章子爲變其徽章以雜秦軍〔四〕。候者言章子以齊入秦〔五〕。威王不應。頃之間，候者復言章子以齊兵降秦。威王不應。而此者三〔六〕。有司請曰：「言章子之敗者，異人而同辭，王何不發將而擊之？」王曰：「此不叛寡人明矣，曷爲擊之？」

〔一〕假道：借路。自秦至齊，路過韓、魏，故借路於韓、魏。

〔二〕齊威王使章子將而應之：章子，姓匡名章，亦稱匡子。齊人。孟軻之弟子。諫其父，爲父所逐，出而游仕，終身不見其父，曾爲齊將與韓、魏伐楚，難惠施尊齊王爲王。其事迹見於《孟子》及《呂氏春秋》。應，擊也。將而應之，將兵擊秦。

〔三〕與秦交和而舍：即對峙駐紮。兩軍相對爲交。軍門爲和。舍，止。

〔四〕變其徽章以雜秦軍：徽，旗幟。章，士兵之肩章、胸章。雜，混亂。

〔五〕候者：偵察兵。

〔六〕而此者三：高注：而，如也。而此，如此。三，三次。

頃間，言齊兵大勝，秦軍大敗，於是秦王拜西藩之臣，而謝於齊〔一〕。左右曰：「何以知之？」曰：「章子之母啓得罪其父〔二〕，其父殺之，而埋馬棧之下〔三〕。吾使者章子將也，勉之曰：『夫子之强，全兵而還，必更葬將軍之母。』對曰：『臣非不能更葬先妾也〔四〕。臣之母啓得罪臣之父，臣之父未教而死〔五〕。夫不得父之教而更葬母，是欺死父也。故不敢。』夫爲人子而不欺死父，豈爲人臣欺生君哉？」

〔一〕「於是秦王」二句：秦王，高注：秦惠王之子武王也。按齊威王與秦孝公、惠王同時，高注有誤。當爲秦昭王。謝於齊，謝攻齊之罪。【補】西藩之臣，指秦王。秦處西方，時惠王尚未稱王，《齊策》中說：「秦王稱西藩之臣。」

〔二〕啓：章子母之名。

〔三〕埋馬棧之下：《春秋後語》作「埋馬屎之中」。馬棧，馬棚。【補】意即馬棚之馬糞之下。高注又云：馬棧，牀也。即今所説之馬扎，猶輕便之躺牀。

〔四〕更葬先妾：更，改。先妾，章子對其母之謙稱。

〔五〕未教：劉本作「未葬」，《春秋後語》作「未赦」。未有教命。

【繫年】

齊威王時，秦攻齊，《史記·秦本紀》、《田齊世家》皆不載，且當時齊、秦相距甚遠，韓、魏尚强，秦國勢尚弱，無由假道攻齊。《呂氏春秋·處方》載「齊令章子將，而與韓、魏攻荆」之事。《秦本紀》秦昭王八年，「齊使章子、魏使公孫喜、韓使暴鳶共攻楚方城」，其事在齊閔王之世，時間相距很遠。民按：匡章與孟軻同時，乃齊宣王之臣。策文「威王」，乃「宣王」之誤。此策當繫於齊宣王伐燕之時。

楚將伐齊魯親之章

楚將伐齊，魯親之〔一〕，齊王患之。張丐曰：「臣請令魯中立。」乃爲齊見魯君。魯君曰：「齊王懼乎？」曰：「非臣所知也，臣來弔足下〔二〕。」魯君曰：「何弔？」曰：「君之謀過矣〔三〕。君不與勝者，而與不勝者〔四〕，何故也？」魯君曰：「子以齊、楚爲孰勝哉？」對曰：「鬼且不知也。」「然則子何以弔寡人？」曰：「齊、楚之權敵也，不用有魯與無魯。足下豈如全衆而合二國之後哉〔五〕！楚大勝齊，其良士選卒必殪〔六〕，其餘兵足以待天下〔七〕；齊爲勝，其良士選卒亦殪。而君以魯衆合戰勝後〔八〕，此其爲德也亦大矣〔九〕，其見恩德亦其大也〔一〇〕。」魯君以爲然，身退師〔一一〕。

〔一〕親之：親楚。

〔二〕弔：《説文》：弔，問終也。弔生曰唁，弔死曰弔。

〔三〕過：錯，失。

〔四〕與：親，助。

〔五〕全：姚本作「令」誤，鮑本作「全」是。

〔六〕良士選卒必殪：良，優。選，選擇，簡拔。殪，死。

〔七〕待：備也。猶抵禦。

〔八〕合戰勝後：謂二國交戰之後，戰勝國良士選卒死傷多，而魯以其軍助戰敗國，攻戰勝國。

〔九〕爲德：有恩德於戰敗國。

〔一〇〕「其見」句：王念孫云：「其見恩德亦甚大也」一句，乃高誘注，誤入正文。遂與上句相重複。

〔一一〕身：鮑本作「乃」。【補】退師，即不復親楚也。身，鮑注作「乃」，金正煒曰：「疑即『身』字之訛。」《藝文類聚》、《太平御覽》中，即並作「身」。二解均通。

【繫年】

此策乃楚威王戰勝齊於徐州時事。應繫於楚威王七年、齊威王二十四年，當周顯王三十六年。

秦伐魏陳軫合三晋章

秦伐魏，陳軫合三晋〔一〕，而東謂齊王曰：「古之王者之伐也，欲以正天下而立功名，以爲後世也〔二〕。今齊、楚、燕、趙、韓、梁六國之遞甚也〔三〕，不足以立功名，適足以强秦而自弱也，非山東之上計也。能危山東者，强秦也。不憂强秦，而遞相罷弱〔四〕，而兩歸其國於秦〔五〕，此臣之所以爲山東之患。天下爲秦相割，秦曾不出力〔六〕；天下爲秦相烹，秦曾不出薪〔七〕。何秦之智，而山東之愚耶？願大王之察也。」

〔一〕陳軫合三晋：陳軫此時仕魏，故能合三晋而東聯齊。

〔二〕「古之王者」三句：伐，征伐。正天下，正其名分、秩序，如《國語·周語》：「刑不祭，伐不祀，征不享。」齊桓公伐楚，責其不貢包茅於周等。

〔三〕遞甚：謂六國迭相攻伐，愈來愈厲害。遞，更易，更迭。

〔四〕罷：同「疲」，勞困。

〔五〕兩歸其國於秦：交戰兩國罷弱，有益於秦之强。

〔六〕「天下爲秦相割」二句：割，剥，分。力，乃「刀」字之誤。

〔七〕「天下爲秦相烹」二句：烹，煮。薪，燒柴。

古之五帝、三王、五伯之伐也〔一〕，伐不道者。今秦之伐天下不然，必欲反之〔二〕，主必死辱，民必死虜。今韓、梁之目未嘗乾〔三〕，而齊民獨不也。非齊親而韓、梁疏也，齊遠秦而韓、梁近。今齊將近矣！今秦欲攻梁、絳、安邑〔四〕，秦得絳、安邑，以東下河，必表裏河而東攻齊，舉齊屬之海〔五〕，南面而孤楚、韓、梁，北向而孤燕、趙〔六〕，齊無所出其計矣。願王熟慮之！今三晉已合矣，復爲兄弟，約而出鋭師以戍梁、絳、安邑〔七〕，此萬世之計也。齊非急以鋭師合三晉，必有後憂。三晉合，秦必不敢攻梁，必南攻楚。楚、秦構難，三晉怒齊不與己也，必東攻齊。此臣之所謂齊必有大憂，不如急以兵合於三晉。」齊王敬諾，果以兵合於三晉。

〔一〕五帝、三王、五伯：五帝，黄帝、顓頊、帝嚳、堯、舜。三王，夏禹王、商湯王、周武王。五伯，高注：昆吾、大彭、豕韋、齊桓、晉文。傳統説法是：齊桓、晉文、秦穆、楚莊、宋襄。詳閻若璩《四書釋地三續》。

〔二〕反之：反五帝、三王、五伯征伐之道，即上文所謂正天下立功名。

〔三〕目未嘗乾：言悲泣戰死者眼淚不曾乾。乾，即「乾枯」之「乾」。

〔四〕絳、安邑：絳，今山西侯馬市。安邑，魏舊都，今山西夏縣西北。

〔五〕舉齊屬之海：舉齊，得齊之地。屬，連。

〔六〕孤：謂使和國南北隔絶，不得援助。

〔七〕戍：守。以兵守衛其地。

【繫年】

陳軫説與三晉合，不知在何年。《吕子大事記》附於魏惠王後元十三年、齊宣王二十一年。吴師道以爲與《趙策・謂趙王曰三晉合章》、《韓策・或謂韓王章》、《燕策・或獻書燕王章》皆勸三晉諸國合從，必爲一人一時之事，證其出於陳軫。然年代編排有誤。今附於齊閔王三年、魏襄王二十一年，當周赧王十七年。

蘇秦爲趙合從説齊章

蘇秦爲趙合從〔一〕，説齊宣王曰：「齊南有太山，東有琅邪〔二〕，西有清河〔三〕，北有渤海〔四〕，此所謂四塞之國也〔五〕。齊地方二千里，帶甲數十萬，粟如丘山。齊車之良〔六〕，五家之兵〔七〕，疾如錐矢，戰如雷電，解如風雨〔八〕，即有軍役，未嘗倍太山、絶清河、涉渤海也〔九〕。臨淄之中七萬户，臣竊度之，下户三男子〔一〇〕，三七二十一萬，不待發於遠縣，而臨淄之卒固已二十一萬矣。臨淄甚富而實，其無不吹竽、鼓瑟、擊筑、彈琴、鬭雞、走犬、六博、蹴踘者〔一一〕。臨淄之途，車轂擊〔一二〕，人肩摩，連衽成帷〔一三〕，舉袂成幕〔一四〕，揮汗成雨，家敦而富，志高而揚〔一五〕。夫以大王之賢，與齊之强，天下不能當。今乃西面事秦，竊爲大王羞之。

〔一〕蘇秦爲趙合從：蘇秦以合從説趙肅侯，趙封蘇秦爲武安君，資蘇秦車馬以約諸侯。説韓、説魏，而後至齊。

合從，合山東六國之從約以擯秦。從，即「縱」字。

〔二〕琅邪：山名，在今山東諸城市東南一百五十里。

〔三〕清河：即濟水。以水道清深而得名。濟水清，對黄河之濁而言。齊西以濟水與趙爲界。

〔四〕渤海：碣石以西至直沽口，戰國時謂之渤海。渤海在齊之北境。民按：太山、琅邪、清河、渤海，原指山川而言，不當以郡縣城邑釋之。

〔五〕四塞：謂四方皆有險塞，可以固守。

〔六〕齊車：《史記》作「三軍」。

〔七〕五家之兵：《齊世家》，桓公既得管仲，修齊國政，連五家之兵。五家，家出一人爲兵，五人編爲一軌。《燕策》，齊又有「五都」之兵。

〔八〕「疾如」三句：錐矢，比喻鋭利。雷電，比喻威力。風雨，比喻聚散迅速。

〔九〕絶清河、涉渤海：絶、涉，皆渡也。直渡爲絶，由膝以上曰涉。

〔一〇〕下户三男子：下户，《史記》作「不下户」是。不下户三男子，謂每户不少於三個男子，可以當兵。

〔一一〕「其無不」句：竽，樂器似笙，三十六簧，長四尺二寸。瑟，似琴，二十五弦，弦各有柱，可以上下移動，以定聲之清濁高下。筑，狀如琴而大，頭圓，五弦，以竹擊之故名筑。琴，樂器，七弦，長三尺六寸。六博，局戲，六箸十二棋。局界左右各六道。鮑宏《博經》：「各役六箸，行六棋，故曰六博。用十二棋，六棋白，六棋黑，所擲頭謂之瓊。瓊有五彩，刻一畫者謂之塞，刻兩畫者謂之白，刻爲三畫者謂之黑，一邊不刻者，五塞之間，謂之五塞。」一九七三年長沙馬王堆漢墓出土之博局與博具，與《博經》所説正合。蹴踘，以皮爲之，實之以毛，蹴蹹而戲。劉向《别録》：「蹴蹹者，傳言黄帝所作，或曰起戰國之時。」所以練武士，因嬉戲而講習之。

〔一二〕車轂擊：車輪相撞。

〔一三〕衽：衣襟。

〔一四〕袂：衣袖。

〔一五〕家敦而富，志高而揚：敦，厚。志高而揚，《史記》作「志高氣揚」。

「且夫韓、魏之所以畏秦者，以與秦接界也。兵出而相當，不至十日，而戰勝存亡之機決矣〔一〕。韓、魏戰而勝秦，則兵半折〔二〕，四境不守，戰而不勝，以亡隨其後。是故韓、魏之所以重與秦戰而輕爲之臣也。今秦攻齊則不然，倍韓、魏之地〔三〕，过衛陽晋之道〔四〕，徑亢父之險〔五〕，車不得方軌〔六〕，馬不得並行，百人守險，千人不能過也，秦雖欲深入，則狼顧〔七〕，恐韓、魏之議其後也，是故恫疑虚猲〔八〕，高躍而不敢進，則秦不能害齊，亦已明矣。夫不深料秦之不奈我何也，而欲西面事秦，是群臣之計過也。今無臣事秦之名，而有强國之實，臣固願大王之少留計〔九〕。」

〔一〕機：機要，關鍵。

〔二〕半折：殘傷摧折軍力之一半。折，摧折。

〔三〕倍韓、魏：言二國在其背後。倍，同「背」。

〔四〕過衛陽晋之道：過衛，姚本作「至闈」。姚注：一作「過衛」。《史記》同。今從之。陽晋，衛邑，在今山東菏澤市北。《水經注》：「匏子河出東郡濮陽縣北河，經陽晋城南，蘇秦所謂衛陽晋之道也。」

〔五〕亢父：亢，音「剛」。亢父，齊之險塞。故城在今山東濟寧市南五十里。

〔六〕方軌：軌，車轍。車並行爲方軌。

〔七〕狼顧：狼性怯疑，行常還顧，恐人掎其後也。

〔八〕恫疑虚猲：恫疑，恐懼。「猲」與「喝」同，恐也，威脅。【補】虚猲，虚張聲勢以威脅。

〔九〕留計：留意計之。

齊王曰：「寡人不敏〔一〕，今主君以趙王之教詔之〔二〕，敬奉社稷以從。」

〔一〕敏：聰明，通達。此下晁本、《史記》有「僻遠守海，窮道東境之國也，未嘗得聞餘教」十七字。當據以補。

〔二〕主君：《禮記》，卿、大夫稱主。至戰國時，主君之稱通於上下。

【繫年】

按《六國年表》及《燕世家》，蘇秦以合從説燕，在燕文侯二十八年。燕文侯予蘇秦車馬金帛以至趙，趙肅侯用之因約六國。蘇秦説韓、魏、齊等國，在燕文侯二十九年、韓宣惠王二十六年、魏惠王後元三年、齊威王二十六年，當周顯王三十八年。但策文謂爲説齊宣王，此蓋《史記·田齊世家》紀年有誤，致史實與年代矛盾。【正】韓宣惠王只在位二十一年，此「二十六年」誤，應爲「元年」。韓宣惠王元年爲魏惠王後元三年。「燕文侯二十九年」應爲「燕易王元年」，「齊威王二十六年」應爲「齊威王二十五年」，「周顯王三十八年」應爲「周顯王三十七年」。

張儀爲秦連横説齊章

張儀爲秦連横，説齊王曰〔一〕：「天下强國，無過齊者，大臣父兄，殷衆富樂〔二〕，無過齊者。然而爲大王計者，皆爲一時説，而不顧萬世之利。從人説大王者〔三〕，必謂齊西有强趙，南有韓、魏，負海之國也，地廣人衆，兵强士勇，雖有百秦，將無奈我何。大王海覽其説〔四〕，而不察其至實〔五〕，夫從人朋黨比周〔六〕，莫不以從爲可。

〔一〕説齊王：説，姚本無。鮑補「説」字是。齊王，《史記·田齊世家》以爲齊閔王，高誘注以爲齊宣王。

〔二〕殷衆：殷，盛。衆，多。

〔三〕從人：合縱之人。

〔四〕海覽：海，大。覽，《史記》作「賢」。

〔五〕至實：至，王念孫云：「至」即「實」字也。「實」與「至」聲近而義亦相通。《漢書·東方朔傳》注：「至，實也。」此由一本作「至」，一本作「實」，而後誤合之耳。《史記·張儀傳》作「大王賢其説，而不計其實」，是其明證。

〔六〕比周：比，偏私。周，普遍。比周，偏義詞，謂結黨營私。

「臣聞之，齊與魯三戰而魯三勝，國以危亡隨其後，雖有勝名，而有亡之實，是何故也？齊大而魯小。今趙之與秦也，猶齊之於魯也。秦、趙戰於河漳之上〔一〕，再戰而再勝秦；戰於番吾之下〔二〕，再戰而再勝秦。四戰之後，趙亡卒數十萬，邯戰僅存。雖有勝秦之名，而國破矣。是何故也？秦强而趙弱也。今秦、楚嫁子取婦〔三〕，爲昆弟之國〔四〕；韓獻宜陽〔五〕，魏效河外〔六〕，趙入朝澠池〔七〕，割河間以事秦〔八〕。大王不事秦，秦驅韓、魏攻齊之南地〔九〕，悉趙涉河關，指博關〔一〇〕，臨淄、即墨非王之有也〔一一〕。國一日被攻，雖欲事秦，不可得也。是故願大王熟計之。」

〔一〕河漳：河，黄河。漳，漳水。漳水有兩源：北源是清漳，出今山西昔陽縣西南漳漕村，南流經和順、左權、黎城，東經河北涉縣，與濁漳合。南源是濁章，出今山西長子縣發鳩山，東北經長治、屯留、潞城、襄垣、黎城，至涉縣，清漳注入，又東北經臨漳縣、成安縣、邯鄲市肥鄉區、曲周縣入黄河，今之漳河，自河南安陽縣以下，東經河北大名縣，入於衛河。

〔二〕戰於番吾之下：番，音「盛」。番吾，亦作「蒲吾」。趙邑，故城在今河北平山縣東南。《趙世家》李牧却秦軍於番吾，在趙王遷四年、秦始皇十五年，乃張儀死後七十年事。【補正】番吾，乃爲「廣平府之磁州，在邯鄲正南七十里」，此説爲程恩澤引《方輿紀要》語。此説當是。秦涉河踰漳，據番吾，與趙戰邯鄲之下，何至邯鄲北三四百里之平山！秦若由懷慶渡河，由彰德踰漳而來，而萬萬不會至平山！

〔三〕秦、楚嫁子取婦：《楚世家》楚懷王二十四年、秦昭王二年，楚往秦迎婦。

〔四〕爲昆弟之國：楚懷王二十五年，與秦昭王盟於黄棘，約爲兄弟。上二事皆張儀死後事。

〔五〕韓獻宜陽：秦攻拔宜陽，在秦武王四年。非韓自願獻於秦者。

〔六〕魏效河外：魏以河西爲河外。魏惠王後元四年，予秦河西之地；六年，魏盡入上郡於秦。

〔七〕趙入朝澠池：澠池，本山名。崤底，一名澠池。初屬韓，後屬秦。漢在此設縣。在今河南澠池縣西。趙惠文王二十年，與秦昭王會澠池，藺相如從澠池之會，張儀已死三十年。

〔八〕割河間以事秦：《甘茂傳》趙割五城予秦以廣河間，在秦始皇八年。

〔九〕齊之南地：齊國南境。

〔一〇〕博關：齊地，故城在今山東茌平縣西北三十里。【補】上句「悉趙涉河關」之「關」字疑衍，當删。涉河，文義通。謂涉清水河。涉關，不文。關不可涉。

〔一一〕即墨：齊邑。在今山東平度市東南。

齊王曰：「齊僻陋隱居，託於東海之上〔一〕，未嘗聞社稷之長利。今大客幸而教之〔二〕，請奉社稷以事秦。」獻魚鹽之地三百於秦也〔三〕。

〔一〕託：附，寄，憑依。

〔二〕大客：謂張儀。諸侯國的上卿出使到别國爲大客。《周禮·大行人》：「掌大賓之禮及大客之儀。」

〔三〕獻魚鹽之地三百於秦：姚校：「三百」下，曾本有「里」字。吴補、一本有「里」字，姚本無「里」字。齊、秦地相隔甚遠，此乃致魚鹽之利而非獻其土地人民於秦。「三百」，指每年貢獻之數，此不當有「里」字。

【繫年】

據《史記·秦本紀》、《張儀傳》，張儀以秦惠王後元十三年相楚。因以連横説楚、韓、齊、趙、燕，歸報而秦惠王死。而説齊當是秦惠王後元十四年、齊宣王九年。當周赧王四年。【補】文中所述，多與張儀無涉，疑後人追記或錯簡所造成之誤。

戰國策卷九

齊二

韓齊爲與國章

韓、齊爲與國〔一〕，張儀以秦、魏伐韓〔二〕。齊王曰：「韓，吾與國也，秦伐之，吾將救之。」田臣思曰〔三〕：「王之謀過矣，不如聽之〔四〕。子噲與子之國〔五〕，百姓不戴，諸侯弗與，秦伐韓、楚，趙必救之，是天下以燕賜我也〔六〕。」王曰：「善。」乃許韓使者而遣之。

〔一〕與國：有患難相救助，相與爲黨與之國。

〔二〕張儀以秦、魏伐韓：「伐韓」下，有缺文。當有韓請救於齊之文。《史記·田齊世家》作「秦、魏攻韓，韓求救於齊，齊桓公召大臣而謀曰……」

〔三〕田臣思：「臣」字誤，當爲「臣」，即田忌。

〔四〕聽之：聽秦、魏伐韓而不救。

〔五〕子噲與子之國：子噲，燕王，燕昭王之父。子之，燕王噲之相。蘇代與子之親善，爲子之説燕王噲：堯讓天下於許由，許由不受，堯有讓天下之名，而不失天下。勸燕王噲效法帝堯讓國於子之，大臣、百姓不服，釀成大亂。

〔六〕以燕賜我：田忌勸齊宣王趁秦、魏伐韓，燕國内亂之機，起兵伐燕。故云「是天下以燕賜我也」。

韓自以得交於齊，遂與秦戰。楚、趙果遽起兵而救韓。齊因起兵攻燕，三十日而舉燕國〔一〕。

〔一〕三十日而舉燕國：《孟子·梁惠王下》作「五旬而舉之」。吕祖謙《大事記》據《孟子》改「三」爲「五」。舉，拔取。舉燕國，攻下燕國都。

【繫年】

《田齊世家》齊攻燕在（田）齊桓公十五年，《孟子》則在齊宣王時。時間相差四十餘年。《燕世家》謂齊攻燕在齊閔王二年。策文所説與《孟子》所説齊破燕之事相同。據此策，齊破燕與秦敗韓同時。秦惠王後元十一年、韓宣惠王十九年，秦敗韓於岸門。齊破燕當齊宣王六年、周赧王元年，齊以陳章發五都之兵因北地之衆以伐燕。世傳有銅器陳璋壺銘文可證。清人趙翼《陔餘叢考》卷五有《齊閔王伐燕之誤》，陳夢家《六國紀年》皆有考證，以齊宣王六年破燕爲是。

張儀事秦惠王章

張儀事秦惠王。惠王死，武王立〔一〕。左右惡張儀，曰：「儀事先王不忠。」言未已，齊讓又至〔二〕。張儀聞之，謂武王曰：「儀有愚計，願效之王。」王曰：「奈何？」曰：「爲社稷計者，東方有大變，然後王可以多割地〔三〕。今齊王甚憎儀，儀之所在，必舉兵而伐之。故儀願乞不肖身而之梁〔四〕，齊必舉兵而伐之。齊、梁之兵連於城下，不能相去〔五〕，王以其間伐韓，入三川，出兵函谷〔六〕，而無伐，以臨周，祭器必出〔七〕，挾天子，案圖籍〔八〕，此王業也。」王曰：「善。」乃具革車三十乘〔九〕，納之梁。

〔一〕武王：名蕩，惠王之子。張儀以連横説山東六國，從燕歸秦，未至咸陽而秦惠王卒，武王立。武王自爲太子時不悦張儀，及即王位，群臣多讒毁張儀。

〔二〕言未已，齊讓又至：言，讒惡張儀之言。已，止也。讓，責。謂責備秦武王用張儀。《張儀傳》：「群衆日夜惡張儀未已，而齊讓又至。」

〔三〕「東方」二句：東方，謂韓、魏、齊等國。變，謂各國之間和戰變化。多割地，多取得土地。

〔四〕願乞不肖身而之梁：不肖，不賢。之梁，到魏國去。

〔五〕「齊、梁之兵」二句：齊、魏兩國交戰於大梁城下，不可分離。

〔六〕入三川，出兵函谷：三川，伊、洛、黄河之間，三川之地。出兵函谷，由函谷出兵而東。

〔七〕「而無伐」三句：無伐，不攻戰。周，指天子所都之王城。祭器，指周王室所有鐘鼎彝器，大祭時所陳設之文物。出，拿出來獻給秦國。

〔八〕圖籍：圖，地圖。籍，登記户口、財富之簿書。

〔九〕革車：兵車。

齊果舉兵伐之。梁王大恐〔一〕。張儀曰：「王勿患，請令罷齊兵〔二〕。」乃使其舍人馮喜之楚，藉使之齊〔三〕。齊、楚之事已畢〔四〕，因謂齊王：「王甚憎張儀，雖然，厚矣，王之託儀於秦王也〔五〕。」齊王曰：「寡人甚憎張儀，儀之所在，必舉兵伐之，何以託張儀也？」對曰：「是乃王之託儀也〔六〕。儀之出秦，固與秦王約曰〔七〕：『爲王計者，東方有大變，然後王可以多割地。齊王甚憎儀，儀之所在，必舉兵伐之。故儀願乞不肖身而之梁。齊必舉兵伐梁，梁、齊之兵連於城下不能去，王以其間伐韓，入三川，出兵函谷，而無伐，以臨周，祭器必出，挾天子，案圖籍，是王業也。』秦王以爲然，與革車三十乘，而納儀於梁。而果伐之，是王内自罷而伐與國，廣鄰敵以自臨〔八〕，而信儀於秦王也〔九〕。此臣之所謂託儀也。」王曰：「善。」乃止。

〔一〕梁王：梁襄王。《史記》作「哀王」，誤。

〔二〕請令罷齊兵：令，當爲「今」。今，即也。高注：言今能令齊兵罷去也。

〔三〕藉使之齊：借楚使之節而往齊國。

〔四〕齊、楚之事：做楚使，使齊之事。
〔五〕王之託儀於秦王：厚託張儀於秦王。
〔六〕是乃：此所以。
〔七〕固與秦王約：原與秦王有約言。固，姚本作「因」，劉本作「固」。
〔八〕廣鄰敵以自臨：廣，擴大。鄰敵，與鄰國爲敵。以自臨，自陷於孤立、患難。
〔九〕信儀於秦王：使秦王更信張儀之言。

【繫年】

《張儀傳》繫此策於秦武王元年。張儀相魏一歲，卒於魏，《索隱》引《竹書紀年》以爲梁哀王九年五月卒。則此當爲秦武王元年、魏哀（襄）王九年、齊宣王十年、周赧王五年事。

犀首以梁爲齊戰章

犀首以梁爲齊戰於承匡而不勝〔一〕。張儀謂梁王：「不用臣言以危國。」梁王因相張儀。儀以秦、梁之齊合橫親〔二〕，犀首欲敗〔三〕，謂衛君曰：「衍非有怨於儀也，值所以爲國者不同耳〔四〕。君必解衍〔五〕。」衛君爲告儀，儀許諾，因與之參坐於衛君之前〔六〕。犀首跪行，爲儀千秋之祝〔七〕。明日張子行，犀首送之，至於齊疆〔八〕。齊王聞之，怒於儀曰：「衍也吾讎，而儀與之俱〔九〕，是必與衍鬻吾國矣〔一〇〕。」遂不聽。

〔一〕爲齊戰於承匡而不勝：爲齊，鮑本作「與齊」。策文「爲」、「與」通用。承匡，宋地，後入於魏。今河南睢縣西北三十里有匡城。

〔二〕秦、梁之齊合横親：之，猶與，以秦、梁與齊合。横親，以連横之説説之，使三國相親。

〔三〕犀首欲敗：「欲敗」下，王念孫云當有「之」字。若無「之」字，則文不成義。敗，破壞。破壞張儀連三國之横親。

〔四〕值所以爲國者不同：值，與「直」通，但，特。爲國者不同，治理國家之辦法不一樣。

〔五〕君必解衍：君，衛君。衛由侯貶稱君，始於衛嗣君。解衍，爲公孫衍向張儀解説。

〔六〕參坐：三人並坐。參，古同「叄」，三的大寫。

〔七〕千秋之祝：爲張儀祈祝千秋之壽。

〔八〕齊疆：齊國之疆界。

〔九〕「衍也吾讎」二句：讎，仇敵。公孫衍以梁與齊戰，故齊王曰「衍也吾讎」。俱，偕同。儀與之俱，張儀與公子衍偕同並行。

〔一〇〕必與衍鬻吾國：言張儀一定與公孫衍合謀出賣我齊國。鬻，賣。

【繫年】

策文：「梁王因相張儀。」按張儀曾兩次相魏。第一次相魏，在魏惠王後元十三年。留魏四歲而魏惠王卒，襄王立，張儀歸秦。第二次相魏，在魏襄王八年，即此策所謂「梁王因相張儀」。因繫此策於梁襄王九年、秦武王元年、齊宣王十年，當周赧王五年，與上章爲同年事。

昭陽爲楚伐魏章

昭陽爲楚伐魏〔一〕，覆軍殺將，得八城〔二〕，移兵而攻齊，陳軫爲齊王使〔三〕，見昭陽，再拜賀戰勝，起而問〔四〕：「楚之法，覆軍殺將，其官爵何也？」昭陽曰：「官爲上柱國，爵爲上執珪〔五〕。」陳軫曰：「異貴於此者何也〔六〕？」曰：「唯令尹耳〔七〕。」陳軫曰：「令尹貴矣！王非置兩令尹也，臣竊爲公譬可乎〔八〕！楚有祠者〔九〕，賜其舍人卮酒〔一〇〕。舍人相謂曰：『數人飲之不足，一人飲之有餘。請畫地爲蛇，先成者飲酒。』一人蛇先成，引酒且飲之，乃左手持卮，右手畫蛇曰：『吾能爲之足。』未成〔一一〕，一人之蛇成，奪其卮曰：『蛇固無足，子安能爲之足？』遂飲其酒。爲蛇足者，終亡其酒。今君相楚而攻魏，破軍殺將，得八城，不弱兵〔一二〕，欲攻齊，齊畏公甚，公以是爲名足矣〔一三〕，官之上非可重也〔一四〕。戰無不勝而不知止者，身且死，爵且後歸〔一五〕，猶爲蛇足也。」昭陽以爲然，解軍而去。

〔一〕昭陽：高注：昭陽，楚懷王將。

〔二〕覆軍殺將，得八城：覆軍，攻破魏軍。八城，不詳其地。《楚世家》：「楚懷六年，楚使柱國昭陽將兵而攻魏，破之於襄陵，得八邑。」則此八邑應在襄陵附近。【補】襄陵，在今河南省睢縣西三十里。

〔三〕陳軫爲齊王使：陳軫是時仕秦，爲秦惠王使於齊。楚昭陽移兵攻齊，陳軫又爲齊王使者，見昭陽。齊王，齊威王。

〔四〕起而問：《御覽》卷四六〇引策文作「而起請問」。

〔五〕「官爲」二句：上柱國，楚勛官，在尹令下，諸卿上。執珪，楚官爵名。功臣賜以珪，謂之執珪比附庸。楚嘗與秦戰於漢中，通侯執珪死者七十餘人。

〔六〕異貴於此者：其他更貴於上柱國、上執珪者。異，猶他。

〔七〕令尹：楚相，爵位最高。

〔八〕「臣竊」句：劉師培云：「《藝文類聚》卷二五所引「譬」下有「之」字。乎，姚、鮑本作「也」。劉本作「乎」。按《御覽》卷四六〇引作「譬之可乎」，當從劉本改「也」爲「乎」。高注：譬，喻。【補】此處斷句應爲：「臣竊爲公譬，可乎？」「譬」字後應有「之」字。《太平御覽》、《藝文類聚》「譬」下有「之」字。

〔九〕祠：祭神。古代春、秋皆有祠祭。

〔一〇〕賜其舍人卮酒：舍人，左右親近之通稱。後以爲私屬官號，侍從賓客。卮，酒器，受四升，狀如茶杯。卮酒，一杯酒。王念孫云：「卮」上當有「一」字。若無「一」字，則文義不明。民按：無「一」字亦通。《項羽本紀》「賜之卮酒」、「卮酒安是辭」，是其證。

〔一一〕未成：劉師培云：「未成」以上當疊「足」字。《藝文類聚》卷二五所引「吾能爲足，爲足未成」，七十三所引「吾能爲之足，足未成」。按《御覽》卷四六〇引「吾能爲之足，爲足未成」，則「未成」上當補「爲足」二字，文義乃通。

〔一二〕不弱兵：《藝文類聚》卷二五、卷九六、卷九八，皆引作「又移兵」。《史記》作「又移兵」。《御覽》卷四六〇引作「又移師」。則「不弱」二字乃「又移」二字形近之誤。

〔一三〕「公以是」句：「名」字下，姚本有「居」字，姚校、一本去「居」字。按《御覽》卷四六〇所引亦無「居」字。今從一本，删「居」字。

〔一四〕官之上：《藝文類聚》卷二五引「官」作「冠」，《史記》作「冠」。作「冠」爲是。

〔一五〕爵且後歸：《藝文類聚》卷二五「後」作「偃」。《史記》作「奪偃」。《御覽》卷四六〇引作「爵且偃」。皆寢封之義。後歸，歸於後人。

【繫年】

《楚世家》昭陽伐魏得八城，在楚懷王六年。當秦惠王後元二年、魏惠王後元十二年、齊威王三十四年、周顯王四十六年。

秦攻趙趙令樓緩章

秦攻趙，趙令樓緩以五城求講於秦〔一〕，而與之伐齊。齊王恐，因使人以十城求講於秦。樓子恐，因以上黨二十四縣許秦王。趙足之齊〔二〕，謂齊王曰：「王欲秦、趙之解乎？不如從合於趙，趙必倍秦。倍秦則齊無患矣。」

〔一〕樓緩：趙人。初爲趙武靈王臣。武靈王死，由趙入秦，事秦昭王。秦昭王十年爲秦相。至昭王四十八年長平之戰後，又爲秦之趙，誘趙王入城與秦以講和。其人終身爲秦連横以散趙、魏、齊之交。

〔二〕趙足：身世不詳。【補】趙足，趙臣。與奉陽君李兑並時。其名又見於《燕策二·蘇代爲奉陽君章》及《戰國縱横家書》第一、第二章。

【繫年】

顧觀光《國策編年》，附此策於周赧王五十六年，當秦昭王四十八年、趙孝成王七年、齊王建六年。

權之難齊燕戰章

權之難〔一〕，齊、燕戰。秦使魏冉之趙〔二〕，出兵助燕擊齊。薛公使魏處之趙〔三〕，謂李向曰〔四〕：「君助燕擊齊，齊必急。急必以地和於燕，而身與趙戰矣。然則是君自爲燕東兵〔五〕，爲燕取地也。故爲君計者，不如按兵勿出，齊必緩，緩必復與燕戰。戰而勝，兵罷弊，趙可取唐、曲逆〔六〕；戰而不勝，命懸於趙。然則吾中立而割窮齊與疲燕也，兩國之權，歸於君矣。」

〔一〕權之難：權，地名，不詳所指。難，齊、燕所戰之，故曰難。【補】權，又稱權邑，戰國燕地，在今河北省正定縣北二十里。鮑注爲楚地之當陽，誤甚。

〔二〕魏冉：即穰侯。秦昭王之舅。

〔三〕薛公使魏處之趙：薛公，孟嘗君田文。魏處，人名，事迹不詳。

〔四〕李向：趙用事者，不詳其身世。

〔五〕東兵：鮑本作「束兵」，未知孰是。【補】束兵，作「束兵」是。束兵，即斂兵。

〔六〕唐、曲逆：唐，燕邑。故城在今河北唐縣。曲逆，地名，以曲逆水得名。故城在今河北順平縣東南二十里。

【繫年】

鮑彪謂此役爲燕文公末年事。顧觀光繫此役於周顯王三十六年，當齊威王二十四年、燕文公二十九年、趙肅侯十七年。按魏冉與田文事迹及戰國形勢觀之，則權之難當在後。《趙世家》趙惠文王十八年，魏冉來相趙，當秦昭王二十六年、齊襄王三年、周赧王三十四年，則權之難爲此時事。

秦攻趙長平齊楚救章

秦攻趙長平〔一〕，齊、楚救之。秦計曰：「齊、楚救趙〔二〕，親則將退兵，不親則且遂攻之〔三〕。」

〔一〕秦攻趙長平：姚注：一本無「長平」二字。
〔二〕齊、楚救趙：姚注：一本無「楚」字。
〔三〕「親則」二句：視齊、楚與趙親不親而決其進退。

趙無以食，請粟於齊，而齊不聽。蘇秦謂齊王曰〔一〕：「不如聽之以却秦兵，不聽，則秦兵不却，是秦之計中，而齊、燕之計過矣〔二〕。且趙之於燕、齊，隱蔽也〔三〕，猶齒之有脣也，脣亡則齒寒。今日亡趙，則明日及齊、楚矣〔四〕。且夫救趙之務，宜若奉漏甕，沃焦釜〔五〕。夫救趙，高義也；却秦兵，顯名也。義救亡趙，威却强秦兵〔六〕，不務爲此，而務愛粟，則爲國計者過矣。」

〔一〕蘇秦：姚注：《史記》作「周子」。周子，齊之謀臣，史失其名。《戰國策》以周子爲蘇秦，而「楚」字皆作「燕」。然此時蘇秦死久矣。按，此據《田齊世家索隱》文，鮑改「秦」爲「子」。
〔二〕「是秦」二句：中，得。過，失。
〔三〕隱蔽：《史記》作「捍蔽」，屏藩之義。此時秦攻趙上黨，無意攻齊、燕。故趙對於齊、燕是屏藩、捍蔽。
〔四〕楚：當作「燕」。《索隱》云：此策「楚」字皆作「燕」。此上「齊、楚救之」，「楚」字亦本作「燕」。不知者據《史記》誤改之耳。
〔五〕奉漏甕，沃焦釜：奉，承。甕，陶器，盛酒漿者。沃，灌溉。釜，鍋。漏甕、焦釜，言須急救濟。【補正】奉漏甕，即捧着漏水的甕；沃焦釜，即往熱鍋中倒涼水。極言其事情緊急，如處置不當，適得其反。
〔六〕「却秦兵」四句：兩「兵」字，並因上文「聽之以却秦兵」而衍。

【繫年】

《史記·田齊世家》繫此策於齊王建六年。正是秦昭王四十八年、趙孝成王七年、周赧王五十六年，秦攻趙，大破趙軍於長平之後。又分軍爲三，攻趙武安、太原、上黨。齊、燕救趙應是此時事。與《史記·秦本紀》、《趙世家》、《白起傳》所記符合。

或謂齊王曰周韓章

或謂齊王曰〔一〕：「周、韓西有强秦，東有趙、魏。秦伐周、韓之西，趙、魏不伐〔二〕，周、韓爲割〔三〕，韓却周害也〔四〕。及韓却周割之〔五〕，趙、魏亦不免與秦爲患矣〔六〕。今齊、秦伐趙、魏〔七〕，則亦不果於趙、魏之應秦而伐周、韓〔八〕。令齊入於秦而伐趙、魏〔九〕，趙、魏亡之後，秦東面而伐齊，齊安得救天下乎〔一〇〕？」

〔一〕齊王：齊王建。

〔二〕趙、魏不伐：趙、魏不從秦伐周、韓。

〔三〕周、韓爲割：周、韓以趙、魏不從秦伐周、韓，故割地於趙、魏。

〔四〕韓却周害：韓却，韓退却不與秦戰。周害，周受秦害。

〔五〕韓却周割之：周割，當爲「周害」，此因重複上句，而誤混「割」、「害」二字。「之」下鮑補「後」字。王念孫云：當補「後」字，文義乃完。

〔六〕「趙、魏亦不免」句：言趙、魏亦不免於秦患。

〔七〕「今齊、秦」句：「今齊」下，王念孫從鮑本補「應」字。

〔八〕不果：王念孫云：「果」當爲「異」字誤。

〔九〕令齊入於秦：令，當爲「今」。入於秦，合於秦，助齊伐趙、魏。

〔一〇〕齊安得救天下：謂齊不能得天下之救援。天下，指關東六國。

【繫年】

從顧觀光，繫此策於齊王建三十五年、趙王遷六年、魏景閔王十三年、秦始皇十七年。

戰國策卷十

齊三

楚王死太子在齊章

楚王死〔一〕，太子在齊質〔二〕。蘇秦謂薛公曰〔三〕：「君何不留楚太子，以市其下東國〔四〕。」薛公曰：「不可。我留太子，郢中立王〔五〕，然則是我抱空質而行不義於天下也〔六〕。」蘇秦曰：「不然。郢中立王，君因謂其新王曰：『與我下東國，吾爲王殺太子。不然，吾將與三國共立之〔七〕。』然則下東國必可得也。」

〔一〕楚王死：楚懷王爲張儀所欺，西與秦昭王會武關，秦劫持懷王入秦，而死於秦。楚王，楚懷王。

〔二〕太子在齊質：太子，楚懷王太子名横，楚懷王二十九年爲質於齊。楚懷王三十年，懷王入秦，明年，太子由齊歸楚，立爲頃襄王。立三年，懷王乃死於秦。

〔三〕薛公：孟嘗君田文。時由秦逃歸，爲齊相。

〔四〕以市其下東國：市，交易。以太子交换楚之下東國。楚稱召陵以東之地爲東國。下東國，楚東國之地近齊者。

【補】下東國，程恩澤按引胡三省曰：楚滅陳、蔡，封畛於汝；滅越取吴故地，並有古徐邑之地，皆在淮北。即楚所謂下東國。

〔五〕郢中立王：郢，楚都。古城在今湖北荆州市東北十里紀南城。

〔六〕抱空質而行不義：抱，持。空質，郢中立王，留楚太子無益，故曰抱空質。行不義，謂乘楚之難而留其太子。

〔七〕三國：齊曾與韓、魏、秦敗楚，三國，謂韓、魏、秦。

蘇秦之事，可以請行〔一〕，可以令楚王亟入下東國〔二〕，可以益割於楚〔三〕，可以忠太子而使楚益入地，可以爲楚王走太子〔四〕，可以忠太子使之亟去，可以惡蘇秦於薛公，可以爲蘇秦請封於楚，可以使人説薛公以善蘇子，可以使蘇子自解於薛公。〔五〕

〔一〕蘇秦之事，可以請行：言蘇秦留楚太子之策，可以行。

〔二〕亟入下東國：亟，與「急」通，速也。入，送致。

〔三〕益割於楚：益，多。割，割取土地。

〔四〕楚王：楚新立之王。

〔五〕此段乃編此策者之敘説，所謂長短之術。

蘇秦謂薛公曰：「臣聞謀泄者事無功，計不決者名不成。今君留太子者，以市下東國也。非亟得下東國者，則楚之計變，變則是君抱空質而負名於天下也。」薛公曰：「善。爲之奈何？」對曰：「臣請爲君之楚，使亟入下東國之地。楚得成〔一〕，則君無敗矣。」薛公曰：「善。」因遣之。故曰：可以請行也〔二〕。

〔一〕楚得成：齊求下東國之地而楚與之爲得成。

〔二〕「故曰」句：此七字，姚本、鮑本皆作注文。姚注：曾本作正文，不作注文。乃上段編此者之敘説，又分其文於各段之後。

謂楚王曰〔一〕：「齊欲奉太子而立之。臣觀薛公之留太子者，以市下東國也。今王不亟入下東國，則太子且倍王之割而使齊奉己〔二〕。」楚王曰：「謹受命。」因獻下東國。故曰：可以使楚亟入地也。

〔一〕楚王：此楚王不詳爲誰。【補】楚王，當指楚懷王西走秦之後，楚國爲穩定局勢而虛設之王。吴師道曰：「楚人知懷王之必不歸，而秦要之以割地，故立王以絶君，而喪君有君，所以靖國。」

〔二〕倍王之割而使齊奉己：倍，加倍。言太子許割給齊國的土地，多於下東國之地。己，指楚太子。奉己，使齊奉己立以爲楚王。

謂薛公曰：「楚之勢可多割也。」薛公曰：「奈何？」「請告太子其故〔一〕，使太子謁之君，以忠太子〔二〕。使楚王聞之，可以益入地。」故曰：可以益割於楚。

〔一〕其故：告以楚獻下東國之原因。

〔二〕「使太子」二句：齊得太子許齊之地，保證使太子歸楚，表示齊忠於楚太子。謁，告請。君，薛公。

謂太子曰：「齊奉太子而立之，楚王請割地以留太子，齊少其地〔一〕。太子何不倍楚之割地而資齊〔二〕，齊必奉太子。」太子曰：「善。」倍楚之割而延齊〔三〕。楚王聞之恐，益割地而獻之，尚恐事不成。故曰：可以使楚益入地也。

〔一〕齊少其地：楚割地於齊使留太子，齊嫌其少。

〔二〕資：與。

〔三〕倍楚之割而延齊：倍楚之割地以緩齊之聽楚留太子。延，緩。

謂楚王曰：「齊之所以敢多割地者，挾太子也。今已得地而求不止者，以太子權王也〔一〕。故臣能去太子。太子去，齊無辭〔二〕，必不倍於王也〔三〕。王因馳強齊而交〔四〕，齊辭，必聽王。然則是王去讎而得齊交也〔五〕。」楚王大悦，曰：「請以國因〔六〕。」故曰：可以爲楚王使太子亟去也。

〔一〕以太子權王：謂以太子衡量輕重楚王。權，衡量輕重。

〔二〕齊無辭：齊國無立太子爲楚王之理由。

〔三〕必不倍於王：必不多求割地於楚王。

〔四〕馳：急往。

〔五〕去讎：除去仇人，而得交於齊國。讎，楚王之仇，指太子。

〔六〕請以國因：請以國事因蘇秦而結交於齊。

謂太子曰：「夫剬楚者〔一〕，王也，以空名市者，太子也，齊未必信太子之言也，而楚功見矣〔二〕。楚交成，太子必危矣。太子其圖之。」太子曰：「謹受命。」乃約車而暮去。故曰：可以使太子急去也。

〔一〕剬：古「制」字，控制。

〔二〕楚功見：齊不信太子，楚王割地而齊授受，楚王在外交上成功。

蘇秦使人請薛公曰〔一〕：「夫勸留太子者，蘇秦也。蘇秦非誠以爲君也，且以便楚也〔二〕。蘇秦恐君之知之，故多割楚以滅跡也〔三〕。今勸太子者〔四〕，又蘇秦也，而君弗知，臣竊爲君疑之。」薛公大怒於蘇秦。故曰：可使人惡蘇秦於薛公也。

〔一〕請：《爾雅·釋詁》：請，告也。

〔二〕且以便楚也：便，利。勸齊留楚太子，正所以利楚。

〔三〕滅跡：消弭其便利楚之跡象。滅，消弭。跡，跡象。

〔四〕今勸太子者：鮑本「者」上補「去」字。鼂本有「去」字。按上文，當有「去」字。

又使人謂楚王曰：「夫使薛公留太子者，蘇秦也，奉王而代立楚太子者〔一〕，又蘇秦也。割地固約者，又蘇秦也。忠王而走太子者，又蘇秦也。今人惡蘇秦於薛公，以其爲齊薄而爲楚厚也。願王知之。」楚王曰：「謹受命。」因封蘇秦爲武貞君〔二〕。故曰：可以爲蘇秦請封於楚也。

〔一〕代立：代太子立爲楚王。

〔二〕武貞君：楚封蘇秦以美名號。

又使景鯉請薛公曰〔一〕：「君之所以重於天下者，以能得天下之士而有齊權也。今蘇秦天下之辯士也，世與少有〔二〕。君固不善蘇秦，則是圍塞天下士而不利說途也〔三〕。夫不善君者，且奉蘇秦，而於君之事殆矣。今蘇秦善於楚王，而君不蚤親〔四〕，則是身與楚爲讎也。故君不如因而親之，貴而重之，是君有楚也。」薛公因善蘇秦。故曰：可以爲蘇秦說薛公以善蘇秦。

〔一〕景鯉：景姓，鯉名，楚懷王相。

〔二〕世與少有：謂世所少有。

〔三〕圍塞天下士而不利說途：金正煒云：「圍」當爲「圉」，禁也。途，道路。

〔四〕蚤：與「早」同。

【繫年】

此策當爲楚懷王入秦不返時事，太子橫由齊歸楚之年。不當刊於楚懷王死秦之年。楚懷王三十年入秦，齊歸楚太子，楚立以爲頃襄王。《秦本紀》楚懷王入秦，在秦昭王十年，誤，當爲八年。當周赧王十六年。

齊王夫人死章

齊王夫人死〔一〕，有七孺子皆近〔二〕。薛公欲知王所欲立〔三〕，乃獻七珥，美其一〔四〕，明日視美珥所在，勸王立爲夫人〔五〕。

〔一〕齊王夫人死：齊王，齊威王。夫人，《論語》：邦君之妻，稱之曰君夫人。

〔二〕有七孺子皆近：孺子，王妾之有品級名號者。《韓非子·八奸》：貴夫人，愛孺子。近，愛幸。

〔三〕薛公欲知王所欲立：薛公，田嬰。王所欲立，欲立以爲夫人者。

〔四〕乃獻七珥，美其一：所獻七珥中，有一珥最好。故云，美其一。珥，音耳。以珠玉爲飾，用以塞耳。

〔五〕「明日視」二句：看美珥爲誰所佩戴，則知王之所喜愛者，勸王立爲夫人。

【繫年】

《田齊世家》齊威王三十三年殺其大夫牟辛。《索隱》云：徐廣與《年表》並作「夫人」。不知與此策有關否。齊宣王八年亦有殺王后之事，然其事皆不可考。而顧觀光附此策於周顯王四十八年，當齊威王三十六年。于鬯繫於齊威王三十四年，不知所據。而《韓非子》、《淮南子》皆載此事而敘於齊威王。故繫此策於周顯王四十八年。

孟嘗君將入秦章

孟嘗君將入秦〔一〕，止者千數而弗聽〔二〕。蘇秦欲止之，孟嘗曰：「人事者，吾已盡知之矣；吾所未聞者，獨鬼事耳。」蘇秦曰：「臣之來也，固不敢言人事也，固且以鬼事見君。」

〔一〕孟嘗君：田文。秦昭王聞其賢，乃先使涇陽君爲質於齊，以求見孟嘗君，故孟嘗君入秦。

〔二〕止者千數而弗聽：止，勸止，不欲孟嘗君入秦。千數，孟嘗君門下客數千人，莫欲其行。【補正】此策中所言之蘇秦，應爲蘇代。黃丕烈、吴師道均考爲「代」。錢藻曰：「孟嘗入秦，在秦昭王八年，距蘇秦死亦二十年，燕王噲亦死十四年，何來有蘇秦？」諸本改「秦」爲「代」，是。

孟嘗君見之。謂孟嘗君曰：「今者臣來〔一〕，過於淄上〔二〕，有土偶人與桃梗相與語〔三〕。桃梗謂土偶人曰：『子，西岸之土也，挻子以爲人〔四〕，至歲八月，降雨下〔五〕，淄水至，則汝殘矣〔六〕。』土偶曰：『不然。吾西岸之土也，吾殘則復西岸耳〔七〕。今子，東國之桃梗也〔八〕，刻削子以爲人，降雨下，淄水至，流子而去，則子漂漂者將何如耳〔九〕。』今秦四塞之國〔一〇〕，譬若虎口，而君入之，則臣不知君所出矣。」孟嘗君乃止〔一一〕。

〔一〕今者臣來：鮑本無「者」字。《風俗通義》及《說苑》引此作「臣之來也」。

〔二〕淄上：淄水之上。淄水出萊蕪原山下，東至博興入濟。今淄水自淄博市博山區西南，東折而北，經青山市、淄博市臨淄區入小清河。

〔三〕「有土偶人」句：「土偶人」下《藝文類聚》卷八八引有「焉」字，「桃梗」下《御覽》卷三九六引有「人」字。《史記》作「見木偶人與土偶人」。偶，謂以土、木爲之，偶類於人。梗，枝梗，刻桃木爲人。土偶以比涇陽君，桃梗以比孟嘗君。

〔四〕挻：鮑本、姚本皆誤爲「挺」。《藝文類聚》卷八八及晁本作「埏」。《風俗通義·祀典》引作「埏」。「埏」與「挻」同字。今改爲「挻」。挻，攝制。

〔五〕降：與「洚」同。「洚」、「洪」一字。降，大也。降水，大雨。

〔六〕殘：壞。

〔七〕吾殘則復西岸：吾殘，此二字姚本作「土」。姚注：一作「吾殘則」。王念孫云：「土則復西岸」，義不可通。此承上「則汝殘矣」而言。則作「吾殘」者是也。《風俗通義》、《藝文類聚》、《太平御覽》引策文並作「殘則復西岸」，或「吾殘則復西岸」。

〔八〕東國：《說苑·正諫》、《御覽》卷三九六、《藝文類聚》卷八六並引作「東園」。國，乃「園」字之誤。

〔九〕則子漂漂者將何如耳：漂流將不知其所在。如，往也。

〔一〇〕四塞之國：東有函谷關，南有武關，西有散關，北有蕭關，四面有關山之固。【補】程恩澤按引徐廣曰：「東函谷、南武關、西散關、北蕭關，故曰四塞，亦曰關中。」《正義》：「東有黃河，有函谷、蒲津、龍門、合河等關；南山及武關、嶢關；西有大隴山及隴山關、大震、烏蘭等關；北有黃河南塞。是四塞之國。」

〔一一〕止：猶還，據史實孟嘗君入秦事並未停止。

【繫年】

孟嘗君入秦，《秦本紀》、《田齊世家》皆載其事。秦昭王九年，孟嘗君田文來相秦。齊閔王二十五年，歸涇陽君於秦，孟嘗君田文入秦。秦昭王九年，當齊閔王三年、周赧王十七年。《田齊世家》作「二十五年」，蓋誤。

孟嘗君在薛章

孟嘗君在薛〔一〕，荊人攻之〔二〕。淳于髡爲齊使於荊〔三〕，還，反過薛。而孟嘗令人體貌而親郊迎之〔四〕。謂淳于髡曰：「荊人攻薛，夫子弗憂，文無以復侍矣〔五〕。」淳于髡曰：「敬聞命。」至於齊，畢報〔六〕。

〔一〕薛：孟嘗君封邑，故城在今山東滕州市南薛城。

〔二〕荊：楚國的原名。

〔三〕淳于髡：齊人，滑稽多辯，事齊宣王。淳于，複姓，髡，其名。

〔四〕體貌：謂加禮容而敬之。體，一本作「禮」。

〔五〕文無以復侍：文，孟嘗君之名。侍，伺候。無以復侍，不再能伺候。謙辭，意謂不再交往。

〔六〕畢報：將出使之事悉匯報於齊王。

王曰：「何見於荆〔一〕？」對曰：「荆甚固〔二〕，而薛亦不量其力。」王曰：「何謂也？」對曰：「薛不量其力，而爲先王立清廟〔三〕。荆固而攻之，清廟必危。故曰：薛不量力，而荆亦甚固。」齊王和其顔色〔四〕，曰：「譆〔五〕！先君之廟在焉！」疾興兵救之。

〔一〕何見於荆：到楚有何見聞。

〔二〕固：執滯不變。

〔三〕爲先王立清廟：先王，齊威王。清廟，謂肅然清静之廟。

〔四〕和其顔色：《吕氏春秋·報更》引作「知顔色」。王念孫云：作「知」者是也。若云「和其顔色」，則與下意了不相涉。高注：知，發也。

〔五〕譆：痛而呼之聲。

顛蹶之請〔一〕，望拜之謁〔二〕，雖得則薄矣。善説者陳其勢，言其方〔三〕，人之急也，若自在隘窘之中〔四〕，豈用强力哉。〔五〕

〔一〕顛蹶：謂奔走請救，疲勞僵仆。

〔二〕望拜：謂仰望而拜之，言請謁過於恭敬。

〔三〕方：大略。【補】日本安井衡云：「方，向也。言其所宜方向。」

〔四〕隘窘：隘，通「阨」，險。窘，急迫，困阨。

〔五〕此段乃著此策者之言，評説術之長短。

【繫年】

吴師道謂孟嘗君在薛，不知爲何時。然考《孟嘗君傳》「齊王惑於秦、楚之毁，以爲孟嘗君名高其主，而擅齊國之權，遂廢孟嘗君」，則孟嘗君在薛，當爲此時事。顧觀光繫於周赧王二十二年，當齊閔王八年，庶乎近之。

孟嘗君奉夏侯章章

孟嘗君奉夏侯章以四馬百人之食〔一〕，遇之甚懽〔二〕。夏侯章每言未嘗不毁孟嘗君也〔三〕。或以告孟嘗君，孟嘗君曰：「文有以事夏侯公矣，勿言〔四〕！」董之繁菁以問夏侯公〔五〕，夏侯公曰：「孟嘗君重非諸侯也〔六〕，而奉我四馬百人之食。我無分寸之功而得此，然吾毁之以爲之也〔七〕。君所以得爲長者，以吾毁之者也〔八〕。吾以身爲孟嘗君，豈待言也哉！〔九〕」

〔一〕「孟嘗君」句：夏侯章，孟嘗君門下賓客。百人之食，謂奉養之厚。

〔二〕遇之甚懽：待遇他很樂意。遇，待遇。懽，同「歡」。

〔三〕毁：詆毁，誹謗。
〔四〕「文有以」二句：文有以事夏侯公，謂我待夏侯章不錯，他不會害我。言，説，道。
〔五〕董之繁菁：齊人名，其身世不詳。
〔六〕孟嘗君重非諸侯：言孟嘗君尊貴不是諸侯。重，尊。
〔七〕「然吾毁之」句：譭謗孟嘗君，正是爲抬高孟嘗君。
〔八〕「君所以」句：孟嘗君所以名高天下，被稱爲長者，由於我譭謗他，他不計較。
〔九〕豈待言也哉：姚本作「豈得持言也」。姚注：劉本「豈特言也哉」。吴師道云：特者，「待」之訛；得者，「待」之訛衍。從劉、吴説，改「特」爲「待」。

【繫年】

此章時不可考。暫附於孟嘗君就國於薛，與上章爲同時事。

孟嘗君讌坐章

孟嘗君讌坐〔一〕，謂三先生曰：「願聞先生有以補文之闕者〔二〕。」一人曰：「訾天下之主〔三〕，有侵君者，臣請以臣之血湔其衽〔四〕。」田瞀曰〔五〕：「車軼之所能至〔六〕，請掩足下之短者，誦足下之長，千乘之君與萬乘之相，其欲有君也，如使而弗及也〔七〕。」⿱股目曰〔八〕：「臣願以足下之府庫財物，收天下之士，能爲君決疑應卒〔九〕，若魏文侯之有田子方、段干木也〔一〇〕。此臣之所爲君取矣。」

〔一〕讌坐：讌，即燕，安也。燕坐，猶閒坐、燕居。【補】退朝而居爲之。見《禮記》。

〔二〕「願聞」句：姚本無「文」字。姚注：一本有「文」字。從一本補「文」字。闕，同「缺」，缺失，過錯。

〔三〕訾：衡量。

〔四〕「有侵君者」二句：侵，淩犯。君，謂孟嘗君。湔，與「濺」同，灑。袵，衣襟。

〔五〕田瞀：姚注：「瞀」恐作「⿱般目」，即「眅」。其人事迹不詳。姚以「瞀」作「⿱般目」，疑誤。

〔六〕車軼之所能至：言其遠。軼，車轍。

〔七〕「其欲有君」二句：欲得孟嘗君以備其任使，迫不及待。

〔八〕勝⿱股目：不詳。【補】⿱股目，鮑本作「臀」，誤。安井衡曰：「『⿱股目』即『⿱般目』字，蒲官反，音盤。鮑不知『月』爲『舟』省，輒改爲『臀』，妄甚。」金正煒云：「安井説是。此又一先生。」

〔九〕能爲君決疑應卒：決，斷。疑，惑而無主之事。卒，通「猝」，突然，急迫。

〔一〇〕「若魏文侯」句：魏文侯名斯，戰國時魏開國之賢君。文侯師事田子方、段干木。田子方名無擇，學於端木子貢，爲魏文侯師。段干木，晋之大駔，學於子夏，魏文侯師之。

【繫年】

此策時間不可考，亦暫附於齊閔王八年，孟嘗君就國時。

孟嘗君舍人章

孟嘗君舍人〔一〕，有與君之夫人相愛者，或以問孟嘗君曰〔二〕：「爲君舍人，而內與夫人相愛，亦甚不義矣。君其殺之。」君曰：「睹貌而相悦者，人之情也。其錯之〔三〕，勿言也。」

〔一〕舍人：私屬官，主家事者。

〔二〕或以問：姚注：問，曾作「聞」。《御覽》卷四七五引作「聞」。「聞」、「問」古通。問，告訴。

〔三〕錯：與「措」同，措置不管。

居期年，君召愛夫人者而謂之曰：「子與文游久矣，大官未可得，小官公又弗欲。衛君與文布衣交，請具車馬皮幣〔一〕，願君以此從衛君。」游於衛，甚重。齊、衛之交惡，衛君甚欲約天下之兵以攻齊。是人謂衛君曰：「孟嘗君不知臣不肖，以臣欺君〔二〕。且臣聞齊、衛先君，刑馬壓羊〔三〕，盟曰：『齊、衛後世無相攻伐。有相攻伐者，令其命如此〔四〕。』今君約天下之兵以攻齊，是足下倍先君盟約而欺孟嘗君也。願君勿以齊爲心。君聽臣則可；不聽臣，若臣不肖也〔五〕，臣輒以頸血湔足下衿。」衛君乃止。齊人聞之曰：「孟嘗君可謂善爲事矣，轉禍爲功〔六〕。」

〔一〕皮幣：束帛爲幣，而以虎豹皮爲飾。【補】皮幣，一爲毛皮和布帛，古代作爲貴重之禮物。《管子·五行》：「出皮幣，命行人修春秋之禮於天下諸侯。」一爲以獸皮製成的貨幣，漢以後以宮中白鹿皮爲之，一方尺爲一張，飾以彩繪，值四十萬錢。當時是一種信用貨幣。

〔二〕孟嘗君不知臣不肖，以臣欺君：臣，舍人自謂。欺，欺騙。謙辭，謂己不肖，而孟嘗君言其賢也。

〔三〕刑馬壓羊：殺馬羊歃其血以相盟誓。刑，殺。

〔四〕其命如此：其命如此馬羊也。

〔五〕若：疑「者」字之誤。屬上句。

〔六〕「孟嘗君」二句：謂，姚本作「語」。姚注：集、劉作「謂」，今從之。高注：不殺其舍人，是轉禍。使衛不伐齊，是爲功。

【繫年】

此與上章爲同時事。

孟嘗君有舍人章

孟嘗君有舍人而弗悦，欲逐之。魯連謂孟嘗君曰〔一〕：「猿獮猴錯木據水，則不若魚鱉〔二〕，歷險乘危，則騏驥不如狐狸〔三〕。曹沫之奮三尺之劍〔四〕，一軍不能當。使曹沫釋其三尺之劍，而操銚鎒與農夫居壠畝之中〔五〕，則不若農夫。故物舍其所長，之其所短〔六〕，堯亦有所不及矣。今使人而不能，則謂之不肖；教人而不能，則謂之拙。拙則罷之，不肖則棄之。使人有棄逐不相與處〔七〕，而來害相報者〔八〕，豈非世之立教首也哉〔九〕！」孟嘗君曰：「善。」乃弗逐。

〔一〕魯連：亦名魯仲連、魯仲子、魯連先生，齊國之高士。

〔二〕「猿獮猴」二句：謂猿猴捨棄樹木而處於水，則不如魚鱉之便。猿，同「猨」，形狀類人。獮，當作「獼」，音「彌」。《通雅》：獼猴，母猴也。錯，同「措」，捨置不用。據，處。

〔三〕騏驥不如狐狸：騏驥，駿馬。狐，似犬而小，穴居山野。狸，猫屬，體大於猫，野處穴居。

〔四〕曹沫：即曹劌，春秋魯莊公時人。《左傳》、《穀梁傳》、《國語・魯語》作「曹劌」，《戰國策》、《史記》作「曹沫」。又作「曹昧」。「沫」下「之」字是衍文。曹沫爲魯將，三敗於齊。魯莊公十三年莊公與曹沫會齊桓公於柯，曹沫以匕首劫齊桓公於盟臺，求還魯侵地。

〔五〕「而操銚鎒」句：銚，田器，與「鍬」同。《世本》云：垂作銚。《管子・海王》：「耕者必有一耒一耜一銚。」鎒，耘苗器，用以除草。壠，亦作「壟」，田埒。

〔六〕之：《孟子・告子》注：之，就之也。高注：之，猶用也。

〔七〕有棄逐不相與處：有被拋棄驅逐過愆，而人不屑與之相處。

〔八〕來害相報：被棄逐之人，必反轉來報棄逐之怨以害我。

〔九〕世之立教首：謂世之立教，首重在此。

【繫年】

此策與上章同時。

孟嘗君出行國章

孟嘗君出行國〔一〕，至楚，獻象牀〔二〕。郢之登徒直使送之〔三〕，不欲行〔四〕。見孟嘗君門人公孫戍曰〔五〕：「臣郢之登徒也，直送象牀。象牀之直千金〔六〕，傷此若髮漂〔七〕，賣妻子不足償之。足下能使僕無行〔八〕，先人有寶劍，願得獻之。」公孫曰：「諾。」

〔一〕孟嘗君出行國：「行」下當補「五」字。王念孫云：孟嘗君出行五國。今本脱「五」字，玆據《初學記·器用部》所引補。

〔二〕象牀：以象牙做成之牀。【補正】「獻象牀」前應有「楚」字。否則，就成了孟嘗君向楚獻象牀了，與後文文意背。《文選·登徒子好色賦》李注、《御覽》卷四六七引，並作「至楚，楚獻象牀」。當以此補正之。

〔三〕登徒直使：《御覽》卷四六七、卷七〇六引此皆無「使」字。王念孫云：今本「直」下有「使」字，乃涉高注「直，當日直使也」而衍。當删去「使」字。金其源《讀書管見》謂登徒，非姓名，亦非官名。又謂登徒即司徒。或指姓，或指官，視其所在而定。

〔四〕不欲行：不欲行送象牀。

〔五〕戍：鮑本作「成」。

〔六〕直：價值。

〔七〕髮漂：髮，頭髮。漂，王念孫云：漂，讀爲「秒」。「髮」、「秒」皆言其細微也。

〔八〕足下能使僕無行：足下，謂公孫戍。無行，不行送象牀。【補】無行，無虛此行之意。

入見孟嘗君曰：「君豈受楚象牀哉？」孟嘗君曰：「然。」公孫戍曰：「臣願君勿受。」孟嘗君曰：「何哉？」公孫戍曰：「小國所以皆致相印於君者〔一〕，聞君於齊能振達貧窮，有存亡繼絶之義。小國英桀之士〔二〕，皆以國事累君〔三〕，誠説君之義，慕君之廉也。今君到楚而受象牀，所未至之國，將何以待君？臣戍願君勿受。」孟嘗君曰：「諾。」

〔一〕小國：王念孫云：小，亦「五」之誤。《太平御覽·人事部》引此作「五國」，《春秋後語》亦作「五國」。

〔二〕小國英桀之士：金正煒云：當作「五國英桀之主」。才勝萬人曰英，千人曰桀。【補】桀，同傑。

〔三〕累君：委之以事以累之。

公孫戍趨而去，未出，至中閨〔一〕，君召而返之，曰：「子教文無受象牀，甚善。今何舉足之高，志之揚也？」公孫戍曰：「臣有大喜三，重之寶劍一〔二〕。」孟嘗君曰：「何謂也？」公孫戍曰：「門下百數，莫敢入諫，臣獨入諫，臣一喜；諫而得聽，臣二喜；諫而止君之過，臣三喜。輸象牀〔三〕，郢之登徒不欲行，許戍以先人之寶劍。」孟嘗君曰：「善。受之乎？」公孫戍曰：「未敢。」曰：「急受之。」因書門版曰：「有能揚文之名，止文之過，私得寶於外者，疾入諫。」

〔一〕中閨：胡三省注：宮中小門曰閨，上圓下方如圭，故謂之閨。

〔二〕重：復也。言三喜外，復得寶劍。

〔三〕輸：送。

【繫年】

審文義繫此策於齊閔王二年、楚懷王三十年，當周赧王十六年。

淳于髡一日而見七士章

淳于髡一日而見七士於宣王〔一〕。王曰：「子來，寡人聞之，千里而一士，是比肩而立〔二〕；百世而一聖，若隨踵而至也〔三〕。今子一朝而見七士，則士不亦衆乎？」淳于髡曰：「不然。夫鳥同翼者而聚居，獸同足者而俱行〔四〕。今求柴胡、桔梗於沮澤〔五〕，則累世不得一焉。及之睪黍、梁父之陰〔六〕，則郄車而載耳〔七〕。夫物各有疇〔八〕，今髡賢者之疇也。王求士於髡，譬若挹水於河，而取火於燧也〔九〕。髡將復見之，豈特七士也。」

〔一〕「淳於髡」句：見，舉薦。士，姚本作「人」。姚注：一本作「士」。《御覽》卷九九三引此亦作「士」，故改「人」爲「士」。

〔二〕比肩：謂肩相比次。

〔三〕隨踵而至：踵，腳跟。隨踵，言連續不斷。至，一本作「生」。《御覽》卷九九三作「生」。

〔四〕俱：伴侶。

〔五〕柴胡、桔梗於沮澤：柴胡、桔梗，二藥名，生於高旱之地。沮澤，潮濕之地。

〔六〕睪黍、梁父之陰：睪黍、梁父，皆山名。睪，或作「皐」。父，一作「甫」。梁父山，在今山東泰安市東南。陰，山北曰陰。【補】睪黍，山名，疑即今山東青島市即墨區東北之皐虞。鮑疑負黍者誤。

〔七〕郄車而載：郄，當爲郤。《方言》：郤，倦也。《廣雅·釋詁》：郤，極也。

〔八〕疇：類。同「儔」。

〔九〕「譬若」二句：挹，取。燧，取火之具。金燧取火於日，木燧鑽木取火。

【繫年】

從顧觀光，繫此策於齊宣王二年，當周慎靚王四年。

齊欲伐魏淳于髡謂齊王章

齊欲伐魏，淳于髡謂齊王曰：「韓子盧者，天下之疾犬也〔一〕，東郭逡者〔二〕，海內之狡兔也。韓子盧逐東郭逡，環山者三〔三〕，騰山者五，兔極於前，犬廢於後〔四〕，犬兔俱罷，各死其處。田父見之，無勞勌之苦〔五〕，而擅其功。今齊、魏久相持，以頓其兵〔六〕，弊其衆，臣恐强秦大楚承其後，有田父之功。」齊王懼，謝將休士也〔七〕。

〔一〕「韓子盧」二句：盧，良犬名。《博物志》韓國有黑犬，名盧。疾，《藝文類聚》卷九十引「疾」作「壯」。《御覽》卷九〇四引此亦作「壯」。「疾」乃「壯」之訛，作「壯」爲是。

〔二〕逡：劉師培云：當從《初學記》二九作「㕙」。《類聚》卷九四作「兔」，即「㕙」之挩。【補】《廣韻·淳韻》「㕙」字云：「東郭㕙，古之狡兔也。」

〔三〕環：旋轉，環繞。

〔四〕廢：《御覽》卷九〇四作「疲」。

〔五〕勌：與「倦」同。疲勞。

〔六〕頓：勞弊，困躓。

〔七〕謝：辭去，言不用也。

【繫年】

此策時不可考。顧觀光附於周赧王元年，當齊宣王六年。

國子曰秦破馬服章〔一〕

國子曰〔二〕：「秦破馬服君之師〔三〕，圍邯鄲。齊、魏亦佐秦伐邯鄲，齊取淄鼠，魏取伊是〔四〕。公子無忌爲天下循便計，殺晉鄙，率魏兵以救邯鄲之圍〔五〕，使秦弗有而失天下，是齊入於魏而救邯鄲之功也。安邑者，魏之柱國也〔六〕；晉陽者，趙之柱國也；鄢郢者，楚之柱國也。故三國欲與秦壤界〔七〕，秦伐魏，取安邑，伐趙取晉陽，伐楚取鄢郢矣。福三國之君〔八〕，兼二周之地，舉韓氏取其地，且天下之半。今又劫趙、魏，疏中國〔九〕，封衛之東野〔一〇〕，兼魏之河南，絶趙之東陽，則趙、魏亦危矣。趙、魏危，則非齊之利也。韓、魏、趙、楚之志，恐秦兼天下而臣其君，故專兵一志以逆秦〔一一〕。三國之與秦壤界而患急，齊不與秦壤界而患緩。是以天下之勢，不得不事齊也。故秦得齊則權重於中國，趙、魏、楚得齊則足以敵秦。故秦、楚、趙、魏得齊者重，失齊者輕，齊有此勢，不能以重於天下者何也？其用者過也。」

〔一〕姚本此與上策爲一章。鮑本此下另作一章。據文義，與上策意不相連，當從鮑本另作一章。

〔二〕國子：齊大夫。

〔三〕馬服君：趙奢，趙惠文王賜號爲馬服君。此指馬服君趙奢之子趙括。秦將白起阬趙括四十萬衆於長平，而進圍邯鄲。

〔四〕淄鼠、伊是：皆趙邑。淄鼠疑即區鼠，伊是疑即猗氏。

〔五〕「公子無忌」三句：公子無忌，魏昭王之少子，魏安僖王之異母弟，封爲信陵君。循便計，行便宜之計。謂竊兵符，奪晋鄙軍以救趙退秦兵事。秦圍邯鄲，魏王使晋鄙率兵救趙，畏秦軍不敢進，軍止於蕩陰。趙平原君使人責公子無忌，無忌用侯嬴謀，竊魏王兵符以奪晋鄙軍，救趙，退秦兵，解邯鄲圍。此事《史記·魏世家》、《魏公子傳》皆有記載，事在魏安僖王二十年。

〔六〕柱國：國都，《鶡冠子·王鈇》：「郡四十五日報柱國。」《墨子·號令》有「主國」，即「柱國」之省。

〔七〕故三國欲與秦壤界：故，舊。欲，衍文。壤界，言境土相連接。壤，土地。界，邊境。

〔八〕偪：姚本作「福」。姚注：劉作「逼」，曾、一作「覆」。「福」乃「逼」字之訛。作「偪」義長。

〔九〕疏中國：離中原各國之交。

〔一〇〕封衛之東野：封，姚用別本改爲「封」。王念孫云：「封」爲「割」之訛。割，取。東野，猶東地。割衛之東野，則地接於齊。【補正】東野，即古之野王縣，今河南沁陽市。公元前二五四年，魏滅衛。衛在秦國的支持下復國，西遷於野王，作爲秦國的附庸，國王稱「君」。公元前二〇九年爲秦所滅。策中「封衛之東野」，即指秦遷衛於野王之地。鮑本、高誘注本及後之王念孫等謂「封」爲「割」、「刲」，均誤。《史記·魏世家》：「（景湣王）二年，秦拔我朝歌，衛涉野王。」是其證。野王在秦東，故謂之「東野」。

〔一一〕逆秦：謂抗拒秦。

【繫年】

從顧觀光，繫此策於齊王建三十五年、秦始皇十七年。

戰國策卷十一

齊四

齊人有馮諼章

齊人有馮諼者〔一〕，貧乏不能自存，使人屬孟嘗君〔二〕，願寄食門下。孟嘗君曰：「客何好？」曰：「客無好也。」曰：「客何能？」曰：「客無能也。」孟嘗君笑而受之曰：「諾。」左右以君賤之也，食以草具〔三〕。

〔一〕馮諼：人名。諼，鮑本作「煖」。《史記·孟嘗君傳》作「驩」。《史記集解》復作「煖」。《索隱》：音「歡」。字或作「諼」。

〔二〕屬：同「囑」，囑託。

〔三〕草具：謂粗食草萊之具。《范睢傳》：「食草具。」《陳丞相世家》：「惡草具。」草，粗，不精。具，饌具。

居有頃，倚柱彈其劍，歌曰：「長鋏歸來乎〔一〕！食無魚。」左右以告。孟嘗君曰：「食之，比門下之客〔二〕。」居有頃，復彈其鋏，歌曰：「長鋏歸來乎！出無車。」左右皆笑之，以告。孟嘗君曰：「爲之駕，比門下之車客〔三〕。」於是乘其車，揭其劍〔四〕，過其友曰：「孟嘗君客我〔五〕。」後有頃，復彈其劍鋏，歌曰：「長鋏歸來乎！無以爲家。」左右皆惡之，以爲貪而不知足。孟嘗君問：「馮公有親乎？」對曰：「有老母。」孟嘗君使人給其食用，無使乏。於是馮諼不復歌。

〔一〕「倚柱」三句：彈其劍，《北堂書鈔》卷一〇六引作「彈其鋏」。鋏，劍。左思《吴都賦》注：鋏，刀身、劍鋒有長鋏、短鋏。一説，鋏，劍把。歸來乎，《書鈔》引作「歸來兮」。《御覽》卷五七一亦引作「歸來兮」。作「乎」者乃後人依《史記》改之。原文當作「兮」。來，王引之《經傳釋詞》：來，句中語助也。歸來，猶「歸乎來」，歸去來。言此劍無用，欲與之俱歸。

〔二〕比門下之客：《列士傳》孟嘗君廚有三列：上客食肉，中客食魚，下客食菜。【補】比，同。即比照其他門客之待遇也。

〔三〕車客：乘車之客，客中之貴者。

〔四〕揭：高舉。

〔五〕客我：以客禮待我。

後孟嘗君出記〔一〕，問門下諸客：「誰習計會〔二〕，能爲文收責於薛者乎〔三〕？」馮諼署曰〔四〕：

「能。」孟嘗君怪之，曰：「此誰也？」左右曰：「乃歌夫長鋏歸來者也。」孟嘗君笑曰：「客果有能也，吾負之，未嘗見也。」請而見之。謝曰：「文倦於事，憒於憂〔五〕，而性懧愚〔六〕，沉於國家之事，開罪於先生。先生不羞，乃有意欲爲收責於薛乎？」馮諼曰：「願之。」於是約車治裝，載券契而行〔七〕，辭曰：「責畢收，以何市而反〔八〕？」孟嘗君曰：「視吾家所寡有者。」

〔一〕記：簿計，賬本。【補】記，乃記簿，又稱計簿、計籍。會計所用的簿册，古時也包括人事登記。《漢書·宣帝紀》：「上計簿，具文而已，務爲欺謾，以避其課。」又，《史記·張丞相列傳》：「張蒼乃自秦時爲柱下史，明習天下圖書計籍。」

〔二〕計會：即會計。【補】計會，總合計財也。《周禮·小宰》「要會」注：「計最之簿書，月計曰要，歲計曰會。」

〔三〕「能爲」句：責，與「債」同。收債於薛，按《孟嘗君傳》：「孟嘗君時相齊，封萬户於薛。其食客三千人，邑入不足以奉客。使人出錢於薛，歲餘不入，貸錢者多不能與其息，客奉將不給，孟嘗君憂之。問左右何人可使收債於薛者。」

〔四〕署：書寫，簽署。

〔五〕憒：心思亂。

〔六〕懧：與「懦」同，弱也。

〔七〕「於是約車」二句：約車，具備車輛。治裝，整理行裝。券，契，如今之合同，彼此各執其半，以爲憑信。契，契約，爲文字以約信。

〔八〕「責畢收」二句：畢收，收完了。市，購買。

驅而之薛，使吏召諸民當償者，悉來合券〔一〕。券遍合，起，矯命以責賜諸民〔二〕，因燒其券。民稱萬歲。長驅到齊〔三〕，晨而求見。孟嘗君怪其疾也，衣冠而見之，曰：「責畢收乎？來何疾也？」曰：「收畢矣。」「以何市而反？」馮諼曰：「君云『視吾家所寡有者』，臣竊計，君宮中積珍寶〔四〕，狗馬實外廄，美人充下陳〔五〕，君家所寡有者以義耳！竊以爲君市義。」孟嘗君曰：「市義奈何？」曰：「今君有區區之薛，不拊愛子其民〔六〕，因而賈利之〔七〕。臣竊矯君命，以責賜諸民，因燒其券，民稱萬歲。乃臣所以爲君市義也。」孟嘗君不說，曰：「諾，先生休矣〔八〕。」

〔一〕悉來合券：《北堂書鈔》引「來」作「集」。使負債者皆來兑合契券。

〔二〕矯命：矯，託也。託言孟嘗君之命。

〔三〕長驅：長，長途。驅，驅車而不停留。

〔四〕宮中積珍寶：《御覽》卷四二二引作「珍寶滿内府」。

〔五〕美人充下陳：侍妾陳列於下。陳，列。

〔六〕不拊愛子：拊，通「撫」。安撫。子，慈愛。

〔七〕賈利：以商賈之道取利。

〔八〕休：息。

後期年〔一〕，齊王謂孟嘗君曰：「寡人不敢以先王之臣爲臣。」孟嘗君就國於薛〔二〕，未至百里，民扶老攜幼迎君道中。孟嘗君顧謂馮諼：「先生所爲文市義者，乃今日見之。」馮諼曰：「狡兔有三窟，僅得免其死耳。今君有一窟，未得高枕而卧也。請爲君復鑿二窟。」孟嘗君予車五十乘，金五百斤，西遊於梁。謂惠王曰〔三〕：「齊放其大臣孟嘗君於諸侯，諸侯先迎之者，富而兵强。」於是，梁王虛上位，以故相爲上將軍〔四〕，遣使者，黄金千斤，車百乘，往聘孟嘗君。馮諼先驅誡孟嘗君曰〔五〕：「千金，重幣也；百乘，顯使也。齊其聞之矣。」梁使三反，孟嘗君固辭不往也。齊王聞之，君臣恐懼，遣太傅賫黄金千斤〔六〕，文車二駟〔七〕，服劍一〔八〕，封書謝孟嘗君曰：「寡人不祥〔九〕，被於宗廟之祟〔一〇〕，沉於諂諛之臣，開罪於君，寡人不足爲也〔一一〕。願君顧先王之宗廟，姑反國統萬人乎〔一二〕？」馮諼誡孟嘗君曰：「願請先王之祭器，立宗廟於薛。」廟成，還報孟嘗君曰：「三窟已就，君姑高枕爲樂矣。」

〔一〕後期年：此三字下，當有毁孟嘗君於閔王之事，而今本脱去。王念孫云：《文選·答東阿王書》注引此曰：「後有毁孟嘗君於閔王，孟嘗君就國於薛。」下文閔王爲書謝孟嘗君曰「寡人沉於諂諛之臣，開罪於君」，正謂此也。《史記·孟嘗君傳》載此事，亦云：「齊王惑於秦、楚之毁，遂廢孟嘗君。」

〔二〕就國於薛：就其所封之薛地。

〔三〕惠王：魏惠王。此「惠」字恐有誤，鮑改爲「梁」。孟嘗君後於梁惠王，與梁昭王同時。

〔四〕虛上位，以故相爲上將軍：徙故相爲上將軍，而虛相位以待孟嘗君。

〔五〕先驅誡孟嘗君：先驅，先驅車返薛。誡，告誡。警敕之言爲誡。

〔六〕遣太傅賫黄金：太傅，古官名。《尚書·周官》：「立太師、太傅、太保，兹惟三公。」賈誼《新書》：「天子不惠於庶民，不禮於大臣，不中於折獄，無經於百官，不哀於喪，不敬於祭，不戒於齊，不信於事，此太傅之責也。」賁，與「齏」同。持物與人爲齏。

〔七〕文車二駟：文車，彩繪車。二駟，二輛四匹馬拉的車。

〔八〕服劍：王所自佩之劍。服，佩。

〔九〕不祥：不善。

〔一〇〕祟：神禍。

〔一一〕寡人不足爲：不足以君臨國。

〔一二〕統萬人：統，攝理。萬人，當爲「萬民」，唐人諱「民」字，故改「民」爲「人」。

孟嘗君爲相數十年，無纖介之禍者〔一〕，馮諼之計也。

〔一〕纖介：纖，細。介，獨，又與「芥」通，細小。

【繫年】

據《史記·秦本紀》及《孟嘗君傳》，孟嘗君由秦逃歸，復爲齊相在秦昭王十年。孟嘗君連韓、魏攻秦，在秦昭王十一年。田甲劫齊閔王，閔王疑孟嘗君，孟嘗君出奔，復返齊就國於薛，在秦昭王十三年。當齊閔王七年、魏昭王二年。此策馮諼寄食於孟嘗君門下，收債於薛，爲前二年事。孟嘗君就國於薛，當爲齊閔王七年時事。

孟嘗君爲從章

孟嘗君爲從〔一〕。公孫弘謂孟嘗君曰〔二〕：「君不以使人先觀秦王〔三〕。意者，秦王帝王之主也〔四〕，君恐不得爲臣，奚暇從以難之？意者，秦王不肖之主也，君從以難之，未晚。」孟嘗君曰：「善。願因請公往矣。」

〔一〕孟嘗君爲從：孟嘗君於秦昭王九年入秦，十年逃歸齊，怨秦，故約縱韓、魏以攻秦。

〔二〕公孫弘：齊人。

〔三〕君不以使人先觀秦王：姚注：劉本作「君何不使人先觀秦王」。鮑改「以」爲「如」。《吕氏春秋·不侵》作「若」。「如」、「若」義同。當從鮑本作「如」。「以」乃「如」字之訛。

〔四〕秦王帝王之主也：秦王，秦昭王。帝，諦也，王天下之號。《毛詩·詁訓傳》：審諦如帝，帝王之主。賢明有爲之君主。

公孫弘敬諾，以車十乘之秦。昭王聞之，而欲媿之以辭〔一〕。公孫弘見，昭王曰：「薛公之地，大小幾何？」公孫弘對曰：「百里。」昭王笑而曰：「寡人地數千里，猶未敢以有難也〔二〕。今孟嘗君之地方百里，而因欲難寡人，猶可乎？」公孫弘對曰：「孟嘗君好人，大王不好人〔三〕。」昭王曰：「孟嘗君之好人也奚如？」公孫弘曰：「義不臣乎天子，不友乎諸侯，得志不慙爲人主，不得志不肯爲人臣，如此者三人；而治可爲管、商之師〔四〕，説義聽行，能致其主霸王〔五〕，如此者五人；萬乘之嚴主也，辱其使者，退而自刎，必以其血洿其衣〔六〕，如臣者十人。」昭王笑而謝之曰：「客胡爲若此？寡人直與客論耳！寡人善孟嘗君，欲客之必諭，寡人之志也！」公孫弘曰：「敬諾。」

〔一〕媿之以辭：以言辭説之，使之醜。媿，《呂氏春秋·不侵》作「醜」。黄丕烈云：「媿」即「醜」字。又與「愧」通，慚愧。

〔二〕以有難：以與人爲難。

〔三〕好人：猶好士。《管子·侈靡》：「不擇人而予之，謂之好人。」好，讀「號」，意即喜歡、愛好。

〔四〕而治可爲管、商之師：而，《呂氏春秋·不侵》作「能」。《淮南子·原道訓》注：而，能也。管，管仲。商，商鞅。

〔五〕主霸王：此三字，姚本無，鮑本有，《呂氏春秋》有。黄丕烈云：有者是也。

〔六〕洿：染。

公孫弘可謂不侵矣〔一〕。昭王，大國也；孟嘗，千乘也。立千乘之義而不可陵〔二〕，可謂足使矣〔三〕。

〔一〕侵：犯，辱。

〔二〕陵：侵侮。

〔三〕足使：能作使者，不辱君命。足，猶能。

【繫年】

據《秦本紀》、《田齊世家》，孟嘗君爲縱，聯韓、魏，三國攻秦，在秦昭王十年、齊閔王五年，當周赧王十八年。

魯仲連謂孟嘗君章

魯仲連謂孟嘗君曰〔一〕：「君好士也？雍門養椒亦陽得子養〔二〕，飲食衣裘與之同之，皆得其死。今君之家富於二公，而士未有爲君盡遊者也〔三〕。」君曰：「文不得是二人故也。使文得二人者，豈獨不得盡？」對曰：「君之廄馬百乘，無不被繡衣而食菽粟者，豈有麒麟騄耳哉〔四〕？後宮十妃，皆衣縞紵〔五〕，食粱肉，豈有毛廧、西施哉〔六〕？色與馬取於今之世，士何必待古哉？故曰：君之好士未也。」

〔一〕君曰：此二字姚本無，鮑本有。此從鮑本補「君曰」二字。

〔二〕「君好士」二句：君好士也，當從鮑本於「士」字下補「未」字。下文可證。「雍門」下有脱字。「得子養」下亦有脱字。此語不詳。

〔三〕盡遊：盡於交流之道。

〔四〕騄耳：駿馬之名號。

〔五〕縞紵：縞，素色繒。紵，細麻布。

〔六〕毛廧、西施：毛廧，即毛嬙，古代美人。西施，越王勾踐所獻吴王之美女。《慎子》：「毛嬙、西施，天下之至姣也。」

【繫年】

此策時不可考。從顧觀光附於孟嘗君入秦之前，秦昭王八年、齊閔王二年，當周赧王十六年。

孟嘗君逐於齊章

孟嘗君逐於齊而復反〔一〕。譚拾子迎之於境〔二〕，謂孟嘗君曰：「君得無有所怨於齊士大夫？」孟嘗君曰：「有。」「君滿意殺之乎？」孟嘗君曰：「然。」譚拾子曰：「事有必至，理有固然，君知之乎？」孟嘗君曰：「不知。」譚拾子曰：「事之必至者，死也；理之固然者，富貴則就之，貧賤則去之。此事之必至，理之固然者。請以市諭〔三〕。市，朝則滿，夕則虚，非朝愛市而夕憎之也。求存故往〔四〕，亡故去。願君勿怨。」孟嘗君乃取所怨五百牒削去之〔五〕，不敢以爲言。

〔一〕孟嘗君逐於齊而復反：《孟嘗君傳》，田甲劫閔王，閔王疑孟嘗君，孟嘗君乃出奔。孟嘗君門客上書或自殺以明孟嘗君不爲亂。閔王乃復召孟嘗君。孟嘗君復反於齊。

〔二〕譚拾子迎之於境：譚拾子，齊人。境，《風俗通義・窮通》作「澅」。澅，齊之邊邑，同「晝」。

〔三〕諭：《風俗通義》作「論」。

〔四〕求存故往：所求之物在市，故往趨之。存，《風俗通義》作「在」。

〔五〕牒：古時無紙，以竹簡木板記事。小簡爲牒。

【繫年】

孟嘗君出奔事，《六國年表》敘於齊閔王三十年，此實有誤。當爲齊閔王八年、秦昭王十三年時事，當周赧王二十一年。

齊宣王見顏斶章

齊宣王見顏斶〔一〕曰：「斶前！」斶亦曰：「王前！」宣王不悅。左右曰：「王，人君也。斶，人臣也。王曰：『斶前。』斶亦曰：『王前。』可乎？」斶對曰：「夫斶前爲慕勢，王前爲趨士〔二〕。與使斶爲慕勢，不如使王爲趨士。」王忿然作色曰：「王者貴乎？士貴乎？」對曰：「士貴耳，王者不貴。」王曰：「有說乎？」斶曰：「有。昔者秦攻齊，令曰：『有敢去柳下季壟五十步而樵採者〔三〕，死不赦。』令曰：『有能得齊王頭者，封萬户侯，賜金千鎰。』由是觀之，生王之頭，曾不若死士之壟也。」

宣王默然不悦。

〔一〕顔斶：齊人。斶，亦作「歜」，音「觸」。

〔二〕趨士：親近士人。趨，就也。

〔三〕「有敢去」句：柳下季，春秋魯人，姓展名禽字季。食邑於柳下，故名柳下季。壟，墳墓。

左右皆曰：「斶來，斶來！大王據千乘之地，而建千石鍾〔一〕，萬石簴〔二〕。天下之士，仁義皆來役處；辯智並進，莫不來語；東西南北，莫敢不服。求萬物無不備具，而百姓無不親附〔三〕。今夫士之高者，乃稱匹夫，徒步而處農畝，下則鄙野，監門閭里〔四〕，士之賤也，亦甚矣。」斶對曰：「不然。斶聞古大禹之時，諸侯萬國〔五〕。何則？德厚之道，得貴士之力也〔六〕。故舜起農畝，出於野鄙〔七〕，而爲天子。及湯之時，諸侯三千。當今之世，南面稱寡者，乃二十四。由此觀之，非得失之策與〔八〕！稍稍誅滅，滅亡無族之時，欲爲監門閭里，安可得而有乎哉？是故《易傳》不云乎：『居上位，未得其實，以喜其爲名者，必以驕奢爲行。據慢驕奢〔九〕，則凶從之。是故無其實而喜其名者削〔一〇〕，無德而望其福者約〔一一〕，無功而受其禄者辱，禍必握〔一二〕。』故曰：『矜功不立，虚願不至。』此皆幸樂其名，華而無其實德者也。是以堯有九佐〔一三〕，舜有七友〔一四〕，禹有五丞〔一五〕，湯有三輔〔一六〕。自古及今而能虚成名於天下者，無有。是以君王無羞亟問，不媿下學〔一七〕。是故成其道德，而揚功名於後世者，堯、舜、禹、湯、周文王是也。故曰：『無形者，形之君也〔一八〕；無端者，事之本也。』夫上見其原，下通其流，至聖人明學，何不吉之有哉？老子曰：『雖貴，必以賤爲本；雖高，必以下爲基。是以侯王稱孤、寡、不穀〔一九〕。是其賤之本與，非夫？』孤寡者，人之困賤下位也，而侯王以自謂，豈非下人而尊貴士與〔二〇〕？夫堯傳舜，舜傳禹，周成王任周公旦，而世世稱曰明主，是以明乎士之貴也。」

〔一〕石：古代重量單位。三十斤爲一鈞，四鈞爲一石。石，重百二十斤。

〔二〕簴：字誤，當作「虡」，一作「鐻」。天上神獸名，鹿頭龍身。飾畫於木作懸掛樂器之柱。植者名簴，橫者名栒。《秦始皇本紀》：「銷以爲鍾鐻。」

〔三〕「求萬物」二句：「不備具」上姚本脱「無」字。據鮑本補。而「百」下，姚本脱「姓」字。鮑本有，據鮑本補「姓」字。

〔四〕下則鄙野，監門閭里：鄙，邊邑。郊外爲野。古代貴族居於國或都中，農民居於鄙野。二十五家爲里，里有巷，巷有門，稱閭。監門，晨昏司閭門之啓閉，是一種賤職。

〔五〕「屬聞」二句：《左傳》哀公七年，諸大夫對孟孫曰：「禹會諸侯於塗山，執玉帛者萬國。」塗山，在今安徽懷遠縣。

〔六〕「德厚」二句：能貴士，故其德厚。

〔七〕舜起農畝：舜，虞舜。《孟子·萬章》舜耕於歷山。又云，舜發於畎畝之中。

〔八〕得失之策：得策，謂貴士；失策，故被誅滅而減少。

〔九〕據：與「倨」通。傲慢。

〔一〇〕削：削弱。

〔一一〕約：窮困。
〔一二〕握：《高士傳》作「渥」，厚也。
〔一三〕堯有九佐：《説苑》，當堯之時，舜爲司徒，契爲司馬，禹爲司空，後稷爲田疇，夔爲樂正，垂爲工師，伯夷爲秩宗，皐陶爲大理，益掌驅禽獸。
〔一四〕舜有七友：《群輔録》，雄陶、方回、續牙、伯陽、東不訾、秦不虛、靈甫，並爲歷山、雷澤之遊。
〔一五〕禹有五丞：益、稷、皐陶、垂、契。
〔一六〕湯有三輔：鮑注：以爲義伯、仲伯、咎單。
〔一七〕「是以」二句：亟問，數問。不媿下學，學於臣下，不恥問。
〔一八〕「無形者」二句：無形，没有形象。形之君，是有形之君主。
〔一九〕「老子曰」幾句：老子，姓李名耳字伯陽，楚苦縣人，仕周，爲柱下史。其所著書亦名《老子》，八十一章，五千言。此段在《老子》第三十九章。穀，善。孤、寡、不穀，人君自稱之謙辭。
〔二〇〕下人：自居下位，謙恭待人。

宣王曰：「嗟乎！君子焉可侮哉，寡人自取病耳！及今聞君子之言，乃今聞細人之行〔一〕，願請受爲弟子。且顏先生與寡人遊〔二〕，食必太牢〔三〕，出必乘車，妻子衣服麗都〔四〕。」顏斶辭去曰：「夫玉生於山，制則破焉〔五〕，非弗寶貴矣，然夫璞不完〔六〕。士生乎鄙野，推選則禄焉，非不得尊遂也，然而形神不全。斶願得歸，晚食以當肉〔七〕，安步以當車，無罪以當貴，清静貞正以自虞〔八〕。制言者王也〔九〕，盡忠直言者斶也。言要道已備矣。願得賜歸，安行而反臣之邑屋。」則再拜而辭去也。斶知足矣，歸反樸，則終身不辱也〔一〇〕。

〔一〕細人之行：謂無實德，不貴士者。

〔二〕顔先生與寡人遊：《後漢書·蔡邕傳》注引作「願先生與寡人遊」。

〔三〕太牢：牛、羊、豕三牲具爲太牢。

〔四〕都：美也。

〔五〕制：裁制，治理。

〔六〕夫璞：《蔡邕傳》注引作「失璞」，義勝。

〔七〕晚食以當肉：言飢而食欲增，味美等於吃肉。

〔八〕貞正以自虞：貞，正也，事之幹也。虞，與「娛」同，樂也。

〔九〕制言：謂帝王的命令。

〔一〇〕「斶知足」三句：王念孫云：足、樸、辱爲韻。《後漢書·蔡邕傳》注引作「歸反於樸，則終身不辱」，句法較爲完善。

【繫年】

此雖爲齊宣王時事，而年不可考。顧觀光附於周赧王元年。

先生王斗章

先生王斗造門而欲見齊宣王〔一〕，宣王使謁者延入〔二〕。王斗曰：「斗趨見王爲好勢，王趨見斗爲好士，於王何如？」使者復還報〔三〕。王曰：「先生徐之，寡人請從〔四〕。」宣王因趨而迎之於門，與入。曰：「寡人奉先君之宗廟，守社稷，聞先生直言正諫不諱〔五〕。」王斗對曰：「王聞之過〔六〕。斗生於亂世，事亂君，焉敢直言正諫？」宣王忿然作色不說。

〔一〕先生王斗造門：王斗，一本作「王升」。《漢書·古今人表》作「王升」。古文「斗」，似「升」，字每相亂。作「升」當是。造，詣，到。

〔二〕延入：請進來。延，引進。

〔三〕復還報：《御覽》卷四五六引此無「復」字。「復」與「還報」，意思重複，當無「復」字。

〔四〕「先生」二句：徐，緩。請從，請就之。

〔五〕諱：忌，避。

〔六〕聞之過：聽聞的過甚。

有間，王斗曰：「昔先君桓公所好者五〔一〕，九合諸侯，一匡天下，天子受籍〔二〕，立爲大伯〔三〕。今王有四焉。」宣王説，曰：「寡人愚陋，守齊國唯恐失抎之〔四〕，焉能有四焉？」王斗曰：「否。先君好馬，王亦好馬；先君好狗，王亦好狗；先君好酒，王亦好酒；先君好色，王亦好色；先君好士，王不好士。」宣王曰：「當今之世無士，寡人何好？」王斗曰：「世無騏驎、騄耳，王駟已備矣〔五〕。世無東郭逡、盧氏之狗〔六〕，王之走狗已具矣。世無毛嬙、西施，王宫已充矣。王亦不好士也，何患無士？」王曰：「寡人憂國愛民，固願得士以治之。」王斗曰：「王之憂國愛民，不若王愛尺縠也〔七〕。」王曰：「何謂也？」王斗曰：「王使人爲冠，不使左右便辟〔八〕，而使工者，何也？爲能之也。今王治齊，非左右便辟無使也。臣故曰，不如愛尺縠也。」

〔一〕五：姚本無，一本有。《御覽》卷四五六引策文有「五」字。有者當是。

〔二〕受籍：孫詒讓云：籍當讀「胙」。《商君傳索隱》：籍，音「胙」。《淮南子·氾論訓》注：籍，或作「阼」，與「胙」同。「籍」、「阼」、「胙」古音同。「受籍」即「受胙」。賈侍中云：胙，位也。受胙，即受命受爵位，非受祭肉。

〔三〕大伯：諸侯之長。

〔四〕失抎：失，鮑本、曾本、集本作「夫」，誤。抎，失也。失抎，複詞，古書多有。《墨子·天志》「抎失社稷」是其證。【補】抎，同「隕」，墜落。《吕氏春秋·音初》：「壬及蔡公抎於漢中。」高誘注：「抎，墜，音顛隕之隕。」

〔五〕駟：一車駕四馬爲駟。《史記·平準書》：「天子不能具鈞駟。」

〔六〕世無東郭逡、盧氏之狗：東郭逡，狡兔名，非狗名。盧氏之狗，即韓盧，亦名韓子盧。盧氏，韓邑，產黑色良犬。以産地爲名，故名韓盧。

〔七〕縠：細綺，縐紗。

〔八〕便辟：近習嬖幸之人。【補】便辟，善於奉迎讒媚之人。又稱「便嬖」，統治者親近寵愛的小臣。《孟子·梁惠王上》：「便嬖不足使令於前歟？」

宣王謝曰：「寡人有罪國家。」於是舉士五人任官，齊國大治。

【繫年】

此與上章爲同時事。附於齊宣王初年。【補】顧觀光繫此策於周赧王元年，即齊宣王六年。

齊王使使者問趙章

齊王使使者問趙威后〔一〕。書未發〔二〕，威后問使者曰：「歲亦無恙耶〔三〕？民亦無恙耶？王亦無恙耶？」使者不説，曰：「臣奉使使威后，今不問王，而先問歲與民，豈先賤而後尊貴者乎？」威后曰：「不然，苟無歲，何以有民？苟無民，何以有君？故有舍本而問末者耶？」乃進而問之曰：「齊有處士曰鍾離子無恙耶〔四〕？是其爲人也，有糧者亦食，無糧者亦食；有衣者亦衣，無衣者亦衣。是助王養其民也，何以至今不業也〔五〕？葉陽子無恙乎〔六〕？是其爲人，哀鰥寡，卹孤獨〔七〕，振困窮，補不足。是助王息其民者也，何以至今不業也？北宮之女嬰兒子無恙耶〔八〕？徹其環瑱〔九〕，至老不嫁，以養父母。是皆率民，而出於孝情者也，胡爲至今不朝也〔一〇〕？此二士弗業，一女不朝，何以王齊國子萬民乎？於陵子仲尚存乎〔一一〕？是其爲人也，上不臣於王，下不治其家，中不索交諸侯。此率民而出於無用者，何爲至今不殺乎？」

〔一〕齊王使使者問趙威后：齊王，齊王建。趙威后，趙惠文王夫人，孝成王之母。

〔二〕書未發：書信未拆封。

〔三〕無恙：無憂。猶今人問候平安。恙，憂。

〔四〕鍾離子：齊之處士。隱居不做官。

〔五〕業：謂使之做官，成其業。

〔六〕葉陽子：亦齊之處士。

〔七〕哀鰥寡，卹孤獨：哀，可憐。無妻曰鰥，無夫曰寡。無子曰獨，無父曰孤。

〔八〕北宮之女嬰兒子：北宮，複姓。嬰兒子，女子之名。

〔九〕徹其環瑱：徹，與「撤」通，去也。環，耳環。瑱，玉瑱，用以塞耳。

〔一〇〕朝：使之朝，而褒揚之。

〔一一〕於陵子仲：即《孟子》中所説之陳仲子。居於陵，齊之世家，故亦名田仲。於陵，地名，在今山東鄒平縣東南。

【繫年】

此策爲趙威后用事，齊王建即位之初年，齊、趙聯合抗秦。趙惠文王死，孝成王即位，趙太后新用事。趙孝成王二年，當齊王建元年，當爲此時事。【補】顧觀光附此策於周赧王五十年。曰：威后問齊王而不及后，則后亦先卒，其在齊襄王時明矣。況威后卒於趙孝成王二年，史有明文乎？顧説當是。

齊人見田駢章

齊人見田駢曰〔一〕：「聞先生高議〔二〕，設爲不宦，而願爲役〔三〕。」田駢曰：「子何聞之？」對曰：「臣聞之鄰人之女。」田駢曰：「何謂也？」對曰：「臣鄰人之女，設爲不嫁，行年三十，而有七子。不嫁則不嫁，然嫁過畢矣〔四〕。今先生設爲不宦，訾養千鍾〔五〕，徒百人，不宦則然矣，而富過畢也〔六〕。」田子辭〔七〕。

〔一〕田駢：齊人，亦稱陳駢。遊稷下，號天口駢。所著書名《田子》。《漢書·藝文志》載《田子》二十五篇（高誘注《吕氏春秋》謂作《道書》一十五）。《吕氏春秋·不二》：「陳駢貴齊。」謂其齊生死，等古今。其書久亡，《莊子·天下》、《荀子·非十二子》、《尹文子·大道》屢稱之，尚可窺其學説之面貌。

〔二〕議：與「義」通。德行道義。

〔三〕設爲不宦，而願爲役：設，立。宦，仕宦做官。役，供其役使。【補】不宦而願爲役，金正煒云：「蓋亦許行之流。然祇譁衆取寵，言行不相顧，故是人議以不嫁而多子也。」

〔四〕嫁過畢：超過完全出嫁。

〔五〕訾養千鍾：訾，同「資」，資財。鍾，六斛四斗爲一鍾。

〔六〕富過畢：富，當爲「宦」。「宦過畢」與上文「嫁過畢」爲對文。若作「富」，則文義不通。

〔七〕辭：謝之。高注：辭，遣也。

【繫年】

據《史記·孟子荀卿列傳》，則田駢亦齊宣王時人。《淮南子·人間訓》有陳駢子對孟嘗君之言。至荀卿遊齊而田駢已死。其具體年代，亦不可考。【補】顧觀光繫此策於周赧王元年，亦齊宣王六年，不知何據。

管燕得罪章

管燕得罪〔一〕，齊王謂其左右曰〔二〕：「子孰而與我赴諸侯乎〔三〕？」左右嘿然莫對〔四〕。管燕連然流涕曰〔五〕：「悲夫！士何其易得而難用也！」田需對曰〔六〕：「士三食不得饜〔七〕，而君鵝鶩有餘食，下宮糅羅紈，曳綺縠，而士不得以爲緣〔八〕。且財者君之所輕，死者士之所重，君不肯以所輕與士，而責士以所重事君，非士易得而難用也。」

〔一〕管燕：身世不詳。《新序》作「燕相」，誤。

〔二〕齊王：齊宣王。

〔三〕子孰而與：言孰能爲我赴諸侯乎。而，《御覽》卷九一九引策文作「能」。古書「而」多訓爲「能」。《禮記·禮運正義》：「劉向《説苑》，『能』字皆作『而』。」與，猶爲。

〔四〕嘿：與「默」同。《商君傳》「王嘿然」，與此同義。

〔五〕漣：與「漣」同，泣下也。

〔六〕田需：見《魏策》，與公孫衍同時。

〔七〕饜：飽，足。

〔八〕「下宮」三句：下宮，宮中下等之人。糅，《御覽》卷四七五作「蹈」。糅，雜也。紈，素帛之輕者。綺，文繒，即今細綾。緣，衣服之花邊。

【繫年】

此策年代無考。【補】顧觀光繫此策於周赧王元年，即齊宣王六年。詳年待考。

蘇秦自燕之齊章

蘇秦自燕之齊〔一〕，見於華章南門〔二〕。齊王曰：「嘻！子之來也。秦使魏冉致帝〔三〕，子以爲何如？」對曰：「王之問臣也卒〔四〕，而患之所從生者微。今不聽，是恨秦也〔五〕；聽之，是恨天下也。不如聽之以卒秦〔六〕，勿庸稱也以爲天下。秦稱之，天下聽之，王亦稱之，先後之事，帝名爲無傷也〔七〕。秦稱之，而天下不聽，王因勿稱，其於以收天下〔八〕。此大資也。」

〔一〕蘇秦：《史記》作「蘇代」，誤。《戰國縱横家書》作「蘇秦」。《史記》中有關蘇秦事迹和生卒年代多誤，以蘇秦死於齊伐燕之前，故燕昭王、齊閔王時有關蘇秦之活動，《史記》多改爲蘇代。

〔二〕華章南門：《史記》作「章華東門」。按左思《齊都賦》注「齊小城北門」爲是。

〔三〕秦使魏冉致帝：秦昭王十九年，以魏冉爲相，秦昭王稱西帝，而使魏冉送帝號於齊閔王，使齊稱東帝。約共伐趙。

〔四〕卒：與「猝」通。

〔五〕恨秦：王念孫云：「恨」乃「很」之假借字。《説文》：很，不聽從也。

〔六〕卒秦：終成秦稱帝之事。卒，終。

〔七〕帝名爲無傷：稱帝雖有先後，而無損於稱帝之名。

〔八〕其於：此二字，《史記》無。鮑衍「其」字。

【繫年】

此秦昭王十九年、齊閔王十三年，齊、秦稱東西帝時事，當周赧王二十七年。

蘇秦謂齊王曰章

蘇秦謂齊王曰〔一〕：「齊、秦立爲兩帝〔二〕，王以天下爲尊秦乎？且尊齊乎？」王曰：「尊秦。」「釋帝則天下愛齊乎？且愛秦乎？」王曰：「愛齊而憎秦。」「兩帝立，約伐趙，孰與伐宋之利也？」王曰：「不如伐宋。」對曰：「夫約，然與秦爲帝，而天下獨尊秦而輕齊；齊釋帝，則天下愛齊而憎秦；伐趙不如伐宋之利。故臣願王明釋帝以就天下；倍約儐秦〔三〕，勿使争重，而王以其間舉宋。夫有宋則衛之陽城危〔四〕，有淮北則楚之東國危〔五〕，有濟西則趙之河東危〔六〕，有陰、平陸則梁門不啓〔七〕。故釋帝而貳之以伐宋之事〔八〕，則國重而名尊，燕、楚以形服，天下不敢不聽，此湯、武之舉也。敬秦以爲名，而後使天下憎之，此所謂以卑易尊者也！願王之熟慮之也！」

〔一〕齊王：齊閔王。

〔二〕兩帝：齊爲東帝，秦爲西帝，故爲兩帝。

〔三〕倍約儐秦：倍，同「背」，背離，背叛。儐，與「擯」同，棄，排斥。

〔四〕陽城：當從《史記》作「陽地」。裴駰《史記集解》云：濮陽之地。

〔五〕有淮北則楚之東國危：淮北，淮水之北，徐、泗一帶，淮水源出今河南桐柏山東，經信陽、羅山、息縣、潢川入安徽霍邱、潁上、懷遠、泗縣匯爲洪澤湖，東北至清河，又東至安東入海。東國，《史記正義》云：謂下相、僮、取慮也。下相，今安徽宿遷市北七十里。僮，在今江蘇睢寧縣境。取慮，今安徽靈璧縣北。

〔六〕有濟西則趙之河東危：濟西，濟水之西，今山東菏澤、鄆城、壽張之地。河東，趙之河東，今山東臨清市以西之地。

〔七〕有陰、平陸則梁門不啟：陰，即陶，今山東菏澤市定陶區。平陸，故魯中都，今山東汶上縣。梁門，魏國都大梁之門。

〔八〕貳：二心，不與秦合。

【繫年】

此策與上章爲同時事，即齊閔王十三年，當周赧王二十七年。**【補】**范祥雍《戰國策箋證》本，將此策與上策合爲一策，未詳其故。

戰國策卷十二

齊五

蘇秦説齊閔王章

蘇秦説齊閔王曰〔一〕：「臣聞用兵而喜先天下者憂〔二〕，約結而喜主怨者孤〔三〕。夫後起者藉也，而遠怨者時也〔四〕。是以聖人從事必藉於權，而務興於時。夫權藉者萬物之率也〔五〕；而時勢者百事之長也。故無權藉，倍時勢，而能事成者寡矣。

〔一〕蘇秦説齊閔王：姚注：一本無「蘇秦」二字。吴師道、黄丕烈皆以無此二字爲是，據策文例及《戰國縱横家書》有「蘇秦」二字亦通，而改爲「蘇子」或「蘇代」則誤。【補】錢穆《考辯》曰：「蘇秦死，當威、宣之際，豈得下及閔王？其書及後世習《老子》言者所爲，而假託於秦。不得以此疑閔王立，尚在蘇秦未死前也。」

〔二〕先天下：爲天下各國之先。

〔三〕主怨：爲「怨主」。爲約以結與國而伐人，人必怨之，又爲之主，故爲主怨者。

〔四〕「夫後起者」二句：藉，憑借。時，時機。

〔五〕率：與「帥」同，長，帥領。

「今雖干將、莫邪〔一〕，非得人力，則不能割劌矣〔二〕。堅箭利金〔三〕，不得弦機之利〔四〕，則不能遠殺矣。矢非不銛〔五〕，而劍非不利也，何則？權藉不在焉。何以知其然也？昔者趙氏襲衛，車舍人不休，傅衛國〔六〕，城割平〔七〕，衛八門土而二門墮矣〔八〕，此亡國之形也。衛君跣行告遡於魏〔九〕，魏王身被甲砥劍，挑趙索戰。邯鄲之中騖，河、山之間亂〔一〇〕，衛得是藉也，亦收餘甲而北面，殘剛平，墮中牟之郭〔一一〕。衛非强於趙也，譬之衛矢而魏弦機也，藉力于魏而有河東之地〔一二〕。趙氏懼，楚人救趙而伐魏，戰於州西〔一三〕，出于梁門，軍舍林中，馬飲於大河。趙得是藉也，亦襲魏之河北，燒棘溝，隊黄城〔一四〕。故剛平之殘也，中牟之墮也，黄城之墜也，棘溝之燒也，此皆非趙、魏之欲也。然二國勸行之者〔一五〕，何也？衛明於時權之藉也。今世之爲國者不然矣。兵弱而好敵强，國罷而好衆怨，事敗而好鞠之〔一六〕，兵弱而憎下人，地狹而好敵大，事敗而好長詐。行此六者而求伯，則遠矣。

〔一〕干將、莫邪：古人名。干將，越人，善鑄劍。莫邪，干將之妻，亦善鑄劍。故又以爲寶劍名。《吕氏春秋》，吴王使干將作劍，不成，其妻莫邪斷髮剪爪投於爐中，遂成。劍陽曰干將，陰曰莫邪。此指寶劍。

〔二〕劌：《説文》：利傷也。

〔三〕堅箭利金：利，鋭利。金正煒云：金，謂矢鏃。《孟子·離婁下》「抽矢叩輪去其金」，趙岐注：「叩輪去鏃。」

〔四〕弦機：弦，弓弦。機，弩機。

〔五〕銛：鋭利。

〔六〕「車舍人」二句：舍，止也，車舍，車攻停止。傅，薄，迫近。傅衛國，軍隊包圍衛國都。

〔七〕城割平：修築剛平城以堅守。割，王念孫云：當爲「剛」字之誤也。

〔八〕八門土：八個城門，皆以土屯塞。

〔九〕衛君跣行告遡於魏：跣行：赤足不著履而行。遡，同「愬」，告訴，訴説。

〔一〇〕「邯鄲之中騖」二句：騖，亂馳。河，指黄河。山，指太行山。

〔一一〕殘剛平，墮中牟：剛平，故城在今山東寧陽縣東北三十五里。【正】剛平，即趙剛平邑，在今河南省清豐縣西南，非山東之寧陽縣東北。寧陽屬齊。中牟，趙都，趙獻侯自耿徙此。以有牟山在側，故名中牟。在今河南鶴壁市西。與今之中牟縣有别。

〔一二〕河東之地：黄河以東，今河南浚縣、滑縣之東，衛之故地。

〔一三〕州西：州，春秋時晋邑，戰國屬魏。今河南修武縣有故武德城，即古州城。【補正】古州城，即漢之州縣，古屬河内郡，西周爲蘇忿生食邑，春秋屬鄭，後屬晋，戰國歸韓。即今河南温縣東北之武德鎮。

〔一四〕燒棘溝，隊黄城：溝，一本作「蒲」。棘蒲，趙邑，今河北趙縣。隊，與「墜」同。黄城，以黄溝得名，今河南内黄縣。

〔一五〕勸行：積極行動。

〔一六〕鞠：窮，謂不知止。

「臣聞善爲國者，順民之意，而料兵之能，然後從於天下。故約不爲人主怨〔一〕，伐不爲人挫强〔二〕。如此則兵不費，權不輕，地可廣，欲可成也。昔者，齊之與韓、魏伐秦、楚也〔三〕，戰非甚疾也，分地又非多韓、魏也〔四〕，然而天下獨歸咎於齊者，何也？以其爲韓、魏主怨也。且天下遍用兵矣，齊、燕戰而趙氏兼中山〔五〕，秦、楚戰韓、魏不休，而宋、越專用其兵。此十國者，皆以相敵爲意，而獨舉心於齊者，何也？約而好主怨，伐而好挫强也。

〔一〕爲人主怨：謂替人受怨。

〔二〕爲人挫强：謂不以兵替人摧折强敵。挫，摧折。

〔三〕齊之與韓、魏伐秦、楚：據《楚世家》，楚懷王二十六年，齊與韓、魏爲楚背約而合於秦，三國共伐楚，又轉而共伐秦。

〔四〕多韓、魏：多於韓、魏也。

〔五〕趙氏兼中山：據《趙世家》，趙惠文王三年，滅中山，遷其王於膚施。

「且夫强大之禍，常以王人爲意也〔一〕；弱小之殃，常以謀人爲利也〔二〕。是以大國危，小國滅也。大國之計，莫若後起而重伐不義〔三〕。夫後起之藉與多而兵勁〔四〕，則是以衆强適罷寡也〔五〕，兵必立也〔六〕。事不塞天下之心〔七〕，則利必附矣。大國行此，則名號不攘而至，伯王不爲而立矣。小國之情，莫如謹静而寡信諸侯〔八〕。謹静，則四鄰不反；寡信諸侯，則天下不賣。外不賣，内不反，則檳禍，朽腐而不用〔九〕，幣帛矯蠹而不服矣〔一〇〕。小國道此，則不祠而福矣，不貸而見足矣。故曰：祖仁者王，立義者伯，用兵窮者亡〔一一〕。何以知其然也？昔吴王夫差以强大爲天下先，襲郢而棲越〔一二〕，身從諸侯之君〔一三〕，而卒身死國亡，爲天下戮者，何也？此夫差平居而謀王，强大而喜先天下之禍也。昔者萊、莒好謀，陳、蔡好詐〔一四〕，莒恃越而滅，蔡恃晋而亡〔一五〕，此皆内長詐，外信諸侯之殃也。由此觀之，則强弱大小之禍，可見於前事矣。

〔一〕王人：爲人王。

〔二〕謀人：暗算人。

〔三〕重伐不義：不急於伐不義。重，慎重。

〔四〕與多而兵勁：與多，與國多。兵勁，兵强勝。

〔五〕衆强適罷寡：適，與「敵」通。罷，與「疲」同。

〔六〕必立：言必立功。立，謂立功立事。

〔七〕塞：猶逆。

〔八〕謹静而寡信：謹，姚本作「僅」，乃「謹」字之訛。寡信，不輕信。

〔九〕「外不賣」四句：金正煒云：此以「外不賣，内不反，則檳禍」爲句。「朽腐」上有脱文。《韓非子·外儲説》：「蓄積有腐棄之財。」鮑補「稸積」於此句上則得矣。

〔一〇〕矯：黄氏《札記》改爲「槁」。《莊子・列御寇釋文》：「槁，本作矯。」《荀子・禮論》注：「槁，骨貝也。」古者以貝爲幣，故得言槁。

〔一一〕「祖仁者王」三句：祖，法也。立，猶行。窮，極也。

〔一二〕襲郢而棲越：郢，楚都。棲，止。棲越，困越王勾踐於會稽之上。

〔一三〕從：猶領。

〔一四〕「昔者」二句：萊，春秋時，萊子之國，齊滅之。萊國，今山東萊州一帶。莒、陳、蔡見《西周策》注。

〔一五〕「莒恃越」二句：莒恃越，《墨子・非攻》：「東方有莒之國者，其爲國甚小，間於大國之間，不敬事於大，大國亦弗之從而愛利，是以東者越人夾削其壤地，西者齊人兼而有之。」《左傳》宣公十三年，齊師伐莒，莒恃晋而不事齊也。莒蓋恃晋而亡於齊。蔡恃晋，《竹書紀年》楚滅蔡，當晋敬公五年。此時吴已滅，而越方强，晋久已衰弱，則蔡乃恃越而被楚滅，非恃晋也。此兩句本爲「莒恃晋而滅，蔡恃越而亡」，傳寫誤淆耳。

「語曰：『麒驥之衰也〔一〕，駑馬先之；孟賁之倦也，女子勝之。』夫駑馬、女子，筋骨力勁，非賢於騏驥、孟賁也。何則？後起之藉也。今天下之相與也不並滅〔二〕，有而案兵而後起〔三〕，寄怨而誅不直〔四〕，微用兵而寄於義〔五〕，則亡天下可跼足而須也〔六〕。明於諸侯之故，察於地形之理者，不約親，不相質而固〔七〕，不趨而疾，衆事而不反〔八〕，交割而不相憎〔九〕，俱强而加以親。何則？形同憂而兵趨利也。何以知其然也？昔者齊、燕戰於桓之曲〔一〇〕，燕不勝，十萬之衆盡。胡人襲燕樓煩數縣〔一一〕，取其牛馬。夫胡之與齊非素親也，而用兵又非約質而謀燕也，然而甚於相趨者，何也？形同憂而兵趨利也〔一二〕。由此觀之，約於同形則利長，後起則諸侯可趨役也〔一三〕。

〔一〕麒驥：良馬。麒，鮑本作「騏」爲是，下文可證。

〔二〕相與：言與之相恃。與，猶恃。

〔三〕有而案兵：「而」與「能」同。策文多以「而」爲「能」，如「子孰而與我赴諸侯乎？」

〔四〕寄怨而誅不直：謂假手於人誅之而已不主怨，即所謂重伐不義也。寄，猶假。

〔五〕微用兵而寄於義：謂隱其用兵之真情，而寄寓於義以爲名也。

〔六〕蹈足而須：即蹻足而待之意。王念孫云：「蹈」與「蹻」同。蹻足，舉足也。

〔七〕質：交質，質子。

〔八〕反：逆。

〔九〕交割：彼此互相割地。

〔一〇〕桓之曲：鮑彪云：《家語》所謂桓曲，蓋在齊、魯之間。【補】桓，乃古桓臺縣，後改新城、索鎮，在今山東淄博市北。

〔一一〕樓煩：古縣名，趙武靈王略取樓煩族故地而置縣。在今山西寧武縣附近。

〔一二〕形同憂：此三字上姚本有「何則」二字，乃衍文。今删去。

〔一三〕趨役：趨我而爲我役。

「故明主察相，誠欲以伯王也爲志，則戰攻非所先。戰者，國之殘也，而都、縣之費也〔一〕。殘費已先，而能從諸侯者寡矣。彼戰者之爲殘也，士聞戰則輸私財而富軍市〔二〕，輸飲食而待死士，令折轅而炊之〔三〕，殺牛而觴士，則是路君之道也〔四〕。中人禱祝，君翳釀〔五〕，通都小縣置社〔六〕，有市之邑莫不止事而奉王，則此虛中之計也。夫戰之明日，尸死扶傷〔七〕，雖若有功也，軍出費，中哭泣，則傷主心矣。死者破家而葬，夷傷者空財而共藥〔八〕，完者内酺而華樂〔九〕，故其費與死傷者鈞。故民之所費也，十年之田而不償也。軍之所出，矛戟折，鐶弦絶〔一〇〕，傷弩、破車、罷馬、亡矢之大半。甲兵之具，官之所私出也，士大夫之所匿，厮養士之所竊〔一一〕，十年之田而不償也。天下有此再費者，而能從諸侯寡矣。攻城之費，百姓理襜蔽〔一二〕，舉衝櫓〔一三〕，家雜總〔一四〕，身窟穴〔一五〕，中罷於刀金，而士困於土功，將不釋甲，期數而能拔城者爲亟耳〔一六〕。上倦於教，士斷於兵〔一七〕，故三下城而能勝敵者寡矣。故曰：彼戰攻者，非所先也。何以知其然也？昔智伯瑶攻范、中行氏，殺其君，滅其國，又西圍晉陽，吞兼二國，而憂一主〔一八〕，此用兵之盛也。然而智伯卒身死國亡爲天下笑者，何謂也？兵先戰攻，而滅二子患也〔一九〕。日者，中山悉起而迎燕、趙，南戰於長子〔二〇〕，敗趙氏；北戰於中山，克燕軍，殺其將。夫中山，千乘之國也，而敵萬乘之國二，再戰比勝〔二一〕，此用兵之上節也。然而國遂亡〔二二〕，君臣於齊者，何也？不嗇於戰攻之患也〔二三〕。由此觀之，則戰攻之敗，可見於前事。

〔一〕都、縣：《周禮》，四甸爲縣，四縣爲都。《左傳》隱公元年注：「邑有先君宗廟之主曰都。」戰國時各國皆推行郡縣制，惟齊行都邑制。

〔二〕軍市：古代行軍，士衆所聚，有市井。市租所入，屬將軍。

〔三〕折轅：折，斷。轅，車轅。

〔四〕路君：路，黄丕烈云：路，羸也。亦作「露」或「潞」。君，乃「軍」字之誤。

〔五〕中人禱祝，君翳釀：中人，百吏之屬。翳釀，孫詒讓云：當讀爲「瘞禳」。古者國君軍禮有禳四望山川、社稷、諸地示，皆用瘞埋之禮。故云君翳釀，説明臣民不得翳釀。

〔六〕置社：《禮記·祭法》：「大夫以下成群立社，曰置社。」非用兵時始置。此「置」字疑當爲「塞」字之訛誤。「塞」與「賽」同。賽社，即報社。又「置」或爲「宜」之訛。《左傳》定公四年注：「師出先有事祓禱於社，謂之宜社。」

〔七〕尸死：死者未殮而陳其尸。尸，陳也。

〔八〕夷傷者空財而共藥：夷，亦傷。金創爲夷。共，與「供」同。

〔九〕完者内酺而華樂：完，全。謂得生而全者，酺大飲酒。華，乃「譁」字之省。譁，大讙。

〔一〇〕鐶：刀鐶。

〔一一〕廝養士：析薪養馬者。

〔一二〕襜蔽：《墨子·備城門》：「城上之備渠譫。」《淮南子·氾論訓》：「渠幨以守。」高注：幨幰，所以禦矢。「譫」、「幨」、「襜」古通用，實是一物。蔽，障。

〔一三〕衝櫓：持衝，用以備梯攻。《墨子·備城門》：「百步爲櫓，櫓廣四尺，高八尺爲衝術。」【補】《説文》：櫓，大盾也。

〔一四〕家雜總：全家編入士伍之中。

〔一五〕身：當「穿」字之訛。《墨子·備城門》：「俟其穿井且通。」「穿」字今本訛作「身」，與此正同。
〔一六〕期數而能拔城者爲亟耳：刻期而能拔城者，已爲速也。亟，同「急」，速也。
〔一七〕士斷於兵：斷，截。兵，兵器。
〔一八〕一主：指趙襄子。
〔一九〕滅：没，不見。
〔二〇〕長子：今山西長子縣。
〔二一〕比：皆，接連。
〔二二〕然而國遂亡：周赧王二十二年，齊佐趙滅中山。
〔二三〕嗇：吝，惜。

「今世之所謂善用兵者，終戰比勝〔一〕，而守不可拔。天下稱爲善，一國得而保之〔二〕，則非國之利也。臣聞戰大勝者，其士多死而兵益弱；守而不可拔者，其百姓罷而城郭露〔三〕。夫士死於外，民殘於內，而城郭露於境，則非王之樂也。今夫鵠的非咎罪於人也〔四〕，便弓引弩而射之〔五〕，中者則善，不中則愧，少長貴賤則同心於貫之者，何也？惡其示人以難也〔六〕。今窮戰比勝，而守必不拔，則是非徒示人以難也，又且害人者也，然則天下仇之必矣。夫罷士露國，而多與天下爲仇，則明君不居也。素用强兵而弱之〔七〕，則察相不事〔八〕。彼明君察相者，則五兵不動而諸侯從〔九〕，辭讓而重賂至矣。故明君之攻戰也，甲兵不出於軍而敵國勝，衝櫓不施而邊城降，士民不知而王業至矣。彼明君之從事也，用財少，曠日遠，而爲利長者。故曰：兵後起則諸侯可趨役也。

〔一〕終戰：謂窮兵。終，窮。【補】比，較。比勝，比較勝負也。終戰比勝，窮兵而戰比較勝負也。

〔二〕保：恃也。

〔三〕露：敗也。

〔四〕鵠的：箭靶子。射侯中之處，謂之鵠的。

〔五〕便弓：審弓得便巧而發之。便，謂巧。

〔六〕示人以難：示人以難中也。

〔七〕素用强兵而弱之：言兵常用，雖强必弱。素，常。

〔八〕察相不事：察相，明察之相。不事，不從事於此。

〔九〕五兵：指持五種兵器之士卒。【補】五種兵器，古代説法各異，《周禮·司有》注：弓矢、殳、矛、戈、戟。《司兵》注：戈、殳、戟、夷矛、酋矛。《穀梁傳》注：矛、戟、鉞、盾、弓矢。《淮南子》注：刀、劍、矛、戟、矢。

「臣之所聞，攻戰之道非師者〔一〕，雖有百萬之軍，比之堂上〔二〕；雖有闔閭、吴起之將〔三〕，禽之户內；千丈之城，拔之尊俎之間〔四〕；百尺之衝，折之衽席之上〔五〕。故鐘鼓竽瑟之音不絶，地可廣而欲可成；和樂倡優侏儒之笑不乏〔六〕，諸侯可同日而致也。故名配天地不爲尊，利制海內不爲厚。故夫善爲王業者，在勞天下而自佚，亂天下而自安。諸侯無成謀，則其國無宿憂也。何以知其然〔七〕？佚治在我，勞亂在天下，則王之道也。鋭兵來則拒之，患至而移之〔八〕，使諸侯無成謀，則其國無宿憂矣〔九〕。何以知其然也？昔者魏王擁土千里〔一〇〕，帶甲三十六萬，其强而拔邯鄲，西圍定陽〔一一〕，又從十二諸侯朝天子以西謀秦〔一二〕。秦王恐之，寢不安席，食不甘味，令於境内，盡堞中爲戰具，竟爲守備〔一三〕，爲死士置將以待魏氏。衛鞅謀於秦王曰：『夫魏氏其功大，而令行於天下，有十二諸侯而朝天子〔一四〕，其與必衆。故以一秦而敵大魏，恐不如。王何不使臣見魏王，則臣請必北魏矣〔一五〕。』秦王許諾。衛鞅見魏王曰：『大王之功大矣，令行於天下矣。今大王之所從十二諸侯，非宋、衛也，則鄒、魯、陳、蔡，此固大王之所以鞭箠使也〔一六〕，不足以王天下。大王不若北取燕，東伐齊，則趙必從矣；西取秦，南伐楚，則韓必從矣。大王有伐齊、楚心，而從天下之志〔一七〕，則王業見矣。大王不如先行王服〔一八〕，然後圖齊、楚。』魏王説於衛鞅之言也，故身廣公宫，製丹衣，柱建九斿〔一九〕，從七星之旟。此天子之位也，而魏王處之。於是齊、楚怒，諸侯奔齊，齊人伐魏，殺其太子，覆其十萬之軍〔二〇〕。魏王大恐，跣行按兵於國，而東次於齊〔二一〕，然後天下乃舍之。當是時，秦王垂拱受西河之外〔二二〕，而不以德魏王。故曰：衛鞅之始與秦王計也，謀約不下席，言於尊俎之間，謀成於堂上，而魏將以禽於齊矣；衝櫓未施，而西河之外入於秦矣。此臣之所謂比之堂上，禽將户内，拔城於尊俎之間，折衝席上者也。」

〔一〕非師者：言不必用師。非，不也。

〔二〕比之堂上：猶御之堂上，與下文「禽之户内」、「拔之尊俎之間」、「折之衽席之上」義同，皆戰勝於廟堂之義。比，《周禮·大胥比樂官》注：比，猶校也。

〔三〕闔閭、吴起之將：《吕氏春秋·用民》：「闔閭之用兵也，不過三萬。吴起之用兵也，不過五萬。」又《上德》：「闔閭之教，孫武之兵不能當矣。」則吴王闔閭亦善用兵者，故與吴起並舉。

〔四〕尊俎之間：尊，盛酒之樽。俎，載牲之器。

〔五〕衽席：卧席。

〔六〕「和樂」句：倡優，女樂。侏儒，短小人，亦優人之類。不乏，姚本作「不之」，誤。今從鮑本。《漢書·徐樂傳》「俳優、侏儒之笑不乏於前」，與此義同。

〔七〕「諸侯無成謀」三句：此十七字乃涉下文而衍。當删去。

〔八〕患至而移之：姚本作「患至則趨之」。此從一本。

〔九〕「使諸侯」二句：無成謀，謂圖我之謀不成。宿，留。

〔一〇〕魏王：魏惠王。

〔一一〕「其强」二句：而，能。魏拔邯鄲，在周顯王十六年、魏惠王十七年。定陽，故城，在今陝西洛川縣北。

【補正】定陽，疑非今陝西洛川縣北，似應爲今山西吉縣。吉縣古爲定陽郡，後改爲定陽縣。陝西洛川之定陽，秦之上黨郡屬，在河之西。魏拔邯鄲，即率十二諸侯兵西圍洛川，似太遠。

〔一二〕「又從」句：魏惠王會諸侯朝天子，在周顯王二十五年。

〔一三〕「盡堞」二句：堞，城上女牆。竟，與「境」同。

〔一四〕有十二諸侯而朝天子：有，讀爲「又」，下當有「從」字。上文「又從十二諸侯朝天子」，下文「今大王之所從十二諸侯」，皆有「從」字。

〔一五〕北魏：敗魏。【補】北，敗走，敗逃。《左傳·桓公九年》：「以戰敗北。」杜預注：「北，走也。」楊倞注《荀子·議兵》：「北，敗走也。北者，乖背之名，故以敗走爲北也。」

〔一六〕箠：馬策。

〔一七〕從天下：使天下從己。從，領。

〔一八〕王服：王者之裝飾衣服。

〔一九〕杜建九斿：王念孫云：「杜」當爲「旌」字之誤。「旌」字當在「建」字下。「製丹衣」爲句，「建旌九斿」爲句。《周禮·大行人》：「建常九斿。」若無「旌」字，則「建九斿」三字，亦文不成義。《禮記·樂記》「龍旂九旒，天子之旌」是也。「廣公宫，製丹衣，建旌九斿，從七星之旟」言其宫室、衣服、車旗之擬於天子。

〔二〇〕「殺其太子」二句：太子，魏惠王之太子申。覆其十萬之軍，指馬陵之戰，齊大敗魏軍。

〔二一〕次：止。一宿謂之宿，再宿謂之信，過信謂之次。

〔二二〕垂拱：垂衣、拱手無所事。

【繫年】

此策當爲五國攻秦以前，蘇秦由燕使齊，説齊閔王勿稱帝以孤秦。繼而勸閔王後起遠怨，當在齊閔王十四年以後，故繫於齊閔王十五年，當周赧王二十九年。【補】此策繫年，各家本不同：林春溥《紀年》繫於周赧王三十年閔王滅宋之後；黄式三《編略》、于鬯《年表》繫於周赧王二十七年齊、秦稱帝之時。范祥雍按曰：「其在周赧王二十年中山滅國後，周赧王二十六年閔王稱帝之前乎？」今從吴氏説繫於齊閔王十五年，當周赧王二十九年。

戰國策卷十三

齊六

齊負郭之民章

齊負郭之民有孤狐咺者〔一〕，正議，閔王斮之檀衢〔二〕，百姓不附。齊孫室子陳舉直言，殺之東閭〔三〕，宗族離心。司馬穰苴爲政者也〔四〕，殺之，大臣不親。以故燕舉兵，使昌國君將而擊之〔五〕。齊使向子將而應之〔六〕。齊軍破，向子以輿一乘亡〔七〕。達子收餘卒〔八〕，復振，與燕戰，求所以償者〔九〕，閔王不肯與，軍破走。王奔莒〔一〇〕。

〔一〕齊負郭之民有孤狐咺者：負，猶背。負郭，背郭而居。孤，因「狐」字而誤衍。當删去。狐咺，《吕氏春秋·貴直》作「狐援」，《漢書·古今人表》作「狐爰」。「咺」、「援」、「爰」三字同聲。

〔二〕正議，閔王斮之檀衢：正議，猶直言諫諍。斮，斬。檀衢，齊都内有檀臺。四達之謂衢。蓋其地爲通檀臺之衢路。

〔三〕「齊孫室子」二句：齊孫室子，齊國公族宗室之子。陳舉，人名，齊之公族。東閭，《左傳》襄公十九年注：齊東門。

〔四〕司馬穰苴：姓田氏，名穰苴。司馬，蓋官名。《周禮》大司馬掌邦政。《史記》以爲齊景公時人，蓋誤。

〔五〕昌國君：燕將樂毅之封號。昌城，齊邑，今山東淄博市淄川區東北。

〔六〕向子將而應之：向子，《吕氏春秋·貴直》並作「觸子」。身世不詳。應，鮑注：後起爲應。【補】吴師道引《吕氏春秋》作「觸子」，金正煒曰：「吴説是也。」並考「向」乃「蜀」字之殘缺。引《吕覽·貴直》：「此觸子之所以去之也，達子之所以死之也。」與此策合。

〔七〕以與一乘亡：與，車。亡，逃亡。

〔八〕達子：《吕氏春秋·貴直》：「達子之所以死之也。」其人蓋死於抗燕之戰。

〔九〕求所以償：求財物所以償戰士。鮑本「償」作「賞」。

〔一〇〕莒：春秋莒子之國，齊滅之。今山東莒縣。

淖齒數之曰〔一〕：「夫千乘、博昌之間〔二〕，方數百里，雨血沾衣，王知之乎？」王曰：「不知。」「嬴、博之間〔三〕，地坼至泉〔四〕，王知之乎？」王曰：「不知。」「人有當闕而哭者〔五〕，求之則不得，去之則聞其聲，王知之乎？」王曰：「不知〔六〕。」淖齒曰：「天雨血沾衣者，天以告也；地坼至泉者，地以告也；人有當闕而哭者，人以告也。天、地、人皆以告矣，而王不知戒焉，何得無誅乎？」於是殺閔王於鼓里〔七〕。

〔一〕「淖齒」句：按《御覽》卷八七七，「淖齒」上有「閔王三十一年，侵伐鄰國，窮兵極武，外怨於諸侯，內失於百姓，燕將樂毅連五國之兵以伐之。閔王出走，楚使淖齒救齊」一段。淖齒，楚公族。燕將樂毅率五國之兵伐齊，楚頃襄王使淖齒將兵救齊，因相齊閔王。數之，數閔王之罪。

〔二〕夫千乘、博昌之間：千乘，在今山東高青縣高城鎮北二十五里。博昌，在今山東博興縣南二十里。【補】千乘，本齊邑。《齊記》：千乘城，在齊城西北百五十里，有南北二城，相去二十里。其一城縣治，一城太守治。千乘者，以齊景公有馬千駟，畋於青石，因以爲名。

〔三〕嬴、博之間：嬴，齊邑，在今山東萊蕪市西北。博，博城，今山東淄博市博山區。【補正】嬴，齊邑。古屬泰山郡，據《元和郡縣圖志》，後魏時移古嬴縣於萊蕪縣，唐貞觀初，省入博城。長安四年，廢嬴置萊蕪縣。

〔四〕坼：裂開。

〔五〕闕：門觀。

〔六〕不知：與上文二處，《春秋後語》並作「知之」。據下文淖齒責閔王不知戒，作「知之」義勝。

〔七〕鼓里：莒中地名。

太子乃解衣免服〔一〕，逃太史之家爲溉園。君王后，太史氏女，知其貴人，善事之。田單以即墨之城〔二〕，破亡餘卒，破燕兵，紿騎劫〔三〕，遂以復齊，遽迎太子於莒〔四〕，立之以爲王。襄王即位，君王后以爲后，生齊王建。

〔一〕太子：名法章，是爲襄王。

〔二〕即墨：齊邑。在今山東平度市東南。

〔三〕紿騎劫：紿，欺詐。騎劫，燕將代樂毅者。

〔四〕遽：傳車。

【繫年】

此蓋齊閔王十七年、周赧王三十一年，五國代齊時事。

王孫賈年十五章

王孫賈年十五〔一〕，事閔王。王出走，失王之處。其母曰：「女朝出而晚來，則吾倚門而望；女暮出而不還，則吾倚閭而望〔二〕。女今事王，王出走，女不知其處，女尚何歸？」

〔一〕王孫賈：齊人，此與春秋時衛之王孫賈有别。

〔二〕閭：《周禮》以二十五家爲閭。閭，里門。

王孫賈乃入市中，曰：「淖齒亂齊國，殺閔王，欲與我誅者，袒右〔一〕！」市人從者四百人，與之誅淖齒〔二〕，刺而殺之。

〔一〕袒右：脱右肩之衣以露右臂。袒，露臂。

〔二〕與之誅：與，從也。誅，討也。

【繫年】

此與上章同，爲齊閔王十七年樂毅將五國兵攻齊時事，當周赧王三十一年。

燕攻齊取七十餘城章

燕攻齊，取七十餘城，唯莒、即墨不下〔一〕。齊田單以即墨破燕，殺騎劫〔二〕。初，燕將攻下聊城〔三〕，人或讒之。燕將懼誅，遂保守聊城，不敢歸。田單攻之歲餘〔四〕，士卒多死，而聊城不下。

〔一〕「燕攻齊」三句：周赧王三十一年，燕將樂毅以燕、秦、趙、魏、韓五國之師伐齊，入臨淄，下齊七十餘城，唯莒與即墨未下。

〔二〕「齊田單」二句：田單守即墨，以火牛出陣，敗燕軍，殺燕將騎劫，遂收復齊地。

〔三〕聊城：齊地，今山東聊城市西。

〔四〕「田單攻之」句：錢大昕云：《六國年表》無田單攻聊城事。

魯連乃書，約之矢以射城中〔一〕，遺燕將曰：「吾聞之，智者不倍時而棄利，勇士不怯死而滅名，忠臣不先身而後君。今公行一朝之忿，不顧燕王之無臣，非忠也；殺身亡聊城，而威不信於齊〔二〕，非勇也；功廢名滅，後世無稱，非知也。故知者不再計，勇士不怯死〔三〕。今死生榮辱，尊卑貴賤，此其一時也。願公之詳計而無與俗同也。且楚攻南陽〔四〕，魏攻平陸〔五〕，齊無南面之心〔六〕，以爲亡南陽之害，不若得濟北之利，故定計而堅守之。今秦人下兵，魏不敢東面，橫秦之勢合〔七〕，則楚國之形危。且齊棄南陽，斷右壤〔八〕，存濟北，計必爲之。今楚、魏交退，燕救不至，齊無天下之規〔九〕，與聊城共據朞年之弊，即臣見公之不能得也〔一〇〕。齊必決之於聊城，公無再計。彼燕國大亂，君臣過計〔一一〕，上下迷惑，栗腹以百萬之衆〔一二〕，五折於外，萬乘之國，被圍於趙，壤削主困，爲天下戮，公聞之乎？今燕王方寒心獨立，大臣不足恃，國弊禍多，民心無所歸。今公又以弊聊之民，距全齊之兵〔一三〕，朞年不解，是墨翟之守也〔一四〕。食人炊骨，士無反北之心〔一五〕，是孫臏、吴起之兵也〔一六〕。能以見於天下矣。故爲公計者，不如罷兵休士，全車甲，歸報燕王，燕王必喜。士民見公如見父母，交遊攘臂而議於世〔一七〕，功業可明矣。上輔孤主，以制群臣；下養百姓，以資説士〔一八〕。矯國革俗於天下〔一九〕，功名可立也。意者，亦捐燕棄世，東遊於齊乎？請裂地定封，富比陶、衛〔二〇〕，世世稱孤寡，與齊久存，此亦一計也。二者顯名厚實也，願公熟計而審處一也。

〔一〕乃書，約之矢：謂以書纏繞束縛於矢上。

〔二〕信：與「伸」通，伸展。

〔三〕故知者不再計，勇士不怯死：鼂本無此二句。《史記》作「三者世主不臣，說士不再。故知者不再計，勇士不怯死」。

〔四〕南陽：齊地，泰山之陽。《孟子》：「一戰勝齊，遂有南陽。」《方輿紀要》云，今山東鄒城市西十里南陽城，即南陽。

〔五〕平陸：故魯中都，故城在今山東汶上縣北。

〔六〕齊無南面之心：《史記正義》云：齊無南面攻楚、魏之心，以爲南陽、平陸之害小，不如濟北聊城之利大。南面，謂出軍拒楚、魏，救南陽、平陸。

〔七〕横秦之勢合：此時秦與齊和，魏不敢東攻齊，故云横秦之勢合。合，成也。

〔八〕斷右壤：斷，棄。右壤，謂南陽、平陸之地。

〔九〕齊無天下之規：天下無謀劃劫制齊者。規，猶謀。

〔一〇〕得：劉、一作「待」，爲是。待，猶御也。

〔一一〕過計：謂謀劃錯誤。過，失。

〔一二〕栗腹以百萬之衆：栗腹，燕將。燕王喜使之攻趙，廉頗破其軍殺栗腹。百萬，鮑本、《史記》作「十萬」，是。

〔一三〕「今公又以弊聊」二句：弊聊，疲弊之聊城。距，與「拒」同，抗擊。

〔一四〕墨翟之守：墨翟善城守。楚將攻宋，公輸般爲之造雲梯。墨子聞之，見公輸般。般九設機變，墨翟九拒之。

公輸般之械盡，而墨翟之守有餘。

〔一五〕北：與「背」通，背叛。

〔一六〕孫臏、吴起之兵：謂孫臏、吴起能抚循士卒，士卒戰無二心。

〔一七〕攘臂：猶將臂。

〔一八〕以資説士：資給説士，以招賢良，用强國也。

〔一九〕矯國革俗：矯正國策，改革弊俗。

〔二〇〕富比陶、衛：王劭云：魏冉封陶，商君姓衛，富比陶、衛，謂此。

「且吾聞，傚小節者不能行大威〔一〕，惡小恥者不能立榮名。昔管仲射桓公中鉤，篡也〔二〕；遺公子糾而不能死，怯也〔三〕；束縛桎梏〔四〕，辱身也。此三行者，鄉里不通也，世主不臣也。使管仲終身窮抑，幽囚而不出，慙恥而不見，窮年没壽，不免爲辱人賤行矣。然而管子并三行之過，據齊國之政，一匡天下，九合諸侯，爲五伯首〔五〕，名高天下，光照鄰國。曹沫爲魯君將，三戰三北，而喪地千里。使曹子之足不離陳〔六〕，計不顧後，出必死而不生，則不免爲敗軍禽將。曹子以敗軍禽將，非勇也；功廢名滅，後世無稱，非知也。故去三北之恥，退而與魯君計也，曹子以爲遭〔七〕。齊桓公有天下，朝諸侯〔八〕。曹子以一劍之任，劫桓公於壇位之上，顔色不變，而辭氣不悖。三戰之所喪，一朝而反之，天下震動，諸侯驚駭，威信吴、楚〔九〕，傳名後世。若此二公者，非不能行小節，死小恥也，以爲殺身絶世，功名不立，非知也。故去忿恚之心，而成終身之名；除感忿之恥〔一〇〕，而立累世之功。故業與三王爭流，名與天壤相敝也〔一一〕。公其圖之。」

〔一〕傚：倣傚，傚法。

〔二〕「昔管仲」二句：鉤，帶鉤。簒，逆。

〔三〕「遺公子糾」二句：管仲事公子糾，不能隨公子糾死，是怯懦畏死。遺，棄。

〔四〕桎梏：如後世之腳鐐手銬。桎，足械。梏，手械。

〔五〕五伯首：齊桓公是霸主中之首，亦是最早得周天子賜文武胙、彤弓矢、大輅者，故爲五伯首。

〔六〕陳：與「陣」同。

〔七〕退而與魯君計也，曹子以爲遭：「也曹子」三字，曾本無。「以爲遭」三字，《史記》、《鶡冠子·世兵》皆無。

〔八〕「齊桓公」二句：「有」字恐誤。《史記》作「朝天下，會諸侯。」

〔九〕信：與「伸」通。

〔一〇〕感忿：王念孫云：上既言「恚忿」，下不當復言「感忿」。《荀子·議兵》：「善用兵者，感忽悠闇，莫知所出。」《魯連子》：「棄感忽之恥，立累世之功。」則「感忿」當是「感忽」之訛。感忽，恍惚。《新序》作「奄忽」，義亦相同。

〔一一〕名與天壤相敝：言其功業與天地比久長。壤，地。敝，敗。

燕將曰：「敬聞命矣！」因罷兵到讀而去〔一〕。故解齊國之圍，救百姓之死，仲連之説也。

〔一〕到讀：黄丕烈云：「到」即「倒」字，「讀」即「櫝」。櫝，劍匣。

【繫年】

齊襄王五年，田單敗燕軍收復齊地，田單攻聊城歲餘不能下，魯仲連乃遺燕將書以説之，此當是齊襄王六年時事，當燕惠王元年、周赧王三十七年。

燕攻齊齊破章

燕攻齊，齊破。閔王奔莒，淖齒殺閔王。田單守即墨之城，破燕兵，復齊墟。襄王爲太子徵〔一〕。齊以破燕〔二〕，田單之立疑〔三〕，齊國之衆，皆以田單爲自立也。襄王立，田單相之。過菑水〔四〕，有老人涉菑而寒，出不能行，坐於沙中。田單見其寒，欲使後車分衣〔五〕，無可以分者，單解裘而衣之。襄王惡之，曰：「田單之施〔六〕，將欲以取我國乎？不早圖，恐後之。」左右顧無人，巖下有貫珠者〔七〕，襄王呼而問之曰：「女聞吾言乎？」對曰：「聞之。」王曰：「女以爲何若？」對曰：「王不如因以爲己善。王嘉單之善，下令曰：『寡人憂民之飢也，單收而食之；寡人憂民之寒也，單解裘而衣之；寡人憂勞百姓，而單亦憂之，稱寡人之意。』單有是善而王嘉之，善單之善，亦王之善已。」王曰：「善。」乃賜單牛酒，嘉其行。

〔一〕太子徵：孫詒讓云：「『徵』當爲『微』，亦形之誤，襄王易姓名爲太史敫家庸，故曰微也。《爾雅·釋詁》

注：微，謂逃藏也。《左傳》襄公十九年注：微，隱匿也。

〔二〕以：與「已」通。鮑本作「已」。

〔三〕田單之立疑：謂太子逃匿未得，疑於所立。意謂田單擬自立之。

〔四〕菑水：「菑」與「淄」同。淄水源出今山東萊蕪原山，東北過淄博市臨淄區，又東過利津縣東，東北入渤海。

〔五〕後車：田單之隨從車輛及人員。

〔六〕田單之施：《藝文類聚》卷五引作「厚施」，卷六七引作「惠施」，則「施」上似有脱字。施，布施恩德。

〔七〕巖下：殿巖之下。【補】貫珠者，姚宏、鮑注皆以爲是齊人，姓貫名珠（殊），恐誤。于鬯認爲，此非人名，否則後無須加「者」字。疑爲在殿巖下從事穿珍珠之人。貫，穿也。

後數日，貫珠者復見王曰：「王至朝日〔一〕，宜召田單而揖之於庭，口勞之。乃布令求百姓之飢寒者，收穀之〔二〕。乃使人聽於閭里，聞丈夫之相□與語，舉□□□□曰〔三〕：『田單之愛人，嗟，乃王之教澤也。』」

〔一〕朝日：朝群臣之日。

〔二〕收穀：收而養之。穀，養也。

〔三〕此處脱文，黄氏《札記》以爲有姚氏校語而删去者。舉，盡也。

【繫年】

齊襄王之立，當在田單破燕復齊以後。蓋亦齊襄王五年時事，當周赧王三十六年。

貂勃常惡田單章

貂勃常惡田單〔一〕，曰：「安平君〔二〕，小人也。」安平君聞之，故爲酒而召貂勃，曰：「單何以得罪於先生，故常見譽於朝〔三〕。」貂勃曰：「跖之狗吠堯〔四〕，非貴跖而賤堯也，狗固吠非其主也。且今使公孫子賢，而徐子不肖〔五〕。然而使公孫子與徐子鬭，徐子之狗，猶時攫公孫子之腓而噬之也。若乃得去不肖者，而爲賢者狗，豈特攫其腓而噬之耳哉！〔六〕」安平君曰：「敬聞命！」明日，任之於王〔七〕。

〔一〕貂勃常惡田單：貂勃，齊襄王宦者。惡，誹謗。

〔二〕安平君：田單初起安平，故以爲號。安平故城，本春秋時紀國之酅邑，齊滅紀，改爲安平，在今山東淄博市臨淄區東十九里，秦滅齊，改爲東安平縣。

〔三〕見譽：被誇獎、稱讚。譽，曾本、一本作「惡」。譽，誇獎，稱讚。

〔四〕跖：春秋時魯國人，展禽之弟，盜跖。

〔五〕不肖：不賢。

〔六〕攫其腓而噬之：攫，攫取。腓，脛之後面，俗稱腿肚。噬，咬。

〔七〕任：保舉，推薦。

王有所幸臣九人之屬，欲傷安平君，相與語於王曰：「燕之伐齊之時，楚王使將軍將萬人而佐齊〔一〕。今國已定，而社稷已安矣，何不使使者謝於楚王？」王曰：「左右孰可？」九人之屬孫曰：「貂勃可。」貂勃使楚。楚王受而觴之，數日不反。九人之屬相與語於王曰：「夫一人身，而牽留萬乘者，豈不以據勢也哉〔二〕？且安平君之與王也，君臣無禮，而上下無別。且其志欲爲不善〔三〕，內牧百姓，循撫其心，振窮補不足，布德於民；外懷戎翟〔四〕，天下之賢士，陰結諸侯之雄俊豪英，其志欲有爲也〔五〕。願王之察之。」異日，而王曰：「召相單來。」田單免冠徒跣肉袒而進〔六〕，退而請死罪。五日，而王曰：「子無罪於寡人，子爲子之臣禮，吾爲吾之王禮而已矣。」

〔一〕楚王使將軍將萬人而佐齊：楚王，楚頃襄王。將軍，淖齒。佐齊，助齊抗燕。

〔二〕據勢：謂據田單在齊之勢力。

〔三〕爲不善：謂田單想篡齊王位。

〔四〕翟：與「狄」同。

〔五〕欲有爲：欲爲不善。

〔六〕徒跣肉袒：徒跣，徒步跣足。跣足，不著履而赤腳。肉袒，袒肩見體，謂赤臂。

貂勃從楚來，王賜諸前〔一〕，酒酣〔二〕，王曰：「召相田單而來。」貂勃避席稽首曰〔三〕：「王惡得此亡國之言乎？王上者孰與周文王？」王曰：「吾不若也」。貂勃曰：「然。臣固知王不若也。下者孰與齊桓公？」王曰：「吾不若也」。貂勃曰：「然。臣固知王不若也。然則周文王得吕尚以爲太公〔四〕，齊桓公得管夷吾以爲仲父〔五〕，今王得安平君而獨曰『單』。且自天地之闢，民人之治，爲人臣之功者，誰有厚於安平君者哉？而王曰『單、單』。惡得此亡國之言乎？且王不能守先王之社稷，燕人興師而襲齊虚〔六〕，王走而之城陽之山中〔七〕。安平君以惴惴之即墨〔八〕，三里之城，五里之郭，敝卒七千，禽其司馬〔九〕，而反千里之齊，安平君之功也。當是時也，闔城陽而王城陽〔一〇〕，天下莫之能止。然而計之於道，歸之於義，以爲不可。故爲棧道木閣〔一一〕，而迎王與后於城陽山中，王乃得反，子臨百姓。今國已定，民已安矣，王乃曰：『單。』且嬰兒之計不爲此。王不亟殺此九子者以謝安平君，不然，國危矣！」王乃殺九子而逐其家，益封安平君以夜邑萬戸〔一二〕。

〔一〕賜：一本作「觴」爲是。觴之以酒。

〔二〕酣：飲酒興濃之時。

〔三〕稽首：叩頭。

〔四〕「然則」句：吕尚釣於渭濱，周文王出獵，得吕尚，載與俱歸，曰：吾太公望子久矣。因號爲太公望。

〔五〕管夷吾：管仲，字夷吾。齊公孫無知之亂，管夷吾奉公子糾與齊桓公争國。公子糾死，桓公釋管仲之罪，任以國政，號爲仲父。

〔六〕齊虚：「虚」字蓋涉上下章「復齊墟」之文而誤衍。【補】齊虚，即齊之故城。虚，處所，以前之居住地。虚，又同「墟」。

〔七〕城陽：今山東莒縣。

〔八〕惴惴：危懼，憂恐。

〔九〕司馬：掌兵之官，謂燕將騎劫。

〔一〇〕闔城陽而王城陽：闔，《春秋後語》作「舍」。下「城陽」二字，因上文而衍。

〔一一〕棧道：架木通路爲棧道。

〔一二〕夜邑：即掖邑，今山東萊州市。

【繫年】

此策蓋田單破燕復齊，齊襄王即位，齊政權穩定之後事。當繫於齊襄王六年、周赧王三十七年。

田單將攻狄章

田單將攻狄〔一〕，往見魯仲子〔二〕。仲子曰：「將軍攻狄，不能下也。」田單曰：「臣以五里之城，七里之郭〔三〕，破亡餘卒，破萬乘之燕，復齊墟。攻狄而不下，何也？」上車弗謝而去。遂攻狄，三月而不克之也。

〔一〕狄：齊邑。春秋時長狄所居，故名。在今山東鄒平一帶。

〔二〕魯仲子：即魯仲連。

〔三〕郭：外城爲郭。

齊嬰兒謡曰：「大冠若箕〔一〕，修劍拄頤〔二〕，攻狄不能下，壘於梧丘〔三〕。」田單乃懼。問魯仲子曰：「先生謂單不能下狄，請聞其説。」魯仲子曰：「將軍之在即墨，坐而織蕢〔四〕，立則丈插〔五〕，爲士卒倡〔六〕，曰：『可往矣！宗廟亡矣，雲曰尚矣〔七〕，歸於何黨矣？』當此之時，將軍有死之心，而士卒無生之氣，聞若言，莫不揮泣奮臂而欲戰，此所以破燕也。當今將軍東有夜邑之奉，西有菑上之虞〔八〕，黄金横帶，而馳乎淄澠之間〔九〕，有生之樂，無死之心，所以不勝者也。」田單曰：「單有心，先生志之矣〔一〇〕。」明日乃厲氣循城〔一一〕，立於矢石之所乃〔一二〕，援枹鼓之〔一三〕，狄人乃下。

〔一〕大冠若箕：大冠，武冠。箕，簸箕。【補】大冠若箕，即謂高大的冠帽就像簸箕那麼大。

〔二〕修劍拄頤：修，長。拄，支。

〔三〕壘於梧丘：姚本、鮑本作「壘枯丘」。王念孫云：此當從《説苑·指武》作「攻狄不能下，壘於梧丘」，於文爲順，於義爲長。梧丘，地名。【補】梧丘，即梧城古邑，在今山東省安丘市西南六十里。壘於梧丘，即退築營壘於梧丘城下之意。

〔四〕蕢：草器，筐、畚之屬。

〔五〕丈插：丈，與「仗」通，憑，荷。插，與「鍤」同，掘土器。

〔六〕倡：導，領先。

〔七〕雲曰尚矣：黄丕烈《札記》：此「曰」字當作「白」。雲白者，「魂魄」之省文。尚，當爲「惝」，悵惘之意。即《説苑》之「魂魄喪矣」。

〔八〕菑上之虞：菑，與「淄」通，指淄水。虞，《藝文類聚》卷六七引之作「娱」。「虞」與「娱」通，娱樂。此蓋言田單封邑，夜邑有租賦之奉，淄上有游觀之樂。

〔九〕淄澠：淄，淄水，自今山东利縣東北流，逕安平城北。澠，澠水，出今山東淄博市東北，西逕博興縣與時水合。

〔一〇〕志：意所擬度。

〔一一〕厲氣：勉勵激奮士氣。

〔一二〕乃：劉本作「及」，是也。及，至。

〔一三〕援枹：援，引。枹，擊鼓杖。

【繫年】

田單攻狄事，《史記·田單傳》、《魯仲連傳》及《田齊世家》皆不載。今從于鬯説，繫此策於齊襄王五年，當周赧王三十六年。

濮上之事章

濮上之事〔一〕，贅子死，章子走〔二〕，盼子謂齊王曰〔三〕：「不如易餘粮於宋，宋王必説〔四〕，梁氏不敢過宋伐齊。齊固弱，是以餘粮收宋也。齊國復强，雖復責之宋〔五〕，可；不償，因以爲辭而攻之，亦可。」

〔一〕濮上之事：濮上，濮水之上。濮水，在今河南濮陽市西南。事，指戰争。

〔二〕贅子死，章子走：贅子，不詳。章子，謂匡章。走，逃跑。

〔三〕盼子：齊將田盼。

〔四〕宋王：宋偃王。

〔五〕責之宋：使宋償還其糧。

【繫年】

此策年事顧觀光以爲《六國年表》周赧王三年魏擊齊，虜聲子於濮之事，「贅」即「聲」字誤。據此，則當繫於齊宣王三年，當周慎靚王四年。

齊閔王之遇殺章

齊閔王之遇殺，其子法章，變姓名，爲莒太史家庸夫〔一〕。太史敫女，奇法章之狀貌，以爲非常人，憐而常竊衣食之，與私焉〔二〕。莒中及齊亡臣相聚〔三〕，求閔王子欲立之。法章乃自言於莒。共立法章爲襄王。襄王立，以太史氏女爲王后，生子建。太史敫曰：「女無媒而嫁者〔四〕，非吾種也，污吾世矣。」終身不覩君王后〔五〕。君王后賢，不以不覩之故，失人子之禮也。

〔一〕庸夫：受傭於人而任其勞役。庸，與「傭」同。
〔二〕與私焉：此三字下，《史記》有「淖齒既以去莒」一句，當據以補，其義乃連貫。
〔三〕莒中及齊亡臣相聚：莒中，謂莒中人民。齊，謂其國都。亡臣，臣之逃亡者。
〔四〕媒：姚本作「謀」。今從一本作「媒」。
〔五〕覩：見。

襄王卒，子建立爲齊王。君王后事秦謹，與諸侯信，以故建立四十有餘年不受兵。秦始皇嘗使使者遺君王后玉連環〔一〕，曰：「齊多知，而解此環不〔二〕？」君王后以示群臣，群臣不知解。君王后引椎椎破之，謝秦使曰：「謹以解矣。」及君王后病且卒，誡建曰：「群臣之可用者某。」建曰：「請書之。」君王后曰：「善。」取筆牘受言〔三〕，君王后曰：「老婦已亡矣〔四〕。」

〔一〕「秦始皇」句：齊君王后死於秦莊襄王之時，始皇尚未當政。此言秦始皇蓋誤。連環，數環相貫連。
〔二〕不：即「否」字。
〔三〕牘：書寫之板。
〔四〕亡：當爲「忘」字之損，鮑本作「忘」爲是。

君王后死，後后勝相齊〔一〕，多受秦間金，王使賓客入秦〔二〕，皆爲變辭〔三〕，勸王朝秦，不脩攻戰之備。

〔一〕后勝：身世不詳。【補正】后勝，齊相郈勝，本郈氏，策書去其邑爲后。見《史記·田敬仲完世家》和《史記·秦始皇本紀》。此句首衍「後」字。如留作「後后勝相齊」，則易使人理解爲后之族后勝或謂「之後，后勝相齊」，文義相悖。
〔二〕王：姚、鮑本皆作「玉」，連上讀。今從吳曾祺説，當作「王」，連下讀。
〔三〕變辭：變詐之辭。

【繫年】

此策乃概括齊王建朝秦之原因，似非正式策文。姑繫於齊王建四十四年、秦始皇二十六年。【補】策中所述之事，皆君王后未死前事，君王后死於君王建十六年，時當秦莊襄王元年，秦始皇尚未始政，故繫年爲齊王建四十四年、秦始皇二十六年不當。顧觀光繫於秦莊襄王元年爲妥。

齊王建入朝章

齊王建入朝於秦，雍門司馬前曰〔一〕：「所爲立王者，爲社稷耶？爲王立王耶〔二〕？」王曰：「爲社稷。」司馬曰：「爲社稷立王，王何以去社稷而入秦？」齊王還車而反。

〔一〕雍門司馬前：《御覽》卷三五二、《北堂書鈔·武功部》皆作「雍門司馬横戟當馬前」。王念孫云：引脱去「横戟當馬」四字。雍門，齊都臨淄之城門。司馬，掌兵之官。

〔二〕立王：此二字，因與上下文相涉而衍，當删去。

即墨大夫聞雍門司馬諫而聽之〔一〕，則以爲可與爲謀〔二〕，即入見齊王曰：「齊地方數千里，帶甲數百萬。夫三晋大夫，皆不便秦，而在阿、鄄之間者百數〔三〕，王收而與之百萬之衆，使收三晋之故地，即臨晋之關可以入矣〔四〕；鄢郢大夫，不欲爲秦，而在城南下者百數〔五〕，王收而與之百萬之師，使收楚故地，即武關可以入矣〔六〕。如此，則齊威可立，秦國可亡。夫舍南面之稱制〔七〕，乃西面而事秦，爲大王不取也。」齊王不聽。

〔一〕聞：姚本作「與」，一本作「聞」，此從一本。

〔二〕可與：姚本作「可可」，誤。一本作「可以」。黄氏《札記》以爲當作「可與」，今從之。

〔三〕阿、鄄：阿，東阿。鄄，鄄城。

〔四〕臨晋之關：春秋時謂之蒲關。故城在今陝西大荔縣東北。凡《國策》、《史記》所言臨晋皆指此，非今山西臨猗縣臨晋鎮。

〔五〕城南下：即南城下，齊威王時，檀子所守者。

〔六〕武關：即《左傳》之少習。在今陝西商洛市東南八十里少習山下。

〔七〕制：君主教令。

秦使陳馳誘齊王内之，約與五百里之地。齊王不聽即墨大夫，而聽陳馳，遂入。秦處之共松柏之間〔一〕，餓而死。先是，齊爲之歌曰：「松耶柏耶！住建共者，客邪〔二〕！」

〔一〕共：古共國，在今河南輝縣市。洪亮吉云：共邑在今甘肅涇州北五里，今共池是。此乃秦之共邑，當日所以處王建者應在於此。

〔二〕住建共者，客邪：建，謂齊王建。客，説客，謂陳馳。

【繫年】

齊王建朝秦，秦處之共，在秦始皇二十六年、齊王建四十四年。

齊以淖君之亂章

齊以淖君之亂秦〔一〕。其後秦欲取齊，故使蘇涓之楚，令任固之齊〔二〕。齊明謂楚王曰〔三〕：「秦王欲楚，不若其欲齊之甚也。其使涓來，以示齊之有楚，以資固於齊〔四〕。齊見楚，必受固。是王之聽涓也，適爲固驅以合齊、秦也。齊、秦合，非楚之利也。且夫涓來之辭，必非固之所以之齊之辭也。王不如令人以涓來之辭，謾固於齊〔五〕，齊、秦必不合。齊、秦不合，則王重矣。王欲收齊以攻秦，漢中可得也。王即欲以秦攻齊，淮、泗之間亦可得也。」

〔一〕齊以淖君之亂秦：淖君，即淖齒。五國攻齊，秦爲主謀，故亂秦。
〔二〕蘇涓、任固：皆秦使者，其身世不詳。
〔三〕齊明：注見《東周策》。
〔四〕資固：予任固以憑借。
〔五〕謾：欺騙。

【繫年】

此策蓋齊王建時事。其具體年代不可考。【補】顧觀光附此策於周赧王三十九年。時當秦昭王三十一年、齊襄王八年。可供一參。據《史記·楚世家》、《六國年表》及《韓策》中之四策等事，證明此策應在周赧王三年秦取漢中後，赧王三十一年楚取淮北之前，亦可備參。

戰國策卷十四

楚一

齊楚搆難章

齊、楚搆難，宋請中立〔一〕。齊急宋〔二〕，宋許之。子象爲楚謂宋王曰〔三〕：「楚以緩失宋，將法齊之急也〔四〕。齊以急得宋，後將常急矣。是從齊而攻楚，未必利也。齊戰勝楚，勢必危宋；不勝，是以弱宋干強楚也〔五〕。而令兩萬乘之國，常以急求所欲，國必危矣。」

〔一〕請：求。

〔二〕齊急宋：宋求中立，而齊強迫宋從齊伐楚。急，強迫。

〔三〕子象爲楚謂宋王：子象，不詳。宋王，宋君偃十一年自立爲王。【補】子象，鮑注曰「楚人。」范祥雍引《韓非子·内儲説下》「楚王謂干象曰」，疑干象、子象乃一人，「干」、「子」二字以形似誤。

〔四〕將法齊之急：謂楚將效法齊國，强迫宋從楚。

〔五〕干：犯。

【繫年】

此策當爲齊閔王十四年，齊第二次伐宋時事。齊與宋講和，齊決定八月撤兵，楚與齊争地。策文「齊急宋，宋許之」，「齊、楚搆難，宋請中立」，即指此。齊閔王十四年，當宋王偃四十一年、周赧王二十八年。【補】鮑彪次此策於楚宣王下，不知何故。吴師道曰：（宋）剔成尚未稱王，此偃也，與懷、襄相接。顧觀光則將此策繫於周赧王二年，基本同意鮑説。郭先生繫於周赧王二十八年，當公元前二八七年，宋亡於公元前二八六年。與策文不合。似應提前十年左右。

五國約以伐齊章

五國約以伐齊〔一〕。昭陽謂楚王曰〔二〕：「五國已破齊，秦必南圖楚。」楚王曰：「然則奈何？」對曰：「韓氏輔國也〔三〕，好利而惡難。好利，可營也〔四〕；惡難，可懼也。我厚賂之以利，其心必營我。悉兵以臨之，其心必懼我。彼懼吾兵而營我利，五國之事必可敗也。約絶之後，雖勿與地可。」

〔一〕五國約以伐齊：劉本作「五國約秦以伐齊」。鮑本「齊」下有「秦」字。鮑本衍「齊」字，非。五國，楚、韓、趙、魏、燕。此當「五國約以伐齊」爲句，「秦」字當衍。

〔二〕昭陽：楚人。

〔三〕輔國：謂如輔車相依之國。鮑注：言可爲楚之助。

〔四〕營：惑也。

楚王曰：「善。」乃命大公事之韓〔一〕，見公仲曰〔二〕：「夫牛闌之事〔三〕，馬陵之難〔四〕，親王之所見也〔五〕。王苟無以五國用兵，請效列城五，請悉楚國之衆也，以廧於齊〔六〕。」齊之反趙、魏之後，而楚果弗與地，則五國之事困也。

〔一〕大公事：楚臣。

〔二〕公仲：韓相公仲朋。

〔三〕牛闌之事：不詳。【補】牛闌之事，當爲發生在牛闌山一帶的戰争，與下文「馬陵之難」互文。牛闌，山名。《郡國志》：南陽郡魯陽縣有牛闌累亭。注云：謝瀋書云：牛闌，山也。《水經注》：牛闌水出魯陽縣北牛闌山。此山爲楚地，韓伐楚，戰於此，楚勝韓敗，引之所以懼韓也。

〔四〕馬陵之難：魏惠王三十年，齊救韓，破魏軍於馬陵。

〔五〕親王之所見也：「親」字當在「見」字上，此句意爲王之所親見也。

〔六〕以廧於齊：孫詒讓云：「廧」當爲「菑」。《考工記》注：泰山、平原所樹立物爲菑。以菑於齊，即爲齊之災害。

【繫年】

按鮑彪、吳師道注，此策並衍「齊」字。其意皆以爲五國伐秦，其事可考。然五國伐齊事不可考。而于鬯繫此策於齊宣王四年，當周慎靚王四年，皆非。民按：此章乃秦、燕、韓、趙、魏五國伐齊。齊閔王十七年、周赧王三十一年時事。

荆宣王問群臣章

荆宣王問群臣曰〔一〕：「吾聞北方之畏昭奚恤也〔二〕，果誠何如？」群臣莫對。江一對曰〔三〕：「虎求百獸而食之，得狐。狐曰：『子無敢食我也〔四〕。天帝使我長百獸〔五〕，今子食我，是逆天帝命也。子以我爲不信，吾爲子先行，子隨我後，觀百獸之見我而敢不走乎？』虎以爲然，故遂與之行，獸見之皆走。虎不知獸畏己而走也，以爲畏狐也。今王之地方五千里，帶甲百萬，而專屬之昭奚恤，故北方之畏奚恤也，其實畏王之甲兵也，猶百獸之畏虎也。」

〔一〕荆宣王：劉、一本無「荆」字。《新序·體事》作「楚」。楚宣王，名良夫，肅王之子。

〔二〕昭奚恤：楚宣王之相。

〔三〕江一：鮑本作「江乙」。江乙，魏人，仕於楚。

〔四〕食我：《春秋後語》作「噉我」。《新序》作「食我」，與策文同。

〔五〕長百獸：爲百獸之長。

【繫年】

江乙爲魏使於楚，在魏惠王桂陵之敗以前，約當楚宣王十七年，此策楚宣王問北方之畏昭奚恤，而江乙適在楚，對楚宣王之問。應繫於楚宣王十七年，當周顯王十六年。

昭奚恤與彭城君章

昭奚恤與彭城君議於王前〔一〕，王召江乙而問焉。江乙曰：「二人之言皆善也，臣不敢言其後〔二〕，此謂慮賢也〔三〕。」

〔一〕彭城君：彭城，宋地。宋滅後，其地歸楚。在今江蘇徐州市。鮑彪以彭城君爲楚人。

〔二〕言其後：一本此下更有「言其後」三字。

〔三〕慮賢：疑慮賢者。

【繫年】

據江乙在楚之時推知，此亦當爲楚宣王十七年、周顯王十六年時事。

邯鄲之難昭奚恤謂楚王章

邯鄲之難〔一〕，昭奚恤謂楚王曰：「王不如無救趙，而以强魏〔二〕。魏强，其割趙必深矣。趙不能聽，則必堅守，是兩弊也。」景舍曰〔三〕：「不然。昭奚恤不知也。夫魏之攻趙也，恐楚之攻其後。今不救趙，趙有亡形，而魏無楚憂，是楚、魏共趙也〔四〕，害必深矣〔五〕，何以兩弊也？且魏令兵以深割趙，趙見亡形，而知楚之不救己也〔六〕，必與魏合而以謀楚。故王不如少出兵以爲趙援，趙恃楚勁，必與魏戰。魏怒於趙之勁，而見楚救之不足畏也，必不釋趙。趙、魏相弊，而齊、秦應楚〔七〕，則魏可破也。」楚因使景舍起兵救趙。邯鄲拔〔八〕，楚取睢濊之間〔九〕。

〔一〕邯鄲之難：趙成侯二十一年，魏圍趙都邯鄲。

〔二〕强魏：助魏使之强勁。

〔三〕景舍：楚人。

〔四〕楚、魏共趙：楚與魏共同攻趙。

〔五〕害必深矣：害，當作「割」，承上文「割趙必深」而言。

〔六〕知：姚本作「有」。劉本作「知」，從劉本作「知」義勝。

〔七〕齊、秦應楚：謂齊、秦乘楚救趙勢而起兵攻魏。
〔八〕邯鄲拔：邯鄲被魏攻下。魏拔邯鄲在趙成侯二十二年、魏惠王十八年。
〔九〕楚取睢濊之間：睢，睢水，古鴻溝支流。自今河南開封市東從鴻溝分出東南流，經杞縣、睢縣、寧陵、商丘市，東經夏邑、永城北，至江蘇宿遷市入泗水。濊，永城市東南有澮水，一名濊水。

【繫年】

此魏惠王十八年、楚宣王十八年時事，當周顯王十七年。

江尹欲惡昭奚恤章

江尹欲惡昭奚恤於楚王〔一〕，而力不能，故爲梁山陽君請封於楚〔二〕。楚王曰：「諾。」昭奚恤曰：「山陽君無功於楚國，不當封。」江尹因得山陽君，與之共惡昭奚恤。

〔一〕江尹欲惡昭奚恤於楚王：江尹，即江乙。楚王，楚宣王。
〔二〕山陽君：魏之封君，其人爲誰，不詳。山陽，魏地，今河南修武縣西。

魏氏惡昭奚恤於楚王，楚王告昭子〔一〕。昭子曰：「臣朝夕以事聽命，而魏入吾君臣之間，臣大懼。

臣非畏魏也，夫泄吾君臣之交〔二〕，而天下信之，是其爲人也近苦矣〔三〕。夫苟不難爲之外，豈忘爲之内乎〔四〕？臣之得罪無日矣。」王曰：「寡人知之，大夫何患？」

〔一〕昭子：昭奚恤。【補】此段范本、諸本均另成一策。

〔二〕泄吾君臣之交：泄露我們君臣間之關係。

〔三〕是其爲人也近苦矣：是其爲人，指泄露我們君臣之交的這個人。苦，當爲「君」字之訛。

〔四〕「夫苟」二句：外，指魏。内，指楚國群臣。

【繫年】

此與上章爲同時事，亦當繫於楚宣王十八年、周顯王十七年。

江乙惡昭奚恤章

江乙惡昭奚恤，謂楚王曰：「人有以其狗爲有執而愛之〔一〕。其狗嘗溺井〔二〕。其鄰人見狗之溺井也，欲入言之。狗惡之，當門而噬之〔三〕。鄰人憚之，遂不得入言。邯鄲之難，楚進兵，大梁拔矣，昭奚恤取魏之寶器，臣居魏知之，故昭奚恤常惡臣之見王。」

〔一〕執：言其筋力壯猛。「執」當「埶」之訛，「埶」即「勢」字。

〔二〕溺井：尿入水井。溺，尿。

〔三〕當門而噬之：當，抵。噬，咬。

【繫年】

此與前兩章時間相近，當繫於楚宣王十八年，齊敗魏桂陵之後。當周顯王十七年。

江乙欲惡昭奚恤於楚章

江乙欲惡昭奚恤於楚，謂楚王曰：「下比周則上危〔一〕，下分争則上安。王亦知之乎？願王勿忘也。且人有好揚人之善者，於王何如？」王曰：「此君子也，近之。」江乙曰：「有人好揚人之惡者，於王何如？」王曰：「此小人也，遠之。」江乙曰：「然則且有子殺其父，臣弒其主者，而王終已不知者〔二〕，何也？以王好聞人之美，而惡聞人之惡也。」王曰：「善。寡人願兩聞之。」

〔一〕比周：偏私之意。

〔二〕終已：猶言終身。

【繫年】

此亦楚宣王十八年時事，當周顯王十七年。

江乙説於安陵君章

江乙説於安陵君曰〔一〕：「君無咫尺之地，骨肉之親，處尊位受厚祿，一國之衆，見君莫不斂衽而拜〔二〕，撫委而服〔三〕，何以也？」曰：「王過舉而已〔四〕。不然，無以至此。」

〔一〕安陵君：楚之幸臣，名纏。《説苑》、《藝文類聚》作「安鄰纏」。《御覽》卷四五〇作「安陵纏」。安陵故城，在今河南漯河市郾陵區西北。李慈銘《越縵堂讀書記》云，《戰國策·楚策一》江乙所説之安陵君，即《楚策四》莊辛所言之鄢陵君也。「鄢」、「安」古通用，故「鄢」亦作「安」。鄢陵，楚地；安陵，魏地。鮑彪、吴師道合楚、魏安陵爲一地，皆誤。蓋安陵本春秋時鄭之鄢邑，戰國時屬魏，在今河南鄢陵縣西北十五里。楚之鄢陵即召陵，在今河南郾城縣東四十五里。

〔二〕衽：衣襟。

〔三〕撫委：撫，與「拊」同，以手按之。委，禮衣。《禮記·雜記》：委，武冠卷。《左傳》：弁冕端委。

〔四〕過舉：過，失。舉，提拔。

江乙曰：「以財交者，財盡而交絶；以色交者，華落而愛渝〔一〕。是以嬖女不敝席〔二〕，寵臣不辟軒〔三〕。今君擅楚國之勢，而無以深自結於王，竊爲君危之。」安陵君曰：「然則奈何？」江乙曰〔四〕：「願君必請從死，以身爲殉。如是，必長得重於楚國。」曰：「謹受令。」三年而弗言。

〔一〕華落而愛渝：華，菁華。比喻容貌顔色。華落，顔色衰老。渝，變。

〔二〕嬖女不敝席：嬖，賤而得幸爲嬖，寵愛之意。不敝席，言不久之意。

〔三〕寵臣不辟軒：寵臣，貴寵之臣。辟，「敝」字之訛。軒，曲輈藩車。不敝軒，謂所乘之軒車未敝而恩寵已衰。

〔四〕江乙曰：此三字姚本無，曾本有。《説苑・權謀》、《御覽》卷四五〇皆有此三字。今從之。

江乙復見曰：「臣所爲君道，至今未效。君不用臣之計，臣請不敢復見矣。」安陵君曰：「不敢忘先生之言，未得間也。」於是楚王遊於雲夢〔一〕，結駟千乘〔二〕，旌旗蔽日，野火之起也若雲蜺〔三〕，兕虎嘷之聲若雷霆〔四〕，有狂兕牂車依輪而至〔五〕，王親引弓而射，壹發而殪〔六〕。王抽旃旄而抑兕首〔七〕，仰天而笑，曰：「樂矣，今日之遊也。寡人萬歲千秋之後〔八〕，誰與樂此矣！」安陵君泣數行而進曰：「臣入則編席〔九〕，出則陪乘，大王萬歲千秋之後，願得以身試黄泉〔一〇〕，蓐螻蟻〔一一〕，又何如得此樂而樂之。」王大説，乃封壇爲安陵君〔一二〕。君子聞之曰：「江乙可謂善謀，安陵君可謂知時矣。」

〔一〕楚王遊於雲夢：楚王，楚宣王。雲夢，二澤名。雲在江北，夢在江南，大致包括今湖南益陽市、湘陰縣以北，江陵縣、安陸市以南，武漢市以西地區。

〔二〕結駟：結，連。駟，一車四馬。古人駕車，皆用四馬，兩服居中，兩驂在外，故謂之駟。

〔三〕蜺：與「霓」通，即虹。

〔四〕兕虎嗥之聲若雷霆：據《説苑·權謀》「虎狼之嗥若雷霆」，則「兕」字衍文。「虎」下當補「狼」字。「嗥」通「號」，獸叫聲。

〔五〕有狂兕牂車依輪：兕，犀屬，頂一角，文理細膩，可以製酒器；皮堅厚，可以製甲。牂，鮑本作「䍧」，《説苑》、《御覽》作「觸」。䍧，趨行。觸，接。

〔六〕壹發而殪：壹發，發射。殪，死。

〔七〕旃旄：旃，曲柄旗。旄牛尾繫於竿頭爲旄。

〔八〕萬歲千秋之後：謂死後。

〔九〕編席：《藝文類聚》卷三三引作「侍席」，《御覽》卷四九一引作「侍綸席」。

〔一〇〕試黄泉：試，當從一本作「式」。式，用也。李善注《文選》引作「式黄泉」。爲王用填黄泉。

〔一一〕蓐螻蟻：蓐，茵席、藉草，爲王作蓐以禦螻蟻。

〔一二〕乃封壇爲安陵君：壇，與「纏」、「纏」同字，安陵君之名。《古今人表》作「纏」，《藝文類聚》作「纏」，鄭玄注《周禮》以壂爲壇可證。

【繫年】

江乙使楚在楚宣王十七年，此策文有安陵君「三年而弗言」。據此當繫於楚宣王二十年，當周顯王十九年。

江乙爲魏使於楚章

江乙爲魏使於楚，謂楚王曰：「臣入竟〔一〕，聞楚之俗，不蔽人之善，不言人之惡，誠有之乎？」王曰：「誠有之。」江乙曰：「然則白公之亂得無遂乎〔二〕？誠如是，臣等之罪免矣。」楚王曰：「何也？」江乙曰：「州侯相楚〔三〕，貴甚矣，而主斷。左右俱曰無有，如出一口矣〔四〕。」

〔一〕竟：與「境」同，國土。

〔二〕白公之亂得無遂乎：白公，名勝，楚平王太子建之子。哀公十六年，太子建以受費無極之讒奔宋，又奔鄭，鄭殺之，勝遂奔吴。至楚惠王時召勝使處吴境爲白公（今河南息縣有白公城）。白公請伐鄭，令尹子西不從，至周敬王四十一年，白公勝殺子西，劫楚惠王。葉公沈諸梁討平之。遂，成。

〔三〕州侯：楚嬖人，封於州。《荀子·臣道》：「齊之蘇秦，楚之州侯，可謂態者也。」今湖北監利縣東有州城，即古州國故城。

〔四〕如出一口：《韓非子·孤憤》注：雷同是非，故曰一口。

【繫年】

江乙爲魏使楚，在魏惠王十八年，魏圍趙之邯鄲，恐楚救之，故使江乙於楚。當楚宣王十七年。

郢人有獄章

郢人有獄三年不決者〔一〕，故令請其宅以卜其罪〔二〕。客因爲之謂昭奚恤曰：「郢人某氏之宅，臣願之。」昭奚恤曰：「郢人某氏不當服罪，故其宅不得〔三〕。」客辭而去，昭奚恤已而悔之，因謂客曰：「奚恤得事公，公何爲以故與奚恤〔四〕？」客曰：「非用故也。」曰：「謂而不得，有説色，非故如何也〔五〕？」

〔一〕郢：楚都。

〔二〕故令請其宅以卜其罪：故，詐，下文四「故」字皆同，有罪則宅没入官，故可請爲己有。卜，測知此人是否真有罪。

〔三〕故其宅不得：當從一本作「故其宅不可得」，其意乃完。謂其人無罪，不可没入其宅以與別人。

〔四〕以故與奚恤：以詐對待我昭奚恤。

〔五〕非故如何：如，與「而」通。謂非詐而何。

【繫年】

此策與昭奚恤相關，推斷此與上章爲同時事，故亦附於楚宣王十七年、周顯王十六年。

城渾出周章

城渾出周〔一〕，三人偶行〔二〕，南遊於楚，至於新城〔三〕。城渾説其令曰：「鄭、魏者，楚之耎國〔四〕，而秦，楚之强敵也。鄭、魏之弱，而楚以上梁應之〔五〕；宜陽之大也，楚以弱新城圍之。蒲反、平陽相去百里〔六〕，秦人一夜而襲之，安邑不知；新城、上梁相去五百里，秦人一夜而襲之，上梁亦不知也。今邊邑之所恃者，非江南、泗上也〔七〕。故楚王何不以新城爲主郡也，邊邑甚利之。」

〔一〕城渾出周：城渾，周人。出周，自周都南出，此周當爲東周君所居之成周。

〔二〕三人偶行：偶，合，偕。以無車馬，故結夥以行。

〔三〕新城：韓地。在今河南伊川縣西南。久已入秦，不知何時爲楚所有。【補正】此新城當指今河南襄城縣。襄城，一作新城，今河南襄城縣。當時爲楚地，屬戰國楚邊邑。

〔四〕鄭、魏者，楚之耎國：鄭，即韓。戰國時韓國都於新鄭，故稱韓爲鄭。猶魏都大梁，稱爲梁也。耎，弱。

〔五〕上梁：即南梁，在今河南汝州市西南四十五里。

〔六〕蒲反、平陽：蒲反，即蒲阪。《睡虎地秦墓竹簡·大事記》：「昭王五年，歸蒲反。」《史記·六國年表》作「蒲阪」。蒲阪故城，在今山西永濟市東南。平陽，今山西臨汾市。

〔七〕泗上：指楚下東國泗水下游及淮北之地。

新城公大説。乃爲具駟馬乘車、五百金之楚。城渾得之，遂南交於楚，楚王果以新城爲主郡。

【繫年】

顧觀光附此策於周赧王十五年。

韓公叔有齊魏章

韓公叔有齊、魏〔一〕，而太子有楚、秦〔二〕，以争國。鄭申爲楚使於韓〔三〕，矯以新城、陽人予太子〔四〕。楚王怒，將罪之。對曰：「臣矯予之，以爲國也。臣爲太子得新城、陽人，以與公叔争國而得之，齊、魏必伐韓。韓氏急，必懸命於楚，又何新城、陽人之敢求？太子不勝，然而不死，今將倒冠而至，又安敢言地？」楚王曰：「善。」乃不罪也。

〔一〕韓公叔有齊、魏：公叔，《史記索隱》云：韓襄王子公叔伯嬰，亦即太子嬰。有齊、魏，得齊、魏二國之援助。

〔二〕太子有楚、秦：太子，亦韓襄王子幾瑟。有楚、秦，有楚、秦二國之助。

〔三〕鄭申：不詳。

〔四〕矯以新城、陽人予太子：矯，詐，擅自。陽人，在今河南汝州市西南八十里陽人聚。

【繫年】

《韓世家》韓公叔與幾瑟争國在韓襄王十二年、楚懷王二十九年，當周赧王十五年。

楚杜赫説楚王章

楚杜赫説楚王以取趙〔一〕。王且予之五大夫〔二〕，而令私行。陳軫謂楚王曰：「赫不能得趙，五大夫不可收也，得賞無功也。得趙而王無加焉，是無善也。王不如以十乘行之〔三〕，事成，予之五大夫。」王曰：「善。」乃以十乘行之。

〔一〕杜赫：周人。曾説周昭文君以安天下，見《吕氏春秋》。

〔二〕五大夫：爵位名，大夫之尊者。秦爵五大夫在第九級。

〔三〕以十乘行之：予之車十乘使杜赫行。

杜赫怒而不行。陳軫謂王曰：「是不能得趙也。」

【繫年】

顧觀光附此策於周赧王十六年，云此事當在前，因言「取趙」，故附於此。

楚王問於范環章

楚王問於范環曰〔一〕：「寡人欲置相於秦〔二〕，孰可？」對曰：「臣不足以知之。」王曰：「吾相甘茂可乎？」范環對曰：「不可。」王曰：「何也？」曰：「夫史舉，上蔡之監門也〔三〕，大不知事君，小不知處室〔四〕，以苛廉聞於世〔五〕，甘茂事之順焉。故惠王之明，武王之察，張儀之好譖，甘茂事之，取十官而無罪。茂，誠賢者也，然而不可相秦。秦之有賢相也，非楚國之利也。且王嘗用召滑於越〔六〕，而納句章〔七〕。昧之難〔八〕，越亂，故楚南察瀨胡而野江東〔九〕。計王之功，所以能如此者，越亂而楚治也。今王以用之於越矣，而忘之於秦，臣以爲王鉅速忘矣。王若欲置相於秦乎？若公孫郝者可〔一〇〕。夫公孫郝之於秦王，親也。少與之同衣，長與之同車，被王衣以聽事，真大王之相已。王相之，楚國之大利也。」

〔一〕范環：《史記・甘茂傳》作「范蜎」。徐廣云：一作「蠉」。《索隱》引《戰國策》作「蝝」。皆以音形相近而異。范環，其人身世不詳。

〔二〕置相於秦：爲秦立相。楚懷王新與秦爲婚而結好，秦聞甘茂在楚，使人謂楚懷王，使送甘茂於秦。懷王欲以甘茂爲秦相，故云，欲置相於秦。

〔三〕夫史舉，上蔡之監門也：史舉，甘茂之師。上蔡，《史記》作「下蔡」，《韓非子》作「上蔡」，當以「上蔡」爲是。今河南上蔡縣。

〔四〕兩「知」字：《史記》皆作「爲」，姚本作「如」，今從一本作「知」。

〔五〕苛廉：苛刻，過於廉潔。

〔六〕召滑：又作「卓滑」，《趙策》作「淖滑」，《韓非子》作「邵滑」。

〔七〕納句章：言納召滑於句章之地。句章，越地。今浙江慈溪市西南三十五里，有句章故城。

〔八〕昧之難：昧，蓋越地。其事不詳。【補正】昧之難，昧非越地名，而是指楚將唐昧。楚懷王二十八年，秦、齊、韓、魏共攻楚，殺昧。此言楚雖有唐昧之難而能得越地，以召滑亂之也。

〔九〕南察瀨胡而野江東：察瀨胡，《史記》作「塞厲門」。徐廣云：一作「瀨胡」。則「瀨胡」即「厲門」。乃度嶺南之要路。野江東，謂吴越之地皆爲楚所有也。長江自蕪湖以下作西南、東北流向，故自南京以東，江南岸地區，稱爲江東。

〔一〇〕公孫郝：《史記》作「向壽」。一云「公於赫」。

【繫年】

此策乃秦昭王二年秦與楚結親講和，甘茂亡秦在楚時事。當楚懷王二十四年、周赧王十年。

蘇秦爲趙合從説楚章

蘇秦爲趙合從〔一〕，説楚威王曰〔二〕：「楚，天下之强國也。大王，天下之賢王也。楚地西有黔中、巫郡〔三〕，東有夏州、海陽〔四〕，南有洞庭、蒼梧〔五〕，北有汾陘之塞、郇陽〔六〕，地方五千里，帶甲百萬，車千乘，騎萬匹，粟支十年，此霸王之資也。夫以楚之强與大王之賢，天下莫能當也。今乃欲西面而事秦，則諸侯莫不南面而朝於章臺之下矣〔七〕。秦之所害于天下莫如楚，楚强則秦弱，楚弱則秦强，此其勢不兩立。故爲王至計〔八〕，莫如從親以孤秦。大王不從親，秦必起兩軍，一軍出武關，一軍下黔中，若此則鄢、郢動矣〔九〕。

〔一〕爲趙合從：趙肅侯資蘇秦車馬、黄金、璧、帛，以約諸侯，故云爲趙合從。

〔二〕楚威王：名商，楚宣王之子。

〔三〕黔中、巫郡：黔中，郡名，故城在今湖南洪江市西南黔城鎮。巫郡，故城在今四川東巫山縣。

〔四〕夏州、海陽：夏州，今湖北荆州市東南二十五里有夏口城，距城數里有州，名夏州。海陽，今江蘇泰州市，古海陵，即楚海陽之地。

〔五〕洞庭、蒼梧：洞庭，即洞庭湖，在今湖南岳陽市西。蒼梧，即九嶷山，在今湖南寧遠縣南。

〔六〕汾陘之塞、郇陽：汾陘之塞，《史記·蘇秦傳》作「陘塞」是。陘山在今河南新鄭市西南三十里。郇陽，即順陽，今河南淅川縣南丹江水庫。戰國時楚北境。【補正】郇陽，非順陽。因順陽非楚之北境。春秋時，楚北伐東擴，楚之北境已達今河南之葉縣、襄城縣，並於方城縣、魯山縣築長城以固之，太子建守魯、汝，沈諸梁守葉，史不絶書。此郇陽，當指襄城縣的順陽故城。在今河南平頂山市東，是戰國楚之北邊，北即韓地，距陘塞百里之遥，古爲要塞之地。

〔七〕「則諸侯」句：南面，《史記·蘇秦傳》作「西面」。章臺，春秋時楚靈王有章臺之宫，又有章華之臺，在今湖北潛江市西南。此當是秦之章臺。故址在今陝西西安市長安區西南。

〔八〕至計：最好之計。至，極，善。

〔九〕鄢、郢：鄢，今湖北宜城市南。郢，今湖北荆州市東北有故紀南城。

「臣聞治之其未亂，爲之其未有也。患至而後憂之，則無及已。故願大王之早計之。大王誠能聽臣，臣請令山東之國，奉四時之獻，以承大王之明制，委社稷宗廟〔一〕，練士厲兵〔二〕，在大王之所用之。大王誠能聽臣之愚計，則韓、魏、齊、燕、趙、衛之妙音美人，必充後宫矣。燕、代良馬橐他〔三〕，必實於外廄〔四〕。故從合則楚王，横成則秦帝。今釋霸王之業，而有事人之名，臣竊爲大王不取也。

〔一〕委社稷宗廟：委置其宗廟社稷以託於楚。

〔二〕厲兵：厲，同「礪」，磨礪。兵，兵器。

〔三〕燕、代良馬橐他：燕，燕國之地，今河北北部。代，古國名，春秋末年爲趙襄子所滅，在今河北蔚縣。橐他，

《史記·蘇秦傳》作「橐駞」，《匈奴傳》作「橐駝」。「他」、「駞」、「駝」三字同聲通用。橐駝，即駱駝。《漢書·司馬相如傳》注，言其可負橐囊而駝物。燕、代之地産良馬、駱駝。

〔四〕廄：養馬房。

「夫秦，虎狼之國也，有吞天下之心。秦，天下之仇讎也。横人皆欲割諸侯之地以事秦，此所謂養仇而奉讎者也。夫爲人臣而割其主之地，以外交强虎狼之秦，以侵天下，卒有秦患，不顧其禍。夫外挾强秦之威，以内劫其主，以求割地，大逆不忠，無過此者。故從親，則諸侯割地以事楚；横合，則楚割地以事秦。此兩策者，相去遠矣，有億兆之數〔一〕。兩者大王何居焉？故弊邑趙王使臣效愚計〔二〕，奉明約，在大王命之。」

〔一〕相去遠矣，有億兆之數：相距很遠，有億兆數量之多。

〔二〕趙王：趙肅侯。

楚王曰：「寡人之國，西與秦接境，秦有舉巴蜀、并漢中之心〔一〕。秦，虎狼之國，不可親也。而韓、魏迫於秦患，不可與深謀〔二〕，與深謀，恐反人以入於秦〔三〕，故謀未發而國已危矣。寡人自料，以楚當秦，未見勝焉。内與群臣謀，不足恃也。寡人卧不安席，食不甘味，心摇摇如懸旌〔四〕，而無所終薄〔五〕。今君欲一天下，安諸侯，存危國，寡人謹奉社稷以從。」

〔一〕巴蜀、漢中：注見《秦策一》。

〔二〕與深謀：此三字，姚本無。今從集、劉、《史記》補。

〔三〕恐反人以入於秦：恐怕以楚之謀反入告於秦。

〔四〕心摇摇如懸旌：言如旌旗摇擺，比喻心神不安定。旌，旗。

〔五〕終薄：終，最後。薄，附着。

【繫年】

此策見《蘇秦傳》，而《楚世家》不載。吴師道定爲楚威王七年，當趙肅侯十七年、周顯王三十六年。

張儀爲秦破從連横章

張儀爲秦破從連横，説楚王曰〔一〕：「秦地半天下，兵敵四國〔二〕，被山帶河，四塞以爲固〔三〕。虎賁之士百餘萬〔四〕，車千乘，騎萬疋〔五〕，粟如丘山。法令既明，士卒安難樂死，主嚴以明，將知以武，雖無出兵甲〔六〕，席卷常山之險〔七〕，折天下之脊，天下後服者先亡。且夫爲從者，無以異於驅群羊而攻猛虎也。夫虎之與羊，不格明矣〔八〕。今大王不與猛虎而與群羊，竊以爲大王之計過矣。

〔一〕楚王：楚懷王熊槐。

〔二〕四國：四方之國。

〔三〕四塞以爲固：四面有關山之固。

〔四〕虎賁：若虎賁獸，言其猛勇。

〔五〕疋：同「匹」。

〔六〕雖無出兵甲：此言假令秦出兵甲，則天下不能當。雖，假令。無，同「毋」，語辭。

〔七〕席卷常山之險：席卷，謂收取如卷席那樣容易。常山，本名恒山，爲五岳中之北岳。在今河北曲陽縣西北，與太行山相連。

〔八〕格：胡三省注：擊也，鬭也。

「凡天下强國，非秦而楚，非楚而秦。兩國敵侔交爭〔一〕，其勢不兩立。而大王不與秦，秦下甲兵據宜陽，韓之上地不通〔二〕；下河東，取成皋〔三〕，韓必入臣於秦。韓入臣秦，魏則從風而動。秦攻楚之西，韓、魏攻其北，社稷豈得無危哉？且夫約從者，聚群弱而攻至强也。夫以弱攻强，不料敵而輕戰，國貧而驟舉兵，此危亡之術也。臣聞之，兵不如者，勿與挑戰；粟不如者，勿與持久。夫從人者，飾辯虚辭〔四〕，高主之節行，言其利而不言其害，卒有秦禍〔五〕，無及爲已。是故願大王之熟計之也。

〔一〕敵侔：齊等。

〔二〕上地：韓上黨之地。

〔三〕成皋：韓地，在今河南滎陽市西汜水鎮，春秋時，鄭國之制邑，又名虎牢關。

〔四〕飾辯虚辭：飾，緣飾。虚辭，當作「曼辭」。《文選·報任少卿書》李善注引《戰國策》張儀曰「夫從人飾辯曼辭」可證。曼，美。

〔五〕卒有秦禍：卒，與「猝」通。秦禍，姚本作「楚禍」，非。曾、一、《史記》作「秦禍」，爲是。

「秦西有巴、蜀，方船積粟〔一〕，起於汶山〔二〕，循江而下，至郢三千餘里，舫船載卒〔三〕，一舫載五十人，與三月之糧，下水而浮，一日行三百餘里；里數雖多，不費馬汗之勞，不至十日而距扞關〔四〕；扞關驚，則從竟陵以東〔五〕，盡城守矣。黔中、巫郡非王之有已。秦舉甲出之武關〔六〕，南面而攻，則北地絕〔七〕。秦兵之攻楚也，危難在三月之內，而楚恃諸侯之救，在半歲之外，此其勢不相及也。夫恃弱國之救，而忘强秦之禍，此臣之所以爲大王之患也。且大王嘗與吳人五戰三勝而亡之〔八〕，陳卒盡矣〔九〕；偏守新城而居民苦矣〔一〇〕。臣聞之，攻大者易危，而民弊者怨於上。夫守易危之功，而逆强秦之心，臣竊爲大王危之。

〔一〕方：《說文》：方，並船也。

〔二〕汶山：即岷山。岷山北起今甘肅岷縣，南至四川青城山，連綿千里，皆名岷山。江出汶山，當在今四川茂縣一帶。

〔三〕舫：舟，兩船相並爲舫。或省作「方」。

〔四〕扞關：《楚世家》肅王四年，蜀伐楚，取茲方。於是楚爲扞關以距之。扞關，在今重慶奉節縣東赤甲山上。

〔五〕竟陵：在今湖北潛江市西北。【正】竟陵，疑信陵也。信陵，古巴東之古名（又名）。上句「扞關驚」，是說扞關之楚軍驚恐。「則從竟陵以東」，是說秦軍順巴東之信陵過西陵峽，那麼，黔中、巫郡的大片土地，就不是楚王的了。將竟陵注爲今湖北之潛江或天門、鐘祥，均離扞關太遠，與前後文不符。

〔六〕出之武關：「出」、「之」古字形相近，「之」乃「出」之誤複。【補】武關，在今陝西商南縣境，爲秦兵出關的重要隘塞。

〔七〕北地絶：北地，楚之北境，陳、蔡、汝、潁之地。絶，斷絶。

〔八〕與吴人五戰三勝而亡之：此事無考，不詳其始末。

〔九〕陳：古書「陣」爲「陳」。

〔一〇〕新城：未詳所在。謂伐吴之新得之城。

「且夫秦之所以不出甲於函谷關十五年以攻諸侯者〔一〕，陰謀有吞天下之心也。楚嘗與秦構難，戰於漢中，楚人不勝，通侯、執珪死者七十餘人〔二〕，遂亡漢中。楚王大怒，興師襲秦，戰於藍田〔三〕，又却。此所謂兩虎相搏者也〔四〕。夫秦、楚相弊，而韓、魏以全制其後，計無過於此者矣。是故願大王熟計之也。秦下兵攻衞、陽晋〔五〕，必開扃天下之匈〔六〕，大王悉起兵以攻宋，不至數月而宋可舉。舉宋而東指，則泗上十二諸侯盡王之有已〔七〕。

〔一〕「且夫秦」句：此非事實，乃辯士誇飾之詞。在此以前有連年攻趙之事。

〔二〕通侯、執珪：古爵位名。通侯，一名徹侯。楚爵功臣賜以圭，謂之執圭，比附庸。

〔三〕戰於藍田：秦惠王十三年取楚漢中，又敗之於藍田。

〔四〕兩虎相搏：《太平御覽・兵部》引此「搏」作「據」。王念孫以爲當從《御覽》作「據」。

〔五〕陽晉：注見《齊策一》。

〔六〕扃天下之匈：扃，關鎖之意。匈，即「胸」。以常山爲天下脊，則衛、陽晉當天下胸。蓋其地爲秦、魏、趙、齊之交道，秦兵據之，等於控扼天下之胸膛。

〔七〕泗上十二諸侯：戰國時沿泗水兩岸有十餘小國，滕、薛、邾、莒、宋、魯之屬。

「凡天下所信約從親堅者蘇秦，封爲武安君而相燕〔一〕，即陰與燕王謀破齊共分其地〔二〕。乃佯有罪，出走入齊，齊王因受而相之〔三〕。居二年而覺，齊王大怒，車裂蘇秦於市〔四〕。夫以一詐僞反覆之蘇秦，而欲經營天下，混一諸侯，其不可成也亦明矣。

〔一〕封爲武安君而相燕：按《蘇秦傳》，蘇秦既約六國從親，歸趙，趙肅侯封爲武安君。後爲趙使於燕。其相燕事不詳。

〔二〕陰與燕王謀破齊共分其地：《蘇秦傳》蘇秦説燕易王曰：臣居燕不能使燕重。而在齊則燕必重。於是蘇秦佯爲得罪於燕而亡走齊，欲破敝齊而爲燕。不聞有破齊共分其地之陰謀。

〔三〕齊王因受而相之：蘇秦由燕奔齊，齊宣王以爲客卿。

〔四〕車裂蘇秦於市：齊閔王車裂蘇秦，蓋欲以求刺殺蘇秦者，不是因發現蘇秦之陰謀，而以罪車裂之。此與《蘇秦傳》有異。

「今秦之與楚也，接境壤界，固形親之國也〔一〕。大王誠能聽臣，臣請秦太子入質於楚，楚太子入質於秦，請以秦女爲大王箕帚之妾〔二〕，效萬家之都，以爲湯沐之邑〔三〕，長爲昆弟之國，終身無相攻擊。臣以爲計無便於此者。故敝邑秦王〔四〕，使使臣獻書大王之從車下風〔五〕，須以決事。〔六〕」

〔一〕形親之國：按自然形勢，接境連界之鄰國，固當親近。

〔二〕箕帚之妾：簸箕、掃帚皆灑掃之工具。言嫁女於楚王，以任瑣事賤役。

〔三〕湯沐之邑：以其地所收賦税，供洗濯之費。

〔四〕秦王：秦惠王。

〔五〕從車下風：此謙辭，不敢言獻書楚王，而言站在下風獻給楚王之從車。

〔六〕須以決事：須，等待。決事，對此事做出決定。

楚王曰：「楚國僻陋，託東海之上〔一〕。寡人年幼，不習國家之長計。今上客幸教以明制〔二〕，寡人聞之，敬以國從。」乃遣使車百乘〔三〕，獻雞駭之犀〔四〕，夜光之璧於秦王〔五〕。

〔一〕託東海之上：此句義不可解。疑爲齊王對張儀之言，竄亂於此。東海之上，當指齊國而言，不當指楚國。

〔二〕上客幸教以明制：上客，指張儀。明制，指張儀所獻之書。

〔三〕遣使車百乘：王念孫云：「遣使車百乘」，文不成義。當作「遣車百乘」。《藝文類聚・獸部》、《北堂書鈔・政術部》、《太平御覽・人事部》、《珍寶部》、《獸部》引此俱無「使」字。

〔四〕雞駭之犀：王念孫云，當爲「駭雞之犀」。《文選・吴都賦》注、《北堂書鈔》、《藝文類聚》、《太平御覽》引此策俱作「駭雞之犀」。《後漢書・西域傳》云，大秦國有駭雞犀，注引《抱樸子》云：「通天犀有白理如綫者，以盛米置群雞中，雞欲往啄米，至輒驚却。故南人名爲駭雞也。」
〔五〕夜光之璧：《尹文子》：「田父得寶玉徑尺，置於廣上，其夜明照一室。」

【繫年】

《張儀傳》稱，張儀以秦惠王後元十四年適楚，楚王囚之。儀因靳尚、鄭袖諫楚王，楚王後悔，赦出張儀。張儀出，因説楚王叛從約而合於秦。即此策文所言。秦惠王後元十四年，當楚懷王十八年、周赧王四年。

張儀相秦謂昭睢章

張儀相秦，謂昭睢曰〔一〕：「楚無鄢、郢、漢中，有所更得乎？」曰：「無有。」曰：「無昭睢、陳軫，有所更得乎？」曰：「無所更得。」張儀曰：「爲儀謂楚王，逐昭睢、陳軫，請復鄢、郢、漢中〔二〕。」昭睢歸報楚王，楚王説之〔三〕。

〔一〕昭睢：楚人。
〔二〕請復鄢、郢、漢中：秦惠王十三年取楚漢中地，至是以逐昭睢、陳軫爲條件，又復還給楚國。
〔三〕説：同「悦」。

有人謂昭雎曰〔一〕：「甚矣，楚王不察於争名者也。韓求相工陳籍而周不聽〔二〕，魏求相綦毋恢而周不聽〔三〕，何以也？周曰：『是列縣畜我也〔四〕。』今楚萬乘之强國也，大王天下之賢主也。今儀曰『逐君與陳軫』而王聽之，是楚自待不如周〔五〕，而儀重於韓、魏之王也。且儀之所行，有功名者秦也，所欲貴富者魏也〔六〕。欲爲攻於魏〔七〕，必南伐楚。故攻有道，外絶其交，内逐其謀臣。陳軫，夏人也〔八〕，習於三晋之事，故逐之，則楚無謀臣矣。今君能用楚之衆，故亦逐之，則楚衆不用矣。此所謂内攻之者也，而王不知察。今君何不見臣於王，請爲王使齊交不絶。齊交不絶，儀聞之，其效鄢、郢、漢中必緩矣。是昭雎之言不信也〔九〕。王必薄之。」

〔一〕昭雎：黄氏《札記》云：雎，鮑本作「過」。按上文四「雎」字皆作「過」者爲是。下文三「君」字，皆稱「過」也。故下文云「是昭雎之言不信也」。若謂雎，何得云爾？可爲明證。作「雎」者，相涉至誤耳。

〔二〕工陳籍：即《東周策》之「工師籍」。陳，乃「師」字之誤。

〔三〕綦毋恢：注見《西周策》。

〔四〕列縣畜我：春秋中期以後，秦、晋、楚各大國，滅國設縣，爲地方行政機構。列，等列。畜，待遇。

〔五〕待：姚本作「行」，鮑本作「待」。吴師道云：當是「待」。作「待」義順。

〔六〕有功名者秦也，所欲貴富者魏也：謂張儀欲立功名於秦，取貴富於魏。

〔七〕欲爲攻於魏：攻，與「功」通。謂張儀欲邀功於魏。

〔八〕夏：今山西夏縣，相傳爲夏禹所都，故稱此地爲夏。

〔九〕是昭雎之言不信也：謂張儀逐昭雎之言，不被楚王相信。

【繫年】
此策與上章爲同時事，當繫在秦惠王後元十四年、楚懷王十八年，當周赧王四年。

威王問於莫敖章

威王問於莫敖子華曰〔一〕：「自從先君文王以至不穀之身〔二〕，亦有不爲爵勸，不爲禄勉，以憂社稷者乎？」莫敖子華對曰：「如華不足知之矣〔三〕。」王曰：「不於大夫，無所聞之〔四〕。」莫敖子華對曰：「君王將何問者也？彼有廉其爵，貧其身，以憂社稷者；有崇其爵，豐其禄，以憂社稷者；有斷脰決腹〔五〕，壹瞑而萬世不視〔六〕，不知所益，以憂社稷者；有勞其身，愁其志，以憂社稷者；亦有不爲爵勸，不爲禄勉，以憂社稷者。」

〔一〕威王問於莫敖子華：威王，楚宣王子，熊商。莫敖，楚官名。
〔二〕文王：楚文王熊貲。
〔三〕如華：孫本「華」作「章」，爲是。後文「章聞之」可證。章，當是子華之名。
〔四〕不於大夫，無所聞之：謂不聆大夫之説，對祖先治國之事無所聞也。
〔五〕斷脰決腹：脰，脖頸。決腹，剖開肚子。

〔六〕瞑：鮑本、吴本、盧本「瞑」並作「瞑」。下文亦作「瞑」。不視，謂死。

王曰：「大夫此言，將何謂也？」莫敖子華對曰：「昔令尹子文〔一〕，緇帛之衣以朝〔二〕，鹿裘以處，未明而立於朝，日晦而歸食，朝不謀夕，無一日之積〔三〕。故彼廉其爵，貧其身，以憂社稷者，令尹子文是也。

〔一〕令尹子文：令尹，楚相，爵位最高，總全國之政務。子文，即鬥伯比之子鬥穀於菟，字子文。

〔二〕緇帛：染成黑色之帛。

〔三〕無一日之積：日，姚本作「月」，鮑本改爲「日」。《國語·楚語》：「昔鬬子文，三舍令尹，無一日之積。」則此處固當作「日」爲是。

「昔者葉公子高〔一〕，身獲於表薄〔二〕，而財於柱國〔三〕，定白公之禍〔四〕，寧楚國之事，恢先君以揜方城之外〔五〕，四封不侵〔六〕，名不挫於諸侯，當此之時也，天下莫敢以兵南鄉，葉公子高食田六百畛〔七〕。故彼崇其爵，豐其禄，以憂社稷者，葉公子高是也。

〔一〕葉公子高：姓沈，名諸梁，字子高，食采於葉，故稱葉公，春秋時楚左司馬沈尹戌之子。

〔二〕獲於表薄：獲，爲人所俘獲。薄，吴曾祺以爲當作「著」。表著，朝臣所立處。

〔三〕財於柱國：財，與「材」同。材於柱國，柱國以子高爲材。

〔四〕定白公之禍：白公，楚平王太子建之子名勝。爲亂，殺令尹子西而劫楚惠王，自立爲王月餘，葉公子高救楚，攻殺白公，復惠王之位，故云定白公之禍。

〔五〕恢先君以揜方城之外：言揜取方城以外之地，以擴大先君之封疆。恢，擴大。揜，復取。

〔六〕四封不侵：四境不受侵削。侵，鮑本作「廉」。孫詒讓云：廉，當讀爲「謙」，謂減少也。

〔七〕「天下」二句：鄉，即「嚮」，與「向」同。畛，《周禮》：十夫有溝，溝有畛。畛，田間阡陌。

「昔者吳與楚戰於柏舉〔一〕，兩御之間夫卒交〔二〕。莫敖大心撫其御之手〔三〕，顧而大息曰：『嗟乎子乎〔四〕，楚國亡之日至矣！吾將深入吳軍，若扑一人，若捽一人以與大心者也〔五〕。社稷其庶幾乎？』故斷脰決腹，壹瞑而萬世不視，不知所益，以憂社稷者，莫敖大心是也。

〔一〕吳與楚戰於柏舉：《春秋》魯定公四年，吳、楚戰於柏舉。柏舉故址在今湖北麻城市東北九龍山與舉水交接處。

〔二〕兩御之間夫卒交：言兩軍相對，打交手仗。御，鮑補爲「軍」字。夫，猶兵。

〔三〕莫敖大心：即沈尹戌，亦名左司馬戌，楚莊王曾孫，葉公沈諸梁之父。柏舉之戰，莫敖大心戰死，其臣吳句卑剄而裹之。

〔四〕嗟乎子乎：猶「嗟乎茲乎」。「子」、「茲」聲相近。嗟、茲，憂歎聲。

〔五〕若捽一人以與大心：若，汝。捽，捉住。與，猶助。

「昔吳與楚戰於柏舉，三戰入郢〔一〕。寡君身出〔二〕，大夫悉屬〔三〕，百姓離散。棼冒勃蘇曰〔四〕：『吾被堅執鋭〔五〕，赴强敵而死，此猶一卒也，不若奔諸侯〔六〕。』於是贏糧潛行，上峥山〔七〕，踰深谿，蹠穿膝暴〔八〕，七日而薄秦王之朝。雀立不轉〔九〕，晝吟宵哭，七日不得告，水漿無入口。瘨而殫悶〔一〇〕，旄不知人〔一一〕。秦王聞而走之〔一二〕，冠帶不相及，左奉其首，右濡其口，勃蘇乃蘇〔一三〕。秦王身問之：『子孰誰也？』棼冒勃蘇對曰：『臣非異，楚使新造盩棼冒勃蘇〔一四〕。吴與楚人戰於柏舉，三戰入郢，寡君身出，大夫悉屬，百姓離散，使下臣來告亡，且求救。』秦王顧令不起：『寡人聞之，萬乘之君，得罪一士，社稷其危，今此之謂也。』遂出革車千乘〔一五〕，卒萬人，屬之子滿與子虎〔一六〕，下塞以東，與吴人戰於濁水而大敗之〔一七〕，亦聞於遂浦〔一八〕。故勞其身，愁其思，以憂社稷者，棼冒勃蘇是也。

〔一〕三戰入郢：《左傳》定公四年作「五戰及郢」。

〔二〕寡君：王念孫云，寡君當爲「君王」。此涉下棼冒勃蘇之詞而誤。此是子華述昭王出奔之事，當稱君王，不當稱寡君。時楚昭王逃奔隨。

〔三〕屬：附。

〔四〕棼冒勃蘇：丁泰《尗廬札記》云，《困學紀聞》曰：棼冒勃蘇，即申包胥也。豈棼冒之裔，楚之同姓歟。按秦庭乞師，《左氏定四年傳》及《淮南子·脩務訓》俱作「申包胥」。則勃蘇即包胥矣。《史記集解》引服虔曰：楚大夫王孫包胥。惟包胥爲蚡冒后，故服氏以王孫稱之。申是其封邑，《史記·秦本紀正義》以爲封於申。「包胥」與「勃蘇」音近，可以通借。

〔五〕被堅執鋭：被堅甲、執鋭兵器。

〔六〕奔諸侯：奔告於諸侯以求救。

〔七〕崢山：山之崢嶸切雲者。

〔八〕蹠穿膝暴：蹠，腳掌。暴，露。

〔九〕雀立不轉：王念孫云，「雀」當爲「寉」字之誤。「寉」與「鶴」同。鶴立，謂悚身而立。《文選·求通親親表》李善注引此策作「鶴立不轉」。《初學記》、《太平御覽》引此並作「鶴立」。

〔一〇〕瘨而殫悶：瘨，同「蹎」，顛蹶。殫，同「癉」，癆病。悶，昏迷。

〔一一〕旄：與「眊」通，昏眊。

〔一二〕秦王：秦哀公。

〔一三〕蘇：死而復生爲蘇。

〔一四〕新造盩：盩，古「戾」字。戾，罪。新造戾，猶云罪臣。

〔一五〕千乘：《左傳》、《史記·秦本紀》皆作「五百乘」。

〔一六〕屬之子滿與子虎：子滿，當是「子蒲」之誤。《左傳》定公五年作「子蒲」，秦子蒲、子虎率車五百乘以救楚。

〔一七〕濁水：俗謂之弱溝水，上承白河，流經今河南鄧州市故城南。

〔一八〕遂浦：不詳所在。【補】遂浦，疑今河南遂平縣。古爲房縣、灈陽縣、遂寧縣。吴王闔閭引兵伐楚，以其弟夫概爲先鋒，然夫概戰敗，畏罪不敢見闔閭，於是逃回吴，自立爲王。吴軍勝歸，夫概出奔楚，楚於房縣封夫概後，遂平稱吴房縣。此「遂浦」疑「遂灈」之誤。

「吴與楚戰於柏舉，三戰入郢，君王身出，大夫悉屬，百姓離散，蒙穀給鬭於宫唐之上〔一〕，舍鬭奔郢曰：『若有孤〔二〕，楚國社稷其庶幾乎？』遂入大宫〔三〕，負雞次之典〔四〕，以浮於江，逃於雲夢之中。昭王反郢，五官失法，百姓昏亂。蒙穀獻典〔五〕，五官得法，而百姓大治。此蒙穀之功多〔六〕，與存國相若，封之執圭，田六百畛。蒙穀怒曰：『穀非人臣，社稷之臣；苟社稷血食，餘豈患無君乎〔七〕？』遂自弃於磨山之中〔八〕，至今無冒〔九〕。故不爲爵勸，不爲禄勉，以憂社稷者，蒙穀是也。」

〔一〕蒙穀給鬭於宫唐之上：蒙穀，楚人，《漢書·古今人表》列爲中中等。宫唐，不詳。

〔二〕若有孤：楚昭王出奔，生死未知。故言若有孤，謂有孤子可立爲王者。

〔三〕大宫：太廟。

〔四〕負雞次之典：負，背馱。雞，《後漢書·李通傳論》注引此策作「離」爲是。此時守典策者皆離其職守。故蒙穀得負其典策以逃。

〔五〕蒙穀獻典：獻其所負離次之典。

〔六〕此蒙穀之功多：王念孫云，「此」當爲「比」。言比較其功，與存國相等。《李通傳論》注引策文作「校蒙穀之功」可證。

〔七〕餘豈患無君乎：姚本作「餘豈悉無君乎」。《李通傳論》注引策文作「餘其患無君乎」，據以改正。

〔八〕磨山：今湖北當陽市東四十四里有磨城。

〔九〕無冒：王念孫云，「冒」當作「胄」，字之誤也。無胄，謂無後嗣。

王乃大息曰：「此古之人也。今之人焉能有之耶？」莫敖子華對曰：「昔者先君靈王好小要，楚士約食，凴而能立，式而能起〔一〕。食之可欲，忍而不入；死之可惡，就而不避〔二〕。章聞之〔三〕，其君好發者，其臣抉拾〔四〕。君王直不好，若君王誠好賢，此五臣者，皆可得而致之。」

〔一〕「昔者」四句：靈王，名圍。要，同「腰」。小腰，細腰。約，節，減。式，車前横木，與「軾」通。用以作凴據。《管子·七臣七主》：「夫楚王好小腰，而美人省食。」《韓非子》、《尹文子》亦有此記載。

〔二〕就：姚本作「然」，一本作「就」，今從一本作「就」義順。

〔三〕章：莫敖子華之名。

〔四〕其君好發者，其臣抉拾：發，射箭。抉，以象骨爲之，著於右手大指，所以鉤弦，俗名搬指。拾，射遂，以皮爲之，著於右臂以遂弦，故名遂。

【繫年】

策首載「威王問於莫敖子華」，當爲威王時事無疑。楚威王在位共十一年。姑附於威王元年，當周顯王三十年。

戰國策卷十五

楚二

魏相翟强死章

魏相翟强死〔一〕。爲甘茂謂楚王曰〔二〕：「魏之幾相者，公子勁也〔三〕。勁也相魏，魏、秦之交必善。秦、魏之交完，則楚輕矣。故王不如與齊約，相甘茂於魏。齊王好高人以名〔四〕，今爲其行人請魏之相〔五〕，齊必喜。魏氏不聽，交惡於齊；齊、魏之交惡，必爭事楚。魏氏聽，甘茂與樗里疾貿首之讎也〔六〕；而魏、秦之交必惡，又交重楚也。」

〔一〕魏相翟强：魏襄王之相。翟强，事迹不詳。

〔二〕爲甘茂謂楚王：甘茂於秦昭王元年奔齊，又爲齊使楚。楚王，楚懷王。

〔三〕公子勁：魏公子，名勁。【補】幾相：幾，幾乎，差一點的意思，即差一點以公子勁爲相。

〔四〕齊王好高人以名：齊王，當是齊宣王。好高人以名，喜以名高於人。

〔五〕行人：外交使者。

〔六〕貿首之讎：貿首，以頭相貿易。貿，貿易。言其二人誓不兩立。

【繫年】

按《甘茂傳》，甘茂亡秦之齊，又爲齊使楚，在秦昭王元年。此策當爲此時事。應繫於秦昭王元年，當齊宣王十四年、楚懷王二十三年、周赧王九年。

齊秦約攻楚章

齊、秦約攻楚〔一〕，楚令景翠以六城賂齊，太子爲質〔二〕。昭雎謂景翠曰：「秦恐，且因景鯉、蘇厲而效地於楚。公出地以取齊，鯉與厲且以收地取秦，公事必敗。公不如令王重賂景鯉、蘇厲使入秦，齊恐〔三〕，必不求地而合於楚。若齊不求，是公與約也〔四〕。」

〔一〕齊、秦約攻楚：楚懷王二十六年以後背齊合秦，齊與韓、魏攻楚，至二十九年，楚、秦之交破裂，秦又攻楚，大敗楚軍。楚恐，乃使太子爲質於齊以求和。

〔二〕太子：楚懷王之太子，名横。

〔三〕齊：姚本作「秦」。吴師道云，「秦」宜作「齊」。

〔四〕與約：言景翠能和兩國之約。與，如「與國」之「與」，和好。

【繫年】

此策當爲楚懷王二十九年，以太子爲質於齊以求和，楚懷王入秦以前之事。楚懷王二十九年，當秦昭王七年、周赧王十五年。

術視伐楚章

術視伐楚〔一〕，楚令昭鼠以十萬軍漢中〔二〕。昭雎勝秦於重丘〔三〕，蘇厲謂宛公昭鼠曰〔四〕：「王欲昭雎之乘秦也，必分公之兵以益之。秦知公兵之分也，必出漢中。請爲公令辛戎謂王曰〔五〕：『秦兵且出漢中，則公之兵全矣。』」

〔一〕術視：秦將。其身世不詳。

〔二〕楚令昭鼠以十萬軍漢中：昭鼠，楚將。疑即昭雎。軍，軍隊駐紮。

〔三〕昭雎勝秦於重丘：《楚世家》懷王二十八年，「秦乃與韓、魏共攻楚，殺楚將唐昧，取我重丘」。《吕氏春秋》齊令章子與韓、魏、荆，荆使唐蔑將兵應之。夾泚而軍，章子夜襲之，斬蔑於泚水之上。「泚」即「泌」字。

重丘在泌水側，在今河南泌陽縣附近。昭雎勝秦事無考。

〔四〕宛公：當是昭鼠封號。宛，今河南南陽市。

〔五〕辛戎：吴師道云：辛，當作「芈」。芈戎，當是秦宣太后之同父弟，秦封爲華陽君者。

【繫年】

從于鬯説，繫此策於楚懷王二十三年、秦昭王元年，當周赧王九年。

四國伐楚章

四國伐楚〔一〕，楚令昭雎將以距秦〔二〕。楚王欲擊秦〔三〕，昭雎不欲〔四〕。桓臧爲昭雎謂楚王曰〔五〕：「雎戰勝秦〔六〕，三國惡楚之强也，恐秦之變而聽楚也，必深攻楚以勁秦。秦王怒於戰不勝，必悉起而擊楚，是王與秦相罷而以利三國也。戰不勝秦，秦進兵而攻。不如益昭雎之兵，令之示秦必戰。秦王惡與楚相弊而全天下〔七〕，秦可以少割而收害也〔八〕。秦、楚之合，而燕、趙、魏不敢不聽，三國可定也。」

〔一〕四國伐楚：《楚世家》懷王二十八年，秦乃與齊、韓、魏共攻楚。

〔二〕距：與「拒」通，抗拒。

〔三〕楚王：楚懷王。
〔四〕昭雎：姚本作「昭侯」，今從鮑本作「昭雎」。
〔五〕桓臧：不詳。
〔六〕秦：姚本無。從一本補「秦」字。
〔七〕全：姚、鮑本皆作「令」，黃氏《札記》云，「令」乃「全」字之訛，故改「令」爲「全」。
〔八〕害：一本無「害」字。「害」，乃上文「割」字之誤衍。

【繫年】

此乃楚懷王二十八年，秦與齊、韓、魏共攻楚，當周赧王十四年事。

楚懷王拘張儀章

楚懷王拘張儀〔一〕，將欲殺之。靳尚爲儀謂楚王曰〔二〕：「拘張儀，秦王必怒。天下見楚之無秦也，楚必輕矣。」又謂王之幸夫人鄭袖曰〔三〕：「子亦自知且賤於王乎？」鄭袖曰：「何也？」尚曰：「張儀者，秦王之忠信有功臣也。今楚拘之，秦王欲出之。秦王有愛女而美，又簡擇宮中佳麗好玩習音者〔四〕，以懽從之〔五〕，資之金玉寶器，奉以上庸六縣爲湯沐邑〔六〕，欲因張儀內之楚王。楚王必愛秦女〔七〕，依强秦以爲重，挾寶地以爲資，勢爲王妻以臨於楚。王惑於虞樂，必厚尊敬親愛之而忘子，子益賤而日疏矣。」

〔一〕楚懷王拘張儀：楚懷王十六年，張儀以商於之地六百里欺楚，使之絶齊。十七年楚攻秦，秦大敗楚軍於丹陽，又敗楚軍於藍田。十八年秦、楚講和，張儀復爲秦使楚。楚懷王怒張儀之欺，至則囚張儀，欲殺之。此即其事。

〔二〕靳尚：楚懷王之寵臣。

〔三〕鄭袖：楚懷王之幸姬。

〔四〕「又簡擇」句：簡，選。玩，習之久。玩習，乃連語。

〔五〕懽：即「歡」，喜悦。

〔六〕上庸：本古庸國，春秋時爲楚所滅。故城在今湖北竹山縣東四十四里。

〔七〕楚王必愛秦女：愛，當爲「受」，言楚王必接受秦女。

鄭袖曰：「願委之於公，爲之奈何？」曰：「子何不急言王，出張子。張子得出，德子無已時〔一〕，秦女必不來，而秦必重子。子内擅楚之貴，外結秦之交，畜張子以爲用〔二〕，子之子孫必爲楚太子矣。此非布衣之利也。」鄭袖遽説楚王出張子〔三〕。

〔一〕已：止。

〔二〕畜：養。

〔三〕遽：急，疾速。

【繫年】

據《楚世家》，此楚懷王十八年、秦惠王後元十四年事，當周赧王四年。

楚王將出張子章

楚王將出張子，恐其欺己也〔一〕，靳尚謂楚王曰：「臣請隨之。儀事王不善，臣請殺之。」楚小臣〔二〕，靳尚之仇也。謂張旄曰〔三〕：「以張儀之知，而有秦、楚之用，君必窮矣。君不如使人微要靳尚而刺之〔四〕，楚王必大怒儀也。彼儀窮，則子重矣。楚、秦相難，則魏無患矣。」張旄果令人要靳尚刺之。楚王大怒秦，構兵而戰。秦、楚爭事魏，張旄果大重。

〔一〕欺己：姚本作「敗己」，一本作「欺己」。今從一本。

〔二〕小臣：宮中伺候之僕隸。

〔三〕張旄：魏人，其身世不詳。

〔四〕微要：暗中劫持。

【繫年】

此與上章爲同時事，當在楚懷王十八年，當周赧王四年。

秦敗楚漢中章

秦敗楚漢中〔一〕。楚王入秦，秦王留之〔二〕。游騰爲楚謂秦王曰〔三〕：「王挾楚王而與天下攻楚，則傷行矣〔四〕；不與天下共攻之，則失利矣。王不如與之盟而歸之。楚王畏，必不敢倍盟。背盟〔五〕，王因與三國攻之〔六〕，義也。」

〔一〕秦敗楚漢中：楚懷王十七年，與秦戰於丹陽。《索隱》云：「此丹陽在漢中。」秦大敗楚軍，斬甲士八萬，虜大將軍屈匄、裨將軍逢侯丑等七十餘人，遂取漢中之郡。

〔二〕楚王入秦，秦王留之：楚懷王三十年，秦昭王約與楚懷王會武關，至則秦留楚懷王，要之以割巫、黔中之郡。

〔三〕游騰：注見《西周策》。

〔四〕傷行：有傷德行。

〔五〕背盟：此二字姚本無。鮑本補此二字，今從鮑本補「背盟」二字。

〔六〕三國：指齊、韓、魏三國。

【繫年】

楚懷王入秦，秦留之，乃楚懷王三十年、秦昭王八年、周赧王十六年事。

楚襄王爲太子之時章

楚襄王爲太子之時〔一〕，質於齊〔二〕。懷王薨，太子辭於齊王而歸〔三〕。齊王隘之〔四〕：「予我東地五百里，乃歸子。子不予我，不得歸。」太子曰：「臣有傅〔五〕，請退而問傅。」傅慎子曰〔六〕：「獻之地，所以爲身也。愛地不送死父，不義。臣故曰獻之便。」太子入，致命齊王曰：「敬獻地五百里。」齊王歸楚太子。

〔一〕楚襄王爲太子之時：襄王，楚頃襄王，名横。爲楚懷王太子。

〔二〕質於齊：《御覽》卷三八七引「質」上有「爲」字。《楚世家》懷王二十八年，乃使太子爲質於齊以求和。

〔三〕太子辭於齊王而歸：齊王，齊閔王。《御覽》卷三八七引此無「而歸」二字。

〔四〕隘：不通，阻止。

〔五〕傅：師傅。輔翼太子而教之德、義。

〔六〕傅慎子：襄王之師傅慎子。慎子，不詳。

太子歸，即位爲王。齊使車五十乘來取東地於楚。楚王告慎子曰：「齊使來求東地，爲之奈何？」慎子曰：「王明日朝群臣，皆令獻其計。」上柱國子良入見〔一〕。王曰：「寡人之得求反〔二〕，王墳墓，復群臣，歸社稷也，以東地五百里許齊。齊令使來求地〔三〕，爲之奈何？」子良曰：「王不可不與也。王身出玉聲〔四〕，許强萬乘之齊而不與，則不信，後不可以約結諸侯，請與而復攻之。與之信，攻之武。臣故曰與之。」子良出，昭常入見〔五〕。王曰：「齊使來求東地五百里，爲之奈何？」昭常曰：「不可與也。萬乘者，以地大爲萬乘。今去東地五百里，是去戰國之半也。有萬乘之號而無千乘之用也，不可。臣故曰勿與。常請守之。」昭常出，景鯉入見。王曰：「齊使來求東地五百里，爲之奈何？」景鯉曰：「不可與也。雖然，楚不能獨守。王身出玉聲，許萬乘之强齊也而不與，負不義於天下。楚亦不能獨守〔六〕。臣請西索救於秦。」景鯉出，慎子入。王以三大夫計告慎子曰：「子良見寡人曰：『不可不與也，與而復攻之。』常見寡人曰：『不可與也，常請守之。』鯉見寡人曰：『不可與也，雖然楚不能獨守也，臣請索救於秦。』寡人誰用於三子之計？」

〔一〕上柱國子良：上柱國，楚官位名。在令尹下，諸卿上。楚國有兩子良：春秋時有司馬子良，令尹子文之弟。此上柱國子良是另一人，其事迹不詳。

〔二〕求：當爲「來」。《御覽》卷四八〇引此策作「來」。

〔三〕令：一本作「令」。民按：作「令」者是。

〔四〕王身出玉聲：謂王出言貴重。

〔五〕昭常：楚大夫。其身世不詳。

〔六〕楚亦不能獨守：曾本圈去以上二十七字。

慎子對曰：「王皆用之。」王怫然作色曰〔一〕：「何謂也？」慎子曰：「臣請效其說，而王且見其誠然也。王發上柱國子良車五十乘，而北獻地五百里於齊。發子良之明日，遣昭常爲大司馬，令往守東地。遣昭常之明日，遣景鯉車五十乘，西索救於秦。」王曰：「善。」乃遣子良北獻地於齊；遣子良之明日，立昭常爲大司馬，使守東地；又遣景鯉西索救於秦。子良至齊，齊使人以甲受東地。昭常應齊使曰：「我典主東地〔二〕，且與死生。悉五尺至六十〔三〕，三十餘萬弊甲鈍兵，願承下塵〔四〕。」齊王謂子良曰：「大夫來獻地，今常守之何如？」子良曰：「臣身受命弊邑之王，是常矯也〔五〕。王攻之。」齊王大興兵，攻東地，伐昭常，未涉疆〔六〕，秦以五十萬臨齊右壤曰：「夫隘楚太子弗出，不仁；又欲奪之東地五百里，不義。其縮甲則可〔七〕，不然，則願待戰。」齊王恐焉。乃請子良南道楚，西使秦，解齊患。士卒不用，東地復全。

〔一〕怫然：怒變色，忿貌。

〔二〕典主東地：典主，職守。東地，楚淮北下東國之地。

〔三〕悉五尺至六十：蓋徵兵及於老弱。五尺，童子。六十，謂老人。【補】《論語》云：「可以託六尺之孤。」注曰：六尺謂年十五，則十五從徵，十四以下不從徵可知。《王制》云：「六十不與服戎。」此處「悉五尺至六十」，蓋徵及於老弱耳。可見昭常誓與齊戰之決心。

〔四〕承下塵：謙詞。言願對陣一戰。

〔五〕是常矯也：是子常詐託楚王之命令。

〔六〕未涉疆：謂未入東地之界域。涉，猶入。

〔七〕縮甲：縮，收，退。甲，兵。

【繫年】

此策乃楚懷王三十年、周赧王十六年時事。

女阿謂蘇子曰章

女阿謂蘇子曰〔一〕：「秦棲楚王〔二〕，危太子者，公也。今楚王歸，太子南〔三〕，公必危。公不如令人謂太子曰：『蘇子知太子之怨己也，必且務不利太子。太子不如善蘇子，蘇子必且爲太子入矣〔四〕。』」蘇子乃令人謂太子。太子復請善於蘇子。

〔一〕女阿謂蘇子：女阿，楚太子之保姆。蘇子，蘇秦。

〔二〕秦棲楚王：棲，止息。楚王，楚懷王。楚懷王入秦，秦留止之，故曰棲。

〔三〕太子南：太子，楚懷王之太子，即楚頃襄王。南，謂由齊歸楚。

〔四〕爲太子入：爲太子歸楚。

【繫年】

此與上章同，當繫於楚懷王三十年、周赧王十六年。

戰國策卷十六

楚三

蘇子謂楚王曰章

蘇子謂楚王曰〔一〕：「仁人之於民也，愛之以心，事之以善言。孝子之於親也，愛之以心，事之以財。忠臣之於君也，必進賢人以輔之。今王之大臣父兄，好傷賢以爲資，厚賦斂諸臣百姓，使王見疾於民〔二〕，非忠臣也。大臣播王之過於百姓，多賂諸侯以王之地，是故退王之所愛，亦非忠臣也，是以國危。臣願無聽群臣之相惡也，慎大臣父兄；用民之所善，節身之嗜，欲以百姓〔三〕。人臣莫難於無妬而進賢。爲主死易，垂沙之事〔四〕，死者以千數。爲主辱易，自令尹以下〔五〕，事王者以千數。至於無妬而進賢，未見一人也。故明主之察其臣也，必知其無妬而進賢也。賢之事其主也，亦必無妬而進賢。夫進賢之難者，賢者用，且使已廢；貴，且使已賤，故人難之。」

〔一〕蘇子謂楚王：蘇子，當爲蘇秦。楚王，楚懷王。

〔二〕見疾：被仇視。

〔三〕欲以百姓：「以」與「與」，古字通，鮑補「與」字，可不必增補。

〔四〕垂沙之事：按《史記·禮書》：「兵殆於垂陟，唐昧死焉。」《楚世家》齊、韓、魏攻楚，殺唐昧，取重丘。《秦本紀》攻方城，取唐昧。則垂陟、垂沙、重丘當是一地。在今河南泌陽之北，但其確址不詳。【補】垂沙，古垂沙邑。戰國楚地，在今河南唐河縣西南。

〔五〕令尹：楚國最高執政官。

【繫年】

此策年事無考。以唐昧垂沙之難推之，則當在楚懷王二十八年唐昧死之後，楚懷王入秦之前。

蘇秦之楚三日章

蘇秦之楚，三日乃得見乎王〔一〕。談卒，辭而行。楚王曰：「寡人聞先生，若聞古人〔二〕。今先生乃不遠千里而臨寡人〔三〕，曾不肯留，願聞其說。」

〔一〕三日：王念孫云，當作「三月」。《藝文類聚·火部》、《太平御覽·飲食部》及《文選·張協雜詩》注，引此並作「三月」。據下文「王難得見如天帝」，則亦謂時間久。當作「三月」。

〔二〕若聞古人：謂仰慕蘇秦如仰慕古人。

〔三〕不遠千里：不以千里爲遠。

對曰：「楚國之食貴於玉，薪貴於桂，謁者難得見如鬼〔一〕，王難得見如天帝。今令臣食玉炊桂，因鬼見帝，其可得乎〔二〕？」王曰：「先生就舍，寡人聞命矣。」

〔一〕謁者：官名，掌賓客告請之事。

〔二〕其可得乎：策文脱此四字。王念孫云：《藝文類聚》、《太平御覽》、《文選》注引此並有「其可得乎」四字。今據以補。

【繫年】

此策時不可考，姑從于鬯、顧觀光繫於楚威王七年，當周顯王三十六年。

楚王逐張儀於魏章

楚王逐張儀於魏〔一〕。陳軫曰：「王何逐張子？」曰：「爲臣不忠不信。」曰：「不忠，王無以爲臣；不信，王勿與爲約。且魏臣不忠不信，於王何傷？忠且信，於王何益？逐而聽則可，若不聽，是王令困也〔二〕。且使萬乘之國免其相〔三〕，是城下之事也〔四〕。」

〔一〕楚王：當是楚懷王。張儀相魏在秦惠王後元三年，相魏以爲秦。

〔二〕是王令困也：命令魏國逐張儀，魏國若不聽從，命令不行，故曰王令困。令，命令。

〔三〕萬乘之國：指魏國，言其大。

〔四〕城下之事：即城下之盟。在都城附近與敵國訂立和約，叫城下之盟。城下之盟是國家最大之恥辱。城下，指都城附近。

【繫年】

按《張儀傳》，秦惠王後元四年，使與齊、楚之相會齧桑。還而免相，相魏以爲秦。此時陳軫亦棄秦歸楚，故得諫楚王。秦惠王後元三年，當楚懷王七年、周顯王四十七年。

張儀之楚貧章

張儀之楚，貧。舍人怒而歸〔一〕。張儀曰：「子必以衣冠之敝，故欲歸。子待我爲子見楚王。」當是之時，南后、鄭袖貴於楚〔二〕。

〔一〕舍人：張儀之舍人。戰國時達官顯宦家皆有舍人，代替主人接待賓客，處理事務。

〔二〕南后、鄭袖：南后，楚懷王之后。鄭袖，楚懷王之幸姬。

張子見楚王，楚王不説。張子曰：「王無所用臣，臣請北見晋君〔一〕。」楚王曰：「諾。」張子曰：「王無求於晋國乎？」王曰：「黄金珠璣犀象出於楚〔二〕，寡人無求於晋國。」張子曰：「王徒不好色耳。」王曰：「何也？」張子曰：「彼鄭、周之女〔三〕，粉白黛黑〔四〕，立於衢閭〔五〕，非知而見之者以爲神。」楚王曰：「楚，僻陋之國也，未嘗見中國之女如此其美也。寡人之獨何爲不好色也？」乃資之以珠玉。

〔一〕晋君：指韓、趙、魏三晋之君。

〔二〕珠璣犀象：璣，珠之不圓者。犀，象屬，角生鼻端，俗名犀牛。

〔三〕鄭、周之女：鄭，指韓國，韓滅鄭而有其故地，都新鄭，故戰國時稱韓爲鄭。鄭國之女多美而善歌舞。周，指東周、西周君控制下之王城、洛陽之地，亦多美女。

〔四〕粉白黛黑：粉，白色，用以擦臉而增白。黛黑，姚本作「墨黑」，别本作「黛黑」。王念孫云：别本是也。《楚辭·大招》、《列子·周穆王》、《淮南子·脩務訓》並云「粉白黛黑」。郭璞《子虚賦》注、《史記·司馬相如傳正義》、《後漢書·班固傳》注、《藝文類聚·人部》、《太平御覽·人事部》引策文，並作「粉白黛黑」。黛，青黛也。青黑色，用以畫眉鬢而增光澤。

〔五〕衢閭：衢，四通八達之道路。閭，里門。

南后、鄭袖聞之大恐。令人謂張子曰：「妾聞將軍之晉國〔一〕，偶有金千斤〔二〕，進之左右，以供芻秣。」鄭袖亦以金五百斤。張子辭楚王曰：「天下關閉不通，未知見日也，願王賜之觴〔三〕。」王曰：「諾。」乃觴之。張子中飲，再拜而請曰：「非有他人於此也，願王召所便習而觴之〔四〕。」王曰：「諾。」乃召南后、鄭袖而觴之。張子再拜而請曰：「儀有死罪於大王。」王曰：「何也？」曰：「儀行天下遍矣，未嘗見人如此其美也。而儀言得美人，是欺王也。」王曰：「子釋之，吾固以爲天下莫若是兩人也。」

〔一〕將軍：《太平御覽》卷三八〇引策文作「君將」。按，「將軍」乃「君將」之誤。

〔二〕偶有金：詞不經見。偶，當是「竊」字之誤。

〔三〕觴：飲酒。

〔四〕便習：左右寵幸親昵之人。

【繫年】

策文言「當是之時，南后、鄭袖貴於楚」。此當爲張儀欺楚懷王以絶齊，楚、秦藍田之戰以後，張儀第二次之楚時事。故從于鬯繫此策於楚懷王十八年，當秦惠王後元十四年、周赧王四年。

楚王令昭雎之秦章

楚王令昭雎之秦重張儀〔一〕。未至，惠王死〔二〕。武王逐張儀〔三〕。楚王因收昭雎以取齊。桓臧爲雎謂楚王曰〔四〕：「横親之不合也〔五〕，儀貴惠王而善雎也〔六〕。今惠王死，武王立，儀走，公孫郝、甘茂貴〔七〕。甘茂善魏，公孫郝善韓，二人固不善雎也，必以秦合韓、魏。韓、魏之重儀，儀有秦而雎以楚重之。今儀困秦而雎收楚，韓、魏欲得秦，必善二人者。二人将收韓、魏，輕儀而伐楚，方城必危。王不如復雎而重儀於韓、魏〔八〕。儀據楚勢，挾魏重，以與秦争。魏不合秦，韓亦不從，則方城無患。」

〔一〕楚王令昭雎之秦重張儀：楚王，楚懷王。昭雎，楚人。重，抬高其政治地位。

〔二〕惠王：秦惠王，名駟。

〔三〕武王逐張儀：秦武王自爲太子時即不悦張儀，故即王位後而驅逐張儀。武王，秦武王，名蕩。

〔四〕桓臧：楚人，身世不詳。

〔五〕横親：此横親指秦、韓、魏三國。

〔六〕儀貴惠王：張儀爲秦惠王所信任，爲秦相，謂張儀貴於秦惠王。

〔七〕公孫郝：《國策》和《史記》記其名不一。又作「公孫赫」、「公孫顯」，《甘茂傳》作「公孫奭」。疑似音形相近而訛。吕祖謙《大事記》謂本一人記其名者不同耳。據《甘茂傳》，秦武王愛習公孫奭，則奭當是秦之公族。

〔八〕復睢：使昭睢恢復其故位。

【繫年】

據《張儀傳》，張儀説六國連横成功，歸報，未至咸陽而秦惠王卒，武王立。秦惠王後元十四年死，當周赧王四年。策文所言，當系其事於此年。

張儀逐惠施於魏章

張儀逐惠施於魏〔一〕。惠子之楚，楚王受之。馮郝謂楚王曰〔二〕：「逐惠子者，張儀也。而王親與約，是欺儀也，臣爲王弗取也，惠子爲儀者來，而惡王之交於張儀，惠子必弗行也。且宋王之賢惠子也〔三〕，天下莫不聞也。今之不善張儀也，天下莫不知也。今爲事之故，棄所貴於讎人〔四〕，臣以爲大王輕矣。且爲事耶？王不如舉惠子而納之於宋，而謂張儀曰：『請爲子勿納也。』儀必德王。而惠子窮人，而王奉之，又必德王。此不失爲儀之實，而可以德惠子。」楚王曰：「善。」乃奉惠子而納之宋。

〔一〕惠施：戰國時宋國人，曾做過魏惠王之相，尊魏惠王爲王。又是戰國時思想家，名辯學派之代表人物。

〔二〕馮郝：《漢書·古今人表》作「馮赫」，其身世不詳。

〔三〕宋王：名偃。

〔四〕棄所貴於讎人：棄，謂勿納。所貴，謂宋王賢惠施。意謂楚王不當爲與約之故，棄宋王所貴之惠施，而納讎人儀。

【繫年】

據《魏策一》及《韓非子·外儲説上》，張儀既相魏，欲以魏合於秦、韓而攻齊、楚，惠施欲以魏合於齊、楚以停止戰争，故張儀與惠施主張不同。魏襄王三年，魏迫於秦之軍事壓力，背縱約因張儀以求和於秦，而惠施失勢。此策當爲魏襄王三年時事。當秦惠王後元九年、周慎靚王五年。

五國伐秦魏欲和章

五國伐秦〔一〕。魏欲和，使惠施之楚。楚將入之秦而使行和〔二〕。杜赫謂昭陽曰〔三〕：「凡爲伐秦者楚也。今施以魏來，而公入之秦，是明楚之伐而信魏之和也。公不如無聽惠施，而陰使人以請德秦〔四〕。」昭子曰：「善。」因謂惠施曰：「凡爲攻秦者魏也，今子從楚爲和。楚得其利，魏受其怨。子歸，吾將使人因魏而和。」

〔一〕五國伐秦：魏、趙、韓、楚、燕共攻秦。

〔二〕楚將入之秦而使行和：楚使惠施至秦主和議之事。

〔三〕杜赫謂昭陽：杜赫，周人，曾以安天下説周昭文君。昭陽，楚人。

〔四〕德秦：德，姚本作「聽」，劉本作「德」。民按：作「德」爲是。德秦，有恩德於秦。

惠子反，魏王不説。杜赫謂昭陽曰：「魏爲子先戰，折兵之半，謁病不聽〔一〕，請和不得，魏折而入齊、秦，子何以救之？東有越纍〔二〕，北無晋，而交未定於齊、秦，是楚孤也。不如速和。」昭子曰：「善。」因令人謁和於魏。

〔一〕謁病：謁，請。病，困。

〔二〕越纍：越，國名。戰國時爲楚懷王所滅。纍，憂也。

【繫年】

此爲惠王後元七年，魏、趙、韓、楚、燕共攻秦事。當齊宣王二年、周慎靚王三年。

陳軫告楚之魏章

陳軫告楚之魏〔一〕。張儀惡之於魏王曰〔二〕：「軫猶善楚，爲求地甚力。」左爽謂陳軫曰〔三〕：「儀善於魏王，魏王甚信之。公雖百説之猶不聽也。公不如以儀之言爲資〔四〕，而得復楚〔五〕。」陳軫曰：「善。」因使人以儀之言聞於楚。楚王喜，果欲復之〔六〕。

〔一〕告：請謁，古者官吏休假爲告。

〔二〕魏王：魏惠王。

〔三〕左爽：其身世不詳。

〔四〕資：借助。

〔五〕復楚：復回楚國。

〔六〕果：姚本無，劉本有。

【繫年】

此爲張儀相魏時事。陳軫、公孫衍皆在魏，故儀得惡之於魏王。繫於魏惠王後元十四年、楚懷王八年，當周顯王四十八年。

秦伐宜陽楚王謂陳軫章

秦伐宜陽〔一〕。楚王謂陳軫曰：「寡人聞韓朋巧士也〔二〕，習諸侯事〔三〕，殆能自免也〔四〕。爲其必免，吾欲先據之以加德焉。」

〔一〕宜陽：韓邑，今河南宜陽縣西。

〔二〕韓朋：朋，姚本原作「侈」，鮑改「侈」爲「朋」。《戰國縱横家書》作「倗」，或作「馮」。民按：「侈」蓋「倗」字之形誤。「倗」、「朋」同音假借，「馮」亦「朋」之同音假借字，當作「朋」爲是。韓朋爲韓國公族，故亦稱公仲朋。

〔三〕習諸侯事：習，熟悉。諸侯事，指各諸侯國家之間相互關係。

〔四〕自免：免於危亡。

陳軫對曰：「舍之〔一〕，王勿據也。以韓朋之知，於此困矣。今山澤之獸，無黠於麋〔二〕。麋知獵者張罔前而驅己也〔三〕，因還走而冒人〔四〕，至數獵者知其詐，僞舉罔而進之，麋因得矣。今諸侯明知此多詐，僞舉罔而進者必衆矣。舍之，王勿據也。韓朋之知，於此困矣。」楚王聽之，宜陽果拔。陳軫先知之也。

〔一〕舍：與「捨」同，捨棄。後文同。

〔二〕無黏於麋：黏，慧而狡。麋，鹿屬，似鹿而大。

〔三〕罔：同「網」。

〔四〕冒人：犯人而不投網。冒，犯。

【繫年】

甘茂爲秦武王伐韓宜陽，通車三川，在秦武王三年、楚懷王二十一年、韓襄王四年，當周赧王七年。策文所説當爲此年事。

唐且見春申君章

唐且見春申君曰〔一〕：「齊人飾身修行得爲益〔二〕，然臣羞而不學也。不避絶江河〔三〕，行千餘里來，竊慕大君之義〔四〕，而善君之業。臣聞之，賁、諸懷錐刃而天下爲勇〔五〕，西施衣褐而天下稱美〔六〕。今君相萬乘之楚，禦中國之難，所欲者不成，所求者不得，臣等少也。夫梟棊之所以能爲者，以散棊佐之也〔七〕。夫一梟之不勝五散亦明矣。今君何不爲天下梟，而令臣等爲散乎？」

〔一〕唐且見春申君：唐且，「且」與「雎」同，《秦策三》作「雎」。魏人。春申君，黄歇。春申，其封號。

〔二〕益：謂有禄位。

〔三〕絶：横渡江河爲絶。

〔四〕大君之義：高君之義。大，高。

〔五〕賁、諸：賁，孟賁。【補】戰國勇士。《孟子·公孫丑上正義》引《帝王世紀》：「秦武王好多力之士，齊孟賁之徒並歸焉。孟賁拔牛角，是謂之勇士也。」諸，專諸，吴人，爲公子光刺吴王僚者。

〔六〕西施衣褐：西施，吴國美女。褐，粗衣。《詩·七月》、《孟子·公孫丑上》、《書·禹貢》傳注並云「毛布」。按，苧布爲毛布。貧賤人之衣。

〔七〕梟棊、散棊：梟、散皆六博采名。梟，棊子上刻梟鳥形。梟，幺也，博頭，六博得梟者勝。散，其他五棊子，即五白。博得五白可以勝梟。

【繫年】

春申君黄歇定封地在楚考烈王十五年。此云「絶江河，行千餘里來」，當在春申君定封於江南，楚考烈王十五年之後。唐且由魏至楚見春申君，當是爲天下合縱抗秦之事，在楚考烈王二十二年，當秦始皇六年。【補】顧觀光附此策於周赧王五十三年，並云：凡春申君事附此。備一參。

戰國策卷十七

楚四

或謂楚王曰章〔一〕

或謂楚王曰〔二〕：「臣聞從者欲合天下以朝大王，臣願大王聽之也。夫因詘爲信〔三〕，奮患有成〔四〕，勇者義之；攝禍爲福，裁少爲多〔五〕，知者官之。夫報報之反〔六〕，墨墨之化〔七〕，唯大君能之。禍與福相貫〔八〕，生與亡爲鄰，不偏於死，不偏於生，不足以載大名〔九〕。無所寇艾〔一〇〕，不足以橫世。夫秦捐德絶命之日久矣，而天下不知。今夫橫人嚂口利機〔一一〕，上干主心〔一二〕，下牟百姓〔一三〕，公舉而私取利，是以國權輕於鴻毛，而積禍重於丘山。」

〔一〕王念孫云：此篇在十七卷之首，而《文選·爲齊明帝讓宣城郡公表》注引此作「唐雎謂楚王」，則合上卷末「唐且見春申君曰」云云爲一卷，是李善所見本，此處不分卷。而「謂楚王」之上亦無「或」字。

〔二〕楚王：楚考烈王熊完。

〔三〕因詘爲信：詘，與「屈」同。信，與「伸」同。

〔四〕奮患有成：奮，姚本作「舊」，今從鮑本作「奮」，謂有憂患而能振奮，可以成事。

〔五〕攝禍爲福，裁少爲多：攝，收。裁，制。

〔六〕報報之反：報報，反覆，謂屈伸禍福相反不已。

〔七〕墨墨之化：墨，同「默」。化，治理。

〔八〕貫：通，連。

〔九〕載：承受。

〔一〇〕寇艾：寇，侵暴。艾，通「刈」，斬割。

〔一一〕嚂：聲音，與「喊」字義近。

〔一二〕干：求。

〔一三〕牟：取。

【繫年】

此與上章爲同時事，在楚考烈王二十二年，春申君爲縱長以攻秦，當秦始皇六年。

魏王遺楚王美人章

魏王遺楚王美人〔一〕，楚王説之。夫人鄭袖知王之説新人也，甚愛新人。衣服玩好，擇其所喜而爲之；宮室臥具，擇其所善而爲之。愛之甚於王。王曰：「婦人所以事夫者，色也；而妒者〔二〕，其情也。今鄭袖知寡人之説新人也，其愛之甚於寡人，此孝子之所以事親，忠臣之所以事君也。」

〔一〕魏王遺楚王美人：魏王，當爲魏襄王。遺，贈送。楚王，楚懷王。

〔二〕妒：同「妬」，嫉妒。

鄭袖知王以己爲不妬也，因謂新人曰：「王愛子美矣。雖然，惡子之鼻。子爲見王〔一〕，則必揜子鼻〔二〕。」新人見王，因揜其鼻。王謂鄭袖曰：「夫新人見寡人則揜其鼻，何也？」鄭袖曰：「妾知也。」王曰：「雖惡，必言之。」鄭袖曰：「其似惡聞君王之臭也。」王曰：「悍哉〔三〕！」令劓之〔四〕，無使逆命。

〔一〕爲：猶若。

〔二〕揜：同「掩」，復蓋。

〔三〕悍：性情悍急。

〔四〕劓：古五刑之一，割掉鼻子。

【繫年】

此篇年代不詳。【補】顧觀光附此策於周赧王二年，曰：因上章鄭袖附此。可備一參。

楚王后死未立后章

楚王后死〔一〕，未立后也。謂昭魚曰〔二〕：「公何以不請立后也？」昭魚曰：「王不聽，是知困而交絶於后也。」「然則何不買五雙珥〔三〕？今其一善而獻之王，明日視善珥所在，因請立之。」

〔一〕楚王后：當爲楚懷王之后。【補正】此策與《齊策三·齊王夫人死章》事同，蓋傳聞異詞，編者兩存之。

〔二〕昭魚：楚懷王之相。

〔三〕何不買五雙珥：「何」字據文義補。吳師道云：「然則」下有「何」字。珥，婦人所戴耳墜。

【繫年】

此策爲楚懷王初年事。楚懷王有南后，此當是南后死，鄭袖未立爲后之前，昭魚爲懷王相國時事。其確切年代，不可考。【補】顧觀光附此策於周赧王二年，曰：因上二章，附此。備一參考。

莊辛謂楚襄王章

莊辛謂楚襄王曰〔一〕：「君王左州侯〔二〕，右夏侯〔三〕，輦從鄢陵君與壽陵君〔四〕，專淫逸侈靡，不顧國政，郢都必危矣。」襄王曰：「先生老悖乎〔五〕？將以爲楚國祆祥乎〔六〕？」莊辛曰：「臣誠見其必然者也，非敢以爲國祆祥也。君王卒幸四子者不衰，楚國必亡矣。臣請辟於趙〔七〕，淹留以觀之〔八〕。」莊辛去之趙，留五月，秦果舉鄢、郢、巫、上蔡、陳之地〔九〕，襄王流揜於城陽〔一〇〕。於是使人發騶〔一一〕，徵莊辛於趙。莊辛曰：「諾。」莊辛至，襄王曰：「寡人不能用先生之言，今事至於此，爲之奈何？」

〔一〕莊辛謂楚襄王：莊辛，楚莊王之後，以謚爲姓。楚襄王，《荀子》作「楚莊王」，誤。

〔二〕州侯：當是州地之封君。州，古國名，偃姓。故城在今湖北洪湖市東北，春秋時爲楚所滅。

〔三〕夏侯：夏地之封君。夏，地名，在今湖北武漢市武昌區。

〔四〕輦從鄢陵君與壽陵君：輦出則隨從，謂其受寵信。輦，國君、天子之所乘車。鄢陵君，即安陵君。楚安陵，在今河南漯河市偃城區東南，與魏之安陵有別。壽陵，其地未詳。

〔五〕悖：亂，惑。

〔六〕祆祥：祆，同「妖」，害物。祥，怪異之氣，吉凶之徵兆。

〔七〕辟於趙：避開楚國而往趙。辟，與「避」同。

〔八〕淹留：滯留，停留。

〔九〕秦果舉鄢、郢、巫、上蔡、陳之地：按《史記·楚世家》頃襄王二十一年，「秦將白起遂拔我郢，燒先王墓夷陵。楚襄王兵散，遂不復戰，東北保於陳城。二十二年，秦復拔我巫、黔中郡」。《白起傳》：「攻楚拔鄢、鄧五城。其明年攻楚，拔郢，燒夷陵，遂東至竟陵。楚王東走徙陳。」《秦本紀》：「昭王二十八年取鄢、鄧，二十九年取郢。」《雲夢秦簡大事記》秦昭王「二十七年攻鄧。廿八年攻鄢，廿九年攻安陸」。是楚失鄢、郢不在一年。自楚襄王十九年，楚割上庸、漢北地予秦，此後數年中，秦無取上蔡、陳之事。則上蔡、陳當是衍文。鄢，今湖北宜城市南。郢，今湖北荆州市紀南城。巫，今重慶巫山縣東。

〔一〇〕襄王流揜於城陽：揜，與「掩」通，言流徙而淹留於城陽。揜，困。城陽，鮑改「城」爲「成」。成陽故城在今河南息縣西界。張琦謂自成陽而至陳，非成陽即陳也。按城陽乃陳城之陽，在今河南淮陽城之東南。襄王死後葬於此（其墓葬和車馬坑已於一九八〇年被考古發掘出來），故云流揜於城陽。

〔一一〕騶：廄中所養之御馬。

莊辛對曰：「臣聞鄙語曰〔一〕：『見菟而顧犬〔二〕，未爲晚也；亡羊而補牢〔三〕，未爲遲也。』臣聞昔湯、武以百里昌，桀、紂以天下亡。今楚國雖小，絶長續短〔四〕，猶以數千里，豈特百里哉？

〔一〕鄙語：俗語，諺語。

〔二〕菟：與「兔」同。

〔三〕牢：養牛羊之圈。《新序》作「見兔而呼狗，亡羊而顧牢」。

〔四〕絶長續短：即截長補短。

「王獨不見夫蜻蛉乎〔一〕？六足四翼，飛翔乎天地之間，俛啄蚊䖟而食之〔二〕，仰承甘露而飲之，自以爲無患，與人無争也〔三〕。不知夫五尺童子，方將調飴膠絲〔四〕，加己乎四仞之上，而下爲螻蟻食也。夫蜻蛉其小者也〔五〕，黄雀因是以俯噣白粒〔六〕，仰棲茂樹，鼓翅奮翼，自以爲無患，與人無争也。不知夫公子王孫，左挾彈〔七〕，右攝丸〔八〕，將加己乎十仞之上，以其類爲招〔九〕，晝游乎茂樹，夕調乎酸鹹〔一〇〕。倏忽之間，墜於公子之手〔一一〕。

〔一〕蜻蛉：即蜻蜓。一名桑根。

〔二〕䖟：與「虻」、「蝱」同，蠅類。

〔三〕與人無争：《新序》作「與民無争」。

〔四〕調飴膠絲：調，調治。飴，姚本作「鉛」，鮑改「鉛」爲「飴」。今從鮑本。飴，餳。膠，粘。加飴於絲，以粘取蜻蛉。【補】調飴膠絲，顔師古《急就章》注，以糵米取汁而煎之，渜弱者爲飴，形怡怡然。此謂調以膠絲也。

〔五〕夫蜻蛉其小者也：此七字鮑本無，《新序》有。

〔六〕黄雀因是以俯噣白粒：黄雀，《新序》爲「黄爵」。雀，即古「爵」字。「雀」、「爵」古通用。因是以，也是這樣。噣，通「啄」。

〔七〕挾彈：挾，執。彈，彈弓。

〔八〕攝丸：攝，捻取。丸，彈弓子。

〔九〕以其類爲招：類，乃「頸」字之誤。《文選》阮籍《詠懷詩》注《春秋後語》引此並作「以其頸爲的」。招，的，目標。

〔一〇〕調乎酸鹹：以酸鹹調之以供饌食。鹹，俗「鹹」字。

〔一一〕倏忽之間，墜於公子之手：錢、劉、集三本無此十字。王念孫云：無此十字者是也。《文選·詠懷詩》注及《藝文類聚》、《太平御覽》、《新序·雜事》引《國策》並無此十字。或曰：此十字錯簡，當在「爲招」下。

「夫黄雀其小者也〔一〕。黄鵠因是以游於江海，淹乎大沼〔二〕，俯噣鱔鯉〔三〕，仰嚙蔆衡〔四〕，奮其六翮〔五〕，而凌清風，飄搖乎高翔，自以爲無患，與人無爭也。不知夫射者，方將脩其莽盧〔六〕，治其矰繳〔七〕，將加己乎百仞之上，被礛磻〔八〕，引微繳，折清風而抎矣〔九〕。故晝游乎江河，夕調乎鼎鼐〔一〇〕。

〔一〕夫黄雀：姚本、鮑本作「夫雀」，無「黄」字，今從一本。

〔二〕「黄鵠」二句：黄鵠，雁之屬，俗名天鵝，似雁而大，飛翔高遠。淹，停留。沼，池沼，方者爲池，曲者爲沼。

〔三〕鱔鯉：《新序》作「鰋鯉」。《藝文類聚·鳥部》、《太平御覽·羽族部》引此並作「鰋鯉」。鰋，魚名，身圓、白額，性好偃腹，平著於地。鱔，字書無此字。

〔四〕蔆衡：蔆，菱角，芰類。衡，杜衡，香草名。

〔五〕翮：羽毛根。

〔六〕菶盧：字書無「菶」字。黄氏《札記》云，「菶」當讀爲「蒲」。蒲，箭桿。盧，黑弓。

〔七〕繒繳：繒，與「矰」通。以生絲繫箭而射鳥雀者。繳，音「灼」。生絲線。

〔八〕礛磻：礛，治玉之石。用以磨矢使之鋭利。磻，以古鏃繫於繳。

〔九〕抎：與「隕」同，墜下。

〔一〇〕鼒：大鼎。

「夫黄鵠其小者也，蔡聖侯之事因是以〔一〕，南游乎高陂〔二〕，北陵乎巫山〔三〕，飲茹溪流〔四〕，食湘波之魚〔五〕，左抱幼妾，右擁嬖女，與之馳騁乎高蔡之中〔六〕，而不以國家爲事。不知夫子發方受命乎宣王〔七〕，繫己以朱絲而見之也。

〔一〕蔡聖侯：此蔡國非蔡仲之後遷於州來之蔡國，是另一蔡國，即下文所云之「高蔡」。聖侯，高蔡之國君。

【補】高蔡，戰國時蔡國都。又稱高蔡邑。故址在今湖南常德市南。

〔二〕陂：阪，高而坡斜。

〔三〕陵乎巫山：陵，登上。巫山注見前。

〔四〕飲茹溪流：當從《春秋後語》作「飲茹溪之流」。茹溪，巫山之溪。在今重慶巫山縣城北，俗謂之小溪。

〔五〕湘：水名，源出今廣西之陽海山，至興安東北入湖南，經永州、衡陽、岳陽等入洞庭湖。

〔六〕高蔡：《潘生和鼎》云：高蔡，乃蠻越之國。亦單稱蔡。其國境有今湖南澧縣北至重慶巫山之地，與楚接界，在楚之西境。

〔七〕子發方受命乎宣王：子發，楚宣王之將。《荀子·强國》云：「子發將西伐蔡，克蔡，獲蔡侯。」宣王，熊良夫，楚威王之父。《淮南子·道應訓》：「子發攻蔡，逾之，宣王郊迎。」

「蔡聖侯之事其小者也，君王之事因是以。左州侯，右夏侯，輦從鄢陵君與壽陵君〔一〕，飯封祿之粟〔二〕，而載方府之金〔三〕，與之馳騁乎雲夢之中，而不以天下國家爲事。不知夫穰侯方受命乎秦王〔四〕，填黽塞之内〔五〕，而投己乎黽塞之外。」

〔一〕輦：姚本作「輩」，誤。今從鮑本。

〔二〕飯封祿：飯，食。封祿，封邑之收入。

〔三〕載方府之金：載，姚本作「戴」，誤，今從鮑本。方府，當是楚之庫藏名，猶魯之長府。

〔四〕穰侯方受命乎秦王：穰侯，秦相，魏冉。秦王，秦昭襄王。

〔五〕填黽塞：填，杜塞。黽塞，即冥阨，亦作鄳隘，在今河南羅山縣南，俗名九里關。【補】《史記·春申君列傳》：「秦踰黽隘之塞而攻楚。」《蘇秦傳》：「塞鄳阨。」《正義》云，申州羅山縣，本漢鄳縣，州有清平關，蓋古鄳縣之阨塞。

襄王聞之，顔色變作〔一〕，身體戰慄。於是乃以執珪而授之，封之爲陽陵君〔二〕，與淮北之地也。

〔一〕顔色變作：作，當爲「怍」之同音假借字。顔色不和爲怍。變其容貌爲怍。

〔二〕封之爲陽陵君：「封之」二字姚本無，今從曾本。陽陵，《新序》作「成陵」。

【繫年】

《楚世家》頃襄王二十一年，秦將白起拔郢，燒先王墓、夷陵，楚頃襄王遂不復戰，東北保於陳城。與策文「穰侯方受命乎秦王，填黽塞之内，而投己乎黽塞之外」事實相符。楚頃襄王二十一年，當秦昭王三十二年、周赧王四十年。

齊明説卓滑以伐秦章

齊明説卓滑以伐秦〔一〕，滑不聽也。齊明謂卓滑曰：「明之來也，爲樗里疾卜交也〔二〕。明説楚大夫以伐秦，皆受明之説也，唯公弗受也，臣有辭以報樗里子矣。」卓滑因重之。

〔一〕齊明説卓滑：齊明，東周臣，後仕秦、楚及韓。卓滑，即淖滑，亦作「昭滑」、「召滑」。召，「卓」聲之轉。楚人。

〔二〕爲樗里疾卜交：樗里疾，秦惠王弟，秦武王之相。因其所居里有大樗，故號樗里子，名疾。卜交，占卜秦、楚之國交。

【繫年】

此策當爲樗里疾爲秦相時事。樗里疾爲左丞相在秦武王二年、楚懷王二十年、周赧王六年。

或謂黃齊曰章

或謂黃齊曰〔一〕：「人皆以謂公不善於富摯〔二〕，公不聞老萊子之教孔子事君乎〔三〕？示之其齒之堅也，六十而盡相靡也〔四〕。今富摯能而公重〔五〕，不相善也，是兩盡也。諺曰：『見君之乘，下之；見杖，起之〔六〕。』今也王愛富摯，而公不善也，是不臣也。」

〔一〕黃齊：身世不詳。

〔二〕富摯：不詳。【補】富摯，楚人。《渚宮舊事》卷三：「富摯有寵於懷王，黃齊惡之。」

〔三〕老萊子：司馬遷疑其即老子李耳。《史記·老子韓非列傳》云：「老萊子，亦楚人也。著書十五篇，言道家之用，與孔子同時云。」老萊子教孔子之事，不見於史書。老子教孔子之事，載於《老子本傳》，其內容與策文不同。

〔四〕相靡：「靡」與「摩」、「磨」同，磨滅，研磨。以牙齒之堅作比喻，相研磨以至於盡，以說明黃齊與富摯二人之相害。

〔五〕富摯能而公重：能，謂有才幹。重，謂國君信任。

〔六〕見君之乘，下之；見杖，起之：見國君之車乘，則下車。見國君之杖，則起立。表示尊敬。乘，指車乘。

【繫年】

此策年事皆不可考。姑從顧觀光説附於楚威王元年，當周顯王三十年。

長沙之難章

長沙之難〔一〕，楚太子横爲質於齊〔二〕。楚王死〔三〕，薛公歸太子横，因與韓、魏之兵隨而攻東國〔四〕。太子懼。昭蓋曰〔五〕：「不若令屈署以新東國爲和於齊以動秦〔六〕。秦恐齊之敗東國〔七〕，而令行於天下也，必將救我。」太子曰：「善。」遽令屈署以東國爲和於齊〔八〕。秦王聞之懼，令辛戎告楚曰〔九〕：「毋與齊東國，吾與子出兵矣〔一〇〕。」

〔一〕長沙之難：其事不詳，其地望亦難定。【補】長沙之難，即「垂沙之事」，于鬯謂「長」、「垂」一聲之轉。垂沙之事，即楚懷王二十八年四國敗楚於重丘之戰。明年，秦復伐楚，懷王乃使太子質於齊。

〔二〕楚太子横爲質於齊：楚懷王之太子，名横。據《楚世家》，楚懷王二十九年，「秦復攻楚，大破楚，楚軍死者二萬。殺我將軍景缺。懷王恐，乃使太子爲質於齊以求平」。

〔三〕楚王死：楚懷王三十年入秦，秦留楚懷王。楚頃襄王立三年，楚懷王死於秦。

〔四〕東國：楚東境淮北之地。

〔五〕昭蓋：楚人。

〔六〕「不若」句：屈署，楚人。新，鮑彪以爲衍文。

〔七〕敗東國：敗，當爲「取」，字形相似而誤。楚令屈署以東國之地和齊，不得言齊敗東國。

〔八〕遽：急，疾。

〔九〕辛戎：鮑改「辛」爲「芈」，當是。芈戎，秦宣太后之同父弟，號華陽君，又號新城君。

〔一〇〕與：猶爲。

【繫年】

此策爲追敘楚懷王入秦後之事，在楚懷王死之前，太子横歸楚之後，當繫於楚懷王三十一年、秦昭王九年，當周赧王十七年。【正】此策顧觀光繫於周赧王十六年，即秦昭王八年、楚懷王三十年。楚懷王在位三十年，後頃襄王即位。此「三十一年」，不知何據！

有獻不死之藥章

有獻不死之藥於荆王者〔一〕，謁者操以入〔二〕，中射之士問曰〔三〕：「可食乎？」曰：「可。」因奪而食之。王怒，使人殺中射之士。中射之士使人説王曰：「臣問謁者，謁者曰：『可食。』臣故食之。是臣無罪，而罪在謁者也。且客獻不死之藥，臣食之，而王殺臣，是死藥也。王殺無罪之臣，而明人之欺王。」王乃不殺。

〔一〕荆王：即楚王。楚因建國於荆山之地，故稱荆，亦稱荆楚。

〔二〕謁者操以入：謁者，官名，掌賓客、受事，傳達國君命令。操，握持。

〔三〕中射之士：射人之給事宫中者。《周禮·夏官》有射人。【補】中射士，官名。分爲上、中、下三等。

【繫年】

此策年代不可考。【補】顧觀光繫此策爲周赧王二年，以備一參。

客説春申君章

客説春申君曰：「湯以亳〔一〕，武王以鄗〔二〕，皆不過百里以有天下。今孫子〔三〕，天下賢人也，君籍之以百里勢〔四〕，臣竊以爲不便，於君何如？」春申君曰：「善。」於是使人謝孫子。孫子去之趙，趙以爲上卿〔五〕。

〔一〕湯以亳：湯，商湯王。亳，在今山東曹縣南。【補正】亳，鮑注引《皇覽》：「亳，今梁穀熟。」吴師道曰，《史記正義》引《括地志》云：「宋州穀熟縣西南南亳故城，即湯都。宋州北大蒙城爲景亳，湯所盟地，所謂北亳。河東偃師爲西亳，帝嚳及湯所都。盤庚亦徙都云。湯即位後都南亳，後徙西亳。」

〔二〕鄗：與「鎬」通。周武王都鎬。在今陝西咸陽市東南。

〔三〕孫子：即荀卿，時爲楚蘭陵令。按劉向《孫卿書敘録》云：孫卿，趙人，名況。楚相春申君以爲蘭陵令。今其書稱《荀子》。司馬貞、顔師古並以爲避漢宣帝諱，改「荀」爲「孫」。

〔四〕籍：與「藉」通。古借字，憑借。

〔五〕趙以爲上卿：姚宏云，荀子未嘗爲上卿。《春秋後語》作「上客」，當是。《韓詩外傳》作「上卿」。趙孝成王待之如上卿。

客又説春申君曰：「昔伊尹去夏入殷〔一〕，殷王而夏亡；管仲去魯入齊，魯弱而齊强。夫賢者之所在，其君未嘗不尊，國未嘗不榮也。今孫子，天下賢人也，君何辭之？」春申君又曰：「善。」於是使人請孫子於趙。

〔一〕伊尹去夏入殷：伊尹，名摯，商湯薦之於夏桀。伊尹告桀以堯舜之道，不用，故復歸於亳。爲商湯相，號阿衡。

孫子爲書謝曰：「癘人憐王〔一〕，此不恭之語也。雖然，不可不審察也。此爲劫弑死亡之主言也〔二〕。夫人主年少而矜材，無法術以知奸，則大臣主斷國私以禁誅於己也〔三〕，故弑賢長而立幼弱，廢正適而立不義〔四〕。《春秋》戒之曰〔五〕：『楚王子圍聘於鄭，未出竟〔六〕，聞王病，反問疾，遂以冠纓絞王殺之〔七〕，因自立也。齊崔杼之妻美〔八〕，莊公通之，崔杼帥其君黨而攻莊公〔九〕。莊公請與分國，崔杼不許；欲自刃於廟，崔杼不許。莊公走出，踰於外牆，射中其股，遂殺之。而立其弟景公。』近代所見：李兑用趙，餓主父於沙丘〔一〇〕，百日而殺之；淖齒用齊，擢閔王之筋，縣於其廟梁，宿夕而死〔一一〕。夫癘雖癰腫胞疾〔一二〕，上比前世，未至絞纓射股；下比近代，未至擢筋而餓死也。夫劫弑死亡之主也，心之憂勞，形之困苦，必甚於癘矣。由此觀之，癘雖憐王可也。」

〔一〕癘人憐王：《韓非子》作「諺曰：癘憐王」。癘，癩病。謂癘雖惡疾，猶勝於被劫殺。

〔二〕劫弑死亡之主：被大臣劫殺死亡之君主。以下殺上爲弑。

〔三〕主斷國私以禁誅於己：《韓詩外傳》作「專斷圖私以禁誅己」。則「國」字乃「圖」之誤。

〔四〕正適：「適」與「嫡」通。正妻所生之子。

〔五〕戒：《韓非子》作「記」。

〔六〕「楚王子圍」二句：楚王子圍，楚康王之寵弟，楚共王之子。楚康王之子郟敖爲楚王，王子圍爲令尹，主兵事。郟敖四年，王子圍使於鄭。竟，與「境」同。

〔七〕以冠纓絞王殺之：冠纓，繫帽繩。絞，勒死。

〔八〕崔杼：齊惠公之寵臣。擁立齊莊公有功，掌齊國政權。

〔九〕君黨：指齊莊公之宦者賈舉之徒。

〔一〇〕李兑用趙，餓主父於沙丘：注見《秦策三》。

〔一一〕「淖齒用齊」四句：事詳見《齊策六》。

〔一二〕癰腫胞疾：癰，惡瘡。胞，衣胞，胎衣。胞疾，謂於胎胞中得疾。

因爲，《賦》曰：「寶珍隋珠〔一〕，不知佩兮。禕布與縣，不知異兮〔二〕。閭姝、子奢，莫知媒兮〔三〕。嫫母求之，又甚喜之兮〔四〕。以瞽爲明，以聾爲聰，以是爲非，以吉爲凶。嗚呼上天，曷惟其同！」《詩》曰：「上天甚神，無自瘵也〔五〕。」

〔一〕寶珍隋珠：隋侯之珠，爲世之所寶所珍。隋珠，隋侯之珠。隋侯見大蛇傷，療而愈之，蛇銜明珠以報之。

〔二〕褘布與縣，不知異兮：褘，孫、樸本作「褋」，是也。《荀子》及《韓詩外傳》並作「褘布與錦」。縣，蓋「錦」之訛。「褋布與錦，不知異兮」，言美惡不分也。

〔三〕閭姝、子奢，莫知媒兮：閭姝，《荀子》作「閭娵」，梁惠王之美女。子奢，《韓詩外傳》作「子都」。春秋時鄭國之美男子公孫惡字子都。莫知媒，《荀子》及《韓詩外傳》作「莫之媒」，言無人爲之媒也。

〔四〕嫫母求之，又甚喜之兮：嫫母，醜女人，黄帝之妻。求之，《荀子》、《韓詩外傳》作「力父」。

〔五〕上天甚神，無自瘵也：《詩·小雅·菀柳》之辭。瘵，病。

【繫年】

據《鹽鐵論·論儒》，荀子去齊適楚，在五國伐齊之前。《春申君傳》楚考烈王元年，以黄歇爲相，封爲春申君。春申君相楚八年，爲楚北伐滅魯，以荀卿爲蘭陵令。其去楚適趙，在楚考烈王八年、趙孝成王十一年、秦昭王五十二年。

天下合從章

天下合從，趙使魏加見楚春申君曰〔一〕：「君有將乎？」曰：「有矣，僕欲將臨武君〔二〕。」魏加曰：「臣少之時好射，臣願以射譬之可乎？」春申君曰：「可。」加曰：「異日者，更羸與魏王處京臺之下〔三〕，仰見飛鳥，更羸謂魏王曰：『臣爲王引弓虛發而下鳥。』魏王曰：『然則射可至此乎？』更嬴曰：『可。』有間，雁從東方來，更嬴以虛發而下之。魏王曰：『然則射可至此乎？』更嬴曰：『此孽也〔四〕。』王曰：『先生何以知之？』對曰：『其飛徐而鳴悲。飛徐者，故瘡痛也；鳴悲者，久失群也。故瘡未息而驚心未去也〔五〕。聞弦音引而高飛〔六〕，故瘡隕也〔七〕。』今臨武君嘗爲秦孽〔八〕，不可爲拒秦之將也。」

〔一〕趙使魏加見楚春申君：魏加，鮑注：趙人。身世不詳。春申君，黄歇。楚考烈王元年封爲春申君。

〔二〕臨武君：楚將。《荀子·議兵》曾與荀卿議兵於趙孝成王前。

〔三〕更嬴與魏王處京臺之下：更嬴，人名。京臺，《御覽》卷七四四引此作「庶」。臺名。

〔四〕孽：妾隸之子爲孽。孽，病也。有隱痛於身。

〔五〕未去：姚本作「未至」，誤。鮑本、《御覽》卷七四四皆作「未去」。今從之。

〔六〕音引：一本作「音烈」，鮑本作「者音烈」。黄丕烈云：烈者，「裂」之誤。當本在「瘡」字下，故云瘡裂而隕也。各本皆有誤。

〔七〕故瘡隕也：當如黄丕烈説，「故云瘡裂而隕也」。

〔八〕臨武君爲秦孽：言臨武君爲楚將，曾敗於秦。

【繫年】

據《春申君考》，春申君相楚二十二年，諸侯患秦攻伐無已時，乃相與合縱西伐秦，而楚王爲縱長，春申君用事。此蓋楚考烈王二十二年，秦始皇六年時事。

汗明見春申君章

汗明見春申君〔一〕，候問三月而後得見〔二〕，談卒，春申君大説之。汗明欲復談，春申君曰：「僕已知先生，先生大息矣〔三〕。」汗明憱焉曰〔四〕：「明願有問君而恐固〔五〕。不審君之聖孰與堯也？」春申君曰：「先生過矣，臣何足以當堯？」汗明曰：「然則君料臣孰與舜？」春申君曰：「先生即舜也。」汗明曰：「不然。臣請爲君終言之。君之賢實不如堯，臣之能不及舜。夫以賢舜事聖堯，三年而後乃相知也。今君一時而知臣〔六〕，是君聖於堯而臣賢於舜也。」春申君曰：「善。」召門吏爲汗先生著客籍〔七〕，五日一見。

〔一〕汗明：《太平御覽》卷四〇五、卷八九六引此並作「汙明」。春申君門客。

〔二〕候問：姚本作「候問」。一本、《御覽》卷四〇五作「候間」。今從之。等候時間。

〔三〕先生大息矣：《太平御覽》卷四〇五引此無「大」字。王念孫云：「息」上不當有「大」字，此因上文「大」字而衍耳。先生息矣，猶《齊策》孟嘗君説馮諼「先生休矣」。當休息解，與嘆息不同。

〔四〕憱：與「蹴」同。不安貌。

〔五〕固：固執不通。

〔六〕一時：鮑本與《御覽》皆作「一旦」，義勝。
〔七〕著客籍：著其名字於賓客之籍。

汗明曰：「君亦聞驥乎？夫驥之齒至矣〔一〕，服鹽車而上大行〔二〕，蹄申膝折〔三〕，尾湛胕潰〔四〕，漉汁灑地〔五〕，白汗交流〔六〕，中阪遷延〔七〕，負轅不能上。伯樂遭之〔八〕，下車攀而哭之，解紵衣以冪之〔九〕。驥於是俛而噴，仰而鳴，聲造於天〔一〇〕，若出金石聲者〔一一〕，何也？彼見伯樂之知己也〔一二〕。今僕之不肖，阨於州部〔一三〕，堀穴窮巷〔一四〕，沈洿鄙俗之日久矣，君獨無意湔拔僕也〔一五〕，使得爲君高鳴屈於梁乎〔一六〕？」

〔一〕驥之齒至矣：良馬以口齒論其年齡。至矣，謂口齒至老年。
〔二〕服鹽車而上大行：服，駕，套。大行，即太行，太行阪道。
〔三〕蹄申膝折：蹄筋伸，膝節折。
〔四〕尾湛胕潰：尾湛，謂尾爲汗所濕透。胕，同「膚」。膚潰，謂汗出如潰。
〔五〕漉汁：指馬之口沫。
〔六〕白汗：汗水蒸發而成鹽汗，故爲白汗。
〔七〕中阪遷延：在太行阪道上遷延不能前進。
〔八〕伯樂：姓孫名陽，善相馬、馭馬。春秋秦穆公時人。
〔九〕解紵衣以冪之：紵衣，麻布衣服。冪，複被。

〔一〇〕造：姚本、鮑本作「達」。《類聚》卷九十二、《御覽》卷八九六引此皆作「造」。今從之。造，至。

〔一一〕聲：乃衍文。

〔一二〕彼見：《御覽》卷八九六引此作「欣見」。

〔一三〕阨於州部：阨，困。州，古代五黨二千家爲州。部，州界。

〔一四〕堀穴窮巷：謂以窮巷爲窟穴。堀，窟。

〔一五〕湔拔：湔，洗刷。拔，提拔。

〔一六〕鳴屈於梁：梁，魏國。疑汗明嘗阨困於梁，故鳴其屈。【補】梁，非魏梁，應爲南梁。金正煒曰：「屈、梁並爲楚地也。」據金説，梁當爲南梁，即今河南汝州市西南古梁國。

【繫年】

汗明見春申君，當在春申君受封爲相之初，招致賓客之時，春申君受封爲相在楚考烈王元年。

楚考烈王無子章

楚考烈王無子〔一〕，春申君患之，求婦人宜子者進之〔二〕，甚衆，卒無子。

〔一〕楚考烈王無子：楚考烈王，楚頃襄王之子。無子，此時無子。

〔二〕婦人宜子者進之：女子之宜於産子者，進之於考烈王。

趙人李園，持其女弟，欲進之楚王，聞其不宜子，恐又無寵〔一〕。李園求事春申君爲舍人。已而謁歸〔二〕，故失期〔三〕，還謁，春申君問狀。對曰：「齊王遣使求臣女弟〔四〕，與其使者飲，故失期。」春申君曰：「聘入乎〔五〕？」對曰：「未也。」春申君曰：「可得見乎？」曰：「可。」於是園乃進其女弟，即幸於春申君。知其有身〔六〕，園乃與其女弟謀。

〔一〕又：曾本、《史記·春申君傳》作「久」，義勝。

〔二〕謁歸：請假歸家。

〔三〕故失期：故意到期不還。

〔四〕齊王：當指齊王建。乃假設之辭。

〔五〕聘：聘禮，幣帛之屬。古者男子向女方求婚，先納聘禮。

〔六〕有身：懷孕。

園女弟承間説春申君曰：「楚王之貴幸君，雖兄弟不如。今君相楚王二十餘年，而王無子，即百歲後〔一〕，將更立兄弟，即楚王更立，彼亦各貴其故所親，君又安得長有寵乎？非徒然也，君用事久，多失禮於王兄弟，兄弟誠立，禍且及身，奈何以保相印、江東之封乎〔二〕？今妾自知有身矣，而人莫知，妾之幸君未久，誠以君之重而進妾於楚王，王必幸妾。妾賴天而有男，則是君之子爲王也，楚國封盡可得〔三〕，孰與其臨不測之罪乎？」春申君大然爲之。乃出園女弟謹舍，而言之楚王。楚王召入，幸之。遂生子男，立爲太子〔四〕，以李園女弟立爲王后。楚王貴李園，李園用事。

〔一〕百歲後：言楚考烈王死後。

〔二〕江東之封：楚考烈王元年以黃歇爲相，封爲春申君，賜以淮北地十二縣。後十五年，春申君獻淮北十二縣於楚王，請封於江東。

〔三〕封：四封，全境。

〔四〕太子：名悍，即楚幽王。

李園既入其女弟爲王后，子爲太子，恐春申君語泄而益驕，陰養死士，欲殺春申君以滅口，而國人頗有知之者。春申君相楚二十五年，考烈王病。朱英謂春申君曰〔一〕：「世有無妄之福〔二〕，又有無妄之禍。今君處無妄之世，以事無妄之主，安不有無妄之人乎？」春申君曰：「何謂無妄之福？」曰：「君相楚二十餘年矣，雖名爲相國，實楚王也。五子皆相諸侯。今王疾甚，旦暮且崩，太子衰弱，疾而不起。而君相少主，因而代立當國，如伊尹、周公〔三〕。王長而反政，不即遂南面稱孤，因而有楚國。此所謂無妄之福也。」春申君曰：「何謂無妄之禍？」曰：「李園不治國，王之舅也。不爲兵將，而陰養死士之日久矣。楚王崩，李園必先入。據本議制斷君命〔四〕，秉權而殺君以滅口。此所謂無妄之禍也。」春申君曰：「何謂無妄之人？」曰：「君先仕臣爲郎中〔五〕，君王崩，李園先入，臣請爲君剸其胸殺之〔六〕。此所謂無妄之人也。」春申君曰：「先生置之，勿復言已。李園，軟弱人也，僕又善之，又何至此？」朱英恐，乃亡去。

〔一〕朱英：《春秋後語》謂，朱英，觀人，《史記》爲觀津人。《韓策》有觀鞅。觀，地名，今山東莘縣。戰國時屬魏。

〔二〕無妄：《史記》作「毋望」。按《史記》原文亦應作「無妄」，故《索隱》引《易經》「無妄」卦，以明其與此義不同。「無妄」與「毋望」音義皆同。謂不期望而忽然自來。

〔三〕伊尹、周公：《竹書紀年》謂伊尹相太甲，放太甲於桐而自立。《周本紀》武王崩，太子誦代立，是爲成王。成王少，周初定天下，周公恐諸侯叛，攝行政當國。

〔四〕制斷君命：謂矯楚王之命令，以獨斷專行。

〔五〕郎中：官名，國王宮中之侍衛。

〔六〕剸：亦作「剚」，音同「衝」，刺也。

後十七日，楚考烈王崩，李園果先入，置死士，止於棘門之内〔一〕。春申君後入，止棘門。園死士夾刺春申君，斬其頭，投之棘門外。於是使吏盡滅春申君之家。而李園女弟初幸春申君有身，而入之王所生子者，遂立爲楚幽王也。是歲，秦始皇立九年矣。嫪毐亦爲亂於秦〔二〕。覺，夷三族〔三〕，而呂不韋廢〔四〕。

〔一〕棘門：「棘」與「戟」通。以戟爲門。宮門，以戟保衛之，故名。

〔二〕嫪毐：呂不韋所進與始皇母之大陰人。始皇九年與太后謀爲亂，欲攻蘄年宮，被發覺。嫪毐被擒，車裂。

〔三〕夷三族：夷，誅滅。三族：父族、母族、妻族。

〔四〕呂不韋：陽翟賈人。以立太子子楚爲秦莊襄王，封文信侯，爲丞相。以嫪毐之罪受株連，被罷相，自殺。按《秦始皇本紀》呂不韋被廢，在秦始皇十年。

【繫年】

據策文繫在楚考烈王二十五年、秦始皇九年。

虞卿謂春申君曰章

虞卿謂春申君曰〔一〕：「臣聞之《春秋》〔二〕：『於安思危，危則慮安。』今楚王之春秋高矣，而君之封地，不可不早定也。爲主君慮封者，莫如遠楚。秦孝公封商君，孝公死，而後不免殺之。秦惠王封冉子〔三〕，惠王死，而後王奪之。公孫鞅，功臣也，冉子親姻也。然而不免奪、死者，封近故也。太公望封於齊，邵公奭封於燕，爲其遠王室矣。今燕之罪大而趙怒深〔四〕，故君不如北兵以德趙，踐亂燕以定身封〔五〕，此百代之一時也〔六〕。」

〔一〕虞卿謂春申君：《戰國縱横家書》無「虞卿」二字。虞卿，游説之士，仕趙孝成王爲上卿，食邑於虞，故號爲虞卿。著有《虞氏春秋》十五卷。

〔二〕春秋：此二字，吴師道以爲因下文而衍。《戰國縱横家書》無「春秋」二字，當删去。

〔三〕秦惠王封冉子：冉子，即穰侯魏冉。《戰國縱横家書》作「襄子」。「襄」當是「穰」字之省。按魏冉之封在秦昭王時，不在秦惠王時。魏冉之廢亦在昭王時。此有誤。

〔四〕燕之罪大而趙怒深：指燕王喜以粟腹之謀伐趙，引起燕、趙連年戰爭。

〔五〕定身封：指春申君以楚考烈王十五年獻淮北十二縣而徙封於吴一事。

〔六〕百代：《戰國縱横家書》作「百世」爲是。

君曰：「所道攻燕，非齊則魏。魏、齊新怨楚〔一〕，楚君雖欲攻燕〔二〕，將道何哉〔三〕？」對曰：「請令魏王可。」君曰：「何如？」對曰：「臣請到魏而使所以信之〔四〕。」乃謂魏王曰〔五〕：「夫楚亦强大矣，天下無敵，乃且攻燕。」魏王曰：「鄉也〔六〕，子云天下無敵；今也，子云乃且攻燕者，何也？」對曰：「今爲馬多力，則有矣。若曰勝千鈞，則不然者，何也？夫千鈞非馬之任也。今謂楚强大則有矣，若越趙、魏而鬬兵於燕，則豈楚之任也哉〔七〕？非楚之任而楚爲之，是敝楚也。敝楚見强魏也〔八〕，其於王孰便也〔九〕？」

〔一〕怨：《戰國縱横家書》作「惡」。

〔二〕楚君：王念孫云，「君」字因上下文而誤衍。《戰國縱横家書》無「楚君」二字。

〔三〕將道何哉：王念孫云，當作「將何道哉」。道，從也。言楚攻燕，兵何從出？置「道」字於「何」字上，則文不成義。《戰國縱横家書》作「將何道哉」。【補正】將道何哉，意即將取道於何哉！楚出兵伐燕，必取道於魏，所以應下文「對曰：『請令魏王可。』」這樣解，於後文之「若越趙、魏而鬭兵於燕」，則前後互應矣！

〔四〕而使所以信之：《戰國縱横家書》作「便所以言之」。「使」、「信」二字有誤，當據以訂正。

〔五〕魏王：指魏安釐王。

〔六〕鄉：向也，往者謂之鄉。

〔七〕哉：姚本作「我」，一本作「哉」。《戰國縱横家書》作「哉」。「哉」字是也。

〔八〕敝楚見强魏：見，鮑本作「是」。一本作「强楚、敝楚」。《戰國縱横家書》作「强楚、敝楚」。當據以訂正。

〔九〕此句下，曾鞏校記云：「此下恐欠。」又按《韓策一》也有此章，前面也有殘缺。《戰國縱横家書》亦有缺文。可見此文傳本在漢初已經不全。

【繫年】

春申君獻淮北十二縣以爲郡，徙封於吴，在楚考烈王十五年。當秦莊襄王二年。

戰國策卷十八

趙一

知伯從韓魏兵章

知伯從韓、魏兵以攻趙〔一〕，圍晉陽而水之〔二〕，城下不沉者三板〔三〕。郄疵謂知伯曰〔四〕：「韓、魏君必反矣。」知伯曰：「何以知之？」郗疵曰：「以其人事知之。夫從韓、魏之兵而攻趙，趙亡，難必及韓、魏矣。今約勝趙而三分其地〔五〕，今城不沒者三板，臼竈生鼃〔六〕，人馬相食，城降有日，而韓、魏之君無喜志而有憂色，是非反如何也〔七〕？」

〔一〕知伯從韓、魏兵以攻趙：知，即智。智伯，名瑤。本姓荀，晉卿荀申之子，食邑於智，故又爲智氏。智瑤，諡襄子。古智城在今山西運城市。從，領也。韓、魏，晉卿韓虎、魏駒。領韓、魏二家之兵以攻趙無恤。

〔二〕圍晉陽而水之：晉陽，故址在今山西太原市晉源區。春秋晉邑，趙簡子家臣董安於所築。水之，以水灌晉陽城。晋水出晋陽縣西龍山，東南流注於汾水。智伯遏晋水以灌晋陽，其水分爲二：北瀆即智氏故渠。

〔三〕城下不沉者三板：金正煒云：「下」字即「不」字之誤衍。沉，淹没。三板，板築牆，高二尺爲一板，三板即六尺。

〔四〕郄疵：郄，《説文》作「絺」，《御覽》卷四五〇、《説苑·權謀》並作「絺」。《通鑒》作「絺」。絺，原爲地名，在今河南沁陽市。《姓譜》郄，姓，周蘇忿生支子封於絺，因以爲氏。「絺」即「郗」字。「郗」、「絺」二字音殊字異。後世因俗書字劃相混，不復分。當以「郗」爲正。郗疵，智伯之臣屬。

〔五〕今約勝趙：《御覽》卷四五〇、《説苑·權謀》並作「夫勝趙」。

〔六〕臼竈生鼃：臼，杵臼，舂米器。竈，炊竈。鼃，與「蛙」同，蝦蟆，俗稱田雞。

〔七〕如：猶「而」。古代「而」、「如」通用。

明日，知伯以告韓、魏之君曰：「郄疵言君之且反也。」韓、魏之君曰：「夫勝趙而三分其地，城今且將拔矣。夫二家雖愚〔一〕，不棄美利於前，背信盟之約，而爲危難不可成之事，其勢可見也。是疵爲趙計矣，使君疑二主之心，而解於攻趙也〔二〕。今君聽讒臣之言，而離二主之交，爲君惜之。」趨而出。郄疵謂知伯曰：「君又何以疵言告韓、魏之君爲？」知伯曰：「子安知之？」對曰：「韓、魏之君視疵端而趨疾。」郄疵知其言之不聽，請使於齊，知伯遣之。韓、魏之君果反矣。

〔一〕二家：姚本作「三家」。錢、劉本作「二」，《御覽》、《説苑》皆作「二」。作「二家」爲是。

〔二〕解：與「懈」同，怠也。

【繫年】

智伯率韓、魏之師圍趙襄子於晉陽在趙襄子四年，當周貞定王十五年。【正】趙襄子四年，爲公元前四七二年，時爲周元王四年。此處繫周貞定王十五年，爲公元前四五四年，當爲趙襄子二十二年。前後錯十八年。查《左傳》、《國語》等書，周敬王三十年（前四九〇），趙氏擊敗范氏、中行氏。周貞定王十一年（前四五八），智、趙、韓、魏四家分范氏、中行氏土地；十六年（前四五三），趙、韓、魏三家又滅智氏，三分其地。周威烈王二十三年（前四〇三），周天子正式承認韓、趙、魏三家爲諸侯。此策當爲周貞定王十六年事，趙襄子二十三年矣！

知伯帥趙韓魏章

知伯帥趙、韓、魏而伐范、中行氏〔一〕，滅之。休數年，使人請地於韓〔二〕。韓康子欲勿與〔三〕，段規諫曰〔四〕：「不可。夫知伯之爲人也，好利而鷙愎〔五〕，來請地不與，必加兵於韓矣。君其與之。與之彼狃〔六〕，又將請地於他國，他國不聽，必鄉之以兵，然則韓可以免於患難而待事之變。」康子曰：「善。」使使者致萬家之邑一於知伯，知伯說。又使人請地於魏，魏桓子欲勿與〔七〕。趙葭諫曰〔八〕：「彼請地於韓，韓與之。請地於魏，魏弗與，則是魏內自强，而外怒知伯也。然則其錯兵於魏必矣〔九〕。不如與之。」宣子曰：「諾。」因使人致萬家之邑一於知伯。知伯說。又使人之趙，請藺、皐狼之地〔一〇〕，趙襄子弗與〔一一〕。知伯因陰結韓、魏將以伐趙。

〔一〕范、中行氏：范，范吉射，晋大夫范鞅之後。中行，中行寅，荀林父之後。晋六卿之一。智伯與韓、趙、魏四家伐滅范氏、中行氏，分其地以爲邑，在晋出公十七年，趙襄子四年。【正】此處標「趙襄子四年」疑誤，似應爲趙襄子十七年以後。詳見上策「繫年」後之「正」文。

〔二〕請地：求索土地。請，求取。

〔三〕韓康子：名虎。韓宣子之後。

〔四〕段規：韓康子之相。

〔五〕鷙愎：姚注：四本只作「復」，姚注作「鷙復」，《韓非子·十過》作「鷙愎」。按「鷙」乃「鷙」之訛。吴師道引《韓非子》作「鷙復」。「復」乃「愎」之誤，作「愎」義順。鷙，猛鳥，鷹鸇之類。愎，狠而自是。

〔六〕狃：狎，習。

〔七〕魏桓子：姚注：《韓非子》、《説苑》皆作「魏宣子」，誤。《世本》襄子生桓子駒，《魏世家》作「魏桓子」。據以訂正。

〔八〕趙葭：魏桓子之謀臣。《通鑒》作「任章」。

〔九〕錯兵：加兵。錯，與「措」、「厝」通。置也。

〔一〇〕藺、皐狼：藺，姚本作「蔡」。「蔡」乃「藺」之訛。《史記·趙世家》：「先王取藺、郭狼。」郭狼即皐狼。藺與皐狼相近。藺在今山西吕梁市離石區西；皐狼在離石西北。

〔一一〕趙襄子：趙簡子之子，名無恤。

趙襄子召張孟談而告之曰〔一〕：「夫知伯之爲人，陽親而陰疏，三使韓、魏，而寡人弗與焉，其移兵寡人必矣。今吾安居而可〔二〕？」張孟談對曰：「夫董閼安于〔三〕，簡主之才臣也〔四〕，世治晉陽，而尹澤循之〔五〕。其餘政教猶存，君其定居晉陽。」君曰：「諾。」乃使延陵生將車騎先至晉陽〔六〕，君因從之。至，行城郭，案府庫〔七〕，視倉廩。召張孟談曰：「吾城郭之完，府庫足用，倉廩實矣，無矢奈何？」張孟談曰：「臣聞董子之治晉陽也，公宮之垣，皆以荻蒿苫楚廧之〔八〕。其高至丈餘，君發而用之。」於是發而試之，其堅則箘簬之勁不能過也〔九〕。君曰：「足矣〔一〇〕，吾銅少若何？」張孟談曰：「臣聞董子之治晉陽也，公宮之室，皆以鍊銅爲柱質〔一一〕，請發而用之，則有餘銅矣。」君曰：「善。」號令以定，備守以具。三國之兵乘晉陽城，遂戰。三月不能拔，因舒軍而圍之〔一二〕，決晉水而灌之。圍晉陽三年，城中巢居而處，懸釜而炊，財食將盡，士卒病羸。襄子謂張孟談曰：「糧食匱〔一三〕，財力盡，士、大夫病，吾不能守矣。欲以城下〔一四〕，何如？」張孟談曰：「臣聞之，亡不能存，危不能安，則無爲貴知士也，君釋此計，勿復言也。臣請見韓、魏之君。」襄子曰：「諾。」

〔一〕張孟談：趙襄子之宰。

〔二〕安居而可：謂將居何地以爲守禦。安，何。

〔三〕董閼安于：王念孫云：「閼」與「安」一字也。《左傳》定公十三年及《國語·晉語》、《呂氏春秋·愛士》、《史記·趙世家》、《漢書·古今人表》並作「董安于」；《韓子·十過》、《淮南子·道應訓》並作「董閼于」。

是「閼于」即「安于」也。「安」與「焉」古同聲而通用。今作「董閼安于」者，一本作「閼」，一本作「安」，而後人誤令之耳。董安于，趙簡子之家臣。

〔四〕簡主：簡，趙簡子，名鞅，晉國之正卿。春秋以後，大夫之家臣稱大夫爲主。

〔五〕尹澤循之：「澤」當爲「鐸」，《國語·晉語》、《韓非子·十過》、《呂氏春秋·愛士》並作「鐸」。循，遵也。謂尹鐸治晉陽，仍遵董安于之治也。

〔六〕延陵生：姚本作「延陵王」。「王」字誤，從《韓非子·十過》作「生」爲是。《元和姓纂》作「延陵正」。「正」亦「生」字之誤。

〔七〕案：與「按」同。視察。

〔八〕皆以荻蒿苫楚廧之：苫，策文作「苫」誤。《韓非子·十過》：「皆以荻蒿楛楚牆之。」荻蒿，亦名蕭荻，可以燃火照明。楛，木名，形似荆而赤莖似蓍，可作箭桿。楚，即荆。廧，與「牆」同。

〔九〕箘幹：姚本作「箘簬」。《藝文類聚》卷六十、《御覽》卷三五〇引此並作「幹」。顧廣圻云「作幹是也」。箘竹，黑色，可作箭桿。

〔一〇〕足矣：《韓非子》作「吾矢已足矣」。按此，「足」上當有「矢」字。

〔一一〕以鍊銅爲柱質：鍊，同「煉」，鍛冶精熟。質，《御覽》卷一八八引作「礩」。質，同「礩」，即礎。

〔一二〕舒軍：緩軍，圍而不戰。

〔一三〕匱：乏。

〔一四〕欲以城下：謂不守城而投降。

張孟談於是陰見韓、魏之君曰：「臣聞脣亡則齒寒。今知伯帥二國之君伐趙，趙將亡矣，亡則二君爲之次矣。」二君曰：「我知其然。夫知伯爲人也，粗中而少親〔一〕，我謀未遂而知，則其禍必至，爲之奈何？」張孟談曰：「謀出二君之口，入臣之耳，人莫之知也。」二君即與張孟談陰約三軍，爲之期日〔二〕，夜，遣入晉陽。張孟談以報襄子，襄子再拜之。

〔一〕粗中：疏也。顧廣圻云：「粗」當讀爲「怚」，心不精。

〔二〕期日：姚本作「期曰」，誤。《韓非子》作「期日」。《通鑑》：「爲之期日而遣之。」

二君以約遣張孟談〔一〕，因朝知伯而出，遇知過轅門之外〔二〕。知過入見知伯曰：「二主殆將有變！」君曰：「何如？」對曰：「臣遇張孟談於轅門之外，其志矜，其行高。」知伯曰：「不然。吾與二主約謹矣〔三〕，破趙三分其地，寡人所親之，必不欺也。子釋之，勿出於口。」知過出見二主，入說知伯曰：「二主色動而意變，必背君，不如令殺之。」知伯曰：「兵著晉陽三年矣〔四〕，旦暮當拔之而饗其利，乃有他心，不可。子慎勿復言。」知過曰：「不殺則遂親之。」知伯曰：「親之奈何？」知過曰：「魏宣子之謀臣曰趙葭〔五〕，康子之謀臣曰段規，是皆能移其君之計。君其與二君約，破趙則封二子者各萬家之縣一。如是則二主之心可不變，而君得其所欲矣。」知伯曰：「破趙而三分其地，又封二子者各萬家之縣一，則吾所得者少，不可。」知過見君之不用也，言之不聽〔六〕，出，更其姓爲輔氏，遂去不見。

〔一〕二君以約遺張孟談：《韓非子・十過》作「二君以約遺張孟談」，策文脱去「二君以約遺」五字，遂誤屬「張孟談」於下句。今據以訂正。

〔二〕遇知過轅門之外：知過，即知果，《漢書・古今人表》作「知過」，《説苑・貴德》、《國語・晋語》作「智果」。知瑶之族人。轅門，古代王者出行於外，止則以車爲藩，仰車轅相向以表門，謂之轅門。

〔三〕約謹：即約結，謂結約而謹信。

〔四〕兵著晋陽：兵圍晋陽。著，附着。

〔五〕魏宣子之謀臣曰趙葭：魏宣子，《史記・趙世家》、《吕氏春秋・義賞》及《秦策》並作「魏桓子」，唯《韓非子・十過》、《説苑・權謀》與此策作「魏宣子」，「宣」字誤，當爲「桓」。趙葭，魏桓子之謀臣。其身世不詳。

〔六〕君之不用也：王念孫云：「君之不用也」五字，乃衍文。《文選・爲曹公與孫權書》注、《後漢書・蘇竟傳》注引此，皆無「君之不用也」五字。

張孟談聞之，入見襄子曰：「臣遇知過於轅門之外，其視有疑臣之心，入見知伯，出更其姓，今暮不擊，必後之矣。」襄子曰：「諾。」使張孟談見韓、魏之君，曰夜期殺守堤之吏〔一〕，而決水灌知伯軍。知伯軍救水而亂，韓、魏翼而擊之〔二〕，襄子將卒犯其前〔三〕，大敗知伯軍而禽知伯〔四〕。知伯身死，國亡地分，爲天下笑，此貪欲無厭也。夫不聽知過，亦所以亡也。知氏盡滅，惟輔氏存焉〔五〕。

〔一〕曰夜期：「曰」當爲「日」。日夜期，猶云期日之夜，《韓非子》作「至於期日之夜」。《淮南子・人間訓》作

「至其日之夜」。

〔二〕翼而擊之：左右夾擊。翼，左右側。

〔三〕將卒犯其前：將，將領。卒，兵卒。

〔四〕禽：與「擒」通。

〔五〕惟輔氏存焉：知過别族於太史爲輔氏，故知氏盡滅，而知過因更改族氏而未被滅。

【繫年】

《史記·六國年表》三晉滅知氏，在周貞定王十六年、楚惠王三十六年、齊宣公三年、趙襄子五年。【正】此「趙襄子五年」疑誤。查趙襄子五年，乃周元王五年、楚惠王十八年、齊平公十年。當爲趙襄子二十三年。

張孟談既固趙宗章

張孟談既固趙宗〔一〕，廣封疆，發五百〔二〕，乃稱簡之塗以告襄子曰〔三〕：「昔者，前國地君之御有之曰：『五百之所以致天下者，約兩〔四〕：主勢能制臣，無令臣能制主。故貴爲列侯者，不令在相位；自將軍以上，不爲近大夫。』今臣之名顯而身尊，權重而衆服，臣願捐功名，去權勢，以離衆。」

〔一〕宗：謂宗廟社稷。

〔二〕發五百：不詳其意。【補】百，鮑注爲伯、霸：「伯業不振，今復發之。」安井衡曰：發乃舉。「舉五伯之道，以告襄子。」日本横田惟孝云：「五百，疑當作阡陌。」「阡陌」舊作「千百」。廣封疆，發阡陌，即商鞅「開阡陌封疆也」。

〔三〕稱簡之塗以告襄子：稱，舉其説。簡，趙簡子名鞅，襄子之父。此蓋張孟談稱述簡子之言以告趙襄子。

〔四〕約兩：約有兩端，即下云「主勢能制臣，無令臣能制主。」

襄子恨然曰：「何哉？吾聞輔主者名顯，功大者身尊，任國者權重，信忠在己而衆服焉。此先聖之所以集國家、安社稷乎〔一〕！子何爲然？」張孟談對曰：「君之所言，成功之美也，臣之所謂，持國之道也。臣觀成事，聞往古，天下之美同，臣主之權均之能美〔二〕，未之有也。前事之不忘，後事之師。君若弗圖，則臣力不足。」愴然有決色。襄子去之。卧三日，使人謂之曰：「晋陽之政，臣下不使者何如〔三〕？」對曰：「死僇〔四〕。」張孟談曰：「左司馬見使於國家〔五〕，安社稷，不辟其死，以成其忠，君其行之〔六〕。」君曰：「子從事〔七〕。」乃許之。張孟談便厚以便名〔八〕，納地釋事以去權尊，而耕於負親之丘〔九〕。故曰：賢人之行，明主之政也。

〔一〕集：與「輯」通，安也。

〔二〕之：猶是。

〔三〕不使：猶不從令。使，從。

〔四〕僇：與「戮」同。殺死。

〔五〕左司馬：掌軍政及賦税。此乃張孟談自稱其官。

〔六〕行之：猶許之。

〔七〕子從事：子，指張孟談。從事，從其所欲之事。

〔八〕便厚以便名：便，安。厚，與「後」通。位在下爲後，位在下則去權尊，去權尊所以遠怨，遠怨可以免謗，故曰「便厚以便名」。

〔九〕負親之丘：《潛夫論・志氏姓》：「張孟談相趙襄子以滅智伯，遂逃功賞耕於肙山。」此文涉下文「負親以謀趙」而淆誤。

耕三年，韓、魏、齊、燕負親以謀趙〔一〕，襄子往見張孟談而告之曰：「昔者知氏之地，趙氏分則多十城，而今諸侯復來〔二〕，孰謀我〔三〕，爲之奈何？」張孟談曰：「君其負劍〔四〕，而御臣以之國〔五〕，舍臣於廟，授吏大夫〔六〕，臣試計之。」君曰：「諾。」張孟談乃行，其妻之楚，長子之韓，次子之魏，少子之齊，四國疑而謀敗。

〔一〕韓、魏、齊、燕負親以謀趙：鮑本改「燕」爲「楚」，下文有「楚」而無「燕」，必有一誤。負親，背叛親與之國。

〔二〕而今諸侯復來：「復來」二字原在「而今諸侯」上，吳師道云，當爲「而今諸侯復來」句似順。

〔三〕孰謀我：孰，與「熟」通。【補】孰，疑問代詞，誰。孰謀我，即誰與我謀之意。

〔四〕君其負劍：謂君俯其身如負劍然。

〔五〕御臣以之國：御，駛車。臣，張孟談自稱。之國，往趙之國都。

〔六〕授吏大夫：「吏」與「事」通。「授事」與上文「釋事」相應。授事大夫，即授事爲大夫而行政事。

【繫年】

張孟談以趙襄子五年滅知氏，捐功名，去權勢，納地釋事而耕於負親之丘。耕三年而四國謀趙，此蓋趙襄子七年時事。當周定王十八年、楚惠王三十八年。【正】滅知氏在趙襄子二十三年，此繫年中趙襄子五年、七年均誤。「五年」應爲「二十三年」，「七年」當爲「二十五年」。

晉畢陽之孫章

晉畢陽之孫豫讓〔一〕，始事范、中行氏而不説〔二〕，去而就知伯，知伯寵之。及三晉分知氏，趙襄子最怨知伯，而將其頭以爲飲器〔三〕。豫讓遁逃山中曰：「嗟乎！士爲知己者死，女爲悦己者容〔四〕。吾其報知氏之讎矣〔五〕。」乃變姓名，爲刑人〔六〕，入宫塗厠，欲以刺襄子。襄子如厠心動，執問塗者，則豫讓也。刃其扞〔七〕，曰：「欲爲知伯報讎。」左右欲殺之。趙襄子曰：「彼義士也，吾謹避之耳！且知伯已死無後，而其臣至爲報讎，此天下之賢人也。」卒釋之。豫讓又漆身爲厲〔八〕，滅鬚去眉，自刑以變其容，爲乞人而往乞，其妻不識，曰：「狀貌不似吾夫，其音何類吾夫之甚也。」又吞炭爲啞變其音〔九〕。

其友謂之曰：「子之道甚難而無功。謂子有志則然矣，謂子智則否。以子之才，而善事襄子，襄子必近幸子；子之得近，而行所欲，此甚易而功必成。」豫讓乃笑而應之曰：「是爲先知報後知〔一〇〕，爲故君賊新君，大亂君臣之義者無此矣〔一一〕。凡吾所謂爲此者，以明君臣之義，非從易也。且夫委質而事人〔一二〕，而求弑之，是懷二心以事君也。吾所謂難，亦將以愧天下後世人臣懷二心者。」

〔一〕畢陽之孫豫讓：畢陽，晋國義士。《國語·晋語》晋伯宗索士庇州犂得畢陽，及欒弗忌之難，諸大夫害伯宗，畢陽實送伯宗之子於楚。豫讓，智伯瑶之臣，姓豫名讓。

〔二〕范、中行氏：范氏，晋卿范昭子吉射，士會之後。自士會食邑於范，後因以邑爲氏。中行氏，中行文子荀寅，荀林父之後。自荀林父將中行，後因以官爲氏。

〔三〕將其頭以爲飲器：《太平御覽》卷三六三引作「漆其頭以爲飲器」。《史記》亦作「漆其頭」。飲器，酒器。《韓非子·説難》：「此知伯之所以國亡而身死，頭爲飲杯之故也。」《吕氏春秋·義賞》：「斷其頭以爲觴。」晋灼以爲褻器，則非。《淮南子·道應訓》：「襄子大敗智伯，破其首以爲飲器。」證之以古代，匈奴以月氏王頭爲飲酒之器，則作飲酒之器爲是。

〔四〕容：修飾容貌顔色。

〔五〕吾其報知氏之讎矣：「之讎」二字，後人所加。王念孫云「吾其報知氏讎」者，承上「士爲知己者死」言之，謂報知之恩，非謂報知氏之讎也。下文「知伯以國士遇臣，臣故國士報之」，「而可以報知伯矣」，並與此句同義。《文選·報任少卿書》注引此無「之讎」二字。

〔六〕變姓名，爲刑人：刑人非可變姓名而爲者。「刑」疑當爲「圬」，塗修宮室之人。【補正】刑人，被刑之人，入宮而爲賤役。《周禮·秋官·司隸》：「掌五隸之法……役國中之辱事。」《説苑·復恩》云：「（豫讓）又盗爲抵罪被刑人，赭衣，入繕宫。」可見「刑」非「圬」之誤。

〔七〕刃其扜：扜，曾本作「杅」。按「扜」與「杅」皆「杇」之訛。《説文》，杇，所以塗也。古文「杇」與「杅」同，因誤爲「扜」或「杅」。杇，塗器，蓋施刃於杇，欲以刺趙襄子也。

〔八〕漆身爲厲：漆有毒，近之多患疱腫，若癩病，故豫讓用漆塗其身使之瘡腫以變其形貌。厲，《御覽》卷四八一引作「癩」。「厲」、「癩」聲同，古多假「厲」爲「癩」。癩，惡瘡。

〔九〕吞炭爲啞變其音：王念孫云：「爲啞」二字，乃後人據《史記》加之也。不知「爲啞」即是「變其音」。《史記索隱》引此策及《吕氏春秋·恃君》、《淮南子·主術訓》皆作「吞炭變音」而無「爲啞」二字。

〔一〇〕報：猶反。

〔一一〕無此矣：猶云無如此，無過此。

〔一二〕委質而事人：委質，猶言致身。質，身。【補】委，屈。猶言低三下四也。委其身體以事君也。

居頃之，襄子當出。豫讓伏所當過橋下。襄子至橋而馬驚，襄子曰：「此必豫讓也。」使人問之，果豫讓。於是趙襄子面數豫讓曰：「子不嘗事范、中行氏乎！知伯滅范、中行氏，而子不爲報讎，反委質事知伯，知伯已死〔一〕，子獨何爲報讎之深也？」豫讓曰：「臣事范、中行氏，范、中行氏以衆人遇臣，臣故衆人報之；知伯以國士遇臣〔二〕，臣故國士報之。」襄子乃喟然嘆泣曰：「嗟乎豫子之爲知伯〔三〕，名既成矣，寡人舍子亦以足矣〔四〕。子自爲計，寡人不舍子。」使兵環之。豫讓曰：「臣聞明主不掩人之義，忠臣不愛死以成名，君前已寬舍臣，天下莫不稱君之賢。今日之事，臣故伏誅〔五〕，然願請君之衣而擊之〔六〕，雖死不恨。非所望也，敢布腹心。」於是襄子義之。乃使使者持衣與豫讓。豫讓拔劍，三躍呼天擊之曰：「而可以報知伯矣。」遂伏劍而死。死之日，趙國之士聞之，皆爲涕泣〔七〕。

〔一〕知伯已死：《藝文類聚》卷三十三引此作「知伯亦已死」。

〔二〕國士：名蓋一國，優禮特厚之士。

〔三〕嗟乎豫子之爲知伯：姚本「豫子」二字重，《御覽》卷四八〇引此「豫子」二字不重爲是。

〔四〕以：與「已」通。

〔五〕臣故伏誅：「故」與「固」通。言固當伏誅。

〔六〕願請君之衣而擊之：《藝文類聚》卷三十三引此，於「而擊之」之下有「以致報讎之意」一句，傳寫誤奪，當據以補。

〔七〕皆爲涕泣：姚續云：司馬貞引《戰國策》有「衣盡血，襄子回車之輪未周而亡」。今本無此，乃後人所删。

【繫年】

此事自趙襄子五年滅知伯，豫讓逃遁山中，歷經多年爲知伯報仇未遂而死。豫讓之死，據《史記索隱》引此策，謂在趙襄子三十三年，當周威烈王元年。【補正】滅知伯在趙襄子二十三年，非「五年」。豫讓刺趙襄子不中而死，乃在趙襄子五十一年。「繫年」謂此策在趙襄子三十三年，誤，當爲五十一年。

魏文侯借道於趙章

魏文侯借道於趙攻中山〔一〕。趙侯將不許〔二〕。趙利曰：「過矣。魏攻中山而不能取，則魏必罷，罷則趙重。魏拔中山，必不能越趙而有中山矣。是用兵者，魏也；而得地者，趙也。君不如許之。許之大勸〔三〕，彼將知趙利之也，必輟〔四〕。君不如借之道，而示之不得已」。

〔一〕魏文侯借道於趙攻中山：魏文侯，名斯，《史記·魏世家》言其名都，魏桓子之孫。中山，古國名，春秋時白狄别族鮮虞所建，都於顧，今河北定州市東北。周威烈王二十年爲魏所攻滅。不久復國，徙都於靈壽，今河北平山縣東北，後爲趙武靈王所滅。

〔二〕趙侯：《韓非子》作「趙肅侯」。然魏文侯與趙肅侯在不同時代，「肅」字有誤。【補】此時的趙侯乃趙獻侯或趙烈侯。《韓非子》作「肅侯」誤。因魏借道伐中山時爲趙獻侯，滅中山時爲趙烈侯。

〔三〕勸：勉力。

〔四〕「彼將」二句：趙，姚本作「矣」誤，鮑本作「趙」爲是，今從之。輟，停止。

【繫年】

魏文侯以周定王二十三年即位，至周安王五年去世，共在位五十年。《魏世家》滅中山在魏文侯十七年。此當在十七年之前，從于鬯繫此策於魏文侯十四年，當周考王九年。【補正】魏文侯在位五十年，於三十八年以樂羊爲將，越趙而攻中山。四十年，滅中山。《史記·魏世家》記魏文侯即位三十八年卒，十七年伐中山，二十五年滅中山。《史記》取材記載有誤。此策當繫於魏文侯三十七年爲妥。見《中山策》。

秦韓圍梁燕趙救之章

秦、韓圍梁〔一〕，燕、趙救之。謂山陽君曰〔二〕：「秦戰而勝三國〔三〕，秦必過周、韓而有梁；三國而勝秦，三國之力雖不足以攻秦，足以拔鄭〔四〕。計者不如構三國攻秦。」

〔一〕梁：大梁，魏都。今河南開封市。

〔二〕山陽君：魏人。在韓用事。山陽，魏地，故城在今河南修武縣西北。今焦作市有山陽區。

〔三〕三國：指魏、燕、趙三國。

〔四〕鄭：新鄭，韓都城。今河南新鄭市韓故城遺址尚存。

【繫年】

此策年事皆不可考，唯山陽君在楚宣王時與江乙共惡昭奚事可徵。當東周顯王與趙成侯之世。其確切年代，殆不可知。【補正】張琦考《世家》云，秦圍大梁凡三見：一、昭王十三年，秦拔我安城，兵到大梁去；二、安釐王二年，秦軍大梁下；三、王假三年，秦灌大梁，而梁遂亡。惠王時無圍大梁之事。《趙世家》：成侯十二年，秦攻魏少梁，趙救之。趙成侯十二年，當魏惠王八年，此策蓋指此。

腹擊爲室章

腹擊爲室而鉅〔一〕，荆敢言之〔二〕。主謂腹子曰：「何故爲室之鉅也？」腹擊曰：「臣羈旅也，爵高而禄輕，宫室小而帑不衆〔三〕。主雖信臣，百姓皆曰：『國有大事，擊必不爲用。』今擊之鉅宫〔四〕，將以取信於百姓也。」主君曰：「善。」

〔一〕腹擊爲室而鉅：腹擊，他國人，仕趙。鉅，大。

〔二〕荆敢：人姓名，姓荆名敢，身世不詳。

〔三〕帑不衆：帑，藏金幣之府庫。【正】帑，通「孥」。子孫也。此處解爲「金幣」與「衆」義不協。

〔四〕鉅宫：《爾雅》室謂之宫。古代「宫」、「室」二字貴族、平民通用。不必從曾本，改「宫」爲「室」。

【繫年】

顧觀光據策文稱「主君」，謂在趙未稱王時。《史記·趙世家》五國相王，趙獨否，令國不謂己曰君。五國相王在趙武靈王三年，當周顯王四十六年。

蘇秦説李兑章

蘇秦説李兑曰〔一〕：「雒陽乘軒里蘇秦〔二〕，家貧親老，無罷車駑馬〔三〕，桑輪蓬篋，羸幐負書擔橐〔四〕，觸塵埃，蒙霜露，越漳河，足重繭〔五〕，日百而舍〔六〕，造外闕〔七〕，願見於前，口道天下之事。」李兑曰：「先生以鬼之言見我則可，若以人之事，兑盡知之矣。」蘇秦對曰：「臣固以鬼之言見君，非以人之言也。」李兑見之。

〔一〕蘇秦説李兑：據《戰國縱横家書》，此事在五國攻秦以前。李兑，趙臣，封爲奉陽君。

〔二〕雒陽乘軒里：雒陽，今河南洛陽市東成周故城。里，姚本、鮑本皆作「車」，誤。一本作「里」，《史記正義》引策文作「里」，今改爲「里」。

〔三〕罷車：「罷」與「疲」同，猶敝。敝車不能任用。

〔四〕羸幐：羸，當從鮑本作「嬴」。嬴，裹也。幐，即縢，緘。嬴縢，束脛邪幅。

〔五〕足重繭：足傷皮皺如蠶繭。繭，足胝。

〔六〕日百而舍：日行百里乃止而息。舍，止。

〔七〕造外闕：造，至。闕，宫門。

蘇秦曰：「今日臣之來也暮，後郭門〔一〕，藉席無所得〔二〕，寄宿人田中，傍有大叢。夜半，土梗與木梗鬭曰：『汝不如我，我者，乃土也。使我逢疾風淋雨，壞沮〔三〕，乃復歸土。今汝非木之根，則木之枝耳。汝逢疾風淋雨，漂入漳河，東流至海，氾濫無所止。』臣竊以爲土梗勝也。今君殺主父而族之〔四〕，君之立於天下，危於累卵。君聽臣計則生，不聽臣計則死。」李兑曰：「先生就舍，明日復來見兑也。」蘇秦出。

〔一〕後郭門：日夕而郭門已閉，故云。郭門，外城之門。

〔二〕藉席：藉，薦席。用以鋪地，坐卧其上。

〔三〕沮：敗也，壞也。

〔四〕殺主父：趙武靈王自稱「主父」，傳國於次子，是爲惠文王。惠文王四年，公子章作亂，李兑起兵平亂，敗公子章。公子章逃奔主父於沙丘宫。李兑以兵圍公子章及主父於沙丘宫。殺公子章，餓死主父於沙丘宫。

李兑舍人謂李兑曰：「臣竊觀君與蘇公談也，其辯過君，其博過君，君能聽蘇公之計乎？」李兑曰：「不能。」舍人曰：「君即不能，願君堅塞兩耳，無聽其談也。」明日復見，終日談而去。舍人出送蘇君，蘇秦謂舍人曰：「昨日我談粗而君動，今日精而君不動，何也？」舍人曰：「先生之計大而規高，吾君不能用也。乃我請君塞兩耳，無聽談者。雖然，先生明日復來，吾請資先生厚用。」明日來，抵掌而談〔一〕。李兑送蘇秦明月之珠、和氏之璧、黑貂之裘、黄金百鎰。蘇秦得以爲用，西入於秦。

〔一〕抵掌：言距離近，接掌而談。抵，擊。

【繫年】

據《戰國縱横家書》第六章、第七章、第十三章、第十四章，蘇秦奉齊閔王之命赴趙説李兑，在聯合五國攻秦之前，齊閔王十一年、趙惠文王九年、周赧王二十五年時。

趙收天下且以伐齊章

趙收天下，且以伐齊〔一〕。蘇秦爲齊上書説趙王曰〔二〕：「臣聞古之賢君，德行非施於海内也，教順慈愛，非布於萬民也；祭祀時享，非當於鬼神也。甘露降，風雨時至〔三〕，農夫登，年穀豐盈〔四〕，衆人喜之，而賢主惡之〔五〕。今足下功力非數痛加於秦國，而怨毒積惡〔六〕，非曾深凌於韓也〔七〕。臣竊外聞大臣及下吏之議，皆言主前專據，以秦爲愛趙而憎韓〔八〕，臣竊以事觀之，秦豈得愛趙而憎韓哉〔九〕？欲亡韓，吞兩周之地，故以韓爲餌，先出聲於天下，欲鄰國聞而觀之也。恐其事不成，故出兵以佯示趙、魏〔一〇〕；恐天下之驚覺，故微伐韓以貳之〔一一〕；恐天下疑己，故出質以爲信。聲德於與國，而實伐空韓〔一二〕。臣竊觀其圖之也，議秦以謀計，必出於是。

〔一〕且以伐齊：吴師道、黄丕烈皆以「齊」字有誤。今據《戰國縱横家書》第二十一章，知「齊」字不誤。而策文此下有十「韓」字，皆「齊」字之誤。當據以訂正吴、黄之説。

〔二〕蘇秦：「秦」字《史記·趙世家》作「厲」，鮑本改「秦」爲「厲」，亦非。此蓋司馬遷誤將蘇秦活動之年代提前，故改此策之「蘇秦」爲「蘇厲」。

〔三〕風雨時至：《史記》及《戰國縱横家書》無「風」字，並作「時雨至」。

〔四〕年穀：《戰國縱横家書》作「禾穀」。

〔五〕惡之：《戰國縱横家書》同，疑有誤。《史記·趙世家》作「圖之」，義勝。

〔六〕積惡：《戰國縱横家書》作「積怒」。

〔七〕深凌於韓：「韓」字誤，當爲「齊」。

〔八〕愛趙而憎韓：愛，《戰國縱横家書》作「憂」，「韓」作「齊」，當據以訂正。

〔九〕秦豈得愛趙而憎韓：愛趙，當爲「憂趙」。憎韓，當爲「憎齊」。

〔一〇〕佯示：《戰國縱横家書》作「割革」。

〔一一〕故微伐韓以貳之：《史記·趙世家》作「故徵兵於韓以威之」。策文有誤，當從《趙世家》之文。

〔一二〕空韓：《戰國縱横家書》作「鄭韓」。

「且夫説士之計皆曰：『韓亡三川〔一〕，魏滅晋國，恃韓未窮〔二〕，而禍及於趙。』且物固有勢異而患同者，又有勢同而患異者。昔者，楚人久伐而中山亡〔三〕。今燕盡韓之河南〔四〕，距沙丘而至鉅鹿之界三百里〔五〕，距於扞關〔六〕，至於榆中千五百里。秦盡韓之上黨〔七〕，則地與國都邦屬而壤挈者七百里〔八〕。秦以三軍强弩坐羊唐之上〔九〕，即地去邯鄲二十里〔一〇〕。且秦以三軍攻王之上黨而危其北〔一一〕，則句注之西〔一二〕，非王之有也。今魯句注〔一三〕，禁常山而守三百里〔一四〕，通於燕之唐、曲吾〔一五〕，此代馬、胡駒不東〔一六〕，而崑山之玉不出也〔一七〕。此三寶者，又非王之有也。今從於强秦與之伐齊〔一八〕，臣恐其禍出於是矣。昔者，五國之王嘗合横而謀伐趙〔一九〕，參分趙國壤地〔二〇〕，著之盤盂〔二一〕，屬之讎柞〔二二〕，五國之兵有日矣〔二三〕，韓乃西師以禁强秦〔二四〕，使秦發令〔二五〕，素服而聽，反温、枳、高平於魏〔二六〕，反三公、什清於趙〔二七〕，此王之明知也。夫韓事趙〔二八〕，宜正爲上交；今乃以抵罪取伐，臣恐其後事王者之不敢自必也。今王收天下，必以王爲得〔二九〕。韓抱社稷以事王〔三〇〕，天下必重王。然則韓義〔三一〕，王以天下就之；下至韓慕〔三二〕，王以天下收之，是一世之命制於王已。臣願大王深與左右群臣卒計而重謀，先事成慮而熟圖之也。」

〔一〕三川：指黄河、伊水、洛水之間的土地。戰國時屬韓及東、西周。秦滅韓及東、西周，置三川郡。

〔二〕恃韓未窮：音、形有誤，《趙世家》作「市朝未變」，《戰國縱横家書》作「市朝未變」。「市」、「恃」音近，「朝」、「韓」形似。窮，與「終」通。市朝未終，與「市朝未變」、「市朝未罷」義同，比喻時間短暫。

〔三〕楚人久伐而中山亡：久伐，被攻伐的時間很久。楚懷王末年，秦、齊、韓、魏連年攻楚，趙武靈王乘機攻伐中山，於周赧王二十年滅中山國。

〔四〕今燕盡韓之河南：「韓」字誤，當爲「齊」。《戰國縱横家書》作「燕盡齊之河南」。《趙世家》作「燕盡齊之北地」。「河南」二字當是「北地」之誤。

〔五〕距沙丘而至鉅鹿：距，猶起，自。沙丘，沙丘宮所在。鉅鹿、沙丘皆在今河北平鄉縣境。

〔六〕扞關：《戰國縱横家書》作「麇關」。在今陝西東北部延安一帶。

〔七〕秦盡韓之上黨：《戰國縱横家書》「韓」下有「魏」字。蓋戰國時韓、魏兩國皆有上黨。

〔八〕邦屬而壤挈：《戰國縱横家書》作「布屬壤界」。屬，連也。挈，結也。言國境相連接。

〔九〕坐羊唐之上：坐，據守。羊唐，即羊腸，太行阪道名，在今山西壺關縣東南，東連河南沁陽市。

〔一〇〕地去邯鄲二十里：《戰國縱横家書》作「百二十里」。當補「百」字。

〔一一〕危：字誤。《戰國縱横家書》作「包」爲是。

〔一二〕句注：險塞名，句注山一名西陘山，在今山西代縣西北四十里。

〔一三〕魯句注：《趙世家》作「逾句注」，《戰國縱横家書》作「增注」。魯，當讀爲「旅」。拒也。

〔一四〕常山：《戰國縱横家書》作「恒山」。常山，本名恒山，漢避文帝劉恒諱，改「恒」爲「常」。常山在今河北曲陽縣西北。

〔一五〕燕之唐、曲吾：唐，即燕之陽地，「陽」、「唐」同音假借。在今河北省唐縣東北。曲吾，即曲逆。「吾」與「逆」聲相近，故「曲逆」或作「曲吾」。《戰國縱横家書》作「曲逆」。在今河北省順平縣東南。

〔一六〕胡駒：駒，《趙世家》作「犬」，《戰國縱横家書》作「狗」。策文作「駒」誤。胡駒，胡地野狗，似狐而小。

〔一七〕崑山之玉：崑山在今新疆于闐東北，産玉。《爾雅》：「西北之美者，有崑崙虚之璆琳琅玕焉。」

〔一八〕從於强秦與之伐齊：《戰國縱横家書》作「從强秦久伐齊」。則「之」當是「久」字之誤。
〔一九〕五國之王：謂秦、齊、韓、魏、燕五國。
〔二〇〕參分：參，《趙世家》作「三」。參與「三」同。《戰國縱横家書》作「疏分」，爲是。五國伐趙，不當云三分其壤地。【正】三，乃指多的意思。三分，可解爲「衆分」、「群分」之意。
〔二一〕著之盤盂：將盟約銘刻在盤盂上以示不忘。著，銘，刻。盤、盂，皆禮器，以青銅製造。
〔二二〕屬之讎柞：謂五國約誓之言，書之册籍也。孫詒讓云：「讎柞」當讀爲「疇籍」。古代典册篇章稱「疇籍」。《戰國縱横家書》作「祝籍」，祭祀之册籍。「祝」與「讎」，「籍」與「柞」並音近假借。
〔二三〕五國之兵有日矣：《戰國縱横家書》「兵」下有「出」字，《趙世家》同。當補「出」字。
〔二四〕韓：乃「齊」字之誤。《史記》、《戰國縱横家書》並作「齊」。
〔二五〕使秦發令：「發」字《戰國縱横家書》作「廢」，爲是。廢令，廢去稱帝之令。
〔二六〕反温、枳、高平於魏：反，還。温，今河南温縣西南二十里有故温城。枳，與「軹」通。在今河南濟源市南十五里軹城鎮。高平，魏襄王四年，改向城曰高平。在今河南濟源市西南向城鎮。
〔二七〕反三公、什清於趙：三公，徐廣云，一作「王公」。《戰國縱横家書》作「王公」。三，乃「王」字之誤。什清，《戰國縱横家書》作「符逾」。《史記·趙世家》作「先俞」。王公、什清，皆地名，不詳所在。【補】《續漢志》云「三公」乃趙地之常山元氏之三公塞；《史記》改「什清」作「先俞」，雖均屬趙地，但證據不充分，備作一參。
〔二八〕韓：亦「齊」字之誤。

〔二九〕今王收天下，必以王爲得：《戰國縱横家書》作「今王收齊天下，必以王爲義矣」。《史記·趙世家》作「今王毋與天下攻齊，天下必以王爲義」。

〔三〇〕韓抱社稷以事王：韓，亦「齊」字之誤。抱，鮑本作「危」誤。

〔三一〕韓：亦「齊」字之誤。

〔三二〕下至韓慕：下至，乃衍文。韓，乃「齊」之誤改。慕，乃「暴」字之訛。《戰國縱横家書》作「齊逆」。《史記》作「秦暴」。

【繫年】

此策《趙世家》繫於趙惠文王十六年，並誤以爲蘇厲事。今據《戰國縱横家書》考證，此策確是蘇秦爲齊上書説趙惠文王事，年代應在趙惠文王十四年、齊閔王十六年，當周赧王三十年。

齊攻宋奉陽君不欲章

齊攻宋，奉陽君不欲〔一〕。客謂奉陽君曰：「君之春秋高矣〔二〕。而封地不定，不可不熟圖也。秦之貪，韓、魏危，衛、楚正，中山之地薄，宋罪重，齊怒深，殘伐亂宋，定身封，德强齊，此百代之一時也。」

〔一〕奉陽君：趙國司寇李兌的封號。

〔二〕春秋高：謂其年老。

【繫年】

齊閔王曾三次攻宋。第一次在齊閔王六年、趙惠王四年，欲以殘宋，取淮北。第二次在齊閔王十四年、趙惠王十二年，齊許以陶封奉陽君。第三次在齊閔王十五年，齊滅宋，宋王偃逃至魏，死於温。此策言奉陽君「春秋高」、「封地不定」、「齊怒深」等，當是齊閔王十四年第二次攻宋時事。

秦王謂公子他章

秦王謂公子他曰〔一〕：「昔歲殽下之事〔二〕，韓爲中軍，以與諸侯攻秦，韓與秦接境壤界，其地不能千里〔三〕，展轉不可約〔四〕。日者秦、楚戰於藍田〔五〕，韓出鋭師以佐秦，秦戰不利，因轉與楚，不固信盟〔六〕，唯便是從。韓之在我，心腹之疾。吾將伐之，何如？」公子他曰：「王出兵韓，韓必懼，懼則可以不戰而深取割。」王曰：「善。」乃起兵，一軍臨熒陽〔七〕，一軍臨太行。

〔一〕秦王謂公子他：秦王，秦昭王，名稷。公子他，即公子池，《韓非子·内儲説上》作「公子汜」。惠王之子，昭王之兄。

〔二〕殽下：殽，指崤山，在今河南洛寧、新安間。殽在函谷之東，五國攻秦，僅至函谷關外，正是殽地，故云「殽下」。

〔三〕能：猶及。

〔四〕展轉不可約：展轉，猶反復。約，結盟約。

〔五〕秦、楚戰於藍田：秦、楚藍田之戰，在秦惠王後元十三年。藍田，在今陝西藍田縣南。

〔六〕固：與「顧」通。

〔七〕熒陽：即滎陽，古「熒」與「滎」通。在今河南鄭州古滎鎮。

韓恐，使陽城君入謝於秦〔一〕，請效上黨之地以爲和。令韓陽告上黨之守靳𪊟曰〔二〕：「秦起二軍以臨韓，韓不能支〔三〕，今王令韓興兵以上黨入和於秦，使陽言之太守〔四〕，太守其效之。〔五〕」靳𪊟曰：「人有言，『挈瓶之知，不失守器〔六〕。』王則有令而臣失守，雖王與子，亦其猜焉〔七〕。臣請悉發守以應秦，若不能卒〔八〕，則死之。」韓陽趨以報王。王曰：「吾始已諾於應侯矣〔九〕，今不與，是欺之也。」乃使馮亭代靳𪊟。

〔一〕陽城君：不詳爲何人封號。

〔二〕靳𪊟：字書無「𪊟」字。鮑本改爲「黈」，亦非。其人身世不詳。

〔三〕支：姚本作「有」，今從鮑本作「支」義勝。

〔四〕太守：原名郡守，漢景帝年間始更名太守。《史記志疑》謂校寫《戰國策》者不通古今，妄增入，非原文。

〔五〕效：獻致也。

〔六〕挈瓶之知，不失守器：《左傳》昭公七年云：「雖有挈瓶之知，守不假器，禮也。」謂挈瓶汲者喻小知，爲人守器，猶知不以借人。守器，謂瓶。

〔七〕猜：嫌其不能守。

〔八〕不能卒：言不能最終守住上黨。

〔九〕應侯：秦相范雎之封號。

馮亭守三十日，陰使人請趙王曰：「韓不能守上黨，且以與秦，其民皆不欲爲秦，而願爲趙。今有城市之邑七十〔一〕，願拜内之於王〔二〕，惟王才之〔三〕。」趙王喜，召平原君而告之曰〔四〕：「韓不能守上黨，且以與秦，其吏民不欲爲秦而皆願爲趙。今馮亭令使者以與寡人，何如？」趙豹對曰：「臣聞聖人甚禍無故之利。」王曰：「人懷吾義，何謂無故乎？」對曰：「秦蠶食韓氏之地，中絶不令相通，故自以爲坐受上黨也。且夫韓之所以内趙者，欲嫁其禍也。秦被其勞，而趙受其利，雖强大不能得之於小弱，而小弱顧能得之强大乎？今王取之，可謂有故乎？且秦以牛田，水通粮，其死士皆列之於上地〔五〕，令嚴政行，不可與戰，王自圖之。」王大怒曰：「夫用百萬之衆，攻戰踰年歷歲，未見一城也〔六〕。今不用兵而得城七十，何故不爲？」

〔一〕城市之邑七十：七十，《史記·趙世家》作「十七」爲是。《秦策》云「上黨十七縣，皆秦之有也」是其證。

〔二〕内：與「納」通，入，進。

〔三〕才：與「裁」同，裁制，裁決。

〔四〕平原君：鮑改「原」爲「陽」，當作「陽」。《史記》作「平陽君趙豹」。

〔五〕列之於上地：秦施行軍功賞田制，戰士死有軍功，賞之以上等之地。

〔六〕未見一城：王念孫云：「見」當爲「㝵」，㝵，古「得」字，形與「見」相近，因訛爲「見」。《史記·趙世家》作「未得一城」，可證。

趙豹出，王召趙勝、趙禹而告之曰〔一〕：「韓不能守上黨，今其守以與寡人，有城市之邑七十〔二〕。」二人對曰：「用兵踰年，未見一城〔三〕，今坐而得城，此大利也。」乃使趙勝往受地。趙勝至曰：「敝邑之王，使使者臣勝，告太守有詔，使臣勝謂曰：『請以三萬户之都封太守，千户封縣令，諸吏皆益爵三級，民能相集者，賜家六金。』」馮亭垂涕而俛曰〔四〕：「是吾處三不義也：爲主守地而不能死，而以與人，不義一也；主內之秦〔五〕，不順主命，不義二也；賣主之地而食之〔六〕，不義三也。」辭封而入韓〔七〕，謂韓王曰：「趙聞韓不能守上黨，今發兵已取之矣。」

〔一〕趙勝、趙禹：趙勝，即平原君。趙禹，當亦趙之公族。

〔二〕七十：當爲「十七」。

〔三〕未見一城：見，當亦「得」字之訛。

〔四〕俛：原作「勉」，黄丕烈云，此以「勉」爲「俛」字也。今從之。

〔五〕內：與「納」通。

〔六〕賣主之地而食之：賣，謂出賣上黨於趙。食，謂食其封户三萬户之都。

〔七〕辭封而入韓：《漢書·馮奉世傳》：「趙封馮亭爲華陵君，與趙將括距秦，戰死於長平。」與此文不同。

韓告秦曰：「趙起兵取上黨。」秦王怒，令公孫起、王齮以兵遇趙於長平〔一〕。

〔一〕令公孫起、王齮以兵遇趙於長平：公孫起，即武安君白起。王齮，即王齕，爲白起之裨將。長平，故址在今山西高平市西北。

【繫年】

此策爲秦趙長平之戰前事，在趙孝成王四年、秦昭王四十五年，當周赧王五十三年。

蘇秦爲趙王使於秦章

蘇秦爲趙王使於秦〔一〕，反，三日不得見。謂趙王曰：「秦，乃者過柱山〔二〕，有兩木焉。一蓋呼侣，一蓋哭〔三〕。秦問其故，對曰：『吾已大矣，年已長矣，吾苦夫匠人，且以繩墨案規矩刻鏤我。』一蓋曰：『此非吾所苦也，是故吾事也〔四〕。吾所苦夫鐵鑽然〔五〕，自入而出夫人者〔六〕。』今臣使於秦，而三日不見，無有謂臣爲鐵鉆者乎？」

〔一〕趙王：趙惠文王。

〔二〕柱山：《元和志》云柱山俗名三門山。亦即砥柱山。在今河南三門峽市陝州區東四十里黄河中。【補】乃，猶「曩」。曩，昔，從前。

〔三〕一蓋呼侣，一蓋哭：蓋者，辜較之辭。辜較，猶梗概。此言一約略呼侣、一約略哭耳。

〔四〕是故吾事：故，與「固」通。事，猶分。

〔五〕鑽：段玉裁云，「鑽」與「鑯」同，楔也。

〔六〕自入而出夫人：言鑯入而木出也。

【繫年】

此策時不可考。【補】顧觀光隸此策於周顯王三十六年，可備一參。

甘茂爲秦約魏章

甘茂爲秦約魏以攻韓宜陽〔一〕，又北之趙，冷向謂强國曰〔二〕：「不如令趙拘甘茂勿出，以與齊、韓、秦市。齊王欲求救宜陽，必效縣狐氏〔三〕。韓欲有宜陽，必以路、涉、端氏賂趙〔四〕。秦王欲得宜陽，不愛名寶。且拘茂也，且以置公孫赫、樗里疾〔五〕。」

〔一〕甘茂爲秦約魏以攻韓宜陽：《史記·甘茂傳》：秦武王三年，謂甘茂曰：「寡人欲容車通三川，以窺周室，而寡人死不朽矣。」甘茂曰：「請之魏，約以伐韓。」

〔二〕冷向謂强國：冷，《秦策一》作「泠」是。泠向，秦臣。秦昭王時勸齊攻宋。强國，趙人。

〔三〕縣狐氏：地名，不詳所在。【補】《史記·建元以來侯者年表》中有「瓡」，《索隱》曰：「縣名，《志》屬北海。」顔師古曰：「即『狐』字。」疑即此地。

〔四〕路、涉、端氏：路，疑即「潞」，今山西黎城縣西南。涉，疑爲今河北涉縣地。端氏，今山西沁水縣東北。

〔五〕置公孫赫、樗里疾：置，立。公孫赫，《史記·甘茂傳》作「公孫奭」。時甘茂爲秦相，樗里疾相韓，公孫赫黨於韓，故云拘甘茂以立公孫赫、樗里疾。

【繫年】

此秦武王三年將攻韓宜陽時事。當周赧王七年。

謂皮相國章

謂皮相國曰：「以趙之弱而據之建信君、涉孟之讎〔一〕，然者何也〔二〕？以從爲有功也。齊不從，建信君知從之無功。建信君安能以無功惡秦哉？不能以無功惡秦，則且出兵助秦攻魏，以楚、趙分齊，則是强畢矣〔三〕。建信、春申從，則無功而惡秦〔四〕，分齊亡魏〔五〕，則有功而善秦。故兩君者，奚擇有功之無功爲知哉〔六〕？」

〔一〕建信君、涉孟之讎：孫詒讓云，建信君與涉孟，蓋皆趙臣。讎，與「儔」通，匹也，輩也。

〔二〕然者何也：蓋將申言上文之義而先爲設問之詞。然，如是也。

〔三〕則是强畢矣：謂不能害秦，則可助秦攻魏。怒齊之不從，則合楚以分齊，二策必居一焉，則强國之計畢於此矣。

〔四〕惡秦：謂見惡於秦。

〔五〕分齊亡魏：原作「秦分齊，齊亡魏」。吴師道以爲是「分齊亡魏」而衍「秦」、「齊」二字。今從之。

〔六〕之：猶與。

【繫年】

此策言趙建信君與楚春申君合縱以抗秦事。按，天下合縱，春申君爲縱長，在楚考烈王二十二年、趙悼襄王四年，當秦始皇六年。

或謂皮相國章

或謂皮相國曰：「魏殺吕遼而衛兵〔一〕。亡其北陽而梁危〔二〕，河間封不定而齊危〔三〕，文信不得志，三晉倍之憂也〔四〕。今魏恥未滅，趙患又起〔五〕，文信侯之憂大矣。齊不從，三晉之心疑矣。憂大者不計而構〔六〕，心疑者事秦急。秦、魏之構不待割而成〔七〕，秦從楚、魏攻齊，獨吞趙，齊、趙必俱亡矣。」

〔一〕魏殺吕遼而衛兵：吕遼，又作「吕遺」，其事迹不詳。衛，衛國，附屬於魏。衛兵，衛被兵受伐。

〔二〕亡其北陽而梁危：北，一本作「比」。北陽疑即河北之南陽。梁，指魏都大梁。【補正】北陽，疑爲衛之濮陽。于鬯注引潘和鼎曰：「北陽即濮陽。水北曰陽，謂之北陽；猶山南曰陽，謂之南陽也。始皇六年，秦併濮陽郡，即《策》所謂『亡其北陽矣』。」

〔三〕河間封不定而齊危：河間，地區名，戰國時屬趙，今河北獻縣、樂城、河間一帶。時趙方與諸侯合縱，欲收河間，故言「封不定」。

〔四〕三晉倍之憂也：倍，與「背」同。言文信侯不得志，以三晉背之爲憂。

〔五〕魏恥未滅，趙患又起：魏恥，謂魏殺吕遼。趙患，謂趙欲收河間。

〔六〕構：或作「搆」，或作「講」，三字通用，謂構和。

〔七〕秦、魏之構不待割而成：凡構和，必割地。今秦、魏急於講和，不等待割地而先立和約。

【繫年】

此策與上章爲同時事，亦當繫於秦始皇六年。

趙王封孟嘗君以武城章

趙王封孟嘗君以武城〔一〕。孟嘗君擇舍人以爲武城吏，而遣之曰：「鄙語豈不曰借車者馳之，借衣者被之哉？〔二〕」皆對曰：「有之。」孟嘗君曰：「文甚不取也。夫所借衣、車者，非親友，則兄弟也。夫馳親友之車，被兄弟之衣，文以爲不可。今趙王不知文不肖，而封之以武城，願大夫之往也，毋伐樹木，毋發屋室〔三〕，訾然使趙王悟而知文也〔四〕。謹使可全而歸之〔五〕。」

〔一〕武城：戰國趙地，又名東武城。在今山東武城縣西北。

〔二〕借車者馳之，借衣者被之：馳之、被之，均言借人之物，使用而不愛惜。

〔三〕毋發屋室：發，動也。《御覽》卷二〇一引此作「廢」。

〔四〕訾：省量。又與「孳」同，勉勵之意。

〔五〕謹：《御覽》二〇一引此作「僅」。

【繫年】

此策從顧觀光《國策編年》，附於趙惠文王十六年、齊襄王元年、秦昭王二十四年，當周赧王三十二年。

謂趙王曰三晉合章

謂趙王曰：「三晉合而秦弱，三晉離而秦强，此天下之所明也〔一〕。秦之有燕而伐趙，有趙而伐燕；有梁而伐趙，有趙而伐梁；有楚而伐韓，有韓而伐楚。此天下之所明見也。然山東不能易其路〔二〕，兵弱也。弱而不能相壹，是何秦之知，山東之愚也？是臣所爲山東之憂也。虎將即禽〔三〕，禽不知虎之即己也，而相鬭兩罷，而歸其死於虎。故使禽知虎之即己，決不相鬭矣。今山東之主，不知秦之即己也，而尚相鬭兩敝，而歸其國於秦，知不如禽遠矣。願王熟慮之也。

〔一〕天下之所明也：吴師道云，「明」下疑有「知」字。按下文「天下之所見也」，當有「知」字。

〔二〕山東不能易其路：言山東六國不能改易其合秦之道路。

〔三〕禽：鳥獸總名。二足而羽謂之禽。

「今事有可急者，秦之欲伐韓、梁，東闚於周室甚，惟寐亡之〔一〕。今南攻楚者，惡三晉之大合也〔二〕。今攻楚休而復之〔三〕，已五年矣，攘地千餘里。今謂楚王：『苟來舉玉趾而見寡人，必與楚爲兄弟之國，必爲楚攻韓、梁，返楚之故地〔四〕。』楚王美秦之語，怒韓、梁之不救己，必入於秦。有謀故發使之趙〔五〕，以燕餌趙，而離三晋。今王美秦之言而欲攻燕，攻燕，食未飽而禍已及矣。楚王入秦，秦楚爲一，東面而攻韓，韓南無楚，北無趙，韓不待伐割，挈馬兔而西走〔六〕，秦與韓爲上交，秦禍安移於梁矣〔七〕。以秦之强，有楚、韓之用，梁不待伐割〔八〕，挈馬兔而西走，秦與梁爲上交，秦禍案攘於趙矣〔九〕。以强秦之有韓、梁，楚與燕之怒，割必深矣。國之舉此〔一〇〕，臣之所爲來。臣故曰：事有可急爲者。

〔一〕惟寐亡之：寐，目閉神藏。亡，鮑改爲「忘」。此以借「亡」爲「忘」，不必改。

〔二〕惡三晋之大合：楚强三晋弱，先攻伐强者，則三晋沮而不敢合。合，合於楚。

〔三〕今攻楚休而復之：休，罷兵。復，除其賦役。

〔四〕返楚之故地：楚懷王十七年，與秦戰於丹陽、藍田，大敗，喪地六百里。楚懷王二十四年，楚懷王與秦昭王會黄棘，約爲兄弟，秦復與楚上庸，返楚之故地。

〔五〕有謀故發使之趙：有，讀爲「又」。發，姚本作「殺」，劉本作「發」。今從劉本改「殺」爲「發」。

〔六〕韓不待伐割，挈馬兔而西走：言韓不待伐割，即將挈馬而俛入於秦。挈，提。兔，曾本作「免」。「免」與「俛」通。【補正】「割挈馬兔」，歷來標注衆説紛紜，莫衷一是。宋鮑彪注曰「割地挈而走秦，疾於馬兔」，實令人費解。清金正煒《補釋》云：「『挈馬』與『提馬』義同。『兔』當從曾本作『免』，『免』與『俛』通。言韓不待伐割即挈馬而俛入於秦地。又，或爲『挈國』之訛。俗書『國』作『国』、『馬』作『馬』，『国』右畫『亅』脱誤於下，因訛爲馬……『挐』與『擕』爲義同也。」金氏兩解牽强，難確疑難。清鍾鳳年《國策勘研》云：「『割』字不辭，因馬免非必待割而始能挐走之物。以字理推之，恐是『則』字之訛。」但也難疏通文義。清于鬯《戰國策注》曰：「『割』、『挐』二字平列。割，割地。挐，謂其國也。」近代注此句時，也有將「割」屬上句讀。即便如此，也於事無補，難通文意。

「割挐馬免」之所以難以讀懂，是因爲文字有訛誤。一九七三年出土之馬王堆漢墓帛書《戰國策縱横家書》，爲我們解決這一難題：

兵未出，謂辛梧：「以秦之强，有梁之勁，東面而伐楚。於臣也，楚不待伐，割縶馬免而西走，秦餘楚爲上交，秦禍案還中梁矣。」

縶乃絆也。以繩索拴縛馬足。《廣韻·緝韻》：「縶，繫馬。」《詩·小雅·白駒》：「繫之維之，以永今朝。」毛傳：「繫，絆。維，繫也。」孔穎達《正義》：「縶之，謂絆其足。」縶，又可作爲名詞，指縛馬索（絆馬索）。《詩·周頌·有客》：「言授之縶，以縶其馬。」《左傳·成公二年》：「韓厥執縶馬前。」

免，當作「免」，同「逸」。脱逃，跑掉。漢李陵《答蘇武書》：「當此之時，猛將如雲，謀臣如雨，然猶七日不食，僅乃得免。」

「割縶馬免」意即：割斷絆馬索，馬便脱逃；此過程極短，馬脱逃極快。「割縶馬免而西走」的意思是：立即降秦，越快越好。秦在西邊，故西走以降秦。

綜上所述，策文中的「割挐馬免」，乃「割縶馬免」之誤。

〔七〕安：語詞，猶則，於是。

〔八〕梁不待伐割：「伐」下姚本有「矣」字。一本無「矣」字。今從一本删「矣」字。

〔九〕秦禍案攘於趙：案，與「安」同，猶則。攘，《埤蒼》作疾行貌。攘於，鮑改爲「環中」。孫詒讓云：「環」與「還」通，環中趙，言還中於趙，與上文「移於梁」意同而文則異。

〔一〇〕國之舉此：國，指趙國。舉，猶行。

「及楚王之未入也〔一〕，三晉相親相堅，出鋭師以戍韓、梁西邊，楚王聞之，必不入秦，秦必怒而循攻楚，是秦禍不離楚也，便於三晉。若楚王入，秦見三晉之大合而堅也，必不出楚王，即多割，是秦禍不離楚也，有利於三晉〔二〕。願王之熟計之也。急。」趙王因起兵南戍韓、梁之西邊。秦見三晉之堅也，果不出楚王卬而多求地〔三〕。

〔一〕及楚王之未入：楚懷王三十年，秦昭王約楚懷王會武關，面相結盟。楚懷王欲往，恐被欺；不往，恐秦怒。楚王，楚懷王。未入，未入秦相會盟。

〔二〕有：與「又」通。

〔三〕卬而多求地：言希望多求地。卬，《説文》：卬，望也。而，能也。

【繫年】

此策乃秦昭王誘楚懷王入秦時事。楚懷王入秦，在楚懷王三十年、秦昭王十年、趙惠文王二年，當周赧王十八年。

【正】 楚懷王三十年，乃趙武靈王二十七年、秦昭王八年、周赧王十六年。此策講秦昭王誘楚懷王入秦，當爲楚懷王三十年，亦即秦昭王八年、趙武靈王二十七年、周赧王十六年事。

戰國策校注繫年補正（上）

作　　者：郭人民
補　　正：孫順霖
發 行 人：黃振庭
出 版 者：崧燁文化事業有限公司
發 行 者：崧燁文化事業有限公司
E-mail：sonbookservice@gmail.com
粉 絲 頁：https://www.facebook.com/sonbookss/
網　　址：https://sonbook.net/
地　　址：台北市中正區重慶南路一段61號8樓
8F., No.61, Sec. 1, Chongqing S. Rd., Zhongzheng Dist., Taipei City 100, Taiwan
電　　話：(02)2370-3310
傳　　真：(02)2388-1990
印　　刷：京峯數位服務有限公司
律師顧問：廣華律師事務所 張珮琦律師

定　　價：750元
發行日期：2024年10月第一版
◎本書以POD印製

國家圖書館出版品預行編目資料

戰國策校注繫年補正（上）/ 郭人民 著，孫順霖 補正. -- 第一版. -- 臺北市：崧燁文化事業有限公司, 2024.10
面；　公分
POD版
ISBN 978-626-394-982-9(上冊：平裝)
1.CST: 戰國策 2.CST: 注釋
621.804　　113015663

電子書購買

爽讀APP

臉書